Houghton Mifflin Harcourt

Bien dit!™

AUTHORS

John DeMado | Séverine Champeny

Marie Ponterio | Robert Ponterio

FRENCH 1

Printed in the U.S.A.

ISBN 978-0-544-86133-6

4 5 6 7 8 9 10 0868 25 24 23 22 21 20 19 18 17

4500666882 B C D E F G

Contributing Authors

John DeMado

John DeMado has been a vocal advocate for second-language acquisition in the United States for many years. He started his career as a middle/high school French and Spanish teacher, before entering the educational publishing profession. Since 1993, Mr. DeMado has directed his own business, John DeMado Language Seminars, Inc., a company devoted exclusively to language acquisition issues. He has authored numerous books in French, Spanish, and ESL that span the K–12 curriculum. Mr. DeMado served as the lead consultant for program content at all levels. He created and recorded the **On rappe!** songs for Levels 1 and 2.

Séverine Champeny

Séverine Champeny, a native of Provence, has been involved in the development of French language educational programs for over 17 years. She has worked on print and media products ranging from introductory middle-school texts to advanced college-level texts. She created activities for the core sections of the chapters. She authored the **Télé-roman** scripts and wrote activities for the DVD Tutor.

Marie Ponterio

Marie Ponterio is a native of France and teaches French language and civilization at the State University of New York College at Cortland. She's the author of the web site **Civilisation française** and the recipient of several awards from Multimedia Educational Resource for Learning and Online Resources. She has co-authored video activities for several high-school textbooks for Harcourt. She has co-authored the culture notes in the program and reviewed all the **Géoculture** sections.

Robert Ponterio

Bob Ponterio is Professor of French at the State University of New York College at Cortland where he teaches all levels of French. He is a moderator of FLTEACH, the Foreign Language Teaching Forum e-mail list. He has published numerous articles and is a recipient of the Anthony Papalia Award for Outstanding Article on Foreign Language Education and the Dorothy S. Ludwig Award for Service to the FL profession. He has co-authored the culture notes in the program and reviewed all the **Géoculture** sections.

Contributing Writers

Dianne Harwood
Austin, TX
Ms. Harwood wrote the grammar presentations, created activities for the review sections and reviewed all core content.

Dana Chicchelly
Missoula, MT
Ms. Chicchelly developed activities for the **Vocabulaire** sections.

Virginia Dosher
Austin, TX
Ms. Dosher researched and wrote material for the **Géoculture** and **Variations littéraires** sections.

Serge Lainé
Austin, TX
Mr. Lainé wrote the content for the **Comparaisons** feature.

Karine Letellier
Paris, France
Ms. Latellier contributed to the selection and creation of readings in the **Variations littéraires.**

Annick Penant
Austin, TX
Ms. Penant contributed to the selection and creation of the readings in the **Lecture et écriture** sections.

Samuel J. Trees
Christoval, TX
Mr. Trees compiled the content for the grammar summary at the end of the chapter.

Mayanne Wright
Austin, TX
Ms. Wright wrote material for the **Géoculture.** She also created activities for the **Lecture et écriture** sections.

Reviewers

These educators reviewed one or more chapters of the Student Edition.

Todd Bowen
Barrington High School
Barrington, IL

Janet Bowman
Ithaca High School
Ithaca, NY

Marc Cousins
Lewiston-Porter High School
Youngstown, NY

Catherine Davis
Reagan High School
Pfafftown, NC

Douglas Hadley
New Haven High School
New Haven, IN

Todd Losie
Renaissance High School
Detroit, MI

Carolyn Maguire
Marshfield High School
Marshfield, WI

Judith Ugstad
Encina High School
Sacramento, CA

Thomasina I. White
School district of Philadelphia
Philadelphia, PA

Lori Wickert
Wilson High School
West Lawn, PA

Field Test Participants

Geraldine Bender
Callaway High School
Jackson, MS

JoAnne A. Bratkovich
Joliet West High School
Joliet, IL

Bruce Burgess
Culver Academy
Culver, IN

Melanie L. Calhoun
Sullivan South High School
Kingsport, TN

Karen Crystal
Austin High School
Chicago, IL

Magalie Danier-O'Connor
William Allen High School
Allentown, PA

Anita Goodwin
Reading High School
Reading, PA

Sophie Kent
Rye High School
Rye, NY

Nancy Kress
Briarcliff Middle School
Briarcliff Manor, NY

Amy Lutes
Richmond Burton High School
Richmond, IL

Anne L. MacLaren
Harlan Community Academy HS
Chicago, IL

Cynthia Madsen
St. Joseph High School
Lakewood, CA

Ellen Stahr
Waverly High School
Waverly, IL

Sommaire

L'Île-de-France

Chapitres 1 et 2

Objectifs

In this chapter you will learn to

- greet someone and say goodbye
- ask how someone is
- introduce someone
- ask how old someone is
- ask about things in a classroom
- give classroom commands and ask the teacher something
- ask how words are spelled
- ask for and give e-mail addresses

Video

Géoculture	**Géoculture**
Vocabulaire 1 et 2	**Télé-vocab**
Grammaire 1 et 2	**Grammavision**
Grammaire 2	**On rappe!**
Télé-roman	**Télé-roman**

Online Practice
my.hrw.com
Online Edition

Géoculture

Chapitre 2 Qu'est-ce qui te plaît? 38

Objectifs

In this chapter you will learn to
- ask about likes or dislikes
- agree and disagree
- ask how often you do an activity
- ask how well you do an activity and talk about preferences

Video

Géoculture	Géoculture
Vocabulaire 1 et 2	Télé-vocab
Grammaire 1 et 2	Grammavision
Application 2	On rappe!
Télé-roman	Télé-roman

Online Practice

my.hrw.com
Online Edition

La province de Québec

Chapitres 3 et 4

Chapitre 3 Comment est ta famille? 76

Objectifs

In this chapter you will learn to
- ask about and describe people
- ask for and give opinions
- identify family members
- ask about someone's family

Video

Géoculture	**Géoculture**
Vocabulaire 1 et 2	**Télé-vocab**
Grammaire 1 et 2	**Grammavision**
Application 2	**On rappe!**
Télé-roman	**Télé-roman**

my.hrw.com
Online Edition

Géoculture

Chapitre 4 Mon année scolaire 110

Objectifs

In this chapter you will learn to
- ask about classes
- ask for and give an opinion
- ask others what they need and tell what you need
- inquire about and buy something

Video

Géoculture	**Géoculture**
Vocabulaire 1 et 2	**Télé-vocab**
Grammaire 1 et 2	**Grammavision**
Application 2	**On rappe!**
Télé-roman	**Télé-roman**

Online Practice
my.hrw.com
Online Edition

L'Ouest de la France

Chapitres 5 et 6

Chapitre 5 Le temps libre 148

Objectifs

In this chapter you will learn to
- ask about interests
- ask how often someone does an activity
- extend, accept, and refuse an invitation
- make plans

Video

DVD

Géoculture	Géoculture
Vocabulaire 1 et 2	Télé-vocab
Grammaire 1 et 2	Grammavision
Application 2	On rappe!
Télé-roman	Télé-roman

Online Practice
my.hrw.com
Online Edition

Géoculture

Chapitre 6 Bon appétit! 182

Objectifs

In this chapter you will learn to
- offer, accept, and refuse food
- ask for and give an opinion
- inquire about food and place an order
- ask about prices and pay the check

Video

Géoculture	**Géoculture**
Vocabulaire 1 et 2	**Télé-vocab**
Grammaire 1 et 2	**Grammavision**
Application 2	**On rappe!**
Télé-roman	**Télé-roman**

Online Practice
my.hrw.com
Online Edition

Le Sénégal

Chapitres 7 et 8

Chapitre 7 On fait les magasins? 220

Objectifs

In this chapter you will learn to

- offer and ask for help in a store
- ask for and give opinions
- ask about and give prices
- make a decision

Video

DVD

Géoculture	Géoculture
Vocabulaire 1 et 2	Télé-vocab
Grammaire 1 et 2	Grammavision
Application 2	On rappe!
Télé-roman	Télé-roman

Online Practice

my.hrw.com
Online Edition

Géoculture

Chapitre 8 À la maison ... 254

Objectifs

In this chapter you will learn to
- ask for, give or refuse permission
- tell how often you do things
- describe a house
- tell where things are

Video

Géoculture	**Géoculture**
Vocabulaire 1 et 2	**Télé-vocab**
Grammaire 1 et 2	**Grammavision**
Application 2	**On rappe!**
Télé-roman	**Télé-roman**

Online Practice

my.hrw.com
Online Edition

Le Midi

Chapitres 9 et 10

Chapitre 9 Allons en ville! 292

Objectifs

In this chapter you will learn to
- plan your day
- ask for and give directions
- tell what you need
- make and respond to requests

DVD

Video

Géoculture	**Géoculture**
Vocabulaire 1 et 2	**Télé-vocab**
Grammaire 1 et 2	**Grammavision**
Application 2	**On rappe!**
Télé-roman	**Télé-roman**

Online Practice

my.hrw.com

Online Edition

Géoculture

Chapitre 10 Enfin les vacances! 326

Objectifs

In this chapter you will learn to
- give advice
- get information
- ask for information
- buy tickets and make a transaction

Video

Géoculture	**Géoculture**
Vocabulaire 1 et 2	**Télé-vocab**
Grammaire 1 et 2	**Grammavision**
Application 2	**On rappe!**
Télé-roman	**Télé-roman**

Online Practice
my.hrw.com
Online Edition

To the Student

Chers élèves de français,

Perhaps you have already discussed 'why' it is important to speak other languages. But the real question for you, the student, is 'how' ... How do you acquire a second language? Overall, it is very important to be positive and to have a 'can do' attitude. *If you speak a language, you are already a candidate to speak another one at some level.* Above all, don't buy into the idea that you are either not smart enough or too old. These are myths. Ignore them!

Stay calm! It is natural to feel uncomfortable when you are trying to make yourself understood in another language or when listening to another language. However, if you are overly nervous, it will seriously block your ability both to speak and/or to understand that language. That is why it is important simply to stay calm. Use hand gestures, body language and facial expressions to make yourself understood, too. The idea is to stay in the second language and stay out of English as much as possible. If you stay calm, you can piece a message together. Really!

The same applies to listening to a native speaker. Stay calm! Don't worry about the words you may have missed. If you focus on them, the entire message will pass you by! Try to listen for the overall message instead of listening to each separate word.

Take risks in the second language. This is just what little children do when they are acquiring their first language. Everyone around them has more of that language than they do, yet they take risks to participate. Understand that native speakers are generally very appreciative when you try to use their language. Just use the best second language that you can on any given day and don't worry when you make mistakes. Errors in language are common and natural occurrences. It is only by making errors that you eventually come to improve your second language. Just as with athletics, drama, art and vocal/instrumental music, the only way you gain skill in your second language is through performance; by just doing it! Ability is acquired through trial and error. *Communicating less than accurately in a second language is better than not communicating in that language at all!* Please ... Don't let the rules of a language stop you from performing.

Make educated guesses. Look for clues to help you understand. Where is the conversation taking place? What words are similar in English? Go beyond just the words to find meaning by considering the speaker's facial expressions, hand gestures and general body language. Learn in advance how to say certain phrases like "Please. More slowly." in the second language. Above all, don't be afraid to guess! Even when people read, listen to someone or view a movie in their own native tongue, they still guess at the message being delivered. It is also that way in another language. Exploring the Internet for target language music, movies, blogs and social media can help you develop this skill.

Bonne chance et à bientôt en classe!

John De Mado

Modes of Communication

What is communication?

When you attempt to understand someone or something, or make yourself understood, you are communicating. In any language, you rely on various skills to communicate: listening, reading, speaking, writing and deciphering body language and other non-verbal cues, to name a few. In English, you've been building these skills all your life, and are probably unaware how hard you worked as a child to make meaning. The good news is that these skills are already in place—you just have to develop them in new ways to learn French!

What are the modes of communication?

Depending on the purpose of your communication, you're engaging in one of three modes: interpretive, interpersonal, or presentational.

Say you click on an online ad for a store in Paris. When you read, watch or listen to the ad, you have to decipher the language to understand the ad. This is an interpretive activity.

If you go into the store and talk to a sales clerk, you'll have to ask some questions and then understand the answers you get back. You might also exchange a couple of texts with your friend about the store where you're shopping. In both cases, you're talking directly with someone, so these are interpersonal activities.

If you write a review about the store or the items you bought there, and post it online, this is presentational, since your audience isn't expected to immediately react and interact with you.

Practicing the three modes of communication is crucial to building your communication skills. It's also challenging! You'll find that you won't be equally strong across the modes, but that's okay. The key is to practice, practice, practice.

How do I use *Bien dit!* to practice communication?

In ***Bien dit!,*** you'll have a lot of opportunities to practice. At the beginning of each chapter, you'll see the types of interpretive, interpersonal, and presentational activities that you'll be able to do in the chapter. Throughout the chapter, the **Communication** activities will help you practice the interpersonal mode. The **Lecture** section and the **Écoutons** activities will help you work on your interpretive skills. Throughout the chapter, there will be opportunities for you to present your activities and projects. Finally, in the **Révisions cumulatives** section, you'll have the chance to put your interpretive, interpersonal, and presentational skills to the test in fun, real-world ways.

Le monde francophone

Welcome to the French-speaking World

Did you know that French is spoken not only in France but in many other countries in Europe (Belgium, Switzerland, Andorra and Monaco), North America (New England, Louisiana and Quebec province), Asia (Vietnam, Laos and Cambodia), and over twenty countries in Africa? French is also the official language of France's overseas territories like Martinique, Guadeloupe, French Guiana, and Reunion.

As you look at the map, what other places can you find where French is spoken? Can you imagine how French came to be spoken in these places?

La France

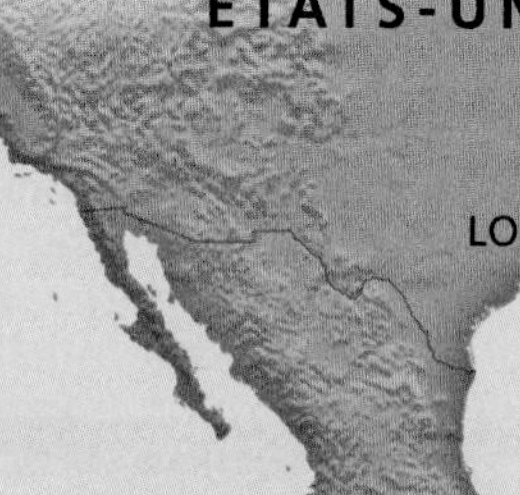

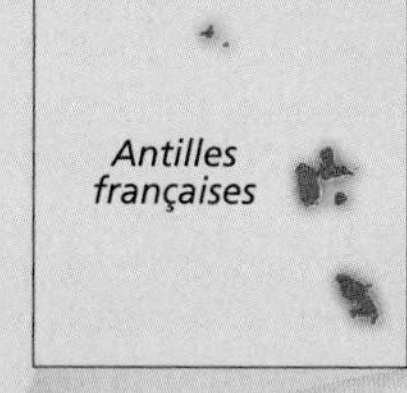

Le Québec

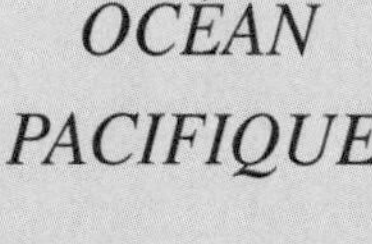

La Louisiane

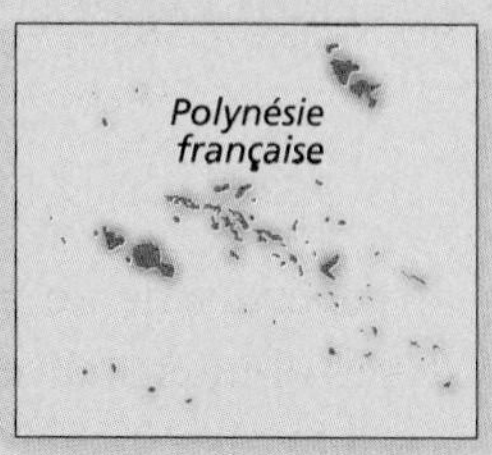

La Martinique

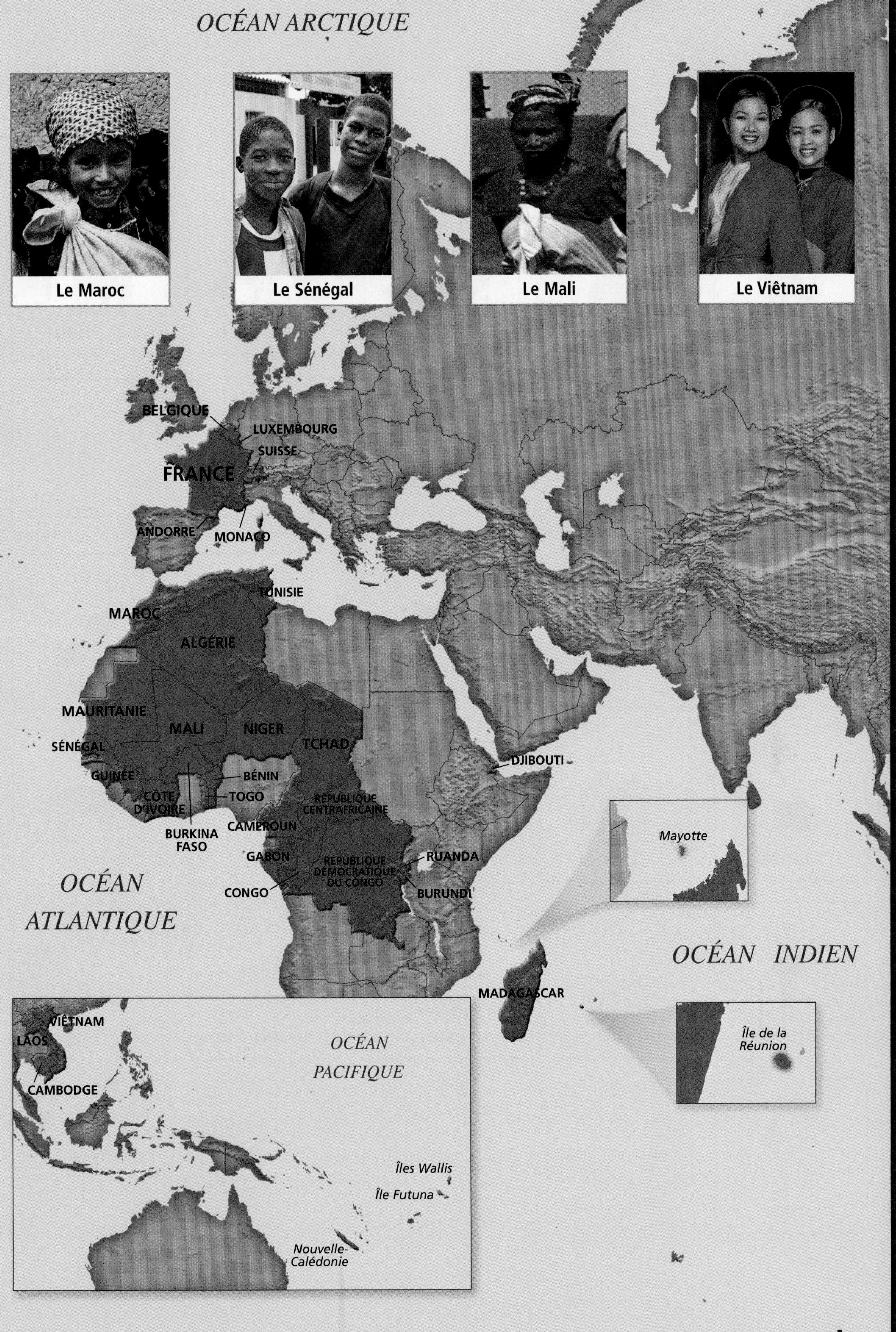
OCÉAN ARCTIQUE
Le Maroc
Le Sénégal
Le Mali
Le Viêtnam
BELGIQUE
LUXEMBOURG
SUISSE
FRANCE
ANDORRE
MONACO
TUNISIE
MAROC
ALGÉRIE
MAURITANIE
MALI
NIGER
SÉNÉGAL
TCHAD
DJIBOUTI
GUINÉE
BÉNIN
CÔTE D'IVOIRE
TOGO
RÉPUBLIQUE CENTRAFRICAINE
BURKINA FASO
CAMEROUN
Mayotte
GABON
RÉPUBLIQUE DÉMOCRATIQUE DU CONGO
RUANDA
OCÉAN ATLANTIQUE
CONGO
BURUNDI
OCÉAN INDIEN
MADAGASCAR
VIÊTNAM
LAOS
CAMBODGE
OCÉAN PACIFIQUE
Île de la Réunion
Îles Wallis
Île Futuna
Nouvelle-Calédonie

L'alphabet

a *(a)*

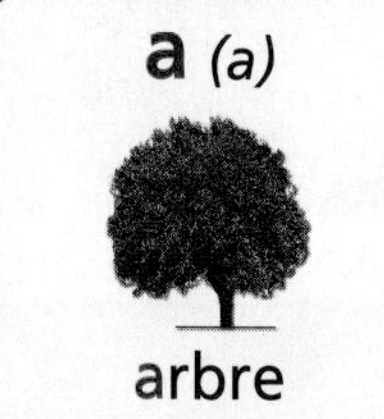

arbre

b *(bé)*

bébé

c *(cé)*

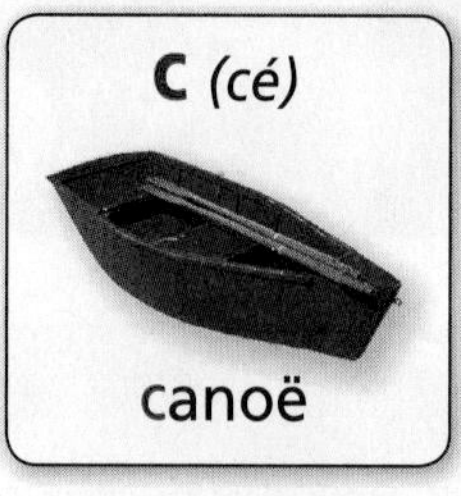

canoë

d *(dé)*

dinosaure

e *(e)*

éléphant

f *(effe)*

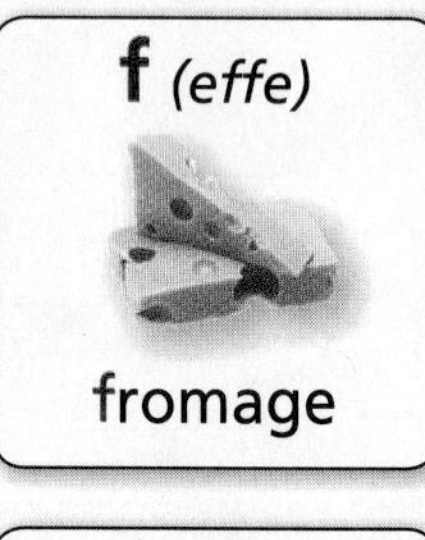

fromage

g *(gé)*

girafe

h *(ache)*

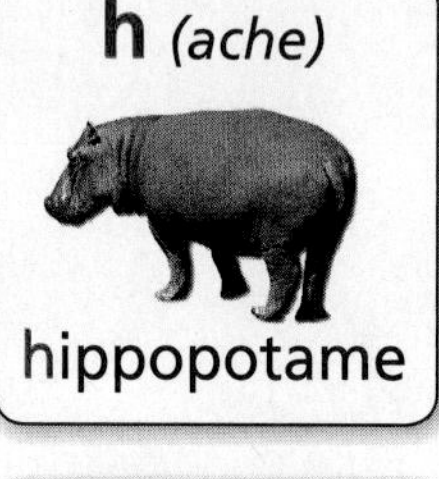

hippopotame

i *(i)*

île

j *(ji)*

judo

k *(ka)*

kangourou

l *(elle)*

lampe

m *(emme)*

maïs

n *(enne)*

nez

o *(o)*

olive

p *(pé)*

plante

q *(ku)*

quiche

r *(erre)*

robot

s *(esse)*

stylo

t *(té)*

tigre

u *(u)*

uniforme

v *(vé)*

vélo

w *(double vé)*

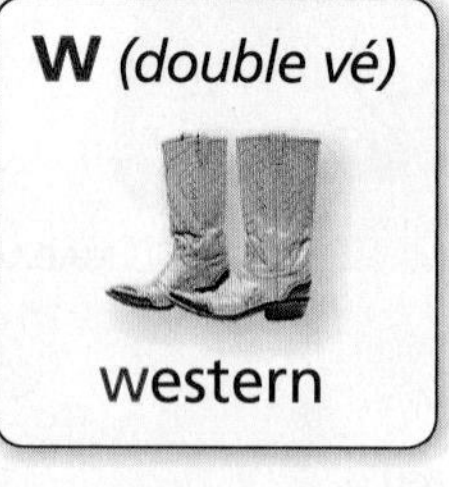

western

x *(ixe)*

xylophone

y *(i grec)*

yo-yo

z *(zède)*

zèbre

Quelques prénoms français
Common Names

Here are some common names from French-speaking countries.

Prénoms féminins		
Amélie	Delphine	Marie
Aminata	Diama	Marion
Anaïs	Élodie	Mathilde
Anne	Émilie	Noémie
Aurélie	Fatima	Océane
Axelle	Florence	Ophélie
Binetou	Inès	Romane
Camille	Jaineba	Solène
Céline	Juliette	Sophie
Coumba	Léa	Yacine

Prénoms masculins		
Amadou	Florian	Maxime
Adrien	Guillaume	Nicolas
Alexandre	Habib	Quentin
Ahmed	Hugo	Romain
Baptiste	Julien	Sébastien
Bernard	Laurent	Théo
Christophe	Lucas	Thierry
Clément	Malick	Tristan
Étienne	Mamadou	Valentin
Florent	Mathieu	Youssou

Instructions
Directions

Throughout the book, many activities will have directions in French. Here are some of the directions you'll see, along with their English translations.

Complète... avec un mot/une expression de la boîte.
Complete . . . with a word/an expression from the box.

Complète le paragraphe avec...
Complete the paragraph with . . .

Complète les phrases avec la forme correcte du verbe (entre parenthèses).
Complete the sentences with the correct form of the verb (in parentheses).

Indique si les phrases suivantes sont vraies ou fausses. Si la phrase est fausse, corrige-la.
Indicate if the following sentences are true or false. If the sentence is false, correct it.

Avec un(e) camarade, jouez...
With a classmate, act out . . .

Réponds aux questions suivantes.
Answer the following questions.

Réponds aux questions en utilisant...
Answer the questions using . . .

Complète les phrases suivantes.
Complete the following sentences.

Fais tous les changements nécessaires.
Make all the necessary changes.

Choisis l'image qui convient.
Choose the most appropriate image.

Écoute les phrases et indique si...
Listen to the sentences and indicate if . . .

Utilise les sujets donnés pour décrire...
Use the subjects provided to describe . . .

Écoute les conversations suivantes. Choisis l'image qui correspond à chaque conversation.
Listen to the following conversations. Match each conversation with the appropriate image.

Choisis un mot ou une expression de chaque boîte pour écrire...
Choose a word or expression from each box to write . . .

En groupes de..., discutez...
In groups of . . ., discuss . . .

Demande à ton/ta camarade...
Ask your classmate . . .

Suis l'exemple.
Follow the model.

Échangez les rôles.
Switch roles.

Remets... en ordre.
Put in . . . order.

Regarde les images et dis ce qui se passe.
Look at the images and tell what is happening.

Suggestions pour apprendre le français

Tips for Learning French

Listen

Listen carefully in class and ask questions if you don't understand. You won't be able to understand everything you hear at first, but don't feel frustrated. You are actually absorbing a lot even when you don't realize it.

Visualize

It may help you to visualize the words you are learning. Associate each new word, sentence, or phrase with a mental picture. For example, if you're learning words for foods, picture each food in your mind and think about the colors, smells, and tastes associated with it. If you are learning about the weather, picture yourself standing in the rain, or fighting a strong wind—something that will help you associate an image with the word or phrase you are learning.

Practice

Short, daily practice sessions are more effective than long, once-a-week sessions. Also, try to practice with a friend or a classmate. After all, language is about communication, and it takes two to communicate.

Speak

Practice speaking French aloud every day. Don't be afraid to experiment. Your mistakes will help identify problems, and they will show you important differences in the way English and French work as languages.

Explore

Increase your contact with French outside class in every way you can. Someone living near you might speak French. Surf the Internet for sites in French, as well as TV and radio programs, music videos, and movies. Many magazines and newspapers in French are published and/or sold in the United States and are on the Internet. You can read, watch, or listen to French even if you don't understand every word.

Connect

Making connections between what you learn in other subject areas and what you are learning in your French class will increase your understanding of the new material, help you retain it longer, and enrich your learning experience.

Have fun!

Above all, remember to have fun! Learn as much as you can, because the more you know, the easier it will be for you to relax—and that will make your learning enjoyable and more effective.

Bonne chance! (Good luck!)

Géoculture

L'Île-de-France

Almanac

Population
Over 12 million

Cities
Paris, Meaux, Versailles, Melun, Chartres, Giverny

Industries
Tourism, Construction

Géoculture

Notre Dame de Chartres
Located just outside Île-de-France, Chartres' cathedral is known for its architectural style and its remarkable stained-glass windows.

Versailles
In 1682, Louis XIV moved the royal court from Paris to Versailles.

La galerie des Glaces
This 73-meter room, decorated with mirrors, is one of the main attractions of the palace.

Fontainebleau
This forest is popular for cycling, rock climbing, and horseback riding.

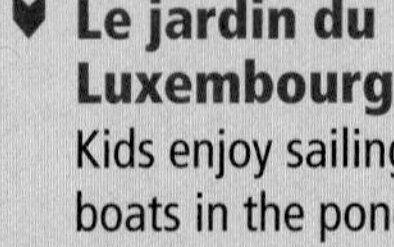

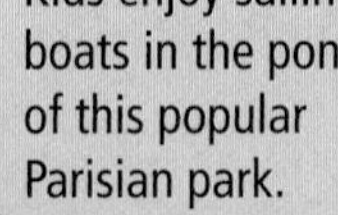

Le jardin du Luxembourg
Kids enjoy sailing boats in the pond of this popular Parisian park.

Savais-tu que...?

With over 12 million people, the Île-de-France region represents 20% of France's population.

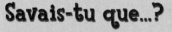

L'Île de la Cité
This island, in the middle of the Seine river, is known as the "cradle of Paris."

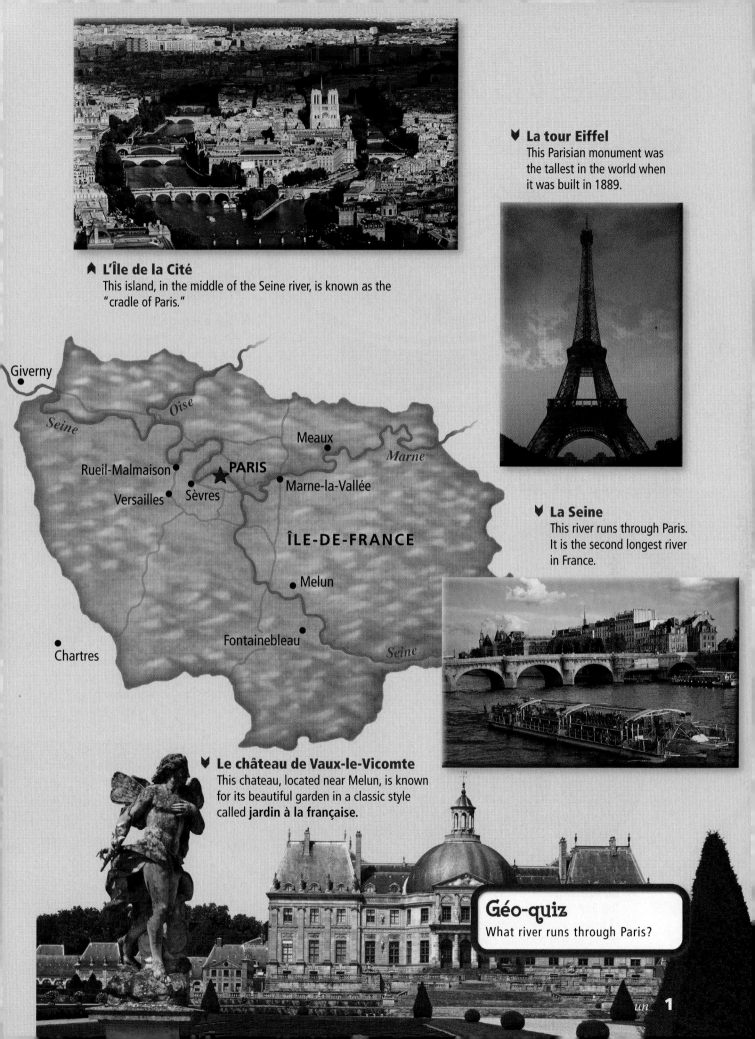

La tour Eiffel
This Parisian monument was the tallest in the world when it was built in 1889.

Giverny
Oise
Seine
Meaux
Marne
Rueil-Malmaison
PARIS
Sèvres
Marne-la-Vallée
Versailles
ÎLE-DE-FRANCE
Melun
Fontainebleau
Chartres
Seine

La Seine
This river runs through Paris. It is the second longest river in France.

Le château de Vaux-le-Vicomte
This chateau, located near Melun, is known for its beautiful garden in a classic style called **jardin à la française.**

Géo-quiz
What river runs through Paris?

Découvre l'Île-de-France

Gastronomie

Le brie
This cheese, known as the "king of cheese," is a specialty of Meaux.

Les pâtisseries
Éclairs, tartes aux fruits, and **millefeuilles** are typical French desserts.

Les escargots
Originally from Burgundy, snails are popular in restaurants all over the country.

Beaux-arts

Claude Monet is one of the most significant painters of the Impressionist movement. Many of his paintings were inspired by the gardens in Giverny situated in the outskirts of Île-de-France.

Le jardin à Giverny Neue Galerie in der Stallburg, Kunsthistorisches Museum, Vienna, Austria

Le Centre Pompidou, or **Beaubourg,** houses the leading collection of modern and contemporary art in Europe.

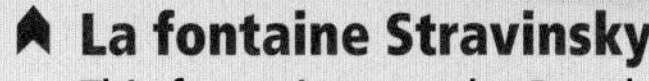

La fontaine Stravinsky
This fountain, near the Beaubourg, consists of sixteen separate sculptures set in motion by the force of the water. Niki de Saint Phalle (1930–2002) created the colorful figures of the fountain.

Histoire

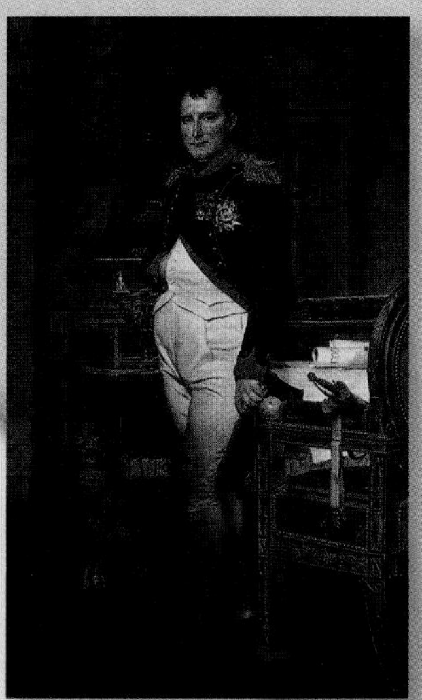

Online Practice

my.hrw.com

Photo Tour

➤ **Napoléon Bonaparte** (1769–1821), emperor of France, died in exile on an island called St. Helena. His remains were returned to France and were buried in the **Invalides**, in Paris.

Savais-tu que...?

To eat snails, you use a special fork and tongs to hold the snail shell.

La Révolution française
The fourteenth of July is France's national holiday. It marks the fall of the Bastille prison and is the symbol of the end of the Monarchy.

La Bataille de la Marne
In September 1914, French soldiers were transported to the battlefield outside Paris using a fleet of about 600 taxi cabs. This incident is referred to as **taxis de la Marne.**

Loisirs

➤ **Disneyland® Paris** opened its doors in Marne-la-Vallée in 1992.

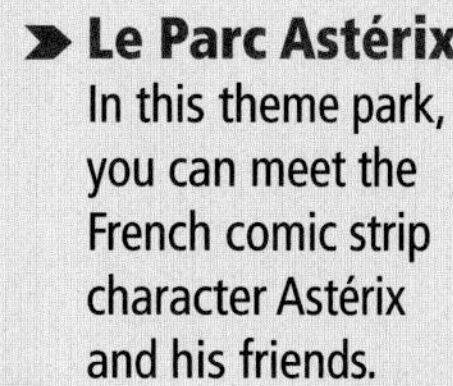

➤ **Le Parc Astérix®** In this theme park, you can meet the French comic strip character Astérix and his friends.

Activité

1. **Gastronomie**: What is Meaux's specialty?
2. **Beaux-arts**: To what artistic movement does Monet belong?
3. **Histoire**: When is the French national holiday celebrated?
4. **Loisirs**: Where is Disneyland Paris located?

chapitre 1

Salut, les copains!

Objectifs

In this chapter, you will learn to
- greet someone and say goodbye
- exchange names
- ask and say how someone is
- introduce someone
- ask and tell how old someone is
- talk about things in a classroom
- ask and tell how words are spelled
- exchange e-mail addresses

And you will use
- subjects and verbs
- subject pronouns
- indefinite articles and plural of nouns
- the verb **avoir** and negation

Que vois-tu sur la photo?

Where are these teenagers?

What are they doing?

How do you usually greet your friends?

MODES OF COMMUNICATION

INTERPRETIVE	INTERPERSONAL	PRESENTATIONAL
Listen to people spell their names. Read an e-mail from a French club.	Greet people. Write the results of a survey on how your classmates are doing.	Describe your classroom to others. Write a post for a French Club website.

Le musée du Louvre et la pyramide de I.M. Pei, à Paris

Objectifs

- to greet someone and say goodbye
- to ask how someone is
- to introduce someone

Comment tu t'appelles?

Je m'appelle Émilie. Et toi?

Exprimons-nous!

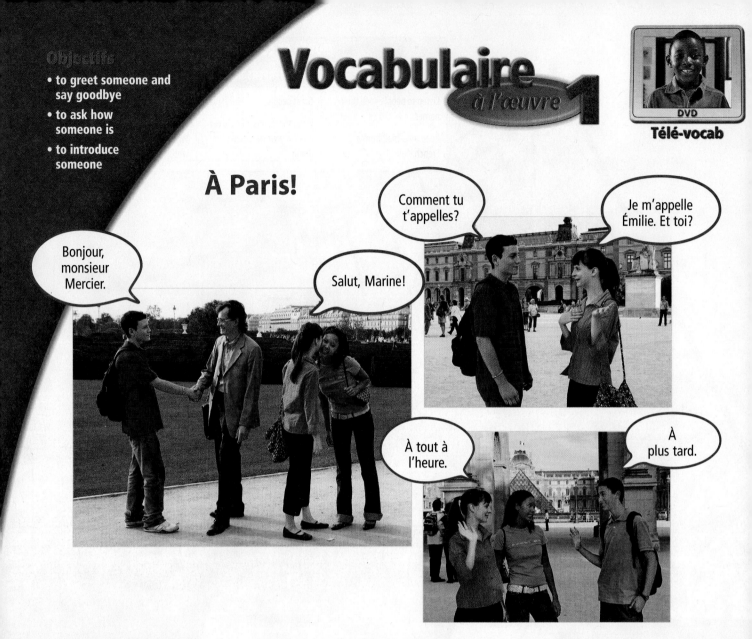

To greet someone	To say goodbye
Salut! *Hi!*	**À bientôt./À demain.** *See you soon./See you tomorrow.*
Bonjour, monsieur/madame/mademoiselle... *Hello Mr./Mrs./Miss . . .*	**À plus tard./À tout à l'heure.** *See you later.*
Bonsoir. *Good evening.*	**Au revoir.** *Goodbye.*
To ask someone's name	**To respond**
Comment tu t'appelles? *What is your name?*	**Je m'appelle...** *My name is . . .*
Comment il/elle s'appelle? *What is his/her name?*	**Il/Elle s'appelle...** *His/Her name is . . .*

Vocabulaire et grammaire, *pp. 1–4* Online Workbooks

my.hrw.com
Vocabulaire 1 practice

1 La bonne réponse

Lisons It's the first day of school! Choose the most logical response you might hear for each phrase in the left column.

1. Bonjour, madame Fayot.	**a.** Je m'appelle Anne.
2. À tout à l'heure.	**b.** Il s'appelle Maxime.
3. Comment il s'appelle?	**c.** Bonsoir, Mélanie.
4. Comment tu t'appelles?	**d.** Bonjour, Ludovic.
5. Bonsoir, monsieur.	**e.** À plus tard.

2 Écoutons

Listen to the following people and decide if they are **a) greeting someone** or **b) saying goodbye.**

3 Qu'est-ce qu'on dit?

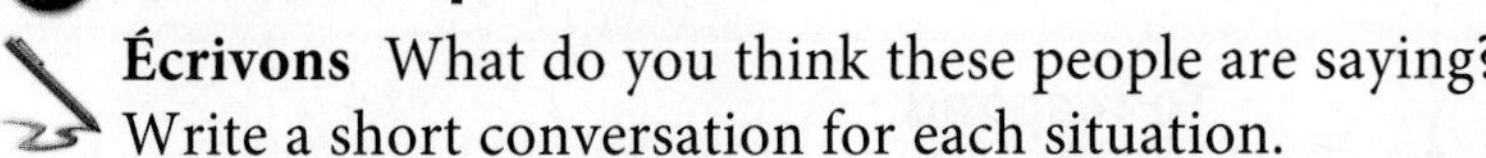

Écrivons What do you think these people are saying? Write a short conversation for each situation.

1.

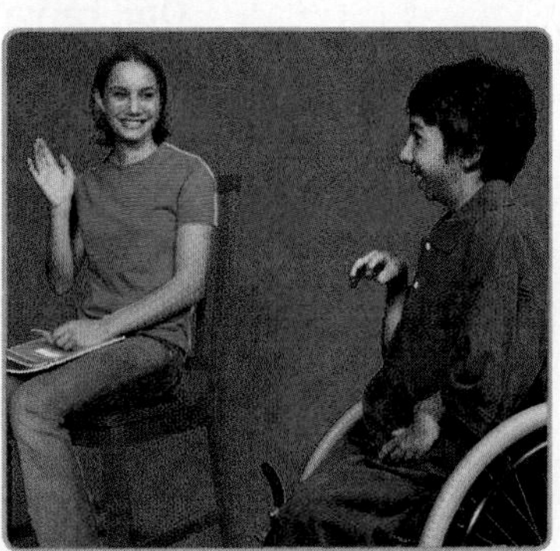

2.

3.

Communication

4 Scénario

Parlons Say hello and exchange names with another classmate. Then say hello and introduce yourself and your partner to a third classmate. Continue circulating around the classroom and try to meet as many classmates as possible.

MODÈLE **—Bonjour. Je m'appelle Lauren. Comment tu t'appelles?**
—Salut. Je m'appelle Mike.
(to a third student)
—Bonjour. Je m'appelle Lauren. Il s'appelle Mike...

Comment ça va?

Les Deux Magots
Ça va?
Pas mal.
Et toi?

Comment
allez-vous, madame
Ferrand?
Bien.
Et vous?

Exprimons-nous!

To ask how someone is	To respond
Ça va?/Comment ça va? *(informal)* *Are you doing OK?/How's it going?* **Comment allez-vous?** *(formal)* *How are you doing?*	**Oui, ça va (bien).** *Yes, fine.* **Bien/Très bien, merci.** *Fine/ Very good, thank you.*
Et toi? *(informal)* *And you?* **Et vous?** *(formal)* *And you?*	**Pas mal./Plus ou moins.** *Not bad./So-so.* **Non, pas très bien.** *No, not too good.*

Vocabulaire et grammaire, *pp. 1–4*

5 Écoutons

Listen to these conversations. Are these people feeling **a) good, b) so-so,** or **c) bad?**

6 Faisons des phrases

Écrivons Unscramble the sentence fragments to create logical sentences and questions. Don't forget the punctuation!

1. allez / comment / -vous

2. je / bonsoir / m'appelle / Richard

3. pas / toi / mal / et

4. très / merci / bien / et / vous

5. elle / comment / s'appelle

6. bien / très / et / pas / vous

À la québécoise

In Quebec, people say **bonjour** to greet somebody, but they can also say **bonjour** when they leave. In this case, it means literally **bon jour** as in *Have a good day.*

7 Jérémy et Julia

Lisons/Écrivons Jérémy is introducing himself to Julia, a new student at his school. Complete Julia's part of the conversation.

JÉRÉMY Bonjour.
JULIA ___1___
JÉRÉMY Comment tu t'appelles?
JULIA ___2___
JÉRÉMY Jérémy. Comment ça va?
JULIA ___3___
JÉRÉMY Très bien, merci. Au revoir.
JULIA ___4___

Entre copains

Here are some fun expressions that teens use in everyday conversations.

À plus.	*See you later.*
Ça roule!	*It's going great!*
Pas terrible./ Pas génial.	*Not great.*
un/une prof	*teacher*
un copain	*(male) pal*
une copine	*(female) pal*

8 Bien ou mal?

Parlons Look at the images and tell how each person would most likely answer the question **Comment ça va?**

1.

2.

3.

9 Et vous?

Écrivons On your way home, you run into your friend Lise and then, your neighbor Mme Renaud. Write two conversations where you greet each of these people, ask how they are and say goodbye. Remember to use **tu** or **vous** as needed.

Digital performance space

Communication

10 Sondage

Parlons Conduct a survey among 8–10 classmates to find out how they're doing today. Say hello and ask the name of each classmate. Then ask how they're feeling today. Write down their responses in a table. Look at the results and report the overall mood of the class.

Nom	Bien	Pas très bien
John		
Melissa		

MODÈLE —**Salut. Comment tu t'appelles?...**

Les nombres de 0 à 30

D'autres mots utiles

11 onze	16 seize	21 vingt et un	26 vingt-six
12 douze	17 dix-sept	22 vingt-deux	27 vingt-sept
13 treize	18 dix-huit	23 vingt-trois	28 vingt-huit
14 quatorze	19 dix-neuf	24 vingt-quatre	29 vingt-neuf
15 quinze	20 vingt	25 vingt-cinq	30 trente

11 Écoutons

Amélie is calling out the winning numbers in the school raffle. Write down the winning numbers in the order they're called out.

12 Et la suite...?

Lisons Select the number that would logically come next for each series on the left.

1. un, deux, trois,...	**a.** trente
2. dix, vingt,...	**b.** huit
3. quinze, dix,...	**c.** quatorze
4. dix-huit, seize...	**d.** quatre
5. un, deux, quatre,...	**e.** douze
6. six, huit, dix,...	**f.** cinq

13 Des numéros de téléphone importants

Parlons In France, phone numbers are given two digits at a time. Can you say each telephone number below?

MODÈLE 02.12.30.21.24
zéro deux, douze, trente, vingt et un, vingt-quatre

1. 04.10.14.22.28	**4.** 02.12.15.18.26
2. 01.08.11.27.21	**5.** 06.24.13.19.05
3. 03.30.29.25.14	**6.** 01.17.16.21.23

Exprimons-nous!

To introduce someone	To respond to an introduction
Je te/vous présente... *I'd like to introduce you to . . .* **Ça, c'est** Youssef/Marine. **C'est un ami/une amie.** *This is . . . He/She's a friend.*	**Bonjour./Salut!** *(informal)* *Hello./Hi!* **Enchanté(e).** *(formal)* *Very nice to meet you.*
To ask how old someone is	**To respond**
Tu as quel âge? *How old are you?* **Il/Elle a quel âge?** *How old is he/she?*	**J'ai... ans.** *I am . . . years old.* **Il/Elle a... ans.** *He/She is . . . years old.*

Vocabulaire et grammaire, *pp. 1–4* **Online Workbooks**

14 Un nouveau au lycée

Lisons/Parlons Mathieu is a new French student at your school. You meet him and two of his friends. Respond to him in complete sentences.

1. Bonjour. Tu t'appelles comment?
2. Comment ça va?
3. Tu as quel âge?
4. Je te présente Martin.
5. Et ça, c'est Caroline. C'est une amie.
6. Salut. À plus!

15 Correspondance

Écrivons The e-pal program you signed up for just found you a francophone e-pal. Write a short e-mail message introducing yourself and telling your age. Be sure to ask how your e-pal is, his or her age, and finally say goodbye.

MODÈLE **Salut! Je m'appelle...**

Communication

16 Scénario

Parlons One of your classmates introduces you to his French friend who is visiting from Paris. In groups of three, create and act out your first meeting.

MODÈLE **—Salut. Je te présente...**
—Bonjour, ... Enchanté(e)...

Objectifs
- subjects and verbs
- subject pronouns

Grammavision

Subjects and verbs

1. In English, sentences have a **subject** and a **verb**. The **subject** is the person or thing that is doing the action or that is being described. The **verb** is the action word, like **jump** or **sing**, or a linking word, like **are** or **is**, that links the subject to a description.

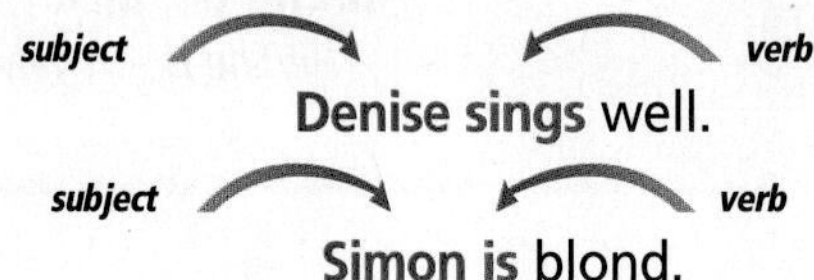

2. French sentences also have a **subject** and **verb**.

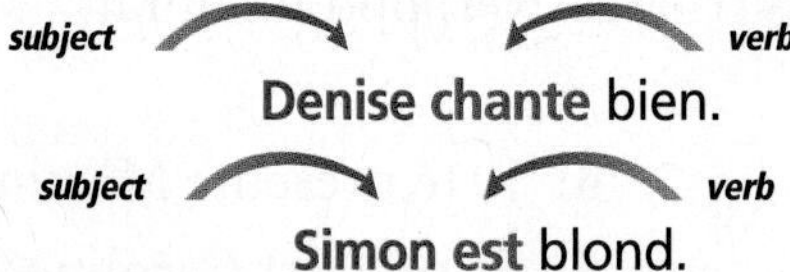

3. Both English and French use **nouns** as subjects. Nouns can be replaced by **pronouns**. Some of the French **pronouns** you've already seen are **je, tu, il, elle,** and **vous.**

Denise is a friend. **She** is fifteen years old.

Denise est une amie. **Elle** a quinze ans.

Vocabulaire et grammaire, *pp. 5–6*
Cahier d'activités, *pp. 1–3*

Flash culture

In France, girls kiss both boys and girls on the cheeks when they meet or say goodbye. The number of kisses varies from two to four depending on the region. Boys shake hands with one another. Teenagers may kiss adults who are family members or friends of the family, but they shake hands when they greet other adults.

Is this similar to the way you greet people and say goodbye in the United States?

17 Mon amie Michèle

Lisons Identify the subject and verb in each sentence of the following conversations.

1. What is her name?
   Her name is Michèle.
   How old is Michèle?
   She is 15 years old.

2. Elle s'appelle comment?
   Elle s'appelle Michèle.
   Michèle a quel âge?
   Elle a 15 ans.

my.hrw.com
Grammaire 1 practice

18 Qu'est-ce que c'est?

Lisons List the subject and verb in each of the following sentences.

1. Comment tu t'appelles?
2. Comment allez-vous?
3. Tu as quel âge?
4. J'ai seize ans.
5. Je te présente mon ami Georges.
6. Je m'appelle Stéphanie.

19 Faisons des phrases

Lisons/Parlons Create complete sentences by matching each phrase in the first column with its logical completion in the second column.

1. Comment il	**a.** va?
2. Tu	**b.** a quinze ans.
3. Comment allez-	**c.** s'appelle?
4. Je te	**d.** vous?
5. Ça	**e.** as quel âge?
6. Il	**f.** présente Nina.

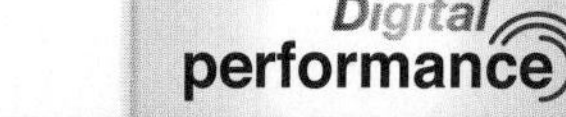

Communication

20 Devine!

Parlons Take turns describing the people in these photos. Use the expressions from the box for your description. Your classmate will guess which person you've just described. Then, switch roles.

Elle a quatorze ans.	Il a quinze ans.
C'est un ami.	Il s'appelle Omar.
Elle s'appelle Frida.	Elle a trente ans.
C'est une amie.	Il s'appelle M. Guérin.
Il a vingt-huit ans.	Elle s'appelle Mme Durand.

1.

2.

3.

4.

Subject pronouns

1 These are the **subject pronouns** in French.

je (j')	*I*	**nous**	*we*
tu	*you*	**vous**	*you* (plural or formal)
il	*he*	**ils**	*they* (all male or mixed)
elle	*she*	**elles**	*they* (all female)
on	*one* (people in general)		

2 **Je** changes to **j'** before a verb beginning with a vowel sound.

J'ai quinze ans. — *I am 15 years old.*

3 The subject pronouns **tu** and **vous** both mean *you.* Either of these pronouns could be used to address one person depending on your relationship with him or her. **Vous** is used to address more than one person.

a friend, a family member or someone your own age } **tu**

vous { *more than one person or an adult who is not a family member*

4 The pronoun **on** has no direct equivalent in English. It can mean *we, they* as in *people in general* or *one.* The meaning of **on** will depend on the context.

En France, **on** parle français.
In France, they (people in general) speak French.

Vocabulaire et grammaire, *pp. 5–6*
Cahier d'activités, *pp. 1–3*

En anglais

In English, the subject pronoun *you* is used with anyone, regardless of their age or relationship to you.

Do you use the pronoun *you* to talk to one person, more than one person, or both?

In French, there are two different words for *you.* You'll learn the appropriate use of each word depending on the situation.

21 Tu ou vous?

Parlons Tell whether you would use **tu** or **vous** to talk to the people pictured below.

1. Florence

2. M. Amblard

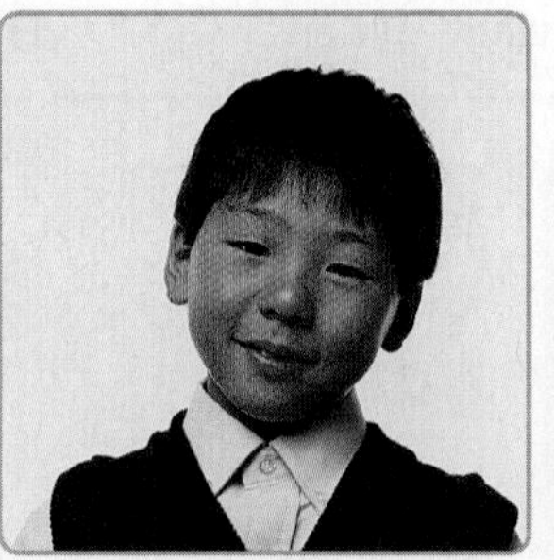
3. Pheng

4. M. et Mme Cordier

22 Écoutons

Listen to Odile and decide if she is talking about **a) herself, b) a female friend** or **c) a male friend.**

23 On se présente

Lisons Chloé and Stéphane meet a new exchange student. Complete their conversation with the correct subject pronouns.

—Salut. ___1___ m'appelle Chloé Dubois. ___2___ te présente Stéphane. C'est un ami. ___3___ t'appelles comment?

—Salut. ___4___ m'appelle Hélène Fournier. ___5___ ai quinze ans. ___6___ as quel âge? Et Stéphane?

—Moi, ___7___ ai seize ans. Et Stéphane, ___8___ a quinze ans.

24 Les présentations

Écrivons/Parlons Use a word from each column to create as many sentences and questions as you can.

Je/J'	ai	seize ans
Il	t'appelles	Christophe
Elle	a	quinze ans
Tu	m'appelle	quel âge
	s'appelle	Monique
	as	Mme Dumont

Flash culture

In France, people tend to stand closer to each other while greeting than most Americans do. For informal greetings with friends and relatives, use **Salut** or **Bonjour**. For formal greetings with people you don't know very well, use **Bonjour monsieur/madame/mademoiselle.** People meeting for the first time never use first names with each other, for instance in a bank, hospital, restaurant or car dealership.

Is it more common among Americans to greet each other using first names?

Communication

25 Interview

Parlons You work for the school newspaper and you're interviewing new students and teachers for the next issue of the paper. Remember to use the appropriate subject pronoun for each person. In each interview:

1. greet the person you're interviewing and introduce yourself.
2. ask what his or her name is.
3. ask how old he or she is.
4. say goodbye.

MODÈLE **Bonjour. Je m'appelle...**

Culture

Culture appliquée

Les gestes

The use of gestures to communicate is common practice in many cultures. Here are some gestures to express opinions that are commonly used in the U.S. and in France. Which gestures are similar in both countries, and which are different?

J. Fillol, joueur de rugby français

Super!

To show that you're doing fine or that you like something, give a "thumbs up".

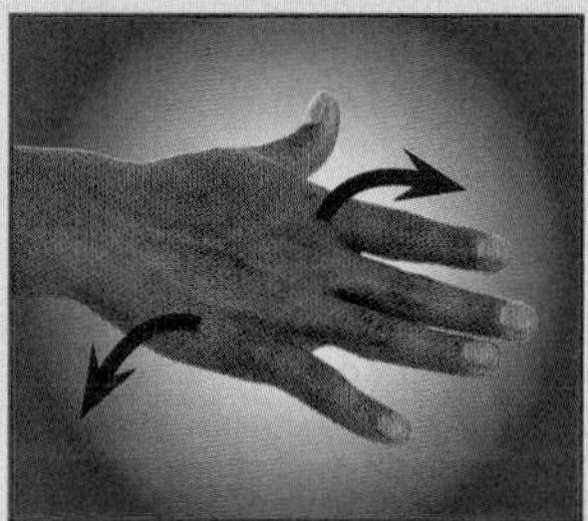

Comme ci comme ça

To show that you are doing so-so, hold your hand palm down and rock it back and forth.

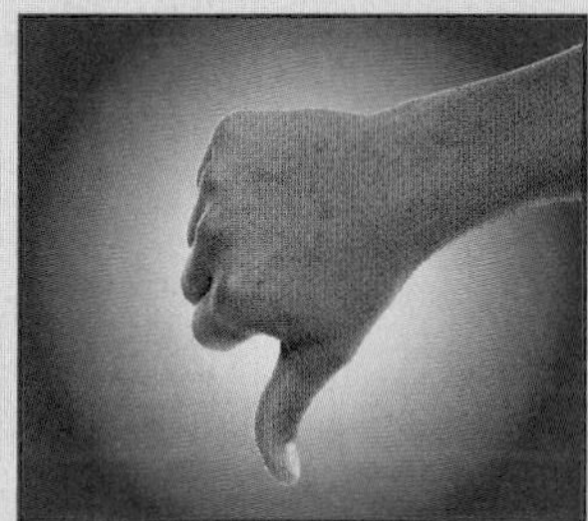

C'est nul!

To show that you don't like something, make a "thumbs down" gesture.

Un

To indicate the number **un**, hold up your thumb.

Deux

To indicate the number **deux,** use your thumb and index finger.

Trois

To indicate the number **trois**, use your thumb, index finger and middle finger.

Ça va?

You're meeting a new French student. Unfortunately, the new student has lost his/her voice today. You're asking him/her a series of questions. The new student should answer using gestures only. Think of some questions you could ask and then role play the scene with a partner.

Recherches Can you think of gestures that you use? Use French websites to research what their equivalent would be in France.

Online Practice
my.hrw.com
Online Edition

Culture

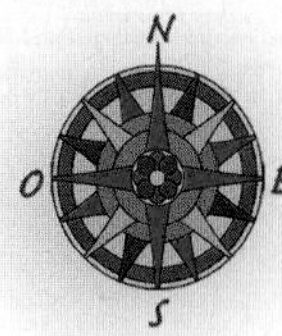

Comparaisons

Les salutations au Sénégal

Greetings

You're visiting with your friend Adama Ndiaye in Saint-Louis, Senegal. How does he greet you?

a. He just says: **Salut!**
b. He gives you a hug.
c. He asks you how your whole family is doing, first in Arabic, then in Wolof.

In Africa, greetings can take up to 15 minutes. The person not only asks "How are you doing?" but also, "And your mom, your dad, your husband, your children, your sister, your brother? . . ." Then one goes on to inquire about a person's health, job, vehicle, and so on.

In Senegal, even though French is the official language, the custom is to greet a person first in Arabic: **"Salam aleykoum"** (Peace be with you), then in Wolof: **"Na nga def?"** (How are you?), **"Naka sa wa kër?"** (How is the family?)

ET TOI?

1. What do you say or do when you greet a friend? How does it differ from a Senegalese greeting?
2. Can you think of a situation in the United States in which a greeting might occur in two languages?

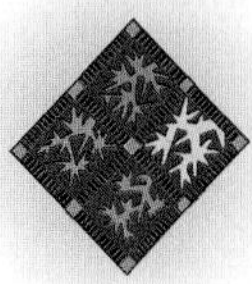

Communauté

Join a French club

There are probably clubs at your school where you can meet new people and take part in a variety of activities. Can you think of a place in your community where you could meet French speakers? The **Alliance française** is usually a good source of information. Is there one in your area? What activities do they offer? What would be the advantages of meeting native French speakers or joining a French-speaking association or club?

Des élèves à la bibliothèque

Objectifs
- to ask about things in a classroom
- to use classroom expressions
- to ask and tell how words are spelled

Vocabulaire à l'œuvre 2

Télé-vocab

Dans la salle de classe

une télé(vision)
un lecteur de CD/DVD
un poster
une porte
une fenêtre
Quelle est la capitale de la France?
un tableau
une carte
une fille
un bureau
un(e) prof(esseur)
un garçon
un ordinateur
une table
un CD/ un DVD
une chaise

Exprimons-nous!

To ask about things in a classroom	To respond
Il y a un poster/des posters **dans la salle de classe?** *Is there/Are there . . . in the classroom?*	**Oui, il y a** un poster/des posters. *Yes, there is/are . . .* **Non, il n'y a pas de** poster. *No, there isn't a/aren't any . . .*
Combien d'élèves il y a dans la classe? *How many students are there in the class?*	**Il y en a** cinq. *There are . . . (of them).* **Il n'y en a pas.** *There aren't any.*

Vocabulaire et grammaire, *pp. 7–10* Online Workbooks

my.hrw.com
Vocabulaire 2 practice

26 Écoutons

Listen as Julien describes his classroom. Based on the photo, decide if each statement you hear is **a) true** or **b) false.**

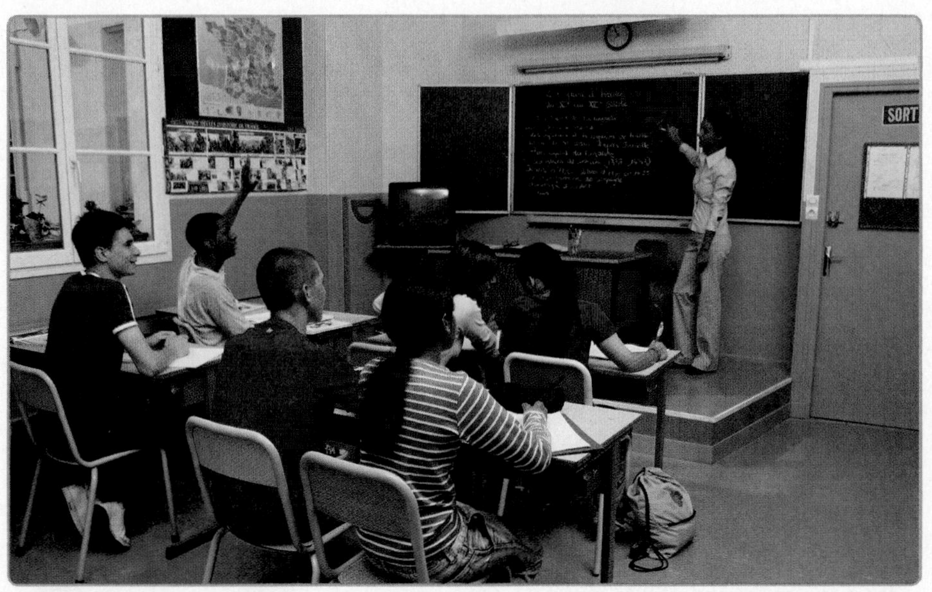

27 Ma classe

Écrivons Using complete sentences, first tell if these items are in your classroom. Then tell how many of each there are.

MODÈLE Des CD? **Oui, il y en a sept./Non, il n'y en a pas.**

1. Des ordinateurs?
2. Des élèves?
3. Des fenêtres?
4. Des bureaux?
5. Des télévisions?
6. Des posters?

Communication

28 Opinions personnelles

Parlons Take turns with a partner to describe what you think an ideal classroom looks like.

MODÈLE **Dans la salle de classe, il y a un ordinateur, une télé...**

29 Devine!

Parlons Take turns asking your partner about specific things in the classroom. Your partner will answer without looking around.

MODÈLE **—Il y a un poster dans la classe? ...**

À l'école

To give classroom commands	To ask the teacher something
Asseyez-vous!/Levez-vous! *Sit down!/Stand up!*	**Monsieur/Madame/ Mademoiselle,...** *Sir, . . . /Ma'am, . . . /Miss . . .*
Silence!/Faites attention! *Silence!/Pay attention!*	**Je ne comprends pas.** *I don't understand.*
Écoutez et répétez après moi! *Listen and repeat after me!*	**Répétez, s'il vous plaît?** *Could you please repeat that?*
Prenez une feuille de papier! *Take out a sheet of paper!*	**Comment dit-on... en français?** *How do you say . . . in French?*
Allez au tableau! *Go to the blackboard!*	**Qu'est-ce que ça veut dire...?** *What does . . . mean?*
Regardez (la carte)! *Look (at the map)!*	
Retournez à vos places! *Go back to your seats!*	
Ouvrez vos livres (m.) **à la page...** *Open your books to page . . .*	
Fermez vos cahiers. *Close your notebooks.*	

30 Écoutons

Tell whether **a) un professeur** or **b) un(e) élève** would most likely say each sentence you hear.

31 Quelle photo?

Lisons Match each sentence below with the correct photo.

a. Ouvrez vos livres à la page vingt-six!
b. Regardez la carte!
c. Fermez vos cahiers!
d. Écoutez le CD!

1.

2.

3.

4.

32 En classe

Lisons Select the correct completion for each sentence.

1. Regardez...
2. Comment dit-on *pen*...
3. Fermez...
4. Qu'est-ce que...
5. Allez...

a. en français?
b. au tableau!
c. ça veut dire «fille»?
d. la carte!
e. vos cahiers!

33 Associations

Écrivons Write as many classroom items as you can think of associated with each command below.

MODÈLE prenez: **livres, cahiers, feuille de papier**

1. ouvrez
2. regardez
3. écoutez
4. asseyez-vous
5. allez
6. fermez

34 Donnez des ordres!

Parlons You're the teacher in charge of getting this classroom back in order. How would you tell these students what to do?

Communication

35 Scénario

Parlons Work in groups of three. One person is the teacher and gives commands to the students (the other group members). If, and only if, the teacher says **Jacques a dit** *(Simon says)* before a command, the group members must comply and do as told. Take turns playing the teacher and the students.

MODÈLE **Jacques a dit: Asseyez-vous!**
Group members playing the students must sit down.

Les accents et les signes graphiques

You've seen special marks over some French letters. These are called accents and they're very important to the spelling, the pronunciation, and even the meaning of French words.

é The **accent aigu** (´) tells you to pronounce an *e* similar to the *a* in the English word *date:*

éléphant **Sénégal**

è The **accent grave** (`) tells you to pronounce an *e* like the *e* in the English word *jet:*

zèbre **zèle**

ù An **accent grave** over an *a* or *u* doesn't change the sound of these letters. It does however change the meaning.

où **à**

ê The **accent circonflexe** (ˆ) can appear over any vowel, and it doesn't change the sound of the letter:

pâté **forêt** **île** **hôtel** **flûte**

ç The **cédille** (¸) under a *c* tells you to pronounce the *c* like an *s:*

français **ça**

ï When two vowels appear next to each other, a **tréma** (¨) over the second one tells you to pronounce each vowel separately:

Noël **Haïti**

When you spell a word aloud, be sure to say the accent after the letter on which it goes.

*For **L'Alphabet**, see p. xx.*

Exprimons-nous!

To ask how words are spelled	To tell how words are spelled
Comment ça s'écrit, zèbre? *How do you write . . .?*	**Ça s'écrit** z-e accent grave-b-r-e. *It is written/spelled . . .*
Comment tu épelles girafe? *How do you spell . . .?*	
To ask for someone's e-mail address	**To give one's e-mail address**
Quelle est ton adresse e-mail? *What is your e-mail address?*	**C'est** a-l-i-c-e **arobase** b-l-a **point** f-r. (alice@bla.fr) *It's . . . at . . . dot . . .*

Vocabulaire et grammaire, *pp. 7–10* **Online Workbooks**

36 Mais où sont les accents?

Lisons/Écrivons Marlene is writing you an e-mail about her school but she doesn't know how to type accents or special characters. Rewrite her message with the missing accents.

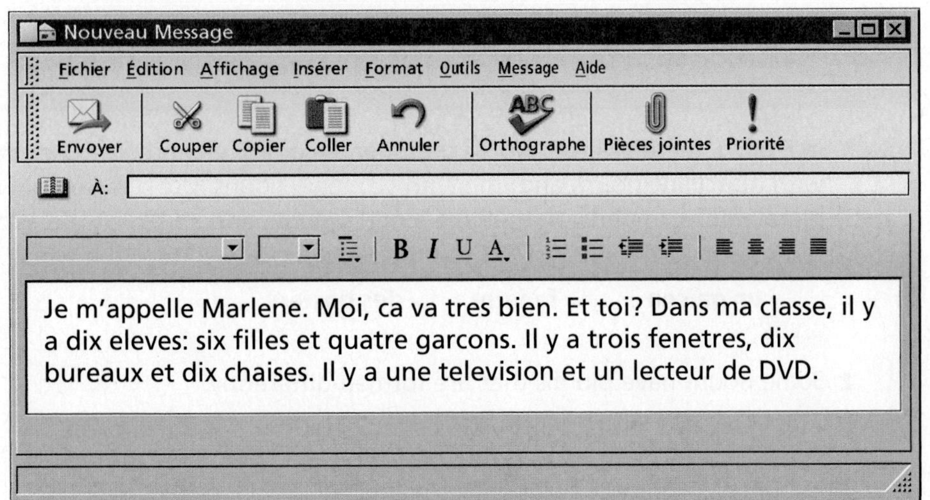

Nouveau Message
Fichier Édition Affichage Insérer Format Outils Message Aide
Envoyer Couper Copier Coller Annuler Orthographe Pièces jointes Priorité
À:
Je m'appelle Marlene. Moi, ca va tres bien. Et toi? Dans ma classe, il y a dix eleves: six filles et quatre garcons. Il y a trois fenetres, dix bureaux et dix chaises. Il y a une television et un lecteur de DVD.

37 Écoutons

Listen to these students spell their names and write them down. Don't forget to include all the accents.

38 Une première rencontre

Écrivons You've been asked to welcome a new French exchange student in your school. You know nothing about the student, not even his or her name! Make a list of five questions you could ask when you first meet the new student.

Communication

39 Interview

Parlons A summer camp near Paris is looking for students who could work at the camp next summer. You and a friend (your classmate) have decided to apply. Prepare for the interview by asking each other questions you might be asked during the interview (i.e., your name, how it is spelled, your age, your e-mail address, etc.).

MODÈLE **—Tu as quel âge?**
—J'ai seize ans.

CAMP DE VACANCES
LE BALLON ROND

Formulaire d'inscription

Informations personnelles
Nom de famille ________ Prénom ________
Date de naissance ________ Âge ________
Adresse ________
Ville ________ Code postal ________
Numéro de téléphone ________
e-mail ________

Niveau de football
☐ débutant ☐ intermédiaire ☐ avancé

Objectifs

- indefinite articles and plural of nouns
- the verb *avoir* and negation

Grammaire à l'œuvre 2

Grammavision

Indefinite articles and plural of nouns

1 In French, there are two words that mean *a* or *an*: **un** and **une**. Use **un** with **masculine** nouns and **une** with **feminine** nouns. Use **des** *(some)* with plural nouns. In general, to make a noun plural, add an "**s**" at the end of the word. The final "**s**" is not pronounced when you say the word.

un garçon **une fenêtre** **des posters**

2 Some nouns have plurals that are formed differently:

un tableau → **des tableaux**
un bureau → **des bureaux**
un CD/DVD → **des CD/DVD** *(no change)*
un lecteur de CD/DVD → **des lecteurs de CD/DVD**

3 To say there aren't any of an item, remember to use **Il n'y a pas de.**

Il y a **des** cartes dans la classe. → Il n'y a pas **de** cartes dans la classe.

Vocabulaire et grammaire, *pp. 11–12*
Cahier d'activités, *pp. 5–7*

En anglais

In English, most nouns do not have gender. We use the pronoun *it* for an object like a desk or a chair.

What nouns do we often refer to as he or she instead of it?

In French, all nouns have gender, whether they refer to people or inanimate objects. You'll have to learn a noun's gender as you learn its meaning.

40 Écoutons

Listen as Louis describes his classroom. In each statement, tell if he is talking about **a) a masculine singular noun, b) a feminine singular noun,** or **c) a plural noun.**

41 Choisis le bon article

Écrivons Complete the following sentences with **un, une, des,** or **de.**

1. Il y a ______ télé et ______ ordinateur.
2. Il y a ______ chaises dans la classe?
3. Il n'y a pas ______ fenêtres dans la classe de Mia.
4. Il y a ______ filles mais il n'y a pas ______ garçons.
5. Est-ce qu'il y a ______ lecteur de DVD dans la classe?
6. Il n'y a pas ______ bureaux dans la classe.
7. Il y a ______ cartes et ______ tableau dans la classe.
8. Il y a ______ élèves mais il n'y a pas ______ professeur.
9. Il n'y a pas ______ DVD.

Online Practice

my.hrw.com
Grammaire 2 practice

42 La chambre de Josette

Parlons This is your friend Josette's room. Name at least five things that you see in her room.

MODÈLE **Il y a une porte...**

Communication

43 Expérience personnelle

Parlons Take turns with a classmate to describe your classroom. Name at least five things that are in the classroom and your classmate names five things that are not in the classroom.

Charlotte Dupuis
Téléphone:
01-13-04-19-28
adresse e-mail:
charlotte@pre.hrw.tra
anniversaire:
12 mars

44 Informations personnelles

Parlons Take turns sharing information about yourself with a classmate. Spell each item aloud in French while your classmate writes it out.

MODÈLE **cé-ache-a-èr-èl-o-té-té-e (Charlotte)**

1. your name
2. your e-mail address
3. the name of the town or city where you were born
4. your best friend's full name
5. your best friend's e-mail address
6. your teacher's name

Grammaire 2

The verb *avoir* and negation

1 Here are the forms of the verb **avoir** *(to have)*:

avoir	
j' ai	nous avons (z)
tu as	vous avez (z)
il/elle/on a	ils/elles ont (z)

2 Noun subjects (for example, Suzanne or Pierre et Jean) use the same verb form as the pronouns you would use to replace them.

Pierre et Jean **ont** deux chaises. → Ils **ont** deux chaises.

3 To make any sentence negative, add **ne... pas** around the verb. Notice that **ne** becomes **n'** before a verb that begins with a vowel sound. **Un**, **une**, and **des** all change to **de** in a negative sentence.

Ça va. *It's going fine.*	Ça **ne** va **pas**. *It's not going fine.*
Cléa a **un** poster. *Cléa has a poster.*	Cléa **n'**a **pas de** poster. *Cléa doesn't have any posters.*

Vocabulaire et grammaire, *pp. 11–12*
Cahier d'activités, *pp. 5–7*

En anglais

In English, when you form a verb in the present tense, most subject pronouns take the same form except for the third person singular: e.g., *I have, she has, we have, they have.*

Can you think of a verb that has more than one different form in the present tense?

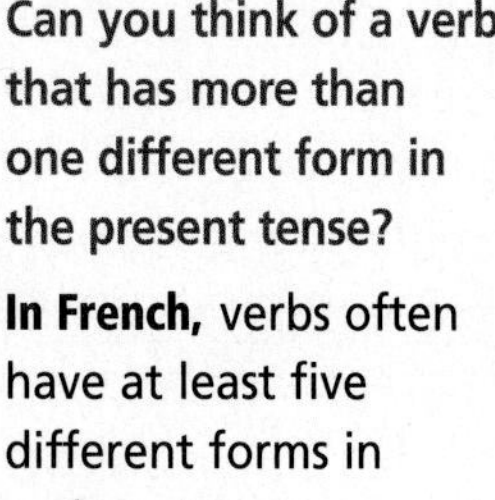

In French, verbs often have at least five different forms in a given tense.

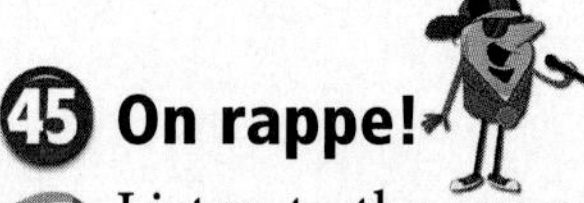

45 On rappe!

Listen to the song **Salut!** What different ways did you hear to **1) greet someone and say goodbye** and **2) ask how someone is and respond?** How old are Jérémy, Adèle and Émilie?

46 Mon copain et moi

Lisons Complete each of Thierry's sentences by choosing the appropriate form of the verb **avoir**.

1. J' (ai / as) quinze ans.
2. Mon ami Samir, il (ai / a) seize ans.
3. Samir et moi, nous (avez / avons) un prof de maths super.
4. Vous (avez / ont) des ordinateurs dans la classe de français?

Flash culture

In France, people only say "hello" to each other once a day, not every time they see a person. Saying "hello" a second time would make it seem like you forgot the first time! The French tend not to smile at people they don't know or say "hello" to strangers in the street.

Do Americans interact with strangers in a similar fashion?

47 Quelle forme?

Écrivons Use the correct form of **avoir** to complete these phrases.

1. Tu ______ douze ans?
2. Qu'est-ce que le professeur ______ dans la classe?
3. Nous ______ un ordinateur et une télé.
4. Claude et Benoît ne/n' ______ pas de CD.
5. Vous ______ l'adresse e-mail de Simone?

 **Et vous avez quoi?**

 **Parlons/Écrivons** Use complete sentences to tell what the following people have.

MODÈLE Le professeur a un bureau.

le professeur

1. je

2. les élèves

3. Mme Mayer

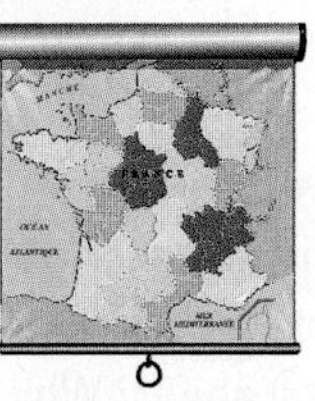
4. vous

 **Dans mon lycée**

 **Écrivons/Parlons** Use a word or phrase from each column to create complete sentences.

Mon prof	(ne) avoir (pas)	ordinateur
Je		chaise
Tu		télévision
Mes copains		lecteur de DVD
Nous		bureau

50 Présentations

Parlons You and your partner are getting to know each other on the first day of school. Take turns reading the questions below and answering them. Give as many details as possible in your answers.

— **Comment ça va?**

—

— **Comment tu t'appelles ?**

—

— **Comment ça s'écrit?**

—

— **Tu as quel âge?**

—

— **Quelle est ton adresse e-mail?**

—

Grammaire 2

Télé-roman

Que le meilleur gagne! *Épisode 1*

STRATÉGIE

Analyzing the opening In any story, there usually is an incident at the beginning that sets the plot rolling. The main characters are faced with a problem or discover something that sets them off on a journey to solve it. As you watch the first episode, think about what the problem and/or the discovered element might be. Based on that problem or element, can you predict what the story will be about? Why do you think that?

Keep in mind that you don't need to understand every word. Listen for key words that will help you identify the main idea.

Au lycée, le jour de la rentrée...

1

Adrien Salut, Laurie. Ça va?
Laurie Ça va. Et toi?

2

Adrien Bonjour, Kevin. Ça va?
Kevin Bof, tu sais... c'est la rentrée...

3

Yasmina Et lui, qui c'est?
Laurie Kevin Granieri. Il a dix-huit ans. Il est en terminale. Il n'est pas très sympa.

4

Adrien Rendez-vous à quatre heures à la sortie.

À quatre heures...

5

Adrien Alors, Yasmina, qu'est-ce que tu penses du lycée?

Yasmina Il est super.

6

Club UNESCO
GAGNEZ LE GRAND PRIX
Un voyage dans le pays de notre lycée frère!!!
FRANCE
notre lycée
Où est notre lycée frère?
le lycée frère
DÉCOUVREZ: 1. SON CONTINENT
2. SON PAYS
3. SA VILLE

Laurie Eh, regardez! Ça parle d'un concours.

7

Adrien Si vous voulez, on peut participer. Ma prof de géo, Mlle N'Guyen, peut nous envoyer les énigmes.

Laurie Oui! Génial!

8

Adrien Alors, c'est bon. Mlle N'Guyen nous envoie la première énigme immédiatement. Rendez-vous au café des Arts dans une heure.

AS-TU COMPRIS?

1. Where are the characters meeting?
2. How old is Kevin? Does Laurie like him?
3. What time is it when the three friends meet again at school?
4. What do they see posted in the hallway?
5. Where do they all agree to meet in an hour?
6. What gestures in the video tell you that the characters are French?

Prochain épisode:
Based on what you already know, what do you think the three friends will do in the next episode?

Lecture et écriture

STRATÉGIE pour lire

Recognizing cognates Cognates are words that look alike and have similar meanings in two languages. Recognizing these words will help you understand what a reading passage is about.

A Avant la lecture

Look at the homepage for the school's French Club. Write all the cognates that you can find on a piece of paper and try to guess what each word means.

Café français
Tu aimes parler français ?
Viens au café Bleu
le samedi[1] de 14h à 16h.

Nouveau Message

Correspond en français
À: clubdefrançais@hrw.ggechange.fr
De: Clotilde@hrw.ggechange.fr

Bonjour. Je m'appelle Clotilde. J'ai quinze ans. J'habite à Paris. Le week-end, j'aime aller au cinéma ; je regarde aussi des films français et américains sur DVD. J'adore la musique et le sport. Je joue au tennis et au volley. Je fais partie[5] du club de français et je cherche une correspondante. Écris-moi vite.
Clotilde

Activités artistiques
La photo, c'est ton truc ? Profite de l'atelier[2] photo le samedi de 16h à 18h. Tu préfères le théâtre ? Le club de français va présenter « L'Avare » de Molière. Répétition[3] le mardi[4] de 18h à 20h.

Activités sportives
Match de football samedi après-midi à 16h au stade municipal.
Du 21 au 27 mars, tournoi de tennis.

Pour plus d'informations, appelle le club au 01.23.45.67.89 ou envoie un e-mail à clubdefrancais@hrw.ggexchange.fr

1. Saturdays 2. workshop 3. rehearsal 4. Tuesdays 5. I am a member

B Compréhension

Answer the following questions.

1. Where do the French club members meet to practice French?
2. Can you learn theater if you join the French club?
3. Can you play baseball with the members of the French club?
4. Can you correspond with French students by e-mail?
5. Does the club offer tennis?

C Après la lecture

Would you like to become a member of this club? Why or why not? Which actitivies would you participate in if you were a member? Why? What other activities would you suggest if you were a member?

Espace écriture

1. greeting
2. your name
3.

STRATÉGIE pour écrire

Making a list can help you get ideas for writing. List everything you would like to include in your work even if you don't know how to say it in French. You can get help later from the dictionary if you need to find a specific word or phrase.

Le site Internet du club de français

You have joined the French Club and would like to meet some of the other members before the next meeting. Write a short e-mail about yourself to post on the club's Web site. In your e-mail, include a greeting, your name, your age, your e-mail address, and a closing.

1 Plan

Make a list of the information you will need for your e-mail. You may use English or French for this step.

2 Rédaction

Write your e-mail using complete sentences. Keep your audience in mind as you write.

3 Correction

Read your sentences twice. Make sure you have included all the information you want to post on the Web site. Exchange your e-mail with a partner and check all spelling and punctuation.

4 Application

Post your completed e-mail on your class bulletin board or Web site.

Chapitre 1

Prépare-toi pour l'examen

@HOMETUTOR

> **1 Vocabulaire 1**
> - to greet someone and say goodbye
> - to ask how someone is and respond
> - to introduce someone and respond to an introduction
>
> **pp. 6–11**

1 You meet each of the people below on your way home from school with a friend. Greet each person and ask how he or she is. Then, introduce your friend Camille to each of them.

1. Nasira (quinze ans)
2. Monsieur Roger (un professeur)
3. Madame Tautou (trente ans)
4. Mia et José (douze ans)

> **2 Grammaire 1**
> - subjects and verbs
> - subject pronouns
>
> **pp. 12–15**

2 Fill in the blanks with the correct subject pronoun. Then, for each pair of sentences, identify the verbs.

1. Il s'appelle Jérôme. ______ a seize ans.
2. Je te présente Emmanuel. ______ a quinze ans.
3. Je m'appelle Samuel. ______ ai dix-sept ans.
4. Comment tu t'appelles? Et ______ as quel âge?
5. Je vous présente Estelle. ______ a dix-sept ans.
6. Gérard et moi, ______ avons vingt ans.
7. ______ as une adresse e-mail?

> **3 Vocabulaire 2**
> - to ask and tell about things in a classroom
> - to use classroom expressions
> - to ask and tell how words are spelled
>
> **pp. 18–23**

3 Alexandre is trying to tell what's in his classroom, but he forgot how to say some words. Complete the following sentences by replacing the images with the correct words.

Dans la classe, il y a six  ______ et huit  ______.

Il y a quatre 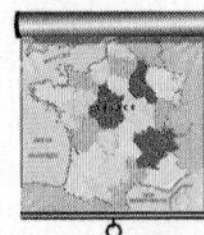 ______ et dix-sept  ______.

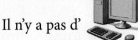

Il n'y a pas d'  ______, mais il y a une  ______.

my.hrw.com
Chapter Self-test

4 Élodie is a new student. She is talking to Manon about herself and some other students. Complete their conversation with the correct forms of **avoir.**

—Élodie, tu ___1___ quel âge?
—J'___2___ quatorze ans. Et toi?
—Moi, j'___3___ quinze ans.
—Et Paul? Il ___4___ quel âge?
—Il ___5___ treize ans. Et Marine et Sandrine, elles ___6___ quinze ans.

4 Grammaire 2
- indefinite articles
- the verb ***avoir*** and negation

pp. 24–27

5 Answer the following questions.

1. How do people in France greet each other?
2. In what two languages would you hear greetings in Senegal?
3. Would you be on a first name basis with a salesperson in France when you first meet?

5 Culture
- **Comparaisons** **p. 17**
- **Flash culture** **pp. 12, 15, 26**

6 Listen to the following conversations. For each conversation, tell whether the speakers are **a) greeting each other, b) talking about someone's age, c) introducing someone,** or **d) asking how a word is spelled.**

7 You and a classmate are getting to know each other. First read the instructions for each exchange. Then, create a dialogue using the expressions you've learned in this chapter.

Student A:	Greet your classmate and ask him/her how he/she is feeling.
Student B:	Answer your classmate. And in turn ask him/her how he/she feels.
Student A:	Tell how you feel. Tell your name and ask your classmate his/her name.
Student B:	Tell your name. Then, ask your classmate how old he/she is.
Student A:	Tell your age, and ask your classmate for his/her age.
Student B:	Tell how old you are. Then, ask your classmate for his/her e-mail address.
Student A:	Give your e-mail address. Then, say goodbye.
Student B:	Say goodbye.

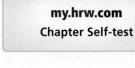

Grammaire 1
- subjects and verbs
- subject pronouns

pp. 12–15

Résumé: Grammaire 1

Most sentences have a subject and a verb. The verb tells what the subject does or links the subject to a description.

These are the subject pronouns in French.

je/j'	*I*	nous	*we*
tu	*you*	vous	*you*
il/elle/on	*he/she/one*	ils/elles	*they*

Grammaire 2
- indefinite articles
- the verb *avoir* and negation

pp. 24–27

Résumé: Grammaire 2

In French, there are two words that mean *a* or *an*: un and une.
Use un with masculine nouns and une with feminine nouns.
Use des *(some)* with plural nouns.
Un, une, and des all change to de in a negative sentence.

Here are the forms of the verb **avoir.**

avoir *(to have)*			
j'	ai	nous	avons (z)
tu	as	vous	avez (z)
il/elle/on	a	il/elles	ont (z)

To make a sentence negative, add **ne... pas** around the verb. **Ne** becomes **n'** before a verb that begins with a vowel sound.

Lettres et sons

L'intonation

As you speak, your voice rises and falls. This is called **intonation.**

In French, your voice rises at the end of each group of words within a statement and falls at the end of a statement.

Il aime le football,

mais il n'aime pas la natation.

If you want to change a statement into a question, raise your voice at the end of the sentence.

Tu aimes l'anglais?

Jeux de langue

Tes laitues naissent-elles?
Oui, mes laitues naissent.
Si tes laitues naissent,
mes laitues naîtront.

Dictée

Écris les phrases de la dictée.

Résumé: Vocabulaire 1

PRACTICE FRENCH WITH HOLT MCDOUGAL APPS!

To greet someone and say goodbye

Bonjour.	*Good morning.*
Bonsoir.	*Good evening.*
Salut!	*Hi!*
À bientôt.	*See you soon.*
À demain.	*See you tomorrow.*
À plus tard. /À tout à l'heure.	*See you later.*
Au revoir.	*Goodbye.*

To ask and tell someone's name

Comment il/elle s'appelle?	*What is his/her name?*
Comment tu t'appelles?	*What is your name?*
Il/Elle s'appelle...	*His/Her name is . . .*
Je m'appelle...	*My name is . . .*

To ask how someone is

Ça va?/Comment ça va?	*Are you doing OK?/ How's it going?*
Comment allez-vous?	*How are you doing?*
Et toi/vous?	*And you?*
Bien.	*Fine.*
Non, pas très bien.	*No, not too well.*
Oui, ça va. Merci.	*Yes, fine. Thank you.*
Pas mal.	*Not bad.*
Plus ou moins.	*So-so.*
Très bien.	*Very well.*

To introduce and respond to an introduction

C'est un ami/une amie.	*He/She's a friend.*
Ça, c'est...	*This is . . .*
Enchanté(e)!	*Delighted!*
Je te/vous présente...	*I'd like to introduce you to . . .*

To ask and tell how old someone is

Il/Elle a quel âge?	*How old is he/she?*
Il/Elle a... ans.	*He/She is . . . years old.*
J'ai... ans.	*I am . . . years old.*
Tu as quel âge?	*How old are you?*

Les nombres 0–30 .... *see p. 10*

Résumé: Vocabulaire 2

To ask and tell about things in a classroom

un bureau	*desk*
une carte	*map*
un CD/un DVD	*CD/DVD*
une chaise	*chair*
un/une élève	*student*
une fenêtre	*window*
une fille	*girl*
un garçon	*boy*
un lecteur de CD/DVD	*CD/DVD player*
un ordinateur	*computer*
une porte	*door*
un poster	*poster*
un/une prof(esseur)	*teacher*
la salle de classe	*the classroom*
une table	*table*
un tableau	*blackboard*
une télé(vision)	*television*
Il y a...?	*Is/Are there . . . ?*
Non, il n'y a pas de...	*No, there isn't/aren't any . . .*
Oui, il y a...	*Yes, there is/are . . .*
Combien d'élèves il y a dans la classe?	*How many students are there in class?*
Il y en a...	*There is/are . . . (of them).*
Il n'y en a pas.	*There aren't any.*

To give classroom commands and ask the teacher something ....*see p. 20*

To ask and say how words are spelled

Comment ça s'écrit, ...?	*How do you write . . .?*
Comment tu épelles...?	*How do you spell . . .?*
Ça s'écrit...	*It is written/spelled . . .*

To exchange e-mail addresses

Quelle est ton adresse e-mail?	*What is your e-mail address?*
C'est... arobase... point...	*It's . . . at . . . dot . . .*

Prépare-toi pour l'examen

Révisions cumulatives

1 Listen to each conversation and match it with the corresponding image.

a.

b.

c.

d.

2 Read Isabelle's e-mail to her pen pal, and tell if the questions that follow are **a) true** or **b) false.**

Bonjour Emmanuel! Ça va? Moi, je m'appelle Isabelle Martin. J'ai quinze ans. Sur la photo, c'est moi et Paul. Paul, c'est un ami. Il a seize ans. Et toi? Tu as quel âge? Mon e-mail, c'est martin55@bla.hrw.fr. Écris-moi très vite!
Isabelle

1. Isabelle and Emmanuel are good friends.
2. Paul and Isabelle are good friends.
3. Isabelle is 16 years old.
4. Paul is 16 years old.
5. Isabelle gives Emmanuel her e-mail address.

Online Assessment
my.hrw.com
Cumulative Self-test

3 You're managing the student exchange program to France. Greet three students who want to participate in the program, ask their names, ages and e-mail addresses. Give them your name and e-mail in case they need to contact you for more information.

4 Study the painting by Duverger and make a list in French of all the classroom objects you see. Then, compare the classroom in the painting to yours. What similarities and differences do you see? Compare the style of this painting to the one by Claude Monet on page 2. Which painting holds your interest more? Why?

Duverger, Theophile (1821–98). In the Schoolroom. Galerie Mensing

Dans la classe **de Théophile Duverger**

5 You're writing a letter to a new pen pal in France. Introduce yourself, give your age and e-mail address, and ask two other questions you'd like your pen pal to answer. Check your letter for correct punctuation, spelling, and accent marks.

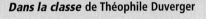

6 À ton tour

Les présentations The French club at your school is organizing a party so that the new members can get to know each other. Introduce yourself to one person, tell him or her your name and age, and ask how he or she is doing. Then, introduce this person to someone else. Try to speak to at least four people. Remember to use French gestures and body language.

chapitre 2

Qu'est-ce qui te plaît?

Objectifs

In this chapter, you will learn to
- ask about likes or dislikes
- agree and disagree
- ask how often you do an activity
- ask how well you do something and ask about preferences

And you will use
- definite articles
- **-er** verbs
- irregular plurals
- contractions with **à**
- conjunctions
- **est-ce que**

Que vois-tu sur la photo?

Où sont ces personnes?

Et toi, est-ce que tu aimes les parcs? Et la musique?

MODES OF COMMUNICATION

INTERPRETIVE	INTERPERSONAL	PRESENTATIONAL
Listen to people give opinions about things and activities.	Speak with a friend about likes and dislikes.	Present activity survey results to the class.
Read ads for pen pals in a French magazine.	Write a response to a pen pal's letter.	Write a paragraph about yourself for the school newspaper.

Le jardin du Luxembourg, à Paris

Objectifs

- to ask about likes and dislikes
- to agree and disagree

Vocabulaire à l'œuvre 1

Qu'est-ce que tu aimes?

Online Practice
my.hrw.com
Vocabulaire 1 practice

On aime beaucoup de choses!

écouter de la musique

téléphoner (à des amis)

chanter

surfer sur Internet

les écouteurs

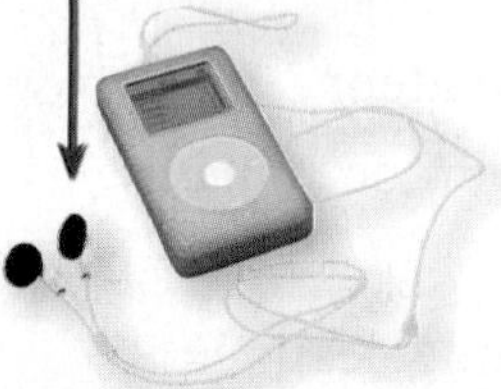

le baladeur (MP3)

la musique moderne

la radio

la musique classique

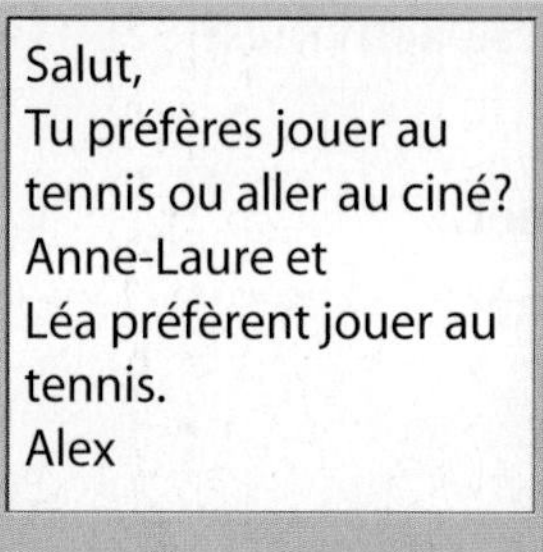
Salut,
Tu préfères jouer au tennis ou aller au ciné?
Anne-Laure et
Léa préfèrent jouer au tennis.
Alex

envoyer un e-mail

Café Jade,
7h30?
jb

envoyer un SMS/ un texto

D'autres mots utiles

les vacances (f.)	*vacation*
la voiture de sport	*sports car*
dormir	*to sleep*
travailler	*to work*
étudier	*to study*
parler français/anglais	*to speak French/English*
regarder la télé(vision)	*to watch T.V.*

Exprimons-nous!

To ask about likes and dislikes	To respond
Tu aimes étudier? *Do you like . . . ?*	**Oui, j'aime** étudier. *Yes, I like . . .* **Non, je n'aime pas** étudier. *No, I don't like . . .* **Non, je déteste** étudier. *No, I hate . . .*
Qu'est-ce que tu aimes faire? *What do you like to do?*	**J'aime bien/J'adore** dessiner. *I really like/I love . . .*

Vocabulaire et grammaire, *pp. 13–15* Online Workbooks

▶ **Vocabulaire supplémentaire**—Les matières, **p. R10**

1 Écoutons

You overhear the following conversations in the cafeteria. Select the photo that corresponds to each conversation you hear.

a.

b.

c.

d.

e.

Flash culture

French music is very diverse, ranging from classic singers like Edith Piaf and Charles Trenet to rock singers like Alain Souchon, Axelle Red and Pascal Obispo. Rap and **Raï,** a kind of music from North Africa are very popular among French teens. The law requires that at least 40% of the music played by radio stations be French. On June 21, you will find people playing music on the streets all over France, to celebrate the **Fête de la musique.**

What kind of music is popular among American teens?

2 Associations

Lisons Select the item in the right column that you would logically associate with each activity on the left.

1. dessiner	**a.** un ordinateur
2. lire	**b.** un crayon de couleur
3. surfer sur Internet	**c.** l'école
4. écouter de la musique	**d.** une bande dessinée
5. étudier	**e.** un baladeur MP3

3 Tu aimes ou pas?

Lisons/Parlons How do you feel about these activities?

MODÈLE Tu aimes surfer sur Internet?
Non, je déteste surfer sur Internet.

1. Tu aimes écouter de la musique classique?
2. Tu aimes lire le journal?
3. Tu aimes étudier le français?
4. Tu aimes regarder la télé?
5. Tu aimes envoyer des SMS?

Exprimons-nous!

To agree and disagree

Moi, j'aime la musique moderne. **Et toi?** *I like . . . And you?*	**Moi aussi.** *Me too.* **Pas moi.** *Not me.*
Moi, je n'aime pas chanter. *I don't like . . .*	**Moi, si.** J'adore chanter. *I do.* **Moi non plus.** Je n'aime pas chanter. *Me neither.*

Vocabulaire et grammaire, *pp. 13–15* — Online Workbooks

4 On est différent!

Lisons/Écrivons Complete this conversation between Lin and Tran with the expressions from the box.

Moi non plus.	Moi, si.	Pas moi!
Moi aussi	Et toi?	

LIN Moi, je n'aime pas l'école. __1__

TRAN __2__ J'aime beaucoup l'école. J'adore le français, mais je n'aime pas les mathématiques.

LIN __3__ Je déteste les maths. J'aime beaucoup l'anglais.

TRAN __4__ Je n'aime pas l'anglais. Moi, j'aime bien la musique. Et toi?

LIN __5__, j'adore la musique!

5 La lettre de Noémie

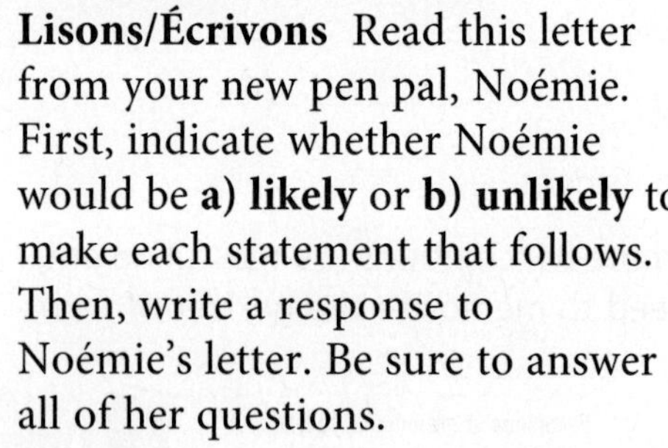

Lisons/Écrivons Read this letter from your new pen pal, Noémie. First, indicate whether Noémie would be **a) likely** or **b) unlikely** to make each statement that follows. Then, write a response to Noémie's letter. Be sure to answer all of her questions.

1. J'adore la musique classique.
2. Je déteste envoyer des SMS.
3. J'adore discuter avec des amis.
4. Je n'aime pas les ordinateurs.
5. J'aime écouter la radio.

Bonjour,

Ça va? Je m'appelle Noémie. Et toi, tu t'appelles comment? J'ai quinze ans. J'adore surfer sur Internet. Tu aimes surfer sur Internet? J'aime bien envoyer des e-mails. J'adore aussi écouter de la musique moderne, mais je n'aime pas la musique classique. J'aime bien téléphoner à des amis et j'aime bien envoyer des SMS. Et toi, qu'est-ce que tu aimes faire?

À plus, Noémie

Digital performance space

Communication

6 Opinions personnelles

Parlons Take turns asking your partner about three things and activities that he or she likes. For each activity that your partner mentions, be sure to tell him or her how you feel about it as well.

MODÈLE **—Tu aimes écouter de la musique?**
—Oui, j'adore la musique moderne.
—Moi aussi. Tu aimes... ?

Objectifs
- definite articles
- *-er* verbs

Definite articles

In French, there are four different words, **le, la, l'** and **les**, that mean *the*. You'll choose one of these four words depending on the gender and number of the noun it goes with.

	MASCULINE (BEGINNING WITH A CONSONANT)	FEMININE (BEGINNING WITH A CONSONANT)	MASCULINE OR FEMININE (BEGINNING WITH A VOWEL)
SINGULAR	le	la	l'
PLURAL	les	les	les

Nathalie aime bien **l'**école.

Patrick adore **les** bandes dessinées.

There are no set rules to determine which nouns are masculine and which are feminine, so you'll need to memorize the gender of new words as you learn them.

Vocabulaire et grammaire, *pp. 16–17*
Cahier d'activités, *pp. 11–13*

En anglais

In English, when you say that you like something in general, you omit the article before the noun.

I like music.

Can you think of instances where you need to use the definite article before the noun?

In French, you must always use the definite article before a noun.

J'aime **la** musique.

7 Chacun ses goûts!

Lisons Select the correct definite articles to complete these sentences about what Amina and her friends like and dislike.

1. Amina adore (l' / le) anglais.
2. J'aime bien (la / les) glace.
3. Nous aimons (la / les) vacances.
4. Xavier n'aime pas (le / la) chocolat.
5. David et moi, nous aimons regarder (le / la) télé.

8 Les préférences

Écrivons Fill in the blanks with the correct definite article.

1. J'adore ______ frites.
2. Tu aimes écouter ______ radio?
3. Moi, j'aime bien ______école.
4. Je déteste étudier ______ mathématiques.
5. Tu aimes ______ roman *Le Comte de Monte Cristo?*

Online Practice

my.hrw.com

Grammaire 1 practice

Grammaire 1

9 Et toi?

Parlons You're writing a short scene for a play. Complete the scene below using expressions from the box. Add definite articles where needed.

Moi aussi	vacances	lire
bandes dessinées	romans	école

LUDIVINE	Est-ce que tu aimes ___1___?
SACHA	Oui, j'adore ___2___! Et toi?
LUDIVINE	___3___. J'aime Alexandre Dumas. Et j'adore ___4___ d'Astérix!
SACHA	Pas moi. Je n'aime pas les BD.
LUDIVINE	Dis, tu aimes ___5___?
SACHA	Non, moi, j'aime ___6___!

10 On aime?

Écrivons Based on the cues, tell whether these people like or don't like the following things. Use the correct definite articles.

1. Julien

2. Charlotte et Claire

3. nous

4. tu

5. vous

6. Théo et Alexia

Flash culture

The first comic strip book was published by a Swiss named Rodolphe Töpffer in the mid 1800s. Some comic books popular among French teens are Astérix, Lucky Luke and Gaston Lagaffe (humor); Tintin and Spirou (adventure); Blake et Mortimer and Yoko Tsuno (science-fiction). Every year, comic book fans gather at the **Festival International de la bande dessinée d'Angoulème** where they can meet their favorite authors and new ones.

What genres of comic books are popular among American teens?

Digital performance space

Communication

11 Opinions personnelles

Parlons Take turns with a classmate telling whether you like or dislike each of these items and ask your classmate's opinion. He/She will agree or disagree.

1. school
2. chocolate
3. magazines
4. sports cars
5. English
6. modern music

-*er* verbs

1 There are three groups of verbs in French: verbs that end in **-er**, **-ir**, and **-re.** To form regular verbs that end in **-er**, drop the **-er** and add the appropriate ending that goes with each subject. Notice that you need to pronounce the **s** in **nous, vous, ils** and **elles** when the verb form begins with a vowel sound.

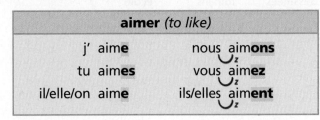

aimer *(to like)*	
j' aim**e**	nous aim**ons**
tu aim**es**	vous aim**ez**
il/elle/on aim**e**	ils/elles aim**ent**

Tu **aimes** la glace?

Ils **téléphonent** à des amis.

Nous ne **regardons** pas la télé.

2 Use the appropriate form of **aimer** plus the **infinitive** of another verb to say what you and others *like* or *don't like to do.*

Elle aime **lire.**
She likes to read.

Vous n'aimez pas **travailler**?
You don't like to work?

Vocabulaire et grammaire, *pp. 16–17*
Cahier d'activités, *pp. 11–13*

12 Mes amis et moi

Lisons Yves is telling what he and his friends do or like to do. Complete his statements by matching elements from the two columns.

1. J'	**a.** aimons le chocolat.
2. Hélène et Mia	**b.** surfes sur Internet.
3. Nous	**c.** il adore lire.
4. Tu	**d.** aiment bien la glace.
5. Et Patrick,	**e.** étudie le français.

À la francophone

In spoken language, French speakers will often leave out the **ne** in a negative sentence.

Moi, j'aime pas chanter.

In writing, you should always include the **ne** in negative sentences.

13 Écoutons

Sophie's talking to her friends on the phone, but the battery is running low so parts of her conversations are not clear. Choose the word that best completes each statement you hear.

a. écoute	**d.** lire
b. téléphonons	**e.** aimes
c. aimez	**f.** dessinent

Grammaire 1

14 Et le week-end?

Parlons/Écrivons Create six complete sentences using a word from each of the boxes below.

Je	ne… pas	à des amis
Tu	aimer	sur Internet
Monique	étudier	lire un magazine
Nous	surfer	le français
Vous	téléphoner	travailler
Ils	adorer	étudier

15 Après l'école

Écrivons Eva has taken photos of her friends doing various activities. Write captions telling what activities her friends do after school.

1. elles

2. Léo et Laure

3. il

4. tu

5. vous

6. nous

Communication

Digital performance space

16 Sondage

Parlons Work in groups of three to find out what activities you and your partners like or don't like to do. Then, take turns reporting the likes and dislikes of your group to the rest of the class.

MODÈLE —**Moi, j'aime bien… Et toi, David?**
—**Moi aussi, j'adore… Et toi, Michelle?**
—**Moi, non. Je n'aime pas…**
(To the class) **David et moi, nous aimons…**
Michelle n'aime pas…

Application 1

17 Écoutons

Océane and her friends are giving their opinions about things and activities. For each conversation, decide if Océane **a) agrees** or **b) disagrees** with her friend's opinion.

18 Une lettre à Clément

Lisons/Écrivons Help your classmate Romane send an e-mail to her new e-pal by inserting the correct definite articles.

Cher Clément,
Je m'appelle Romane Bourrigault. J'ai quinze ans. Et toi? Tu as quel âge? Tu aimes __1__ école? Moi, j'aime bien __2__ maths et __3__ anglais. Tu aimes lire? J'aime bien lire __4__ journal, mais je n'aime pas __5__ bandes dessinées. J'adore __6__ musique moderne et j'aime écouter __7__ radio. Et toi?
À plus tard!
Romane

Un peu plus

Irregular plurals

1. You already know that to form the plural of most nouns in French, you add **-s** to the end of the singular form.

   le magazine → les magazine**s**

2. If the singular noun ends in **-eau** or **-eu,** add **-x** to form the plural. The pronunciation of the word does not change.

   le tabl**eau** → les tabl**eaux** le j**eu** *(game)* → les jeu**x**

3. If the singular noun ends in **-al**, replace **-al** with **-aux.**

   le journ**al** → les journ**aux** l'anim**al** → les anim**aux**

Vocabulaire et grammaire, *p. 18*
Cahier d'activités, *pp. 11–13*

Online Practice

my.hrw.com
Application 1 practice

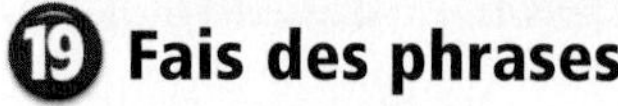

19 Fais des phrases

Écrivons Write complete sentences using the words below. Make all the necessary changes.

Souviens-toi! Irregular plurals, see p. 24

1. trois / dans la classe / bureau / il y a
2. animal / aimer / Marie / les
3. de musique classique / ils / CD / écouter / des
4. deux / dans la classe / tableau / il y a
5. aimer / les / Hélène / ne / et / journal / pas / lire / Jeanne

20 Mes passe-temps

Écrivons What do you like to do when you have free time? Write a paragraph telling about some of the activities you enjoy. Mention a few activities you don't like.

Communication

21 Scénario

Parlons You've received a brochure for a French store in the mail. With your classmate, take turns commenting on what items you like or dislike.

Culture

Une danse traditionnelle bretonne

Culture appliquée

Danses traditionnelles

Each region of France has its own traditional dance. In Brittany, the **danses bretonnes,** which have their origins in the Celtic traditions, are still very popular. In the South, the traditional dances are the **farandole** and the **rigaudon.** The **bourrée** is another traditional French dance, which is danced in many parts of France and varies greatly from one region to another. The **bourrée** was introduced to the French court in the late 16th century. Later on, operas and ballets started incorporating a more elegant form of the **bourrée.**

Danse la bourrée!

The **bourrée** is one of the more simple of traditional French dances. The basic steps are based on walking steps. However, the steps are quick and lively. The rhythm of the music is in double time.

Step 1 Face your partner three to four feet apart. Take a fairly long step forward with your left foot moving towards your partner.

Step 2 Lift your right foot and place it just behind your left foot. Repeat four times.

Step 3 Move forward again toward your partner, this time turning slightly left.

Step 4 Cross your partner's path and take his or her place, turning again to face him or her.

Step 5 Start over. With the **bourrée,** there is always room for improvisation. You can add extra turns and spins as well as many other variations.

Use French websites to research the steps of another dance mentioned in the introductory paragraph and teach the dance to the class.

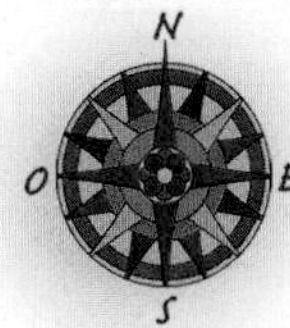

Comparaisons

De jeunes Sénégalais jouant au football.

On joue au foot?

You are in Saly, Senegal, and your friend Naago asks you: **On joue au football?**

Do you expect to play:

a. football?
b. a video game?
c. soccer?

"**Le football"** in French-speaking Africa and Europe means soccer. Most Europeans and Africans are passionate soccer fans. Everywhere you go in Africa you'll see young boys playing soccer in the streets or in parks.

French World Cup winner Patrick Vieira, born in Senegal, is co-founder of the Diambars Institute, which provides excellent training in the sport and a balanced academic education at their academy in Saly. In recent years, African women have begun forming soccer teams.

ET TOI?

1. Are there soccer teams in your area? Where do they play? Do you play soccer?
2. What opportunities are available for high school and college soccer players in the United States?

Communauté

Folk dances

Many cultures express themselves through traditional folk dancing. Which folk dances represent the different cultures in your community? Find out if there are any folk dance troops or French music groups in your city or town and ask them to visit your French club or class. You could also arrange a field trip to see one of their performances.

La danse western

Objectifs
- to ask how often you do an activity
- to ask how well you do something and to ask about preferences

Vocabulaire à l'œuvre 2

Télé-vocab

Les goûts des jeunes Français

faire les magasins (m.)

aller au cinéma

faire la fête

faire un pique-nique

jouer...

Online Practice
my.hrw.com
Vocabulaire 2 practice

J'adore faire du sport!

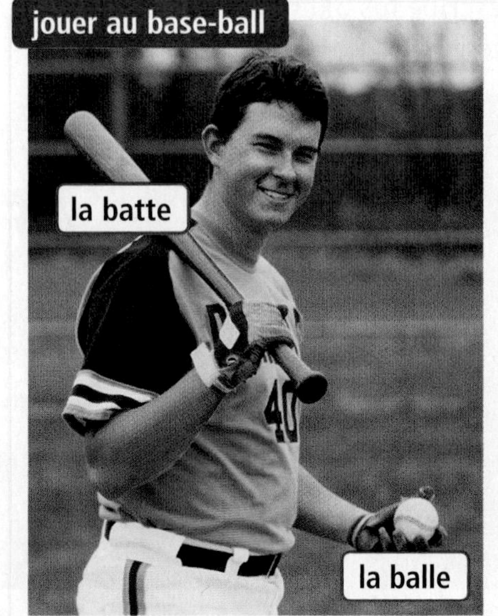

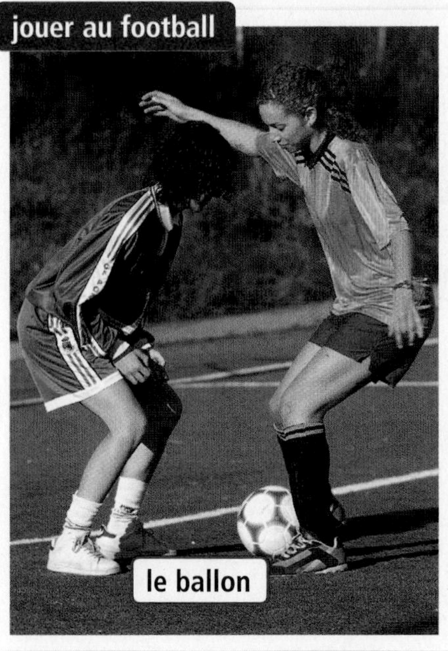

D'autres mots utiles

aller au café	*to go to a café*
sortir	*to go out*
discuter avec des amis	*to chat with friends*
la bibliothèque	*library*
la Maison des jeunes et de la culture (MJC)	*recreation center*
le stade	*stadium*
le centre commercial	*mall*
le lycée	*high school*
le parc	*park*

Exprimons-nous!

To ask how often you do an activity	To respond
Tu aimes aller au cinéma **régulièrement**? *Do you like to . . . on a regular basis?*	**Oui, souvent.** *Yes, often.* **De temps en temps.** *From time to time.* **Non, rarement.** *No, rarely.* **Non, jamais.** *No, never.*

Vocabulaire et grammaire, *pp. 19–21* — Online Workbooks

▶ **Vocabulaire supplémentaire—Les sports et les passe-temps, p. R11**

Vocabulaire 2

Flash culture

Most theaters in France offer a discount **(tarif réduit)** for students and a lower ticket price for everyone on Mondays and/or Wednesdays. The two major movie theatre chains Gaumont and UGC now offer movie passes. You can buy a pass for about 18 euros a month and see as many films as you want during that month.

Do you think you would go more often to the movies if you had a pass like in France? Why or why not?

22 Écoutons

Listen to Ludovic describe his likes and dislikes and decide which bedroom is most likely his.

a.

b.

23 Une question de goût

Lisons/Écrivons Magali is chatting online with a new classmate, telling about her friends and herself. Complete her statements with the correct word from the box below.

fête	jamais	voir	souvent
télévision	échecs	rarement	jouer

1. J'aime faire la ______ mais je n'aime pas danser. Je danse ______.
2. Henri aime ______ au base-ball. Il joue ______ avec ses copains.
3. Isabelle aime regarder la ______ mais elle adore ______ les films au cinéma!
4. Gilles et Marie jouent souvent aux ______.
5. Tristan? Jouer aux cartes? ______!

Entre copains

Here are some fun expressions that teens use in everyday conversations.

un bouquin	*book*
bouquiner	*to read*
zapper	*to surf the TV*
tchatcher	*to chat*
Ça me botte!	*I love it!*
Pas des masses.	*Not much.*

24 Souvent ou pas souvent?

Parlons Answer these questions, telling how often you do the activities mentioned. Give reasons to support your answers.

MODÈLE Tu joues au football?
Oui, souvent. J'adore le football.

1. Tu discutes régulièrement avec des amis?
2. Tu étudies souvent avec des amis?
3. Tu joues au base-ball?
4. Tu nages souvent?
5. Tu danses souvent?

Exprimons-nous!

To ask how well you do something	To respond
Tu parles **bien** français? *Do you . . . well?*	Oui, je parle **assez bien/bien/ très bien** français. *. . . rather well/well/very well.* Non, je parle **mal/très mal** français. *. . . badly/very badly.*
To ask about preferences	**To respond**
Tu préfères/aimes mieux nager **ou** aller au café? *Do you prefer . . . or . . . ?*	J'aime bien nager **mais** je préfère aller au café. *. . . but . . .*
Quelles sont tes activités préférées? *What are your favorite activities?*	J'aime chanter **et** dormir. *. . . and . . .*

Vocabulaire et grammaire, *pp. 19–21* Online Workbooks

25 Et toi?

Écrivons Tell whether you like these activities or if you prefer to do something else. Tell how well you do each of these activities.

1.

2.

3.

4.

Digital performance space

Communication

26 Scénario

Parlons You're applying for a job at a **Maison des jeunes et de la culture** in France. At your interview, the director (your classmate) will ask about sports you play and additional activities you enjoy. Role-play this interview with your classmate. Be sure to tell how well you play or do the sports and activities you mention.

MODÈLE **—Quelles sont tes activités préférées?**
—J'adore le sport. Je joue au...
—Tu joues bien au...?

Objectifs
- contractions with *à*
- conjunctions

Grammavision

Contractions with *à*

The preposition à usually means *to* or *at*.

1 When you use à with the definite articles **le** or **les**, make the following contractions.

à + **le** → **au**	J'aime aller au cinéma.
à + **les** → **aux**	Tu aimes parler aux professeurs?

2 When à appears before **la** or **l'**, there is no contraction.

à + **la** → à **la**	Tu aimes aller à la piscine?
à + **l'** → à **l'**	Marie adore aller à l'école.

Vocabulaire et grammaire, *pp. 22–23*
Cahier d'activités, *pp. 15–17*

French schools generally don't have clubs such as those you find in most American schools. Many French cities have a **Maison des jeunes et de la culture**, a kind of youth center with a variety of activities such as photography, theater and ceramics. Depending on the location of the **MJC**, activities like skiing or sailing might be offered at the center.

Do you have something similar to the **MJC** in your community?

Maison des jeunes et de la culture
LA PAILLETTE

27 Quelle préposition?

Lisons Select the correct preposition to complete each of the sentences below.

1. Paul aime manger (à l' / au) café.
2. Moi, je regarde le film (à la / au) télé.
3. Madame Rivière, est-ce que vous travaillez (à la / à l') école?
4. Les élèves ne jouent pas (aux / au) base-ball.
5. Aziz adore jouer (aux / à l') échecs.
6. Nous aimons aller (à la / au) cinéma.

28 Tous les samedis

Écrivons Use the phrases below to write complete sentences about what you and your friends do every Saturday.

MODÈLE Valérie / chanter / MJC
Valérie chante à la MJC.

1. Antoine / étudier / bibliothèque
2. Rachida / manger / café avec Luc
3. Marie et Philippe / travailler / centre commercial
4. Je / jouer / cartes / avec des amis / MJC
5. Tu / nager / piscine
6. Vous / jouer au base-ball / parc

my.hrw.com
Grammaire 2 practice

29 Où on va?

Lisons/Parlons Complete these sentences with the logical place that goes with each of these activities.

1. Pour manger, Yasmina aime aller ______.
2. Pour étudier, j'aime aller ______.
3. Pour faire du sport, Samuel et Lucas aiment aller ______.
4. Pour faire les magasins, Andréa aime aller ______.
5. Pour faire un pique-nique, vous aimez aller ______.
6. Pour nager, Étienne et moi, nous aimons aller ______.
7. Pour faire du théâtre, nous aimons aller ______.

30 Associations logiques

Écrivons Tell where these people like to go based on the images. Be sure to include the correct preposition in your answer.

1. Thierry et Ming

2. tu

3. Eva

4. nous

5. les élèves

6. vous

Communication

31 Opinions personnelles

Parlons You're at a French club party where you meet a new student from your school. First introduce yourself. Tell him or her about the things and activities you like and places you like to go. Try to find out what he or she likes to do and where he or she likes to go. Role-play this conversation with your classmate.

MODÈLE **—Bonjour, je m'appelle... J'adore... et j'aime aller... Et toi?**

Grammaire 2

Conjunctions

Use conjunctions like **et** *(and)*, **mais** *(but)*, and **ou** *(or)* to link two ideas or two sentences together.

J'aime le football. J'aime le base-ball.

J'aime le football **et** le base-ball.

J'aime chanter. Je préfère dessiner.

J'aime chanter **mais** je préfère dessiner.

Tu préfères danser? Tu préfères regarder la télé?

Tu préfères danser **ou** regarder la télé?

Vocabulaire et grammaire, *pp. 22–23*
Cahier d'activités, *pp. 15–17*

En anglais

In English, conjunctions like *and* and *but* are used to link ideas together. You use conjunctions to create longer, more sophisticated sentences.

I like to play chess, *but* I hate to play cards.

What other conjunctions can you think of in English?

In French too, conjunctions are used to link ideas together.

J'aime jouer aux échecs **mais** je déteste jouer aux cartes.

32 Ce qu'ils aiment

Lisons Annick sent you some text messsages about mutual friends. Use the phrases in the second column to complete what she wrote about each friend.

1. Sébastien aime faire la fête
2. Léo aime aller à la piscine
3. Théa et moi, nous aimons sortir
4. Pauline aime la glace
5. Philippe n'aime pas le sport,

a. mais nous n'aimons pas faire les magasins.
b. et il adore danser.
c. et nager.
d. mais il adore jouer aux échecs et aux cartes.
e. mais elle préfère les frites.

33 Écoutons

Sophie's in charge of the local French pen pal club. Listen to the messages that students interested in joining left on her answering machine. Match each message with the appropriate image.

a.

b.

c.

d.

34 Mes préférences à moi

Parlons Tell how you feel about each pair of activities listed below. Use **et** and **mais** in your sentences.

MODÈLE nager / jouer aux échecs
J'aime nager mais je n'aime pas jouer aux échecs.

1. jouer aux cartes / jouer au football
2. chanter / danser
3. faire les magasins au centre commercial / aller à la piscine
4. faire la fête avec les copains / aller au stade
5. étudier à la bibliothèque / étudier avec des amis au café
6. regarder la télévision / aller au cinéma

35 Les activités de Richard

Lisons/Écrivons Use the information from Richard's survey to tell about things he likes and dislikes. Write two questions you could ask him about his preferences. Use **et, mais** and **ou**.

MODÈLE **Il aime faire la fête. Il n'aime pas...**

NOM: DUBOIS Richard	J'adore	J'aime	Je n'aime pas
discuter avec des amis	✓		
aller au cinéma	✓		
faire la fête		✓	
écouter de la musique	✓		
faire les magasins			✓
faire du sport	✓		
faire un pique-nique		✓	
manger au café		✓	
nager			✓
jouer aux échecs			✓

Digital performance space

Communication

36 Sondage

Parlons Make a list of different activities in a chart like the one in Activity 35. Survey your classmates about activities they like, love or dislike and record their answers in the chart. Present the results of your survey in the form of a graph or pie chart to the class.

MODÈLE **—Tu aimes faire du sport?**
—Oui, j'adore... mais je n'aime pas...

Application 2

37 On rappe!

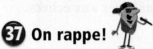

Listen to the song **Qu'est-ce que tu aimes faire?** Answer that question by adding one more stanza of four lines to the rap song. Talk about things or activities that you like to do.

38 Il faut décoder!

Lisons Tanguy's online chat session with his friend, Amélie, got scrambled out of order when he tried to save it. Reconstruct the session by numbering the phrases in order from 1–6.

—Pas moi. Je n'aime pas les films. Je préfère dessiner ou lire.

—Moi aussi, j'adore lire mais je n'aime pas dessiner.

—Qu'est-ce que tu aimes lire?

—Amélie, Cléo et toi, vous aimez aller au cinéma?

—Oui, nous adorons aller au cinéma! Et toi?

—J'adore lire des romans!

Un peu plus

Est-ce que

You've already learned to make a yes-no question by raising the pitch of your voice at the end of a sentence.

Another way to make a yes-no question is to add **Est-ce que** before a statement and raise your voice at the very end. **Est-ce que** becomes **Est-ce qu'** if the following word begins with a vowel sound.

Est-ce **que** tu aimes sortir?
Do you like to go out?

Est-ce **qu'**ils aiment nager?
Do they like to swim?

Vocabulaire et grammaire, *p. 24*
Cahier d'activités, *pp. 15–17*

39 Rencontre avec Nathalia

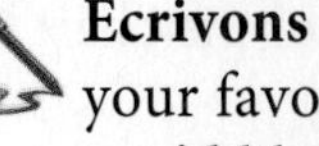

Écrivons Imagine that you've won a backstage pass to meet your favorite music star Nathalia. Make a list of eight questions you'd like to ask her to find out about her likes and dislikes.

MODÈLE **Est-ce que vous aimez aller au cinéma?**

Online Practice

my.hrw.com
Application 2 practice

40 Je cherche des correspondant(e)s

Lisons/Écrivons Read these ads for pen pals in the French magazine *Monde jeune*. Write a response to one of them giving similar information about yourself.

La musique, c'est ma passion!!
Salut! Je cherche quelqu'un qui parle américain. J'aime bien le rock, le rap et la pop. J'adore Daara J! La danse me fait délirer! Répondez vite! Réponse assurée à 110%!
Cléa

Tu aimes le shopping?
Coucou!!! J'adore faire les magasins. J'aime les jeans et les tee-shirts très cool. J'aime aussi aller au ciné, faire la fête et parler au téléphone. J'attends vos lettres avec impatience!
Lise

Malik
Fana de football américain!
J'adore le sport et surtout le football américain! Avec mes copains, on regarde tous les matchs à la télé. J'aime aussi surfer sur Internet. Si tu as les mêmes goûts, écris-moi!

Communication

Digital performance space

41 Préférences

Parlons You and your partner are discussing your likes and dislikes. Take turns reading the questions below and answering them. Give as many details as possible in your answers.

— **Qu'est-ce que tu aimes faire?**
—
— **Qu'est-ce que tu détestes faire?**
—
— **Est-ce que tu préfères les bandes dessinées ou les magazines?**
—
— **Est-ce que tu aimes aller au café?**
—
— **Quelles sont tes activités préférées?**

Application 2

Télé-roman

Que le meilleur gagne!

Épisode 2

STRATÉGIE

Gathering information As a viewer, it is important to gather as much information as possible from the characters' exchanges. As you watch the video, listen for key words that help you understand the main idea of the video. Write down each bit of important information that you receive from each exchange between Yasmina, Laurie, and Adrien. What new information did you gather in this episode? Have the three friends made any progress in the contest? Have they learned anything new? If so, what?

Les trois amis reçoivent la première énigme...

1

Adrien Voici la première énigme. On doit découvrir le continent où est le lycée.

Yasmina C'est un message codé...

2

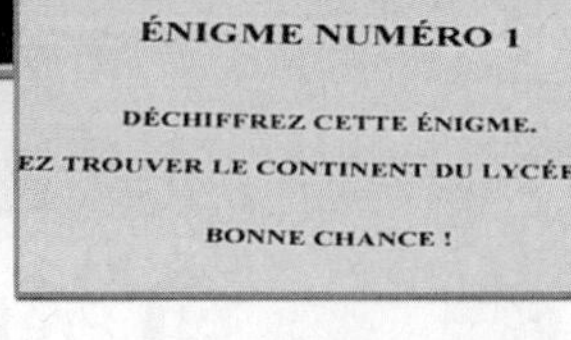

ÉNIGME NUMÉRO 1

DÉCHIFFREZ CETTE ÉNIGME.

EZ TROUVER LE CONTINENT DU LYCÉE

BONNE CHANCE !

Adrien Il y a trois phrases... Regardez!

Laurie À mon avis, chaque lettre de l'alphabet correspond à une autre lettre.

3

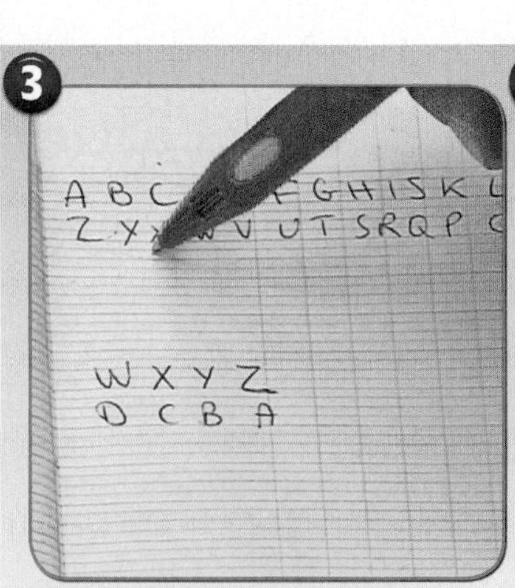

Laurie C'est assez simple, en fait. C'est l'alphabet à l'envers. Le A correspond au Z et le B au Y.

4

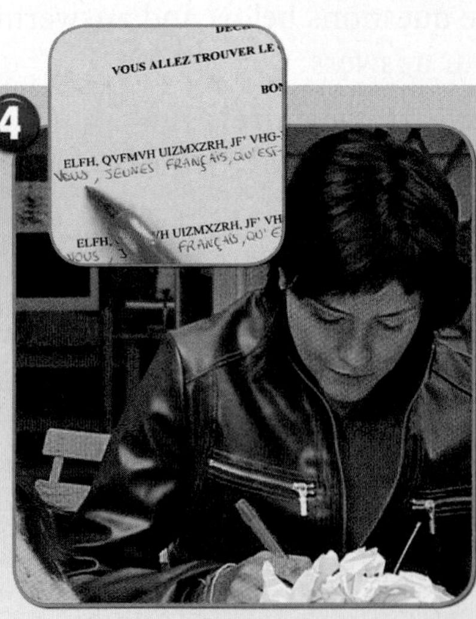

Laurie Voici le message décodé.

5

Le jeune homme "Vous, jeunes Français, de la vie il faut toujours profiter."

Visit Us Online
my.hrw.com
Online Edition

6

Adrien Pardon?

Le jeune homme C'est la dernière phrase de la chanson de Blue Babylon, "Jeunes Français."

7

Laurie Ah oui! Le groupe Blue Babylon! Et ils sont d'où déjà?

Le jeune homme De différents pays d'Afrique.

8

Laurie D'Afrique! D'Afrique! Le lycée est en Afrique!

9

Yasmina Il est à vous, ce cahier?

Le jeune homme Non, non. Il n'est pas à moi.

10

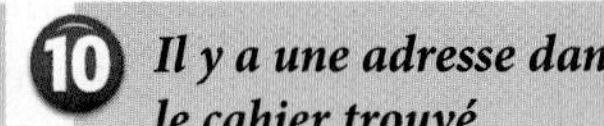

Il y a une adresse dans le cahier trouvé.

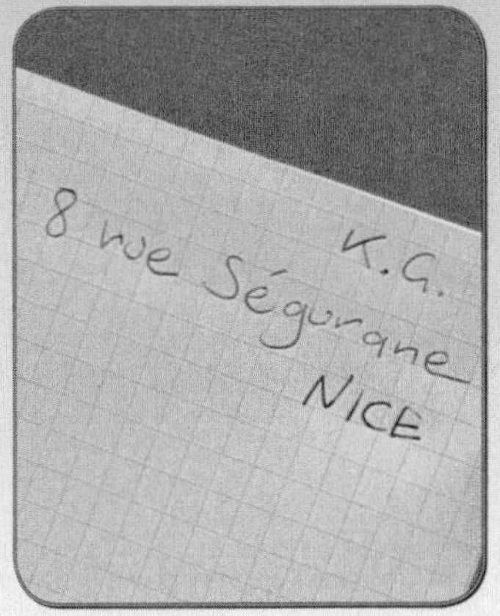

AS-TU COMPRIS?

1. What kind of code is used in the secret message?
2. Who decodes the message?
3. What does the young man do that helps the three solve the clue?
4. On what continent is their sister school?
5. What does Yasmina find at the café?
6. Identify 6 key words or phrases from this episode.

Prochain épisode:
Yasmina just found an object that will play an important role in the next episode. Why do you think that is?

Lecture et écriture

STRATÉGIE pour lire

Using visual clues Before you begin to read, look at the photos, drawings and charts that accompany a passage. You might also look for familiar key words to help you understand. These visual clues will usually give you an idea of what you are going to read.

A Avant la lecture

Look at the photos and charts in the article below. Based on what you see, what do you think you are about to read? What kind of information do you expect to find?

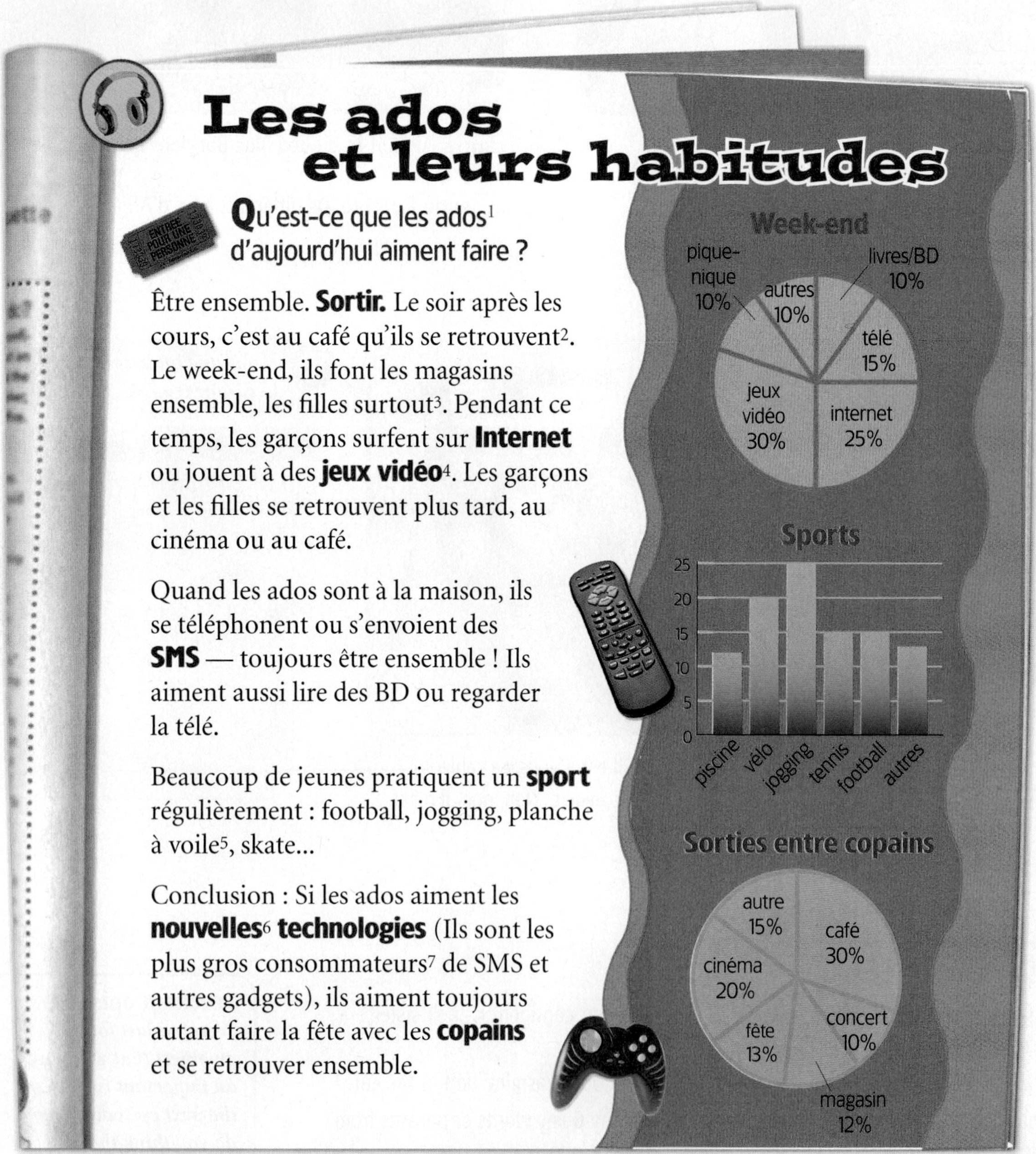

Les ados et leurs habitudes

Qu'est-ce que les ados[1] d'aujourd'hui aiment faire ?

Être ensemble. **Sortir.** Le soir après les cours, c'est au café qu'ils se retrouvent[2]. Le week-end, ils font les magasins ensemble, les filles surtout[3]. Pendant ce temps, les garçons surfent sur **Internet** ou jouent à des **jeux vidéo**[4]. Les garçons et les filles se retrouvent plus tard, au cinéma ou au café.

Quand les ados sont à la maison, ils se téléphonent ou s'envoient des **SMS** — toujours être ensemble ! Ils aiment aussi lire des BD ou regarder la télé.

Beaucoup de jeunes pratiquent un **sport** régulièrement : football, jogging, planche à voile[5], skate...

Conclusion : Si les ados aiment les **nouvelles**[6] **technologies** (Ils sont les plus gros consommateurs[7] de SMS et autres gadgets), ils aiment toujours autant faire la fête avec les **copains** et se retrouver ensemble.

1. teens 2. get together 3. especially 4. video games 5. wind-surf 6. new 7. consumers

Online Practice
my.hrw.com
Online Edition

B Compréhension

Complete the following sentences according to **Les ados et leurs habitudes.**

1. En général, les ados aiment beaucoup…
2. Les trois activités préférées des ados pendant le week-end sont…
3. Un des sports que les ados ne pratiquent pas beaucoup est…
4. Les ados aiment souvent aller au…
5. Les technologies que les ados adorent sont…

C Après la lecture

How do your interests compare with those of the teens surveyed? Which interests do you share with them? Is socializing as important to you as it is to the teens in the survey? Why or why not?

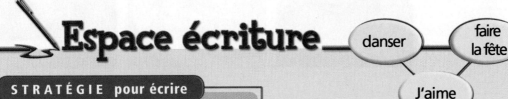

Espace écriture

STRATÉGIE pour écrire

Cluster diagrams can help you organize your ideas around a particular theme or topic. You can draw bubbles containing information related to your topic, then connect the bubbles to help you see your writing plan more clearly.

Dossier personnel

Every month the school newspaper has a special feature about a different student. They have asked you to write a paragraph about yourself and the activities you like and dislike. In your paragraph, include your name, age, what you like and dislike doing, and how often you do these activities.

1 Plan

Draw two bubbles. Write **J'aime** in one bubble and **Je n'aime pas** in the other. Then draw more bubbles, each with an activity that you like or dislike doing. Connect the bubbles based on your likes and dislikes.

2 Rédaction

Start your paragraph by introducing yourself and telling how old you are. Then, use your cluster diagram to organize the information for your paragraph. Include all the information in your bubbles.

3 Correction

Read your sentences at least twice. Make sure you have included all the necessary information you wanted to include in your paragraph. Exchange your paragraph with a classmate to check spelling and punctuation.

4 Application

You may want to attach a photo of yourself doing your favorite activity to your paragraph. Post your **dossier personnel** on the bulletin board. How well do you know your classmates? Read their paragraphs and find out.

Chapitre 2

Prépare-toi pour l'examen

@HOMETUTOR

1 Vocabulaire 1
- to ask about likes and dislikes
- to agree and disagree

pp. 40–43

1 Say whether you like or dislike these things or activities.

1.

2.

3.

4.

5.

6.

2 Grammaire 1
- definite articles
- *-er* verbs

Un peu plus
- irregular plurals

pp. 44–49

2 Use the correct form of the verbs to complete Vincent's journal entry.

Je m'appelle Vincent. Mes amis Karim, François et moi, nous______ (aimer) les BD et les magazines. Karim aime______ (lire) le journal. François et moi, nous n'______(aimer) pas lire le journal. Moi, j'adore______ (dessiner). Je______ (dessiner) bien. Karim et François n'______ (aimer) pas dessiner. Ils ______(dessiner) mal. Ils préfèrent______ (écouter) de la musique. Et ils______ (adorer) chanter!

3 Vocabulaire 2
- to ask how often you do an activity
- to ask how well you do something and ask about preferences

pp. 52–55

3 Tell whether these sentences are **a) logical** or **b) illogical.**

1. Sarah adore jouer aux échecs. Elle ne joue jamais aux échecs.
2. Caroline aime manger. Elle préfère manger au café.
3. Pascaline ne joue pas au base-ball. Elle n'aime pas le base-ball.
4. Sylvestre nage souvent. Il déteste nager.
5. Farida adore les romans et les bandes dessinées. Elle n'aime pas lire.

my.hrw.com
Chapter Self-test

4 Complete this conversation between Rémy and Louise with the correct contractions with **à.**

—Qu'est-ce que tu aimes faire comme sport?

—J'aime nager ___1___ piscine et j'aime aussi aller ___2___ parc ou ___3___ stade pour jouer ___4___ foot.

—Est-ce que tu étudies souvent ___5___ bibliothèque?

—Non, je préfère étudier ___6___ lycée.

4 Grammaire 2
- contractions with *à*
- conjunctions

Un peu plus
- *est-ce que*

pp. 56–61

5 Answer the following questions.

1. Name three French comic books.
2. What kind of North African music is popular in France?
3. What kinds of activities can you do at an **MJC?**

5 Culture
- Comparaisons p. 51
- Flash culture pp. 42, 45, 54, 56

6 Listen to this conversation, then say whether the statements that follow are **a) vrai** *(true)* or **b) faux** *(false).*

1. Thomas' favorite activity is reading.
2. Manon is not a very good soccer player.
3. Thomas plays soccer a lot.
4. Manon only likes activities that she can do with friends.
5. Thomas and Manon both prefer to read magazines.

7 You're talking with a classmate about what you like to do and you're trying to find out which activity you both like. First read the instructions for each exchange. Then, create a dialogue using the expressions you've learned in this chapter and the previous chapter.

Student A:	Ask you classmate if he/she likes to play soccer.
Student B:	Say that you hate to play soccer. Ask if your classmate likes to go shopping.
Student A:	Answer that you don't like to go shopping. Ask your classmate if he/she likes to party.
Student B:	Answer that you like to party and listen to music. Ask your classmate if he/she prefers modern or classical music.
Student A:	Say that you prefer modern music and that you often listen to the radio.
Student B:	Ask your classmate if he/she sings.
Student A:	Answer that you don't sing. Say that you prefer to dance. Ask your classmate his/her preference.
Student B:	Say that you too prefer to dance.

Grammaire 1
- definite articles
- *-er* verbs

Un peu plus
- irregular plurals

pp. 44–49

Résumé: Grammaire 1

In French there are four definite articles that mean *the*: **le, la, l'**, and **les**.

Here is the conjugation of a regular **-er** verb.

aimer *(to like)*			
j'	aim**e**	nous	aim**ons**
tu	aim**es**	vous	aim**ez**
il/elle/on	aim**e**	ils/elles	aim**ent**

Use the appropriate form of **aimer** plus the **infinitive** of another verb to say what you and others *like* or *don't like to do*.

To form the plurals of nouns that end in **-eau** or **-eu**, add **-x**. If the singular noun ends in **-al**, replace **-al** with **-aux**.

Grammaire 2
- contractions with *à*
- conjunctions

Un peu plus
- *est-ce que*

pp. 56–61

Résumé: Grammaire 2

The preposition **à** usually means *to* or *at*. When you use **à** with definite articles, make the following contractions:

à + le → au   **à + les → aux**

When **à** appears before **la** or **l'**, there is no contraction. It remains as **à la** or **à l'**.

Use conjunctions like **et** *(and)*, **mais** *(but)* and **ou** *(or)* to link two ideas or two sentences together.

To ask a yes-no question, add **est-ce que** before a statement and raise your voice at the end of the question.

Est-ce qu'il aime danser?

Lettres et sons

La liaison

In French, you don't usually pronounce consonants at the end of a word, such as the **s** in **les** and the **t** in **c'est.** But, you do pronounce the final consonant if the word that follows it begins with a vowel sound. The linking of the final consonant of one word with the beginning vowel of the next word is called **liaison.**

les élèves (z)   vous avez (z)   C'est un copain. (t)

There are some exceptions: you never do the **liaison** with **et** or with a proper name.

un journal et un livre (no liaison)   Lucas et Élise (no liaison)

Jeux de langue

Loïs et Léo sont deux amis. Ils aiment jouer aux échecs et manger des escargots.

Dictée

Écris les phrases de la dictée.

Résumé: Vocabulaire 1

To ask about likes and dislikes

l'anglais (m.)	*English*
le baladeur (MP3)	*MP3 player*
une bande dessinée (une BD)	*comic strip/comic book*
chanter	*to sing*
le chocolat	*chocolate*
un crayon (de couleur)	*(colored) pencil*
un dessin/dessiner	*drawing/to draw*
dormir	*to sleep*
l'école (f.)	*school*
écouter de la musique	*to listen to music*
les écouteurs (m.)	*headphones*
envoyer un e-mail (m.)	*to send e-mail*
étudier/lire	*to study/to read*
le français	*French*
les frites (f.)	*french fries*
la glace	*ice cream*
un journal	*newspaper*
un magazine	*magazine*
manger	*to eat*
les mathémathiques (maths) (f.)	*mathematics (math)*
la musique classique/moderne	*classical/modern music*
parler anglais/français	*to speak English/French*
la radio	*radio*
regarder la télé(vision)	*to watch T.V.*
un roman	*novel*
un SMS (un texto)	*text message*
surfer sur Internet	*to surf the Internet*
téléphoner (à des amis)	*to telephone friends*
travailler	*to work*
les vacances (f.)	*vacation*
la voiture de sport	*sports car*
Tu aimes...?	*Do you like . . .?*
Qu'est-ce que tu aimes (faire)?	*What do you like (to do)?*
Oui, J'adore/J'aime bien...	*Yes, I love/I rather like . . .*
J'aime mieux/Je préfère...	*I prefer . . .*
Non, je déteste...	*No, I hate . . .*
Je n'aime pas...	*I don't like . . .*

To agree and disagree . . . . ***see p. 42***

Résumé: Vocabulaire 2

To ask how often you do an activity

aller à la piscine	*to go to the pool*
aller au café	*to go to a café*
aller au cinéma	*to go to the movie theater*
la balle/le ballon	*ball*
la batte	*bat*
la bibliothèque	*library*
le centre commercial	*mall*
danser	*to dance*
discuter (avec des amis)	*to chat (with friends)*
faire du sport	*to play sports*
faire la fête	*to party*
faire les magasins (m.)	*to go shopping*
faire un pique-nique	*to have a picnic*
jouer au base-ball/foot(ball)	*to play baseball/soccer*
jouer aux cartes/aux échecs	*to play cards/chess*
le lycée	*high school*
la Maison des jeunes et de la Culture (MJC)	*recreation center*
nager	*to swim*
le parc	*park*
le stade	*stadium*
sortir	*to go out*
voir un film	*to see a movie*
Tu aimes... régulièrement?	*Do you usually like to . . . ?*
Oui, souvent.	*Yes, often.*
De temps en temps.	*From time to time.*
Non, rarement./Non, jamais.	*No, rarely./No, never.*

To ask how well you do something . . . . ***see p. 55***

To ask about preferences . . . . ***see p. 55***

Révisions cumulatives

1 Match each photo with the appropriate description.

a.

b.

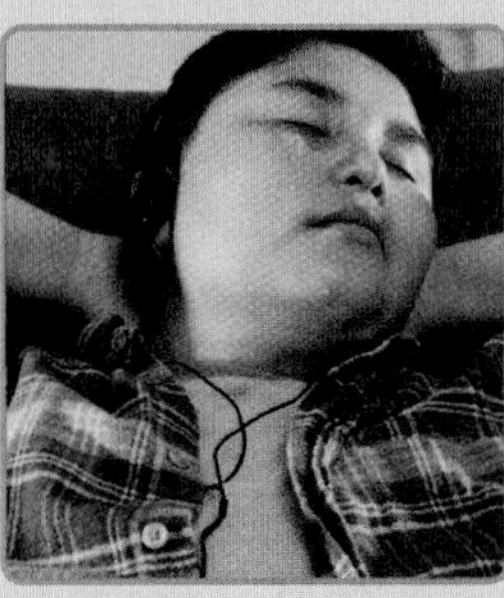
c.

d.

2 You want to meet an e-pal. Read these ads posted on the Web and answer the questions that follow.

Correspondants électroniques

Ahmed Mimouni
14 ans • amimouni@hrw.ma
Salut! Moi, j'aime bien faire du sport. Je joue bien au foot et j'adore nager. J'aime aller à la piscine avec les copains. Nous aimons aussi aller au café. J'adore la glace, le chocolat et les frites.

Simon Gracin
16 ans • sgracin@hrw.net
Salut! J'aime bien sortir avec les copains! Nous aimons faire la fête et écouter de la musique. Nous aimons discuter et danser mais nous n'aimons pas faire du sport.

Mireille Leparc
16 ans • mleparc@hrw.fr
Je m'appelle Mireille. J'adore lire. J'aime lire des magazines, mais je préfère les BD. J'aime aussi dessiner. Je n'aime pas le sport. Je parle bien anglais. Et toi? Qu'est-ce que tu aimes faire?

1. Quelle est l'adresse e-mail de Simon?
2. Ahmed a quel âge?
3. Qui *(Who)* aime la musique?
4. Qu'est-ce que Mireille aime? Qu'est-ce qu'elle n'aime pas?
5. Qui parle anglais?
6. Qui aime manger?

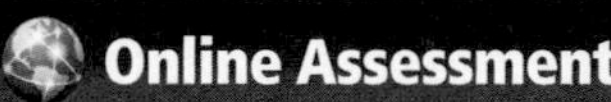

my.hrw.com
Cumulative Self-test

Révisions cumulatives

3 Take the role of Ahmed, Mireille, or Simon from Activity 2. Your group members will take turns asking you questions in French to guess who you are. Obviously, they cannot ask your name, but they can ask about your age, e-mail address and interests. The first person to guess who you are takes the next turn.

4 Imagine that you're one of the people in the painting. Write a journal entry about the people around you. Include their name, age and one thing that each person likes or dislikes. Read your descriptions to a classmate and see if he/she can guess whom you're talking about. Finally, your classmate might also guess which person in the painting you represent.

Seurat, Georges. Bathers at Asnieres, 1883–1884. Oil on canvas, 201 x 301 cm. National Gallery, London

Une baignade, Asnières de Georges Seurat

5 Write your own ad for a **correspondant(e) électronique.** Give your name, age, and e-mail address. Tell some of the things you like and don't like so you will get an e-pal with similar interests.

6 À ton tour

Les activités du club The French Club is planning a meeting. They want to have activities that many people will enjoy. In groups of three, create a survey to find out about your classmates' likes and dislikes. Ask your classmates to complete your survey. Then, tally the results to find out which activities the French Club should plan to include at their next meeting.

Chapitres 3 et 4

Géoculture

Géoculture

La province de Québec

La Gaspésie
The eastern tip of the Gaspe Peninsula is known for its enormous limestone rock formation, **le Rocher Percé.**

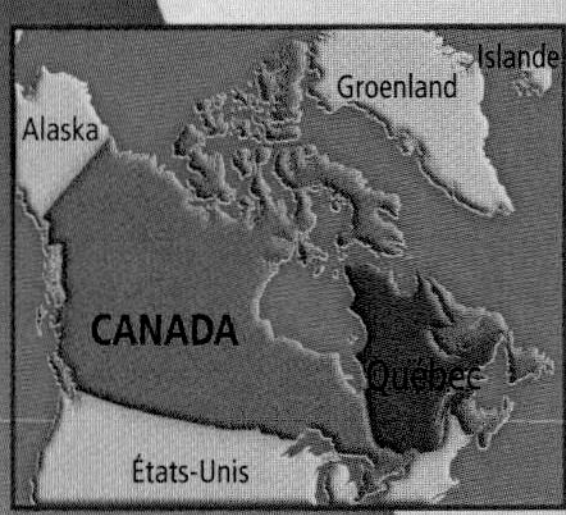

Les Laurentides
The Laurentides region, north of Montreal, has spectacular foliage in the fall.

Almanac

Population
Over 8 million

Cities
Montreal, Quebec, Laval

Industries
natural resources, aerospace, tourism, pharmaceuticals, information technology

Le hockey
Ice hockey is the most popular sport in Quebec.

Savais-tu que...?

Quebec, Canada's largest province, is four times the size of California but nearly half of its inhabitants live on less than 1% of the total land area.

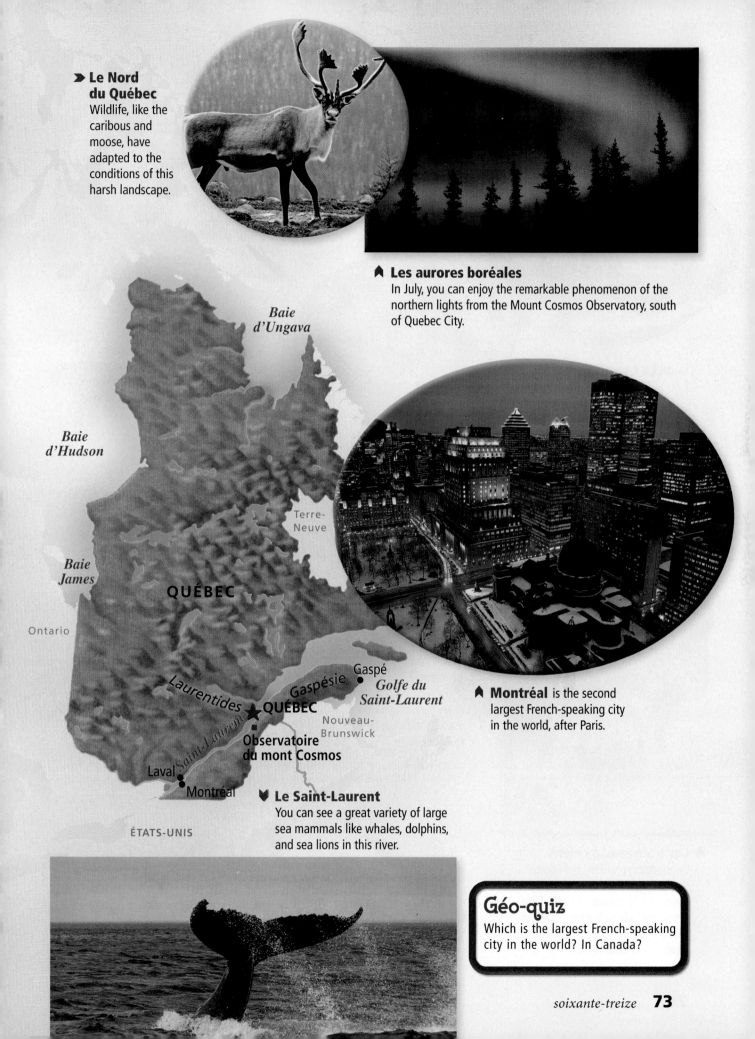

Le Nord du Québec Wildlife, like the caribous and moose, have adapted to the conditions of this harsh landscape.

Les aurores boréales In July, you can enjoy the remarkable phenomenon of the northern lights from the Mount Cosmos Observatory, south of Quebec City.

Baie d'Ungava

Baie d'Hudson

Terre-Neuve

Baie James

QUÉBEC

Ontario

Gaspé

Golfe du Saint-Laurent

Gaspésie

Laurentides

QUÉBEC

Saint-Laurent

Nouveau-Brunswick

Observatoire du mont Cosmos

Laval

Montréal

ÉTATS-UNIS

Montréal is the second largest French-speaking city in the world, after Paris.

Le Saint-Laurent You can see a great variety of large sea mammals like whales, dolphins, and sea lions in this river.

Géo-quiz

Which is the largest French-speaking city in the world? In Canada?

Découvre la province de Québec

Gastronomie

La cipâte aux bleuets
This traditional pie is made with a kind of blueberry found in Canada.

La tourtière
This Quebec specialty is a meat pie, usually made from minced pork and spices.

Le sirop d'érable
In early spring, many people go to a **cabane à sucre** to enjoy the traditional hot maple syrup poured onto a bed of fresh snow and scooped up with wooden sticks.

Sports

Le canoë
In the summer, people enjoy canoeing on the many waterways that Quebec has to offer.

La pêche blanche
This sport was handed down from the Inuits and Amerindians. People fish through holes cut in the thick ice that covers rivers and lakes in the winter.

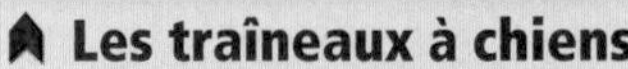

Les traîneaux à chiens
Dogsledding provided transportation to the Inuits, settlers, and fur traders for hundreds of years. Today, "mushing" (traveling on snow with a dog sled) provides ecoadventures through the wilderness.

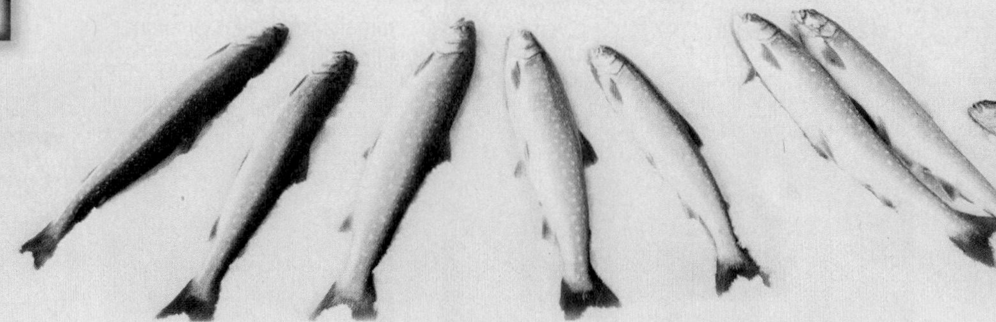

Fêtes et festivals

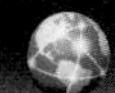

Online Practice

my.hrw.com
Photo Tour

L'International de montgolfières This festival in Saint-Jean lasts for ten days. You can admire hot air balloons of all shapes and colors here.

Savais-tu que...?
The name **Québec** comes from the Algonquian word **Kebec,** meaning *narrowing of the river.*

Le Festival international de jazz de Montréal Jazz musicians from all over the world participate in over 400 concerts every summer during this festival.

Le Carnaval de Québec This is the biggest winter carnival in the world. Among the numerous festivities, an ice palace is built for **Bonhomme Carnaval,** the mascot of the carnival.

Histoire

Samuel de Champlain, sent by the king of France to map the St. Lawrence River, made the fur trade flourish and established ties with native peoples. He founded Quebec City in 1608.

©Bettmann/CORBIS

Jacques Cartier explored the St. Lawrence River in the 1530s while searching for a route to Asia. He claimed the area for France, landing on the sites that later became Quebec City and Montreal.

Activité

1. **Gastronomie:** What product is associated with the **cabane à sucre?**
2. **Sports:** What sport was handed down from the Inuits?
3. **Fêtes et festivals:** Who is **Bonhomme Carnaval?**
4. **Histoire:** When was Quebec City founded?

chapitre 3

Comment est ta famille?

Objectifs

In this chapter, you will learn to
- ask about and describe people
- ask for and give opinions
- identify family members
- ask about someone's family

And you will use
- the verb **être**
- adjective agreement
- more irregular adjectives
- possessive adjectives
- contractions with **de**
- **c'est** vs. **il/elle est**

Que vois-tu sur la photo?

Où sont ces personnes?

Qu'est-ce que tu aimes faire avec tes amis?

Qu'est-ce que tu aimes faire avec ta famille?

MODES OF COMMUNICATION		
INTERPRETIVE	INTERPERSONAL	PRESENTATIONAL
Listen to a girl describing her friends. Read a description of a cartoon character on a website.	Interview classmates about their families. Write an email to a pen pal about a favorite television character.	Act out a conversation with a new neighbor. Create a poster describing your family.

La terrasse Dufferin et le château Frontenac, à Québec

Objectifs

- to ask about and describe people
- to ask for and give opinions

Vocabulaire à l'œuvre 1

Télé-vocab

Mon ami(e) est...

Il/Elle a les cheveux...

châtains

blancs

longs

courts

Il/Elle a les yeux...

noirs

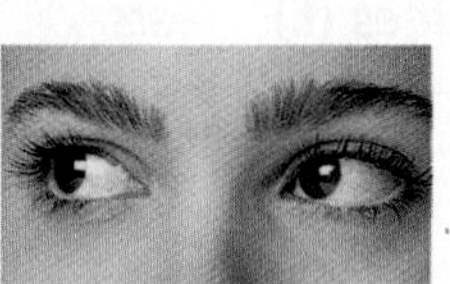

marron

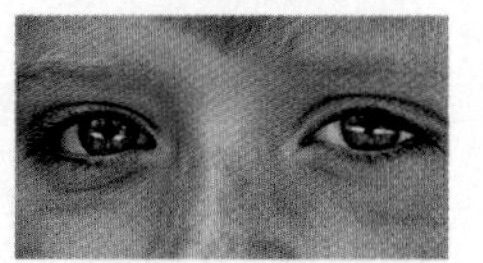

bleus

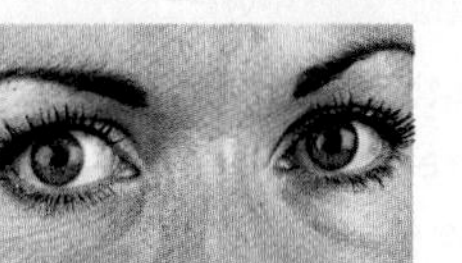

verts

D'autres mots utiles

génial(e)	*awesome*	**marrant(e)**	*funny*
gentil(le)	*kind*	**pénible**	*tiresome*
méchant(e)	*mean*	**sympa(thique)**	*nice*
mince	*thin*	**sérieux/sérieuse**	*serious*
gros/grosse	*fat*	**paresseux/paresseuse**	*lazy*

Exprimons-nous!

To ask about people	To describe people
Comment est le/la prof de français? **Il/Elle est comment,** Thomas/Séverine? *What is . . . like?*	**Il/Elle est très** sympathique. *He/She is very . . .* **Il/Elle n'**est **ni** grand(e) **ni** petit(e). *He/She is neither . . . nor . . .*
Comment sont Rachid et Isabelle? **Ils/Elles sont comment,** tes ami(e)s? *What are . . . like?*	**Ils/Elles sont assez** marrant(e)s. *They are quite . . .*

Vocabulaire et grammaire, *pp. 25–27* — Online Workbooks

▶ **Vocabulaire supplémentaire—Les mots descriptifs, p. R11**

D'autres mots utiles

jeune	*young*
âgé(e)	*elderly*
la tête	*head*
le nez	*nose*
la bouche	*mouth*
les oreilles (f.)	*ears*

À la créole

In Haiti, as well as in the French Indies, the words often used for *friend* are **compère** for a male and **commère** for a female.

1 Ça veut dire la même chose!

Lisons M. Lafitte tends to repeat everything he says. Decide what would follow each of his statements in the right column.

1. Corinne est grande.
2. Mon ami est sérieux.
3. Les copines de Marie sont sympas.
4. Luc n'est pas gentil.
5. Sandrine est pénible.
6. Paul et Lucien sont minces.
7. David a les cheveux noirs.
8. Mme Duval a les cheveux roux.

a. Il n'est pas blond.
b. Elle n'est pas petite.
c. Il n'est pas marrant.
d. Ils ne sont pas gros.
e. Elle n'est pas blonde.
f. Elle n'est pas géniale.
g. Il est méchant.
h. Elles sont gentilles.

2 Écoutons

Baptiste parle de ses amis. Choisis l'image qui correspond à chaque description.

a.

b.

c.

d.

e.

f.

Exprimons-nous!

To ask for an opinion	To give an opinion
Comment tu trouves Bastien/Yasmina?	**Je le/la trouve** gentil(le). *I think he/she is . . .*
Qu'est-ce que tu penses d'Ousmane/**de** Marie? *What do you think of . . .?*	**À mon avis,** il/elle est timide. *In my opinion, . . .*

Vocabulaire et grammaire, *pp. 25–27*

❸ Comment tu trouves...?

Lisons/Écrivons Regarde l'image et complète la conversation entre Laure et Karine d'une façon logique.

LAURE Comment tu trouves Pauline?

KARINE Je la trouve ___1___ et ___2___.

LAURE Et qu'est-ce que tu penses de François?

KARINE François? Il est ___3___ et ___4___, mais il est ___5___.

LAURE Et Hubert?

KARINE À mon avis, il est ___6___. Et je le trouve ___7___ aussi.

❹ À mon avis...

Écrivons An online teen magazine from Montreal is conducting an opinion survey. Answer the questions below.

1. Comment tu trouves le professeur de français?
2. Qu'est-ce que tu penses de Homer Simpson?
3. Il est comment, ton acteur préféré *(your favorite actor)?*
4. Comment est le président des États-Unis *(U.S.)*?
5. Comment est ton athlète préféré(e) *(your favorite athlete)*?

Communication

❺ Opinions personnelles

Parlons Take turns describing your best friend to your partner. First, tell his or her name and age. Then, give a physical description and mention some of your friend's personality traits. Be sure to also mention some of your friend's likes and dislikes.

MODÈLE **Mon ami(e) s'appelle... Il/Elle a... ans. Il/Elle est...**

Objectifs
- the verb *être*
- adjective agreement

Grammavision

The verb *être*

Like **avoir,** the verb être is an irregular verb. This means that it does not follow the pattern of other verbs. You will have to memorize its forms individually.

être *(to be)*			
je	suis	nous	sommes
tu	es	vous	êtes
il/elle/on	est	ils/elles	sont

Je ne suis pas très sportive.

Est-ce qu'ils sont marrants?

Vocabulaire et grammaire, *pp. 28–29*
Cahier d'activités, *pp. 21–23*

6 Dans la classe de français

Lisons Complète les phrases avec la forme appropriée du verbe **être.**

1. Je (es / suis) sympathique.
2. Le professeur (est / es) créatif.
3. Les élèves (sommes / sont) intelligents.
4. Marine et Jacques (êtes / sont) pénibles.
5. Mes amis et moi, nous (sont / sommes) gentils.
6. Et vous, mademoiselle Leclerc, vous (êtes / est) géniale!

7 Mes copains

Lisons/Parlons Danielle is describing herself and her classmates to a pen pal. Complete her note with the correct forms of the verb **être.**

Ma copine Juliette et moi, nous __1__ brunes. Juliette __2__ petite, mais moi, je __3__ grande. Elle __4__ mince et elle __5__ très intelligente. Et Julien et Pierre? Ils __6__ bruns aussi. Pierre __7__ génial! Julien __8__ un peu timide, mais il __9__ super-cool! Et toi? Tu __10__ comment?

Flash culture

There are only about 400 different last names of French origin in Quebec. The most common ones are Tremblay and Roy. Other common last names are: Gagnon, Gauthier, Charbonneau, Lalonde and Lapointe. The lack of diversity in last names is made up by the variety of first names, with some old-fashioned French ones like Ovide, Adélard or Delima. In Quebec, a child may often be given the mother's maiden name as a first name.

What are some common last names in your area? What is the origin of your last name?

my.hrw.com
Grammaire 1 practice

Grammaire 1

8 À l'école

Parlons Florence always says good things about everyone. What would she say about the following people?

MODÈLE tu / intelligent → **Tu es intelligent.**
Marie / méchante → **Marie n'est pas méchante.**

1. Clara / paresseuse
2. Jules / gros
3. Nous / généreuses
4. Annick et Laure / pénibles
5. Tu / sympathique
6. Nous / intelligents
7. Gilbert / marrant
8. Vous / gentils

9 On est tous différents!

Écrivons Mélodie is an artist, and she likes drawing her friends. Write two sentences to describe each of her friends, including physical descriptions as well as personality traits.

1. Simon

2. Éléa

3. Marius

4. Bernard

Communication

10 Opinions personnelles

Parlons Some say that you are what you do. Using words from the box, tell what somebody does or likes to do. Feel free to add other expressions if you'd like. Then, have your classmate use adjectives to describe the person.

aime	étudier	dessiner	le chocolat
les fêtes	n'aime pas	nager	parler

MODÈLE **Elle aime beaucoup nager et jouer au base-ball. Elle est sportive.**

Adjective agreement

1 Adjectives agree in number and gender with the nouns they describe. Unless an adjective already ends in an unaccented **-e,** to make most adjectives feminine, add **-e** to the masculine singular form.

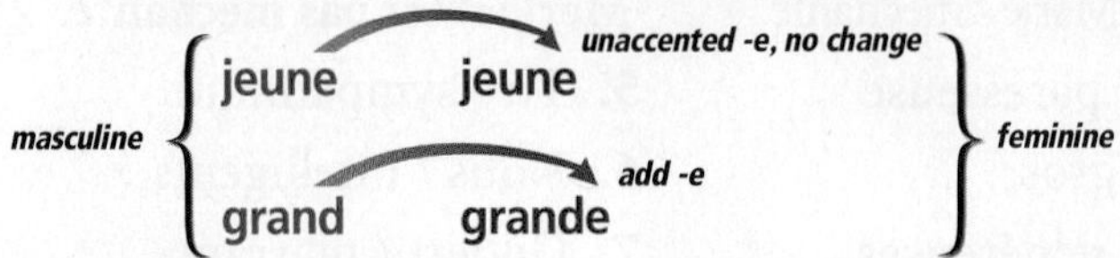

2 To form the feminine of adjectives ending in **-eux** or **-if,** make the following spelling changes before adding **-e.**

séri**eux** → séri**euse**

sport**if** → sport**ive**

3 These adjectives have irregular feminine forms.

lon**g** → lon**gue**	gro**s** → gro**sse**
blan**c** → blan**che**	genti**l** → genti**lle**
bo**n** → bo**nne**	migno**n** → migno**nne**

4 Adjectives come after the noun unless they describe beauty, age, goodness, or size.

before *after*

Martin est un **bon** ami et un étudiant **sérieux**.

5 Unless its singular form already ends in **-s** (**gros**), to make an adjective plural, add **-s.**

	MASCULINE	FEMININE
SINGULAR	intelligent	intelligent**e**
PLURAL	intelligent**s**	intelligent**es**

6 **Des** becomes **de** when the adjective comes before the noun.

Est-ce qu'il y a **de jeunes professeurs** dans ton école?

En anglais

In English, adjectives usually come before the noun.

Sam is a kind man.

Does the spelling of an adjective in English change according to the noun it is describing?

In French, most adjectives are placed after the noun. There are a few exceptions that you will need to memorize.

Vocabulaire et grammaire, *pp. 28–29*
Cahier d'activités, *pp. 21–23*

11 Mon ami Bruno

Lisons Complète le paragraphe avec la forme appropriée de chaque adjectif.

Mon ami Bruno n'est ni (grand / grande) ni (petit / petite). Comme moi *(like me),* il a les yeux (bleu / bleus). Nous sommes (brunes / bruns). Il est assez (marrant / marrante). Il n'est pas (timide / timides)! Bruno est super- (gentil / gentilles). C'est un très (bonne / bon) copain.

12 Écoutons

Danielle is describing her friends Michèle (a girl) and Michel (a boy). Listen to each sentence and say if Danielle is talking about **a) Michèle, b) Michel,** or **c) if it is impossible to tell.**

13 Alain et Amélie

Parlons/Écrivons Alain and Amélie are twins and identical in every way. Describe Amélie based on these statements about Alain.

MODÈLE Alain est brun.
Amélie est brune aussi.

1. Alain est fort.
2. Alain est assez timide.
3. Alain est génial.
4. Alain est assez grand.
5. Alain est créatif.
6. Alain est très généreux.
7. Alain est un bon élève.
8. Alain est paresseux.

14 Mes camarades de classe

Écrivons Look at the picture that Monique drew during a camping trip with friends. Describe each person in the sketch.

Communication

15 Scénario

Parlons Ask your partner to think of a classmate. Guess who he or she is by asking questions that can be answered with **oui** or **non.**

MODÈLE **—C'est un garçon?**
—Non, c'est une fille.
—Elle est grande? etc.

Synthèse
- Vocabulaire 1
- Grammaire 1

Application 1

16 Écoutons

Félix is always saying negative things about his classmates. Listen to each of these statements and decide if Félix is **a) likely** or **b) unlikely** to have said them.

Un peu plus

More irregular adjectives

1. Some adjectives like **cool** *(cool)*, **chic**, **orange**, and **marron** are invariable. They never change form.

Les profs sont **cool**. La mère de Mathieu est très **chic**.

2. The adjectives **beau** *(beautiful)*, **nouveau** *(new)*, and **vieux** *(old)* are irregular. They also come before the nouns they describe.

MASCULINE Singular (before a consonant)	MASCULINE Singular (before a vowel)	MASCULINE Plural	FEMININE Singular	FEMININE Plural
beau	bel	beaux	belle	belles
nouveau	nouvel	nouveaux	nouvelle	nouvelles
vieux	vieil	vieux	vieille	vieilles

Mme Boursier a une **belle** voiture.

Alain a de **vieux** posters.

Vocabulaire et grammaire, *p. 30*
Cahier d'activités, *pp. 21–23*

> **Flash culture**
>
> «Je me souviens» *(I remember)* is the official motto of Québec. It can be seen on automobiles all over Québec, as the official license plate proudly displays the motto. Though Quebeckers are not quite sure about what they are to remember, most agree that it is to remember their historical French roots.
>
> Does your state have a motto? If so, what does it mean? Is the state motto on your family car's license plate?

17 Les copains d'Emmanuel

Lisons Some of Emmanuel's instant messages are jumbled. Can you figure out what he's saying about his classmates?

1. Patricia a…
2. Thomas a un…
3. Corinne et Emma…
4. Caroline est une…
5. Guillaume et Paul sont…
6. Alexandre a une…

a. vieille télévision.
b. beaux.
c. de beaux yeux.
d. nouvel ordinateur.
e. belle fille.
f. ont les yeux marron.

my.hrw.com
Application 1 practice

18 À l'école de Valentine

Lisons/Parlons Valentine is talking about people and things at her school. Add the appropriate forms of the adjectives in parentheses.

1. Éric et Ali sont ______. (beau)
2. Il y a un ______ élève à l'école. (nouveau)
3. Marielle a les yeux ______. (marron)
4. Alice a une ______ voiture de sport. (nouveau)
5. Il y a de ______ livres à la bibliothèque. (vieux)
6. Marcel a un ______ ordinateur. (vieux)

19 Auto-portrait

Écrivons Use the words in the box below to describe yourself. Use other adjectives if necessary.

grand	mince	vieux	mignon	gentil
généreux	fort	roux	timide	cool
ni grand ni petit	sportif	sympa	intelligent	beau

Communication

20 Opinions personnelles

Parlons With a classmate, take turns describing different kids pictured below and guessing who is being described.

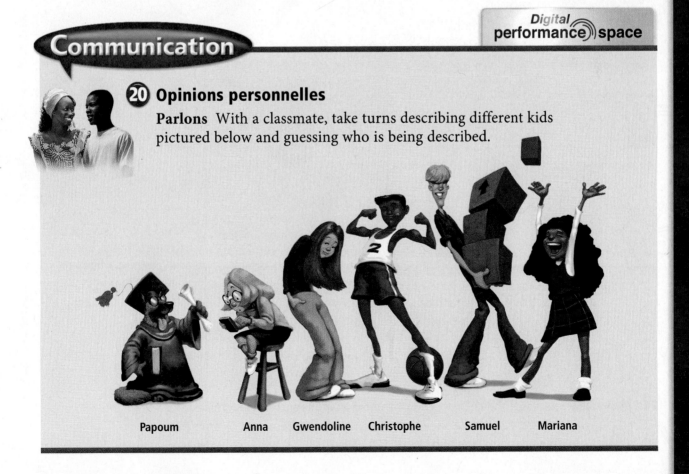

Papoum Anna Gwendoline Christophe Samuel Mariana

Culture

Le blason de l'université McGill, à Montréal

Culture appliquée

Le blason familial

The **blason familial,** or family coat of arms, is a symbol originally used to identify knights in combat. It began to appear in Europe in the eleventh century and became popular among the nobility during the twelfth and thirteenth centuries. The official elements of a coat of arms are the motto, the crest, and the shield.

Ton blason

Materials:

- poster board or heavy stock paper
- scissors
- pen or pencil
- crayons, markers, or colored pencils

Create your own **blason!** Before starting, think about your favorite subject, hobby, or sport. How would you illustrate it?

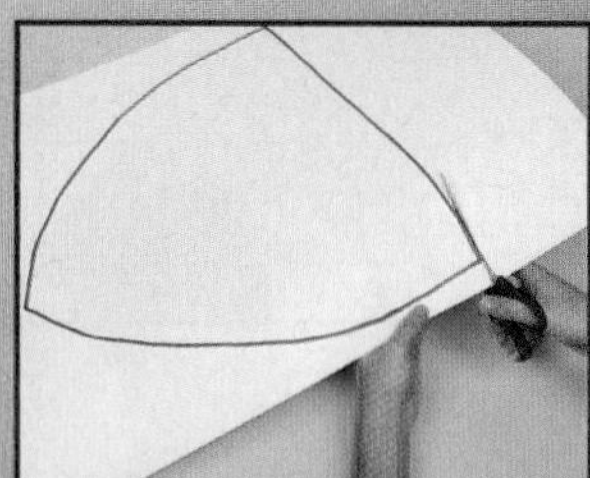

Step 1 Choose a shape for the shield and draw it on the poster board. Cut it out.

Step 2 Choose colors for the background.

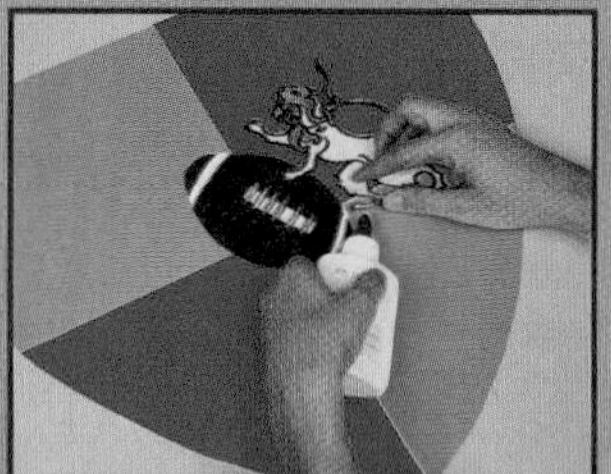

Step 3 Pick a symbol that would best illustrate your favorite subject, hobby, or sport. Place it in the middle of your shield.

Step 4 Pick one or two other symbols to go on either side of the shield.

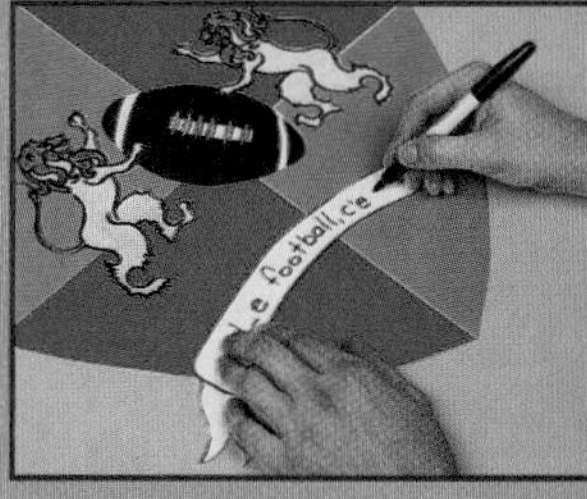

Step 5 Choose a crest to go at the top of the shield.

Step 6 Create a motto of three words in French that describes who you are. Place it at the bottom of the shield.

Recherches Research the coat of arms of the following French royal families: the Capets, the Valois, and the Bourbons. Do these coat of arms have something in common? What is it? Why?

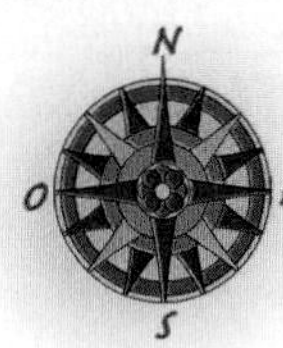

Comparaisons

Les courses en famille

En famille

Imagine you're an exchange student staying with a French family. Which of the following would you expect to do:

a. help yourself to the fridge and be able to snack whenever you like?

b. eat dinner in front of any one of the three TV sets?

c. spend Sunday with your family?

If you stay with a French family, you'll notice that children usually have dinner every evening with their parents. Except for the **goûter**, they don't eat between meals. The family will most likely have dinner in the dining room. Some families might watch the 8 o'clock news together while eating dinner around the dinner table. Boys and girls help with grocery shopping, meal preparation, cooking, and setting or clearing the table. French teenagers rarely have parties at home; they meet their friends at a **café** or at a movie theatre. They usually go out on Wednesday afternoons, since school ends early that day, and on Saturday nights. Sunday is often spent with the family.

ET TOI?

1. Do you always have lunch or dinner with your family?
2. Do American students usually go out on Wednesdays and on Saturdays?

Communauté

Your city's coat of arms

Do you know if your city has a coat of arms? If so, what are the symbols and why were they chosen? What do they mean? You may find some information at the town hall of your city. Then, you may also go to your neighborhood library or on the Internet to do some research on your family's name and see if it has ever been associated with a coat of arms.

Un blason familial

Objectifs

- to identify family members
- to ask about someone's family

Vocabulaire à l'œuvre 2

Télé-vocab

Une famille québécoise

mon grand-père Victor **ma grand-mère** Odile

ma mère Nathalie **mon père** Yves

ma tante Agnès

mon oncle André **ma tante** Jocelyne

ma sœur Aurore **C'est moi,** Vincent! **mon frère** Guillaume

ma cousine Perrine

ma cousine Claire **mon cousin** Maxime

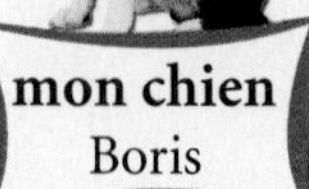

mon chien Boris **mon chat** Nikita

Online Practice
my.hrw.com
Vocabulaire 2 practice

Ma tante Agnès est divorcée et remariée.

Voici Charles, **le mari de ma tante.**

Voilà tante Agnès avec Arnaud et Sophie, **le fils et la fille** de Charles.

Perrine avec **son beau-père, son demi-frère** et **sa demi-sœur.**

D'autres mots utiles

les parents	*parents*
l'enfant (m./f.)	*child*
les grands-parents	*grandparents*
les petits-enfants	*grandchildren*
le petit-fils	*grandson*
la petite-fille	*granddaughter*
le neveu	*nephew*
la nièce	*niece*
la femme	*wife*
la belle-mère	*stepmother*

Exprimons-nous!

To identify family members

Qui c'est, ça? *Who is that?*	**Ça, c'est** la cousine **de** Mathieu. *This is Mathieu's . . .* **Ça, ce sont** les frères **de** Youssef. *These are Youssef's . . .*

Vocabulaire et grammaire, *pp. 31–33*

▶ **Vocabulaire supplémentaire—La famille, p. R9**

21 Écoutons

Clothilde décrit sa famille. Regarde l'arbre généalogique *(family tree)* et décide si les phrases sont **a) vraies** ou **b) fausses.**

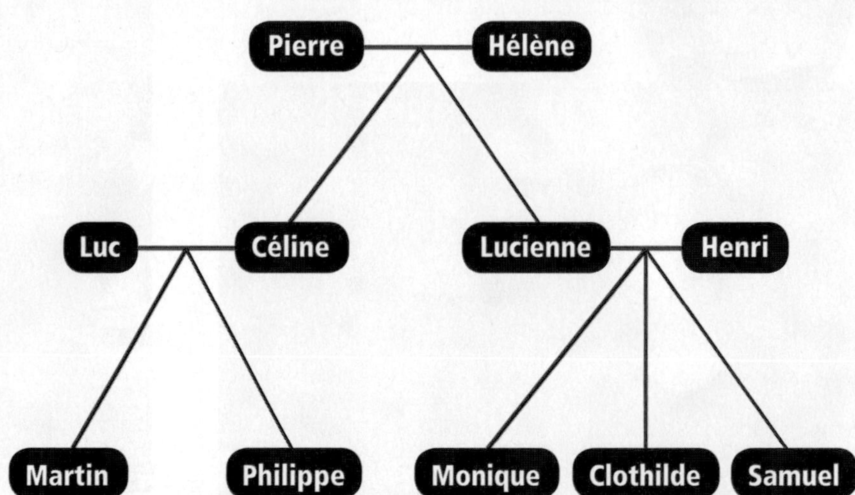

The **Festival d'été**, held for 2 weeks every July, is a major festival that families in Quebec attend. The festival features music concerts, outdoor spectacles, and works of art displayed in different places all over the city. Another festival that celebrates families is the **Fêtes de la famille du quartier Saint-Émile** which also features plays for children, jalopy races, and soccer tournaments.

Does your community have family festivals? If so, when? What kinds of activities are available at such an event?

22 La famille de Clothilde

Parlons Réponds aux questions suivantes d'après l'arbre généalogique de Clothilde (Activité 21).

1. Comment s'appelle le neveu de Céline?
2. Comment s'appellent les cousines de Martin?
3. Qui est l'oncle de Clothilde?
4. Comment s'appelle le mari d'Hélène?
5. Qui est la tante de Clothilde?
6. Qui est le frère de Martin?
7. Qui est le cousin de Philippe?
8. Qui sont les enfants de Lucienne?

23 Devinettes

Lisons/Écrivons Qui sont les personnes suivantes?

MODÈLE Le fils de ma tante, c'est mon cousin.

1. La mère de ma mère, c'est ma ______.
2. Le fils de mon beau-père et de ma mère, c'est mon ______.
3. Les frères de ma mère, ce sont mes ______.
4. Le père de mon père, c'est mon ______.
5. La sœur de mon fils, c'est ma ______.
6. Les fils et les filles de mes enfants, ce sont mes ______.
7. Le fils de mon frère, c'est mon ______.

Exprimons-nous!

To ask about someone's family	To respond
Tu as des frères et des sœurs? *Do you have brothers and sisters?*	**Non, je suis fils/fille unique.** *No, I'm an only child.*
Tu as combien de frères et de sœurs? *How many . . . do you have?*	**J'ai** deux sœurs **et** un demi-frère. *I have . . . and . . .* **Je n'ai pas de** frères **mais** j'ai une sœur. *I don't have any . . . but . . .*
Vous êtes combien dans ta famille? *How many people are there in your family?*	**Nous sommes** cinq. *There are . . . of us.*
Tu as un animal domestique? *Do you have a pet?*	**Oui, j'ai trois chats et un chien.** *Yes, I have . . .*

Vocabulaire et grammaire, *pp. 31–33* Online Workbooks

Vocabulaire 2

24 Un portrait de famille

Écrivons Imagine que tu es Ronan et que tu as pris *(took)* cette photo. Décris ta famille.

Entre copains

branché(e)	*hip*
chouette	*cool/nice*
un(e) gamin(e)	*a kid*
un(e) frangin(e)	*a brother/ a sister*
mes vieux	*my parents*
mamie	*grandma*
papi	*grandpa*

Communication

25 Interview

Parlons Ask three of your classmates the questions below. Based on their answers, see if there are any similarities between their families and yours. Report your findings to the class.

1. Vous êtes combien dans ta famille?
2. Comment s'appelle ton père? Et ta mère?
3. Tu as des frangines?
4. Est-ce que tu as un animal domestique?

Objectifs
- possessive adjectives
- contractions with *de*

Grammavision

Possessive adjectives

1 Here are the possessive adjectives in French. Notice that the possessive adjectives agree in gender and number **with what is possessed.**

	Masculine Singular	**Feminine Singular**	**Plural**
my	mon	ma	mes
your (tu)	ton	ta	tes
his/her/its	son	sa	ses
our	notre	notre	nos
your (vous)	votre	votre	vos
their	leur	leur	leurs

Mon père est petit. **Ses frères** sont sportifs.

2 For singular nouns beginning with a vowel, use the masculine form of the possessive adjective, even if the thing possessed is feminine.

Ça, c'est **mon** amie, Claudine.

3 Another way to indicate possession is with the preposition **de. De/D'** plus a person's name is used in the same way as *'s* in English.

J'aime bien le frère **d'**André. *I really like André's brother.*

Vocabulaire et grammaire, *pp. 34–35*
Cahier d'activités, *pp. 25–27*

En anglais

In English, there are two ways to express possession.

That is David**'s** sister.

That is **his** sister.

How many different possessive adjectives can you think of in English?

In French, possessive adjectives tell not only to whom things belong but also the gender of the thing possessed.

26 Chez moi

Lisons Choose the correct possessive adjective in each case.

Voilà (mon / ma) frère Olivier. Il adore faire du sport. Ça, c'est (nos / notre) chat Zola. Il est gentil. Voilà (son / mon) grand-père Raoul et (ma/ mon) grand-mère Thérèse. Voilà (ses / mes) petits frères Adrien et Romain. Ils sont pénibles!

27 Écoutons

Denise and Christophe are showing each other family photos. Tell whether each statement refers to someone in **a) Denise's family** or **b) Christophe's family.**

my.hrw.com
Grammaire 2 practice

28 Dans ma famille

Lisons/Écrivons Fernand is asking Élodie about her family. Fill in the blanks with the appropriate possessive adjective.

—Élodie, vous êtes combien dans ___1___ famille?
—Nous sommes sept: ___2___ père, ___3___ mère, ___4___ petit frère et ___5___ trois sœurs.
—Comment s'appelle ___6___ frère?
—Il s'appelle Olivier.
—Elles sont comment, ___7___ sœurs?
—___8___ sœurs sont belles et super-gentilles!

29 Mon journal

Écrivons Écris un paragraphe pour décrire les membres de ta famille. Dis aussi ce que chaque personne aime ou n'aime pas faire.

Communication

30 Scénario

Parlons You and a friend are cleaning out your garage. Before throwing anything away, your friend asks to whom each item belongs. Respond by telling which family member owns each item.

MODÈLE **—Est-ce que c'est le ballon de ton frère?**
—Non, ce n'est pas son ballon. C'est le ballon de mon neveu.

Grammaire 2

Contractions with *de*

1 **De** contracts with the definite article **le** to form **du**.

de + le → du

Le bureau **du** professeur est marron.

2 **De** contracts with the definite article **les** to form **des**.

de + les → des

Comment est le père **des** sœurs Lebrun?

3 When **de** appears before **la** or **l'**, there is no contraction.

de + la → de la

de + l' → de l'

Ils sont comment, les frères **de la** copine de Guy?

Elle est comment, la mère **de l'**ami de Charles?

Vocabulaire et grammaire, *pp. 34–35*
Cahier d'activités, *pp. 25–27*

31 Les nouveaux voisins

Lisons/Parlons M. Robert and Mlle Lebrun are talking about the new people who moved into their neighborhood. Complete their exchanges with **du, de la, de l'**, or **des**.

M. ROBERT Il est comment, le père __1__ frères Dubois?
MLLE LEBRUN Il est grand et brun.

MLLE LEBRUN Et la mère __2__ amie de Clarisse Duchesne, comment elle s'appelle?
M. ROBERT Elle s'appelle Colette Leroy.

MLLE LEBRUN Comment elle s'appelle, la sœur __3__ frères Martin?
M. ROBERT Elle s'appelle Alice.

M. ROBERT Il est comment, le frère __4__ garçon blond?
MLLE LEBRUN Il est roux et pénible!

MLLE LEBRUN La grand-mère __5__ fille blonde, elle est comment?
M. ROBERT Elle est très gentille!

M. ROBERT Et le père __6__ garçon roux, comment il s'appelle ?
MLLE LEBRUN Il s'appelle M. Bonnet.

In February, Quebeckers celebrate the **Carnaval de Québec**. This carnival, which began in 1894, lasts the two weeks before Lent and is the world's largest winter carnival. Families can participate in activities like canoe and dogsled races, a snow bath, ice fishing, snow rafting, a soapbox derby race, and skating with **Bonhomme Carnaval** (the mascot of the carnival). The carnival is famous for its ice palace, night parades, and international ice sculpture show.

Do you know of any other carnivals that take place just before Lent?

32 Devinettes

Lisons/Écrivons Complete the following riddles with **du, de la, de l'**, or **des.** Then supply the answer to each riddle.

1. La mère ______ père de ma sœur, c'est ______.
2. La fille ______ sœur de mon père, c'est ______.
3. Le père ______ frère de mon père, c'est ______.
4. Le frère ______ fille de ma tante, c'est ______.
5. Le mari ______ mère de mes cousins, c'est ______.
6. La mère ______ frères de ma cousine, c'est ______.

33 C'est à qui?

Parlons/Écrivons Your friend Aimée is organizing a garage sale. Tell to which of Aimée's family members each of these items belongs.

le grand-père

MODÈLE **—C'est la radio du grand-père d'Aimée.**

1. la sœur

2. les parents

3. le frère

4. la grand-mère

5. les cousins

6. l'oncle

Communication

34 Scénario

Parlons Bring a family picture or a picture of a famous family to share with your classmate. Your classmate will ask you about the people in the picture. Answer by saying who they are and by describing them.

MODÈLE **—C'est qui, le garçon blond?**
—C'est…
—Il est comment?
—Il est… mais très…

Synthèse

- Vocabulaire 2
- Grammaire 2

Application 2

35 On rappe!

Listen to the song **Comment est-il?** Write four family members mentioned in the song. Write one description you heard for each family member you picked.

36 Mon animal domestique

Écrivons Jessica et Luc parlent de leurs animaux domestiques. Complète leurs phrases avec des adjectifs possessifs.

—Il a quel âge, ___1___ chien, Luc?

— ___2___ chien? Je n'ai pas de chien mais j'ai trois chats.

—C'est cool! Ils s'appellent comment, ___3___ chats?

—Athos, Porthos et Aramis. Tu as des chats?

—Non, mais ___4___ sœur a un chien et un serpent.

—Whoa! Est-ce que ___5___ parents aiment les animaux?

—Oui, ___6___ parents adorent les animaux!

Un peu plus

C'est versus Il/Elle est

1. Use c'est

- with **a person's name,**

  C'est **Norbert.**

- with **an article/possessive adjective + a noun**

  C'est **une élève.**

  C'est **mon père.**

- with **an article + a noun + an adjective.**

  C'est **un homme intelligent.**

To form a negative sentence, use the expression **ce n'est pas.**

2. Use il est/elle est

- with an **adjective by itself**

  Elle est **blonde.**

Vocabulaire et grammaire, *p. 36*
Cahier d'activités, *pp. 25–27*

37 Fais le bon choix

Écrivons Fill in the blanks with **c'est, il est,** or **elle est.**

1. Monique? ______ très belle.
2. ______ un petit garçon.
3. Et M. Poiret, ______ roux?
4. Comment tu trouves Mia? ______ sympa, non?
5. Ça, ______ mon cousin Jacques.
6. ______ très intelligent, ton frère!

38 Je l'adore!

Écrivons Write an e-mail to your Canadian pen pal about your favorite celebrity or your favorite character from a famous television show. Be sure to describe the person or character in detail.

39 Qui est Caillou?

Lisons/Écrivons You're surfing the Web to buy your five-year-old Quebecois cousin a video of his favorite cartoon, Caillou. Read about Caillou and answer the questions that follow.

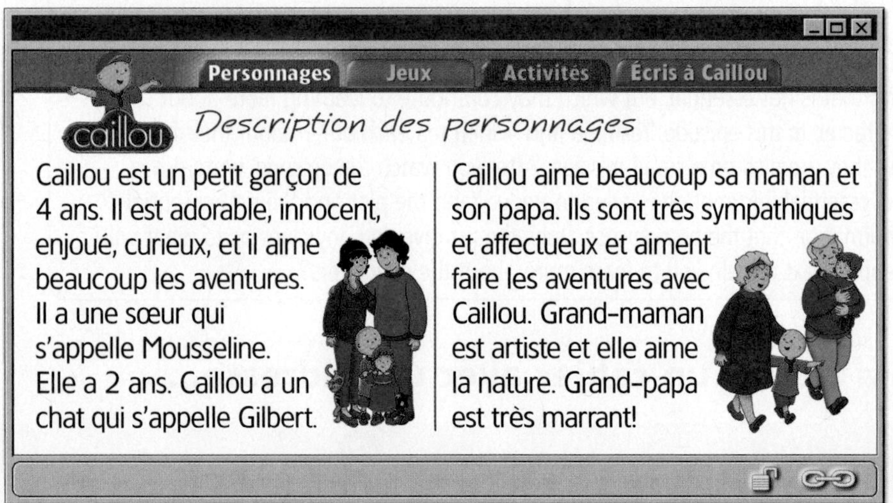

Personnages
Jeux
Activités
Écris à Caillou
caillou
Description des personnages
Caillou est un petit garçon de 4 ans. Il est adorable, innocent, enjoué, curieux, et il aime beaucoup les aventures. Il a une sœur qui s'appelle Mousseline. Elle a 2 ans. Caillou a un chat qui s'appelle Gilbert.
Caillou aime beaucoup sa maman et son papa. Ils sont très sympathiques et affectueux et aiment faire les aventures avec Caillou. Grand-maman est artiste et elle aime la nature. Grand-papa est très marrant!

1. Quel âge a Mousseline?
2. Comment s'appelle le chat de Caillou?
3. Comment est Caillou?
4. Comment est Grand-papa?

Communication

40 Comment est ta famille?

Parlons You and your partner are describing your families to each other. Take turns reading the questions below and answering them. You can describe your real family or an imaginary one.

— **Tu as combien de frères et de sœurs?**
—

— **Comment s'appelle ta mère?**
—

— **Elle est comment?**
—

— **Elle a les yeux bleus?**
—

— **Tu as un animal domestique?**
—

Télé-roman

Que le meilleur gagne!

Épisode 3

STRATÉGIE

Separating essential from non-essential information A story told on screen often provides information essential to understanding the plot as well as information that is not essential, but which may contribute to learning more about the character. In this episode, Yasmina and Adrien tell each other about their families but they are also on a small mission. After you watch the episode, write down the essential information needed to understand the plot and the non-essential information that the two discuss. Does the list give you any clues as to what will happen next or help you to learn more about the characters?

Au café, Yasmina a trouvé un cahier avec une adresse...

1

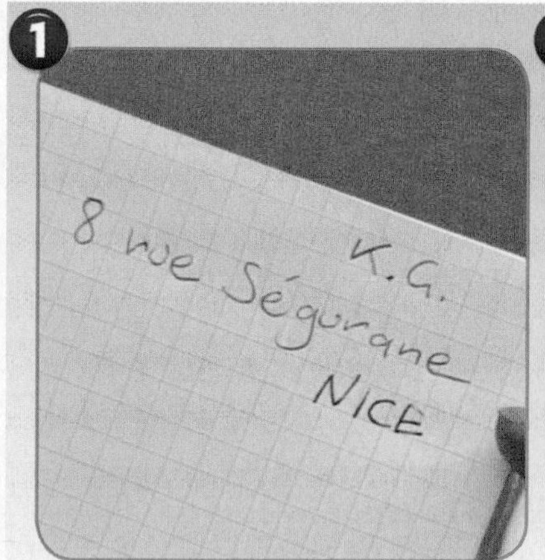

Yasmina Regardez! Il y a des initiales et une adresse.

2

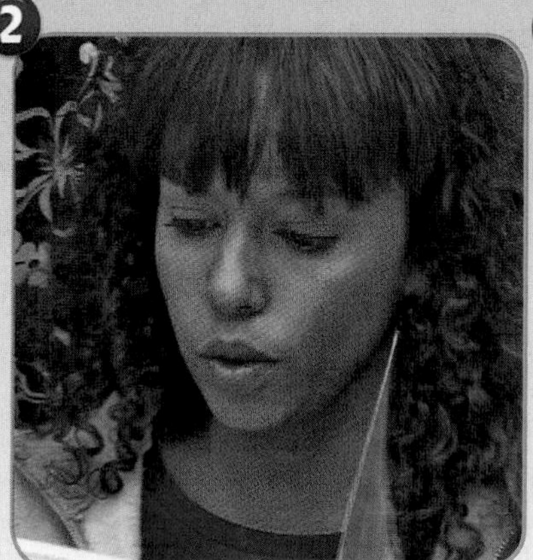

Yasmina Oh! Je sais où c'est. Mon oncle et ma tante habitent près de là. On y va?

3

Adrien Moi, je t'accompagne si tu veux.

Adrien et Yasmina traversent un parc...

4

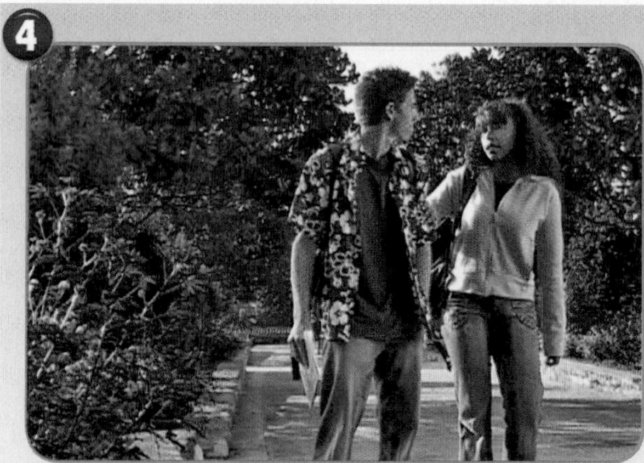

Yasmina Dis, Adrien, on peut se reposer un peu? Je suis crevée.

Adrien Oui, moi aussi.

5

Yasmina Tu as des sœurs et des frères?

Adrien J'ai un frère. Il s'appelle Tristan.

Visit Us Online
my.hrw.com
Online Edition

6

Adrien Et ça, c'est ma mère. Elle est très sportive.

7

Yasmina Tiens! Bonjour, tante Zora!
Tante Zora Salut, Yasmina! Ça va?

8

Tante Zora Oh là là! Mon mari m'attend! Bon alors, à bientôt, toi.

Adrien et Yasmina reprennent la route...

9 ***Adrien et Yasmina arrivent chez la personne au cahier mystérieux.***

10 ***La personne ouvre la porte et Adrien et Yasmina sont surpris.***

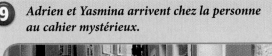

AS-TU COMPRIS?

1. What do Yasmina and Adrien decide to do at the beginning of the episode?
2. What do they talk about at the park?
3. Does Adrien have any brothers or sisters?
4. Whom do they see at the park?
5. Where are they at the end of the episode?

Prochain épisode:
Who do you think opens the door at the end? What makes you think so?

Lecture et écriture

STRATÉGIE pour lire

Using genre to set expectations Consider the *genre* of a text before you read it. The *genre* can tell you what kind of writing to expect. Some examples of different genres are short story, novel, poem, essay, and play.

A Avant la lecture

Look at the following text. What type of reading do you think this is? What should you expect to find in this type of reading? Make a list.

Toute la famille

de Pierre Lozère

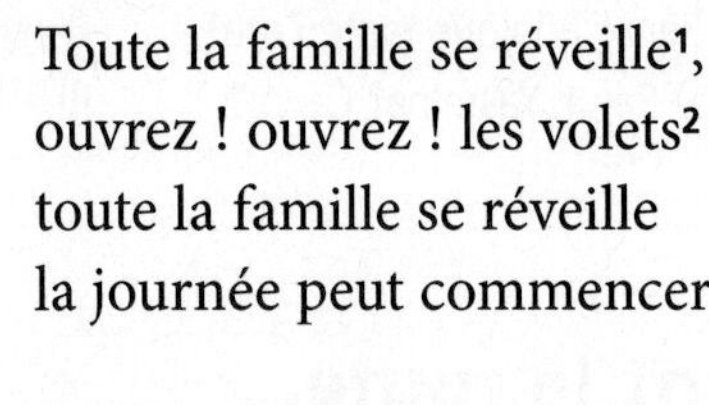

Toute la famille se réveille[1],
ouvrez ! ouvrez ! les volets[2]
toute la famille se réveille
la journée peut commencer

Papa fait sa gymnastique
un, deux, trois, quatre,
Maman met de la musique
les enfants attrapent[3] le chat !

Toute la famille se réveille,
ouvrez ! ouvrez ! les volets
toute la famille se réveille
la journée peut commencer

Papa démarre[4] la voiture
un, deux, trois, quatre,
Grand-mère fait des confitures[5]
les enfants attrapent le chat !

Toute la famille se réveille,
ouvrez ! ouvrez ! les volets
toute la famille se réveille
la journée peut commencer

Grand-père est parti à pied[6]
un, deux, trois, quatre,
la confiture est brûlée[7]
les enfants attrapent le chat !

Toute la famille se réveille,
ouvrez ! ouvrez ! les volets
toute la famille se réveille
la journée peut commencer

1. wakes up **2.** shutters **3.** catch **4.** starts **5.** jam **6.** went for a walk **7.** burned

Online Practice

my.hrw.com

Online Edition

B Compréhension

Match each family member with the sentence that best describes him or her.

1. papa	**a.** Il/Elle aime préparer à manger.
2. maman	**b.** Il/Elle est sportif.
3. le fils ou la fille	**c.** Il/Elle est petit(e) et pénible.
4. grand-mère	**d.** Il/Elle aime sortir.
5. grand-père	**e.** Il/Elle aime écouter la radio.

C Après la lecture

1. Compare the list you made in **Avant la lecture** with what you noticed while reading the poem. Is the poem different from what you expected? Does this poem remind you of the way songs are written? Why?
2. How is this family's routine similar to or different from your family's routine?

Espace écriture

STRATÉGIE pour écrire

Graphic organizers can help you remember details that you might otherwise forget. You can draw a square containing the thing you wish to describe, then draw lines extending out from the square to its characteristics.

Portrait de famille

Create a portrait of your family or of an imaginary one. Draw, cut out magazine pictures, or find photos of four family members. Write a caption for each image. Tell who each person is and what he or she is like.

1 Plan

Draw four squares with lines extending out from each square. Write the names of family members in the squares and their relationship to you **(maman)**. Then, write adjectives to describe them on the lines **(blonde, mince, intelligente)**.

2 Rédaction

Begin each caption by giving your family member's name and his or her relationship to you. Then describe that person's appearance and personality.

3 Correction

Read each caption to make sure that you have all the required information. Read the captions again to check for spelling, punctuation, and adjective agreement.

4 Application

Mount your images and captions on poster board and display your family portrait in class. Read your classmates' posters. Can you guess which family belongs to each of your classmates?

Chapitre 3

Prépare-toi pour l'examen

@HOMETUTOR

❶ Vocabulaire 1
- to describe people
- to ask for and give opinions

pp. 78–81

❶ Describe the people and pets in the photos. Be sure to use at least two adjectives to describe each person or animal.

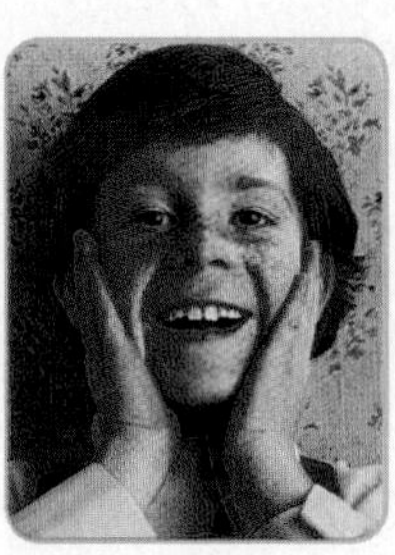

a.

b.

c.

d.

❷ Grammaire 1
- the verb *être*
- adjective agreement

Un peu plus
- more irregular adjectives

pp. 82–87

❷ Write complete sentences using the elements given. Make all the appropriate changes.

1. ton frère / toi / être / vous / grand / très / et
2. grand / blond / être / moi / et / je
3. mince / Emma / être / mignon / et
4. professeur / être / comment / d'anglais / le
5. ils / gros / pas / être / ne
6. Alicia / être / et / gentil / et /intelligent / Jeanne
7. être / Eva / être / elle / marrant / timide / mais
8. avoir / je / frère / trois / pénible / beau / mais

❸ Vocabulaire 2
- to identify family members
- to ask about someone's family

pp. 90–93

❸ Réponds aux questions suivantes.

1. Vous êtes combien dans ta famille?
2. Comment s'appelle ta mère?
3. Elle est comment?
4. Tu as des frères ou des sœurs?
5. Comment s'appellent tes grands-parents?
6. Ils/Elles sont comment?
7. Tu as un chien ou un chat?
8. Comment il est?
9. Comment sont tes amis?
10. Comment tu trouves le professeur de français?

Online Assessment

my.hrw.com
Chapter Self-test

4 Complète la conversation entre Luc et Annick avec la forme appropriée de l'adjectif possessif.

LUC	Vous êtes combien dans (ta / notre) famille?
ANNICK	Nous sommes cinq: (ma / votre) grand-mère, (mon / son) père, (ma / ta) mère, (mon / notre) frère et moi.
LUC	Quel âge a (mon / ton) frère?
ANNICK	Il a vingt ans. Il étudie à l'université. (Leur / Son) université est à Montréal.

4 Grammaire 2
- possessive adjectives
- contractions with *de*

Un peu plus
- *c'est* versus *il/elle est*

pp. 94–99

5 Answer the following questions.

1. Who is **Bonhomme Carnaval?** Where can you see him?
2. What family festival is celebrated in August in Quebec?
3. What is the official motto of Quebec?

5 Culture
- **Comparaisons** **p. 89**
- **Flash culture** **pp. 82, 86, 92, 96**

6 Listen to Marie-France speaking about her family. Indicate if the following statements are **a) true** or **b) false.**

1. Marie-France a cinq ans.
2. Son chien est très gros.
3. Sa mère est belle et sportive.
4. Son frère s'appelle Valentin.

7 You're talking with a classmate about your family. First read the instructions for each exchange. Then, create a dialogue using the expressions you've learned in this chapter and the previous chapters.

Student A:	Ask your classmate if he/she has siblings.
Student B:	Answer that you have two brothers and one sister. Ask your classmate the same question.
Student A:	Answer that you have one brother. Ask your classmate to describe his/her sister.
Student B:	Say that your sister is tall with blond hair and green eyes. Ask how your classmate's brother is.
Student A:	Say that your brother is four years old and that he is annoying.
Student B:	Ask your classmate if he/she has pets.
Student A:	Say that you don't have pets. Ask your classmate about pets.
Student B:	Answer that you have one dog and two cats.

Grammaire 1
- the verb *être*
- adjective agreement

Un peu plus
- more irregular adjectives

pp. 82–87

Résumé: Grammaire 1

The verb **être** is irregular.

être *(to be)*			
je	suis	nous	sommes
tu	es	vous	êtes
il/elle/on	est	ils/elles	sont

Adjectives agree in number and gender with the nouns they describe.
To make most adjectives feminine, add **-e** to the masculine form.
To make most adjectives plural, add **-s** to the singular form.
Some adjectives have irregular feminine forms:
blanc (blanche), bon (bonne), gentil (gentille), gros (grosse), mignon (mignonne), long (longue)
Adjectives that end in **-eux** become **-euse** in the feminine forms.
Adjectives that end in **-if** become **-ive** in the feminine forms.

Some adjectives like **cool, chic, orange,** and **marron** are invariable. They never change forms.
The adjectives **beau** *(beautiful)*, **nouveau** *(new)*, and **vieux** *(old)* have special forms.

Grammaire 2
- possessive adjectives
- contractions with *de*

Un peu plus
- *c'est* versus *il/elle est*

pp. 94–99

Résumé: Grammaire 2

French **possessive adjectives** agree in gender and number with what is possessed.
They are: **mon, ton, son, ma, ta, sa, mes, tes, ses, notre, votre, leur, nos, vos, leurs**

Contractions with **de**: **de + le = du**
de + les = des

When **de** appears before **la** or **l'**, there is no contraction.

Use **c'est** with a person's name, with an article plus a noun, with an article, plus a noun, plus an adjective.
Use **il est/elle est** with an adjective by itself.

Lettres et sons

The r sound

The French **r** is quite different from the American *r.* To pronounce the French **r,** keep the tip of your tongue pressed against your lower front teeth. Arch the back of your tongue upward, almost totally blocking the passage of air in the back of your throat.

Jeux de langue

Mon père est maire, mon frère est masseur, ma tante est sœur et mon cousin est frère.

Dictée

Écris les phrases de la dictée.

Résumé: Vocabulaire 1

PRACTICE FRENCH WITH HOLT MCDOUGAL APPS!

To ask about and describe people

âgé(e)	*elderly*
beau (belle)	*handsome, beautiful*
blanc (blanche)	*white*
bleu(e)	*blue*
blond(e)	*blond*
bon/bonne	*good*
la **bouche**	*mouth*
brun(e)/châtain	*dark-haired/chestnut, light brown*
court(e)/long (longue)	*short/long*
créatif (créative)	*creative*
fort(e)	*strong*
généreux (généreuse)	*generous*
génial(e)	*fantastic/awesome*
gentil(le)	*kind*
Il/Elle a les cheveux/yeux...	*He/She has . . . hair/eyes.*
intelligent(e)	*smart*
jeune/vieux (vieille)	*young/old*
marrant(e)	*funny*
marron	*brown*
méchant(e)/sympathique	*mean/nice*
mince/gros(se)	*thin/fat*
le **nez**	*nose*
noir(e)	*black*
nouveau (nouvelle)	*new*
les **oreilles (f.)**	*ears*
paresseux (paresseuse)	*lazy*
pénible	*tiresome/difficult*
petit(e)/grand(e)	*short/tall*
roux (rousse)	*red-headed*
sérieux (sérieuse)	*serious*
sportif (sportive)	*athletic*
la **tête**	*head*
timide	*shy*
vert(e)	*green*
Comment est/sont...?	*What is/are . . . like?*
Il(s)/Elle(s) est/ sont comment...?	*What is/are . . . like?*
Il/Elle est très...	*He/She is very . . .*
Ils/Elles sont assez...	*They are quite . . .*
Il/Elle n'est ni...ni...	*He/She is neither . . . nor . . .*

To ask for and give an opinion .... *see page 80*

Résumé: Vocabulaire 2

To identify family members

le **beau-père**	*stepfather*
la **belle-mère**	*stepmother*
le **chat**	*cat*
le **chien**	*dog*
le/la **cousin(e)**	*cousin*
le **demi-frère**	*half-brother*
la **demi-sœur**	*half-sister*
divorcé(e)	*divorced*
un/une **enfant (m./f.)**	*child*
la **famille**	*family*
la **femme**	*wife*
la **fille**/le **fils**	*daughter/son*
le **frère**	*brother*
la **grand-mère**	*grandmother*
le **grand-père**	*grandfather*
les **grands-parents (m.)**	*grandparents*
le **mari**	*husband*
la **mère/ma mère**	*mother/my mother*
le **neveu**	*nephew*
la **nièce**	*niece*
l'**oncle**	*uncle*
les **parents (m.)**	*parents*
le **père**	*father*
la **petite-fille**	*granddaughter*
le **petit-fils**	*grandson*
les **petits-enfants (m.)**	*grandchildren*
la **sœur**	*sister*
la **tante**	*aunt*
Voici.../Voilà...	*Here is/are . . ./There is/are . . .*
Ça, c'est/ce sont...	*This is/These are . . .*
Qui c'est, ça?	*Who is that?*

To ask about someone's family .... *see page 93*

Révisions cumulatives

1 Listen as Isabelle and Pauline talk about their families and decide who's talking: **a) Isabelle** or **b) Pauline.**

La famille d'Isabelle

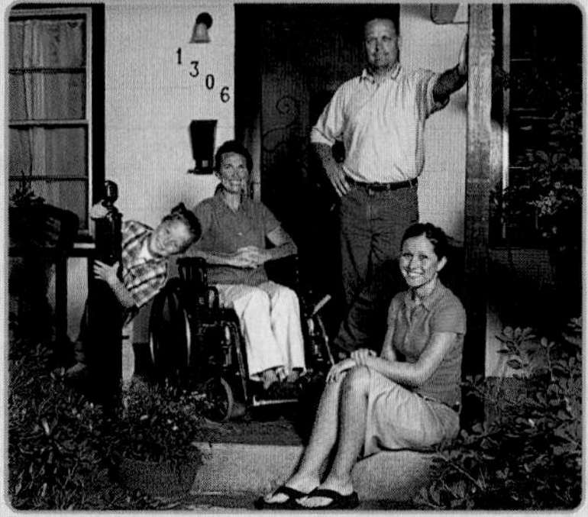

La famille de Pauline

2 You're thinking about getting a pet. Read these advertisements, and then answer the questions that follow with: **a) the cat, b) the dog,** or **c) both.**

EN DIRECT DES REFUGES

César

Beau chien noir et marron de 6 ans. Yeux marron. Je ne peux pas le garder parce que mon père est allergique. Idéal pour famille avec enfants ou chats. Sociable, docile, très intelligent. Déjà vacciné. Il adore jouer à la balle. Contacter **Lise Girard** au **418-555-4625.**

Un minou adorable!

Chaton gris et blanc aux yeux bleus. 3 mois. Petit, gentil, très mignon, un peu timide. Déjà vacciné. Aime beaucoup les enfants. Si vous voulez l'adopter, téléphonez à **Guy Brassard** au **418-555-1359.**

1. Which pet likes children?
2. Which pet is shy?
3. Which pet likes to chase balls?
4. Which pet is smart?
5. Which pet has blue eyes?
6. Which pet needs a new home because of a family member's allergies?

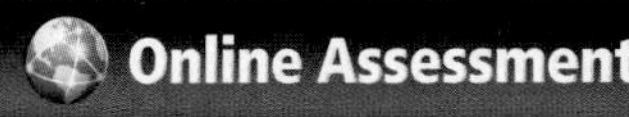

my.hrw.com
Cumulative Self-test

3 Your family is being considered for a reality show. The staff wants to know everything about your family so they can decide if you'd be right for the show. Work with a classmate to create a conversation in which a staff member interviews you about your family: how many of you there are, each person's age, a description, and what each person likes and dislikes.

4 Look at the painting and write a short narrative, in French, about this family. Imagine who the different family members are and describe them in detail. Then, discuss what you think the family is celebrating. How do you know?

Massicotte, Edmond-Joseph. Le Traditionnel Gâteau des Rois, 1926. Lithograph. 20.8 x 31 cm. Musée national des beaux-arts du Québec. 69.402.

Le traditionnel gâteau des Rois **d'Edmond-Joseph Massicotte**

5 Imagine that you're shooting a short film at school and you're looking for talent. Write ads describing what kind of people you're looking for (man, woman, boy, girl, tall, etc.) Don't forget to mention if you're looking for specific personality traits.

6 À ton tour

Les nouveaux voisins A new family has moved into your neighborhood, and you notice they have a son about your age. First, introduce yourself and find out about the son's likes and dislikes. Then, ask about his family members. Act out your conversation for the class.

chapitre 4

Mon année scolaire

Objectifs

In this chapter, you will learn to

- ask about classes
- ask for and give an opinion
- ask others what they need and tell what you need
- inquire about and buy something

And you will use

- **-re** verbs
- **-ger** and **-cer** verbs
- **le** with days of the week
- the verbs **préférer** and **acheter**
- adjectives as nouns
- agreement with numbers

Que vois-tu sur la photo?

Où sont ces élèves?

Est-ce qu'ils sont contents?

Et toi, est-ce que tu aimes aller au lycée?

1
CÔTE DE LA FABRIQUE

MODES OF COMMUNICATION

INTERPRETIVE	INTERPERSONAL	PRESENTATIONAL
Listen to people talk about when they have classes. Read an email about buying school supplies.	Ask a friend about school supply preferences. Write a note to your parents about what you need for school.	Act out welcoming a new exchange student to your school. Write a letter to be a volunteer peer tutor.

Le Petit Séminaire de Québec, à Québec

Objectifs
- to ask about classes
- to ask for and give opinions

Vocabulaire à l'œuvre 1

Télé-vocab

Au Cégep à Québec

Quelle est ta matière préférée?

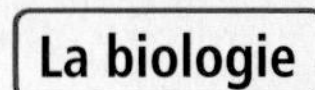
La biologie

La chimie

La physique

La géographie

L'histoire (f.)

L'informatique (f.)

L'espagnol (m.)

L'allemand (m.)

Les mathématiques (f.)

Les arts (m.) plastiques

L'éducation (f.) musicale

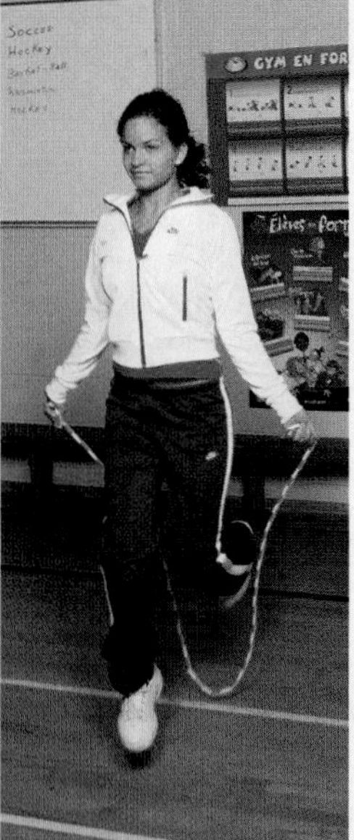
L'EPS (éducation (f.) physique et sportive)

Online Practice
my.hrw.com
Vocabulaire 1 practice

Quelle heure est-il? Il est...

une heure

2:00 deux heures

2:10 deux heures dix

2:15 deux heures et quart

2:30 deux heures et demie

12:00 AM minuit

2:40 trois heures moins vingt

2:45 trois heures moins le quart

12:00 PM midi

Les jours de la semaine

mars
la semaine du 12 au 18 — le week-end

lundi	mardi	mercredi	jeudi	vendredi	samedi	dimanche
12	13	14	15	16	17	18

D'autres mots utiles

du matin	*in the morning*
de l'après-midi	*in the afternoon*
du soir	*in the evening*
aujourd'hui	*today*
demain	*tomorrow*
maintenant	*now*
la récréation	*break/recess*
la sortie	*dismissal*
l'examen (m.)	*exam*
les devoirs (m.)	*homework*

Exprimons-nous!

To ask about classes	To respond
À quelle heure tu as anglais? *At what time do you have . . . ?*	**J'ai** anglais **à** midi et demi. *I have . . . at . . .*
Tu as quel cours à neuf heures du matin? *What class do you have at . . . ?*	
Quel jour est-ce que tu as maths? *What day do you have . . . ?*	**J'ai** maths **lundi.** *I have . . . on Monday.*
Quand est-ce que tu as maths? *When do you have . . . ?*	J'ai maths **le lundi, le mercredi** et **le vendredi.** *. . . on Mondays, Wednesdays . . . Fridays.*

Vocabulaire et grammaire, *pp. 37–39* — Online Workbooks

▶ **Vocabulaire supplémentaire—**Les matières, **p. R10**

une interro	*quiz*
bosser/ bûcher	*to work/ to study*
un bahut	*school*
hyper-/super-	*very . . .*
fastoche	*easy*
un machin/ un truc	*thingamajig*

1 Quel cours?

Lisons What class will each of these students most likely take based on what they like?

1. Annick aime Shakespeare.
2. Didier aime jouer au foot.
3. Sylvie aime les ordinateurs.
4. Matthieu aime dessiner.
5. Lucille aime chanter.
6. Paul aime les nombres.

a. les mathématiques
b. les arts plastiques
c. l'EPS
d. l'éducation musicale
e. l'anglais
f. l'informatique

2 Écoutons

Émilie parle de ses cours avec son ami Maurice. Est-ce qu'Émilie a les cours suivants **a) le matin** ou **b) l'après-midi?**

1. l'histoire
2. les mathématiques
3. l'anglais
4. l'informatique
5. la géographie
6. les arts plastiques

3 L'heure

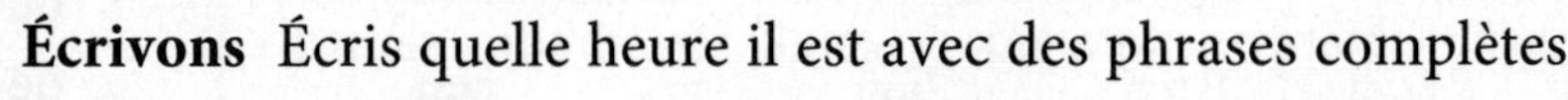

Écrivons Écris quelle heure il est avec des phrases complètes.

1.

2.

3.

4.

5.

Exprimons-nous!

To ask for an opinion	To give an opinion
Comment est ton cours de maths? *What's your . . . class like?*	Il est **difficile/facile.** *. . . hard/easy.*
Comment c'est, l'éducation musicale? *What's . . . like?*	**C'est intéressant/fascinant/ennuyeux.** *It's interesting/fascinating/boring.* **D'après moi, c'est** cool **parce que** j'adore le prof! *In my opinion, it's . . . because . . .*
Ça te plaît, l'informatique? *Do you like . . .?*	**Je trouve ça génial./Ça me plaît beaucoup!** *I think it's awesome./ I like it a lot!*

Vocabulaire et grammaire, *pp. 37–39* Online Workbooks

4 À leur avis...

Parlons Tell what these students might say about their classes.

1.

2.

3.

4.

5.

6.

5 Mes cours

Écrivons Choose four classes from the box below and tell what time you have each of these classes and what you think of them.

physique	EPS	histoire	biologie	maths
français	arts plastiques	anglais	géographie	chimie

Communication

6 Scénario

a. Parlons You and your classmate prepare blank schedules showing only the times classes meet at your school. Take turns asking what classes each of you has this week during the times listed. Fill in each other's schedules.

MODÈLE **—Tu as quel cours à neuf heures lundi?**
—J'ai chimie à neuf heures.

b. Then, take turns asking your classmate what he or she thinks about any four classes. Your classmate will give reasons why he or she likes or dislikes each class.

Objectifs

- *-re* verbs
- *-ger* and *-cer* verbs

Grammavision

-re verbs

You've already learned about **-er** verbs in French. Here are the forms for a group of verbs that end in **-re.**

attendre (*to wait for*)			
j'	attend**s**	nous	attend**ons**
tu	attend**s**	vous	attend**ez**
il/elle/on	attend	ils/elles	attend**ent**

Il **attend** Agathe.

Nous **attendons** le bus.

Notice that in the third person singular form, you do not add an ending to the stem.

Vocabulaire et grammaire, *pp. 40–41*
Cahier d'activités, *pp. 31–33*

More **-re** verbs:

entendre	*to hear*
perdre	*to lose*
répondre (à)	*to answer*
vendre	*to sell*
rendre	*to return*
rendre visite à	*to visit (someone)*

Flash culture

According to Bill 101, also known as the French Language Charter, all Quebec children must attend schools where French is the language of instruction. One exception is that "old time Quebeckers", schooled in English elementary schools can choose the language of instruction for their children; this only accounts for 10% of students in Quebec. After high school, students can choose to enroll in either English or French language universities.

Does your school offer bilingual classes?

7 Écoutons

Félix is talking to his friends on his cell phone but the signal is not very good. For each sentence you hear, write the missing subject pronoun.

8 En classe

Écrivons Lise overhears snippets of conversations between her classmates before the bell. Complete these sentences with the appropriate forms of the verbs.

1. Attention! Tu ________ ton livre. (perdre)
2. Est-ce qu'on ________ des écouteurs là-bas? (vendre)
3. Nous ________ Annabelle après la sortie. (attendre)
4. Elles ne ________ pas aux questions du professeur. (répondre)
5. Béa et Léo ________ des tee-shirts. (vendre)
6. Vous ________ Ludovic pour aller en cours? (attendre)
7. Il ne ________ pas visite à sa grand-mère. (rendre)
8. Je ________ toujours mes crayons de couleur. (perdre)
9. Tu ________ la musique? (entendre)
10. Pourquoi vous ne ________ pas à mes e-mails? (répondre)

Online Practice
my.hrw.com
Grammaire 1 practice

9 Que se passe-t-il?

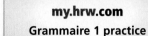

Parlons Décris les photos en faisant une phrase complète. Utilise des verbes en **-re.**

MODÈLE On vend des magazines ici.

on

1. Olivier

2. tu

3. je

4. Rémy

5. Jérôme et moi

6. vous

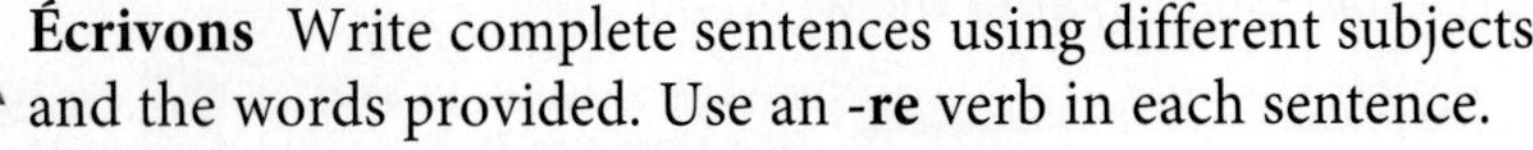

10 Faisons des phrases

Écrivons Write complete sentences using different subjects and the words provided. Use an **-re** verb in each sentence.

MODÈLE DVD: Je rends le DVD à Céline.

1. des devoirs
2. un e-mail
3. la musique
4. des CD
5. des amis
6. le professeur

Communication

11 Informations personnelles

Parlons With a classmate, take turns asking each other the following questions to find out what you have in common.

1. Est-ce que tu vends tes vieux CD?
2. Est-ce que tes amis répondent toujours à tes e-mails?
3. Ton équipe *(team)* de football préférée perd souvent?
4. Est-ce que tu rends visite à tes grands-parents régulièrement?
5. Tes copains et toi, vous attendez le week-end avec impatience?
6. Est-ce que tu perds souvent tes devoirs?

-ger and -cer verbs

More **-ger** verbs:

changer	*to change*
échanger	*to exchange*
corriger	*to correct*
déranger	*to disturb*
encourager	*to encourage*
voyager	*to travel*

More **-cer** verbs:

placer	*to place, put*
prononcer	*to pronounce*
remplacer	*to replace*
avancer	*to go forward*
lancer	*to throw*

1 Verbs that end in **-ger** are conjugated like **-er** verbs in every form except the **nous** form. In the **nous** form, you add **e** before the ending **-ons.** This is to keep the soft **ge** sound, as in the other forms.

manger *(to eat)*			
je	mange	nous	mang**e**ons
tu	manges	vous	mangez
il/elle/on	mange	ils/elles	mangent

2 Verbs that end in **-cer** are also conjugated like **-er** verbs in every form except the **nous** form. In the **nous** form, **c** becomes **ç** to keep the soft **s** sound as in the other forms.

commencer *(to begin, to start)*			
je	commence	nous	commen**ç**ons
tu	commences	vous	commencez
il/elle/on	commence	ils/elles	commencent

The verb **commencer** is followed by the preposition **à** and **another verb in the infinitive** to mean *to start to do something.*

Nous **commençons à travailler** après le week-end.

We start working after the weekend.

Vocabulaire et grammaire, ***pp. 40–41***
Cahier d'activités, ***pp. 31–33***

À la québécoise

In Quebec, people use the term **la fin de semaine** rather than **le week-end.**

12 Quelle forme choisir?

Lisons Complète les phrases avec le verbe approprié.

1. Elles ______ le cours de biologie à 2h.
   a. changeons **b.** commencent **c.** prononcent
2. Monsieur Dumas ______ les devoirs de ses élèves.
   a. corrige **b.** encourage **c.** encourageons
3. Pauline et moi, nous ______ pendant les vacances.
   a. encourageons **b.** voyagez **c.** voyageons
4. Tu ______ bien l'espagnol, Ludo!
   a. déranges **b.** prononces **c.** prononce
5. Nous ______ à quelle heure, aujourd'hui?
   a. changent **b.** commençons **c.** mange
6. J' ______ mes vieux CD.
   a. échange **b.** avancent **c.** encourage
7. Vous ______ visite à vos parents pendant le week-end?
   a. commencez **b.** avancez **c.** rendez

13 À remplir

Lisons/Écrivons Complete each sentence with the correct form of the verb in parentheses.

1. Est-ce que Jason ________ la classe? (déranger)
2. Je ________ mon cours d'art par un cours d'anglais. (remplacer)
3. Mia et moi, nous ________ les cours à dix heures. (commencer)
4. Nous ________ le CD. (changer)
5. Vous ________ les élèves à parler français. (encourager)
6. Nous ________ à la piscine après l'école. (nager)

14 Les illustrations parlent

Écrivons/Parlons Describe what these people are doing in the photos using an appropriate **-cer** or **-ger** verb and the subject.

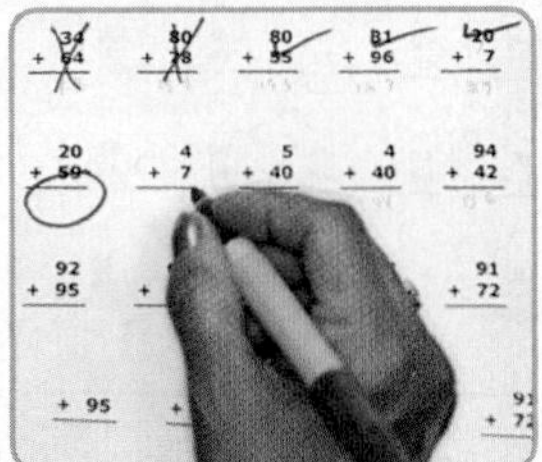

1. le professeur

2. mes copains

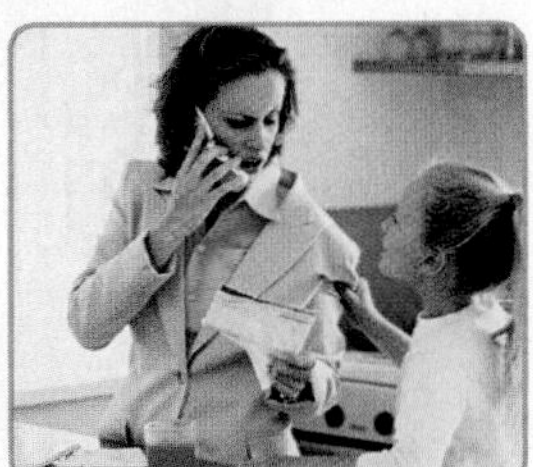

3. la petite fille

4. vous

5. nous

6. tu

Digital performance space

Communication

15 Scénario

Parlons Work with a classmate to create a conversation using as many expressions from the box as you can. Act out your conversation to the rest of the class. Your classmates will vote to determine who came up with the best, most logical conversation. Be creative!

À quelle heure...?	vendredi	génial	déranger
informatique	professeur	sympa	commencer
ennuyeux	français	aimer	encourager

Application 1

16 La journée d'Anne

Parlons Anne est très occupée *(busy)* aujourd'hui. Quels cours est-ce qu'elle a aux heures indiquées?

1. 8h00

2. 9h15

3. 10h05

4. 11h30

5. 2h45

6. 4h10

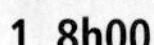

Flash culture

The 24-hour time system **(l'heure officielle)** is used to give schedules for transportation, schools, stores, and movies. School generally begins at 8h00 **(huit heures)** and lets out **(la sortie)** around 17h00 **(dix-sept heures)** or 18h00 **(dix-huit heures)**. Be careful not to mix the two systems, for instance; you must say **seize heures quinze,** never **seize heures et quart.** The expressions **et demie, et quart** and **moins le quart** are not used in official time.

Do you know of a context when the 24 hour clock is used in the U.S.?

Un peu plus

Le with days of the week

To say that you do something **regularly on a certain day of the week,** put **le** before the day of the week.

J'ai anglais **le** vendredi.
I have English class on Fridays.

To say that you are doing something **on one particular day of the week,** do not use the article in front of the day of the week.

J'ai un examen jeudi.
I have an exam on (this) Thursday.

Vocabulaire et grammaire, *p. 42*
Cahier d'activités, *pp. 31–33*

17 Écoutons

Listen as Farid's friends talk about their school schedules. For each statement, decide if they are talking about something that happens **a) every week** or **b) only on a specific day.**

Online Practice

my.hrw.com
Application 1 practice

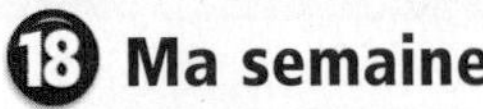

18 Ma semaine

Écrivons Complète les phrases suivantes pour décrire ta semaine.

1. Je commence les cours à…
2. Le vendredi soir, mes copains et moi, nous…
3. Le lundi matin, j'ai…
4. Après l'école, mes amis et moi, nous…
5. Le week-end, je…

19 Un emploi du temps idéal

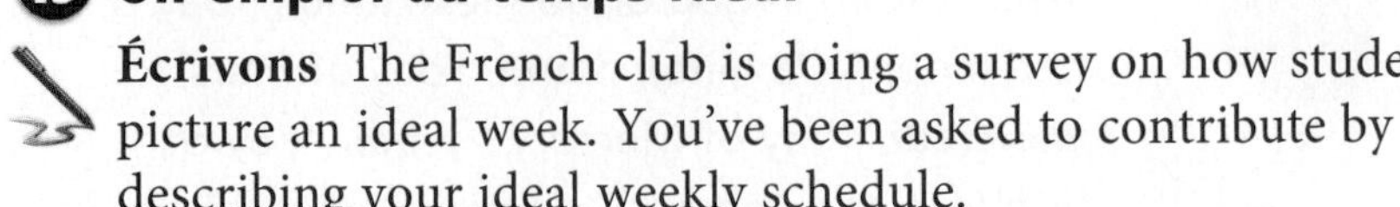

Écrivons The French club is doing a survey on how students picture an ideal week. You've been asked to contribute by describing your ideal weekly schedule.

MODÈLE **Le lundi, je surfe sur Internet. Le mardi et le jeudi, je dessine…**

Digital performance space

Communication

20 Interview

Parlons Imagine that you're an exchange student at the **Lycée Corneille** in France. The school newspaper reporter (your classmate) is interviewing you about your class schedule. Tell what days and times (use the **heure officielle**) you have each class and give your opinion of your classes.

EMPLOI DU TEMPS

	LUNDI	MARDI	MERCREDI	JEUDI	VENDREDI	SAMEDI	DIMANCHE
8h00	Anglais	Biologie	Anglais	Géographie	Chimie		LIBRE
9h00	Maths	Allemand	Maths	Français	Maths	Maths	
10h00	Récréation	Récréation	Récréation	Récréation	Récréation	EPS	
10h15	Histoire	Physique	Histoire	Physique	Arts plastiques		
11h15	Informatique		Informatique	Musique	Informatique	**Sortie**	
12h15	**Déjeuner**	**Déjeuner**	**Sortie**	**Déjeuner**	**Déjeuner**		
14h00	Arts plastiques	Chimie		Chimie	Biologie		
15h00	Chimie	Français		Informatique	Allemand		
16h00	Récréation	**Sortie**		Récréation	Récréation		
16h15	Français			Anglais	Histoire		
17h15	**Sortie**			**Sortie**	**Sortie**		

Application 1

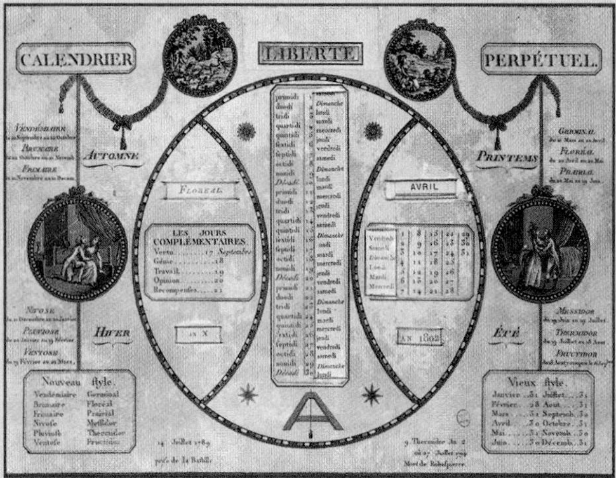

Calendrier révolutionnaire

Culture appliquée

Les jours de la semaine

In French, five out of seven days **(samedi** and **dimanche** being the exceptions) take their name from a Roman god or goddess: **lundi,** "day of the moon" **(la lune), mardi,** "day of Mars," **mercredi,** "day of Mercury," **jeudi,** "day of Jupiter" and **vendredi,** "day of Venus." But, following the French revolution, the newly formed Republic created its own calendar, renaming the days and the months. The calendar was in use for about twelve years.

Ton calendrier

Create a French calendar for the current school year.

Step 1 On twelve different sheets of paper, write the months and days of the week in French. Remember that the first day of the French week is Monday. The months in French are: **janvier, février, mars, avril, mai, juin, juillet, août, septembre, octobre, novembre,** and **décembre.**

Step 2 After you have created your calendar, look up the school vacation schedule for France and Quebec on the Internet. Mark the French vacation dates in red and the Quebec vacation dates in blue. Include all the **jours fériés** (national holidays) for both France and Quebec.

Step 3 Decorate your calendar with photos of francophone countries found in magazines or on the Internet.

Right after the French revolution in 1789, the French used a different calendar. Research the **calendrier révolutionnaire.** What were the names of the days and months? Were there any other differences?

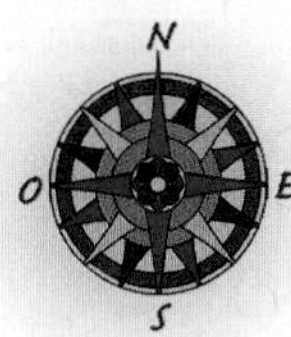

Comparaisons

Un conseil de classe

Les délégués de classe

You're a high school student in France, and you campaign to be elected student representative so that:

a. you can help plan the end of the year dance.

b. you can represent your class at the class council.

c. you can plan the class fundraiser.

In France, at the beginning of the school year, each class elects its **délégués de classe** *(student representatives).* The **délégués de classe** represent their fellow students during the **conseil de classe** *(class council).* He or she can defend students and also participate in any other conversations at the same level as the teachers and administrators. Teachers, administrators and **délégués de classe** of each grade meet three times a year. Each student's grade and the academic results of the entire class are discussed during those meetings. Other topics discussed may include discipline and classroom logistics. The **délégués de classe** also attend the **conseil de discipline** *(disciplinary council).*

ET TOI?

1. What role does the student representative play at your school?
2. What role does the school council play at your school?

Communauté

Vacations

Are all the schools in your state or county on vacation at the same time? How many weeks of vacation do students at your school get each year? Do public and private schools take the same vacation days? If there is an international school in your community, find out if they follow a different vacation calendar (such as the school vacation calendar of the country of origin) or if their vacation is the same as the other schools in your area.

Vive les vacances!

Objectifs

- to ask others what they need and tell what you need
- to inquire about and buy something

Vocabulaire à l'œuvre 2

DVD

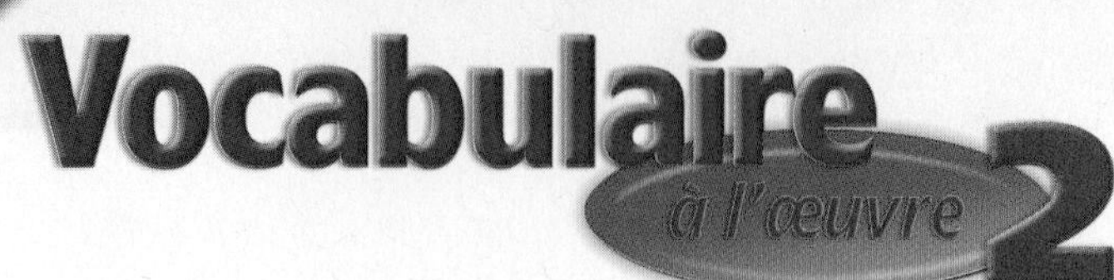

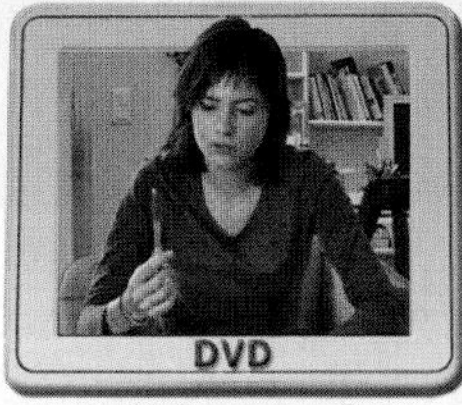

Télé-vocab

Un magasin de fournitures scolaires à Québec

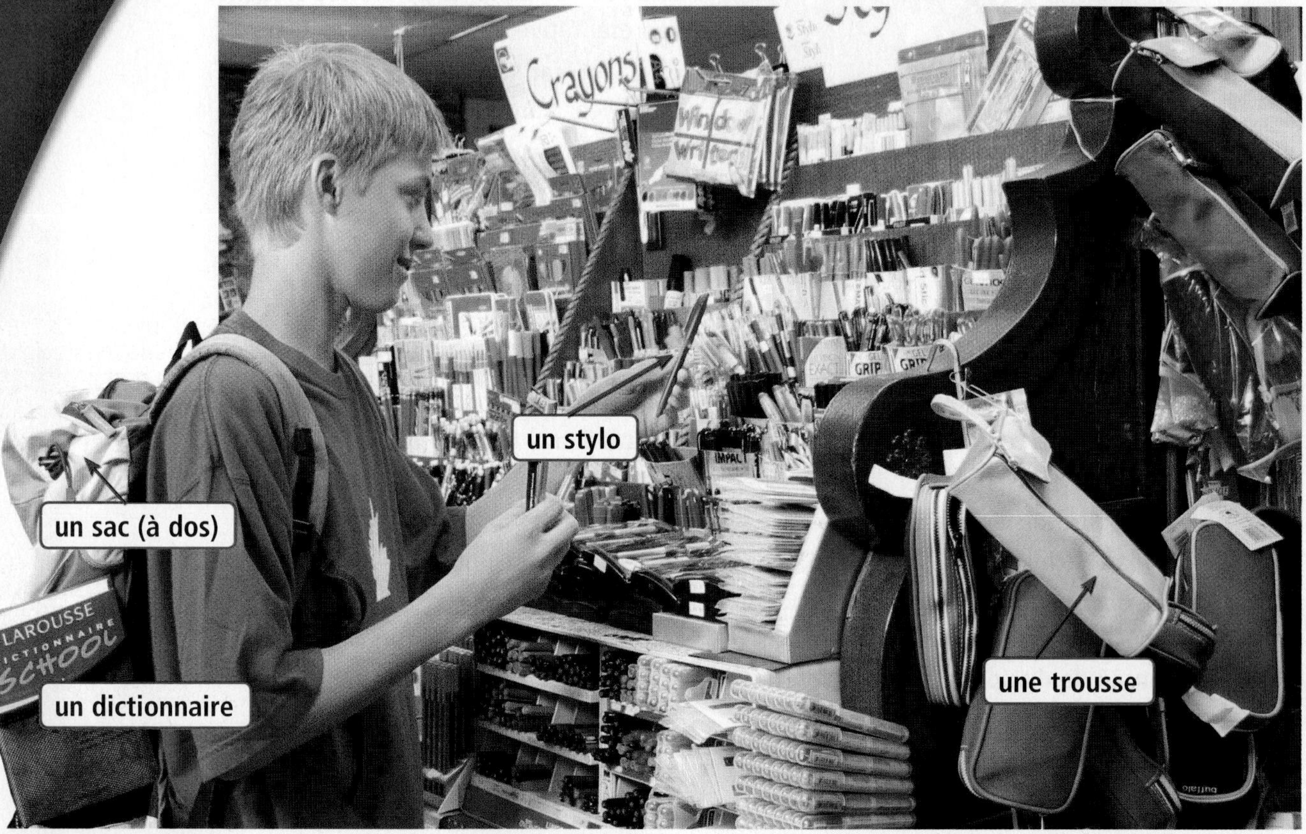

Crayons
un stylo
un sac (à dos)
LAROUSSE
un dictionnaire
une trousse

un livre

des cahiers (m.)

des feuilles (f.) de papier

des classeurs (m.)

une calculatrice

une règle

une gomme

un crayon

un taille-crayon

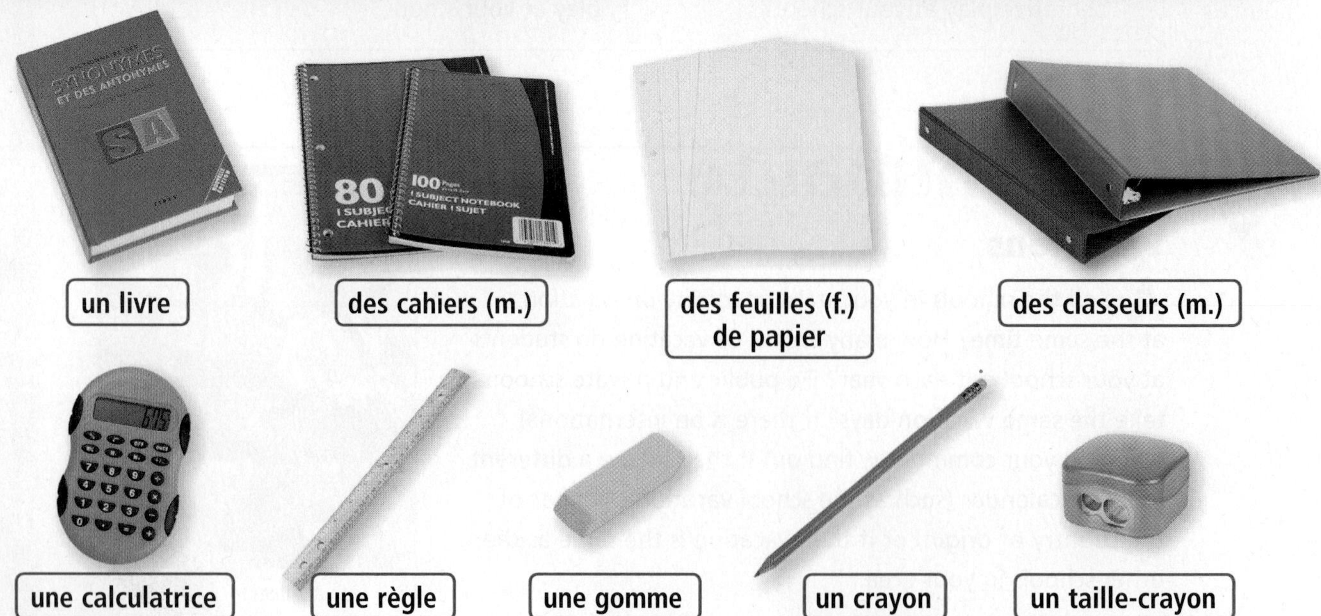

Online Practice
my.hrw.com
Vocabulaire 2 practice

Vocabulaire 2

Les couleurs

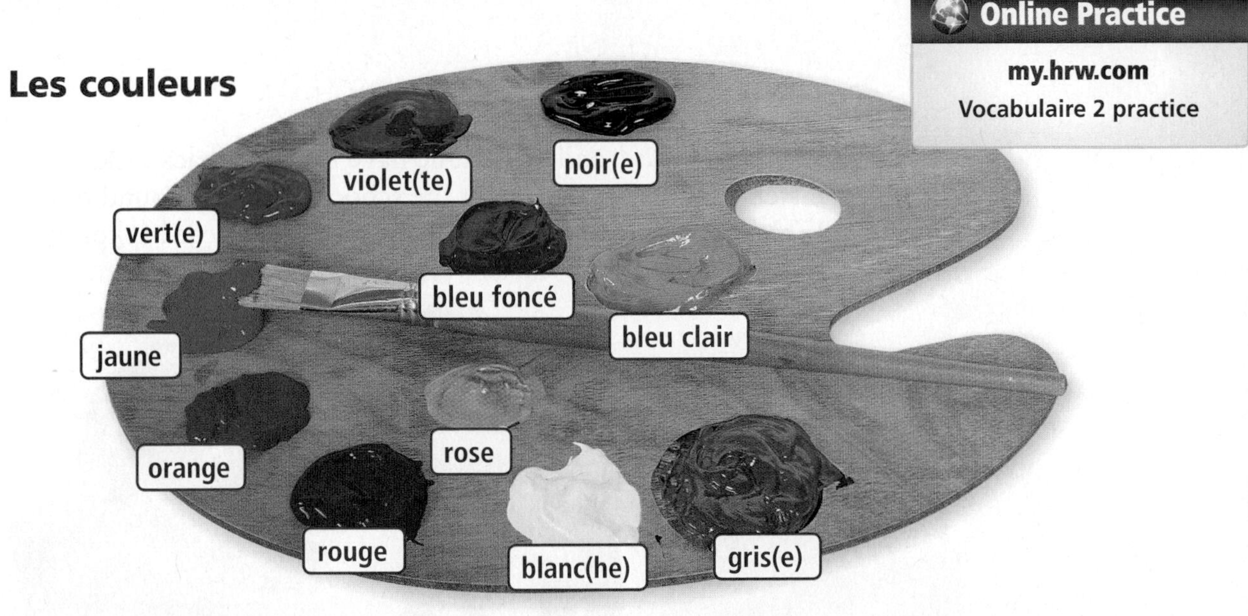

Les nombres de 31 à 201

31	40	50	60	70
trente et un	quarante	cinquante	soixante	soixante-dix
71	72	80	81	90
soixante et onze	soixante-douze	quatre-vingts	quatre-vingt-un	quatre-vingt-dix
91	100	101	200	201
quatre-vingt-onze	cent	cent un	deux cents	deux cent un

D'autres mots utiles

un portable	*laptop computer*	un short	*shorts*
un mobile	*cell phone*	un sweat-shirt	*sweat-shirt*
des baskets (f.)	*sneakers*	un tee-shirt	*T-shirt*

Exprimons-nous!

To ask others what they need and tell what you need

De quoi tu as besoin? *What do you need?*	**J'ai besoin de** cinq livres et **d'**un stylo.
Qu'est-ce qu'il te faut pour les maths? *What do you need for . . . ?*	**Il me faut** une règle. *I need . . .*
Tu pourrais me prêter ta calculatrice? *Could you lend me . . . ?*	**Tiens./Voilà.** *Here.*
Tu as un dictionnaire **à me prêter?** *. . . that I could borrow?*	**Désolé(e).** Je n'ai pas de dictionnaire. *Sorry.*

Vocabulaire et grammaire, *pp. 43–45* **Online Workbooks**

21 Écoutons

Vincent, Denise, and Guillaume have lost their backpacks. Listen to the calls they left at the school's lost-and-found office. Which backpack belongs to which student? Whose backpack was not turned in to the lost-and-found office?

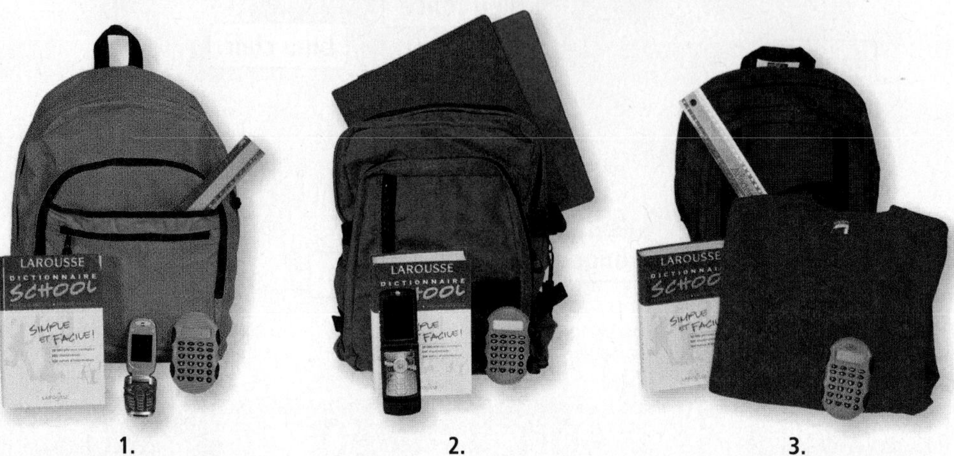

1. 2. 3.

22 La liste de fournitures

Écrivons You're in charge of purchasing school supplies for several classes. Tell what supplies you need for each class.

MODÈLE français: cahier (82), dictionnaire (31)
Pour le cours de français, j'ai besoin de quatre-vingt-deux cahiers et de trente et un dictionnaires.

1. maths: règle (48), calculatrice (57), classeur (78)
2. arts plastiques: crayon (63), gomme (95), trousse (100)
3. EPS: tee-shirt (93), short (69)
4. histoire: livre (73), cahier (26)
5. géographie: carte (33), cahier (72)

À la québécoise

In Quebec, people use the word **une effface** instead of **une gomme** to say *eraser.* **Une gomme** in Quebec means *chewing gum.*

Exprimons-nous!

To inquire about and buy something

You might say	*The salesperson might say*
Je cherche une trousse, s'il vous plaît. *I'm looking for . . .*	**De quelle couleur?** *In what color?*
Le sac à dos, **c'est combien?** **Il/Elle est à combien,** le stylo/la règle? *How much is the . . . ?*	**C'est** dix-huit dollars quatre-vingt-cinq. **Il/Elle est à** deux dollars. *It's . . .*
Merci, monsieur. *Thank you, . . .*	**Je vous en prie./À votre service.** *You're welcome.*

Vocabulaire et grammaire, *pp. 43–45* Online Workbooks

Vocabulaire 2

23 **Au magasin**

Lisons/Écrivons Annick is shopping for school supplies with her mother. Complete their conversation logically.

MME MILLET	Alors, tu as besoin de quoi?
ANNICK	Pour les maths, ___1___ une calculatrice.
MME MILLET	Pardon monsieur, ___2___, la calculatrice bleue?
LE VENDEUR	___3___ vingt-quatre dollars.
ANNICK	___4___ un dictionnaire anglais s'il vous plaît.
LE VENDEUR	Oui, voilà les dictionnaires anglais.
ANNICK	Merci, monsieur.
LE VENDEUR	___5___.

24 **De quelle couleur est...?**

Écrivons Write complete sentences to describe Farid and Amélie's clothing and school supplies. Be sure to include colors in your descriptions.

Communication

Digital performance space

25 **Scénario**

Parlons You left home in a hurry today and are missing a lot of school supplies. Take turns asking your classmate if you can borrow school supplies that you need for three of your classes.

MODÈLE **—J'ai histoire à neuf heures. Tu as des feuilles de papier à me prêter?**
—Oui, voilà... /Non, désolé(e)...

26 **Scénario**

Parlons You're at a stationery store purchasing items for your different classes. With a classmate, take turns playing the roles of the customer and the salesperson. Buy at least three items and be sure to specify what colors the items should be.

Objectifs

- the verbs *préférer* and *acheter*
- adjectives as nouns

Grammavision

The verbs *préférer* and *acheter*

The verbs **préférer** and **acheter** follow a slightly different pattern from other **-er** verbs.

1 Here are the forms of the verb **préférer** *(to prefer).*

je préfère	nous préférons
tu préfères	vous préférez
il/elle/on préfère	ils/elles préfèrent

Je préfère l'histoire.

Verbs like **préférer**:

espérer	*to hope*
répéter	*to repeat/ to rehearse*

2 Here are the forms of the verb **acheter** *(to buy).*

j' achète	nous achetons
tu achètes	vous achetez
il/elle/on achète	ils/elles achètent

Il achète le journal.

Verbs like **acheter**:

amener	*to bring along someone*
emmener	*to take along someone*
lever	*to raise*
promener	*to take for a walk*

Vocabulaire et grammaire, *pp. 46–47*
Cahier d'activités, *pp. 35–37*

Flash culture

In Quebec, children go to **école maternelle** *(kindergarten)* at the age of five. However, kindergarten is not required in Quebec. The **école élémentaire** *(primary school)* is for students between the ages of 6 and 11. The language of instruction is French, but in grades 4-6, the students begin to also learn English as a second language. Secondary school is for students ages 12 through 16. At the end of **secondaire,** the students receive a **DES (Diplôme d'études secondaires).**

Is kindergarten mandatory in your area?

27 Une petite note

Lisons Your Canadian e-pal wrote you an e-mail telling you about school supplies she's buying, but her e-mail program erased all the accents. Add all the missing accents.

Aujourd'hui, ma mere et moi, on promene le chien et on fait les magasins. Nous achetons des fournitures scolaires. J'achete trois cahiers. Mes amis et moi, nous preferons les classeurs mais le professeur prefere les cahiers. On achete aussi un dictionnaire et des stylos. Tu as un dictionnaire pour ton cours de francais? Et les eleves de ton ecole, ils achetent beaucoup de fournitures scolaires?
A+
Arielle

Online Practice

my.hrw.com
Grammaire 2 practice

Grammaire 2

28 Des phrases complètes

Écrivons Create complete sentences using the fragments below. Be sure to make all necessary changes. Add any missing elements.

1. nous / répéter / Hamlet de Shakespeare / lundi et jeudi
2. Madame Rigaud / promener / petit-fils / au parc
3. Kevin / ne pas amener / sœur / au cinéma
4. vous / acheter / trente / gomme
5. tu / préférer / trousse / bleue / ou / rouge / trousse

29 Que font-ils?

Parlons Décris chaque photo en utilisant le verbe donné.

1. préférer

2. acheter

3. emmener

4. promener

30 Des goûts et des couleurs

Lisons/Écrivons You're responding to a survey conducted on your school campus. Answer the following questions.

1. Quelle couleur est-ce que tu préfères pour les sacs à dos?
2. Qu'est-ce que tu achètes pour le cours d'EPS?
3. Tu lèves souvent la main pour répondre en classe?
4. Est-ce qu'on répète souvent en cours de musique?
5. Dans quel cours tu espères avoir de bonnes notes *(grades)?*

Communication

31 Sondage

Écrivons/Parlons Create a survey and ask your classmates their preferences of school supplies for their classes. For example, do they prefer a notebook or a binder for math, or which colors do they prefer their school supplies to be?

MODÈLE **Tu préfères un sac à dos rouge ou jaune?**

Adjectives as nouns

1 To avoid repetition, you can drop a **noun,** leaving an **article** and an **adjective** to stand for it. The article and adjective agree in gender and number with the noun that was dropped.

drop the noun → *T-shirt is understood*

le tee-shirt bleu ou le blanc
the blue T-shirt or the white one

2 You often use this when talking about preferences.

—Est-ce que vous aimez **la grande** télé ou **la petite**?

—J'aime **la grande**.

Vocabulaire et grammaire, *pp. 46–47*
Cahier d'activités, *pp. 35–37*

En anglais

In English, you can use an adjective as a noun by putting *the* before the adjective and *one* or *ones* after the adjective.

I like *the blue one.*

When someone says "I like the blue one," how do listeners know to what object the person is referring?

In French too, adjectives can be used as nouns.

J'aime **la bleue.**

32 Lesquels?

Lisons/Écrivons Complète les phrases avec **le, la, l'** ou **les.**

1. Il me faut une règle. Tu aimes ______ jaune?
2. Tu aimes le portable gris foncé ou tu préfères ______ blanc?
3. Il aime la nouvelle télé ou ______ vieille?
4. Qui sont les amies de Mia? ______ blondes ou ______ brunes?
5. Les shorts roses sont beaux, mais je préfère ______ violets.

33 Quelle couleur?

Lisons Lise and Aurore are passing each other notes about school supplies they saw earlier at the store. Put their notes in order.

— La rose est adorable!

— Non, je vais prendre les bleus.

— Qu'est-ce que j'achète? Le sac bleu ou le blanc?

— Oui, la verte est mignonne aussi. Et tu as des cahiers?

— Bon, le bleu alors. J'ai aussi besoin d'une trousse.

— Pas le blanc! Je préfère le bleu.

— Non, j'aime mieux la verte.

34 Écoutons

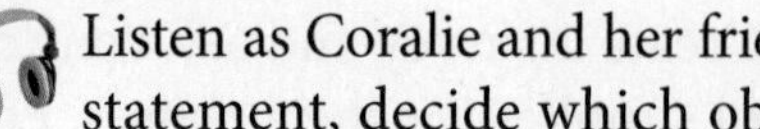

Listen as Coralie and her friends shop for school supplies. For each statement, decide which object the speaker is talking about.

1. a backpack / pens
2. a binder / a calculator
3. TVs / cell phones
4. T-shirts / sneakers
5. erasers / pencils
6. a notebook / a pencil case

35 C'est à qui?

Parlons Ton frère Timothée et ta sœur Adèle ont des goûts *(tastes)* très différents. De quelles couleurs sont les fournitures de Timothée et d'Adèle?

MODÈLE trousse: **la bleue est à *(belongs to)* Adèle et la verte est à Timothée.**

1. sac à dos
2. règle
3. baskets
4. dictionnaire
5. tee-shirts
6. short

Flash culture

The **Cégep (collège d'enseignement général et professionnel)** is a two-year general studies program for university-bound students similar to the 11th and 12th year of high school in the U.S. and **la première** and **la terminale** in a **lycée** in France. At the end of the **Cégep,** students must pass the **DEC (Diplôme d'études collégiales),** which is the equivalent to the **Baccalauréat** in France.

Are you required to pass an exam to be allowed to attend college?

36 Préférences

Écrivons Write a note to a classmate about school supplies you typically buy at the start of the school year. Tell what supplies you buy, how many of each, and if you're particular about any colors. Then, ask your classmate to write back about which school supplies they like best.

Digital performance space

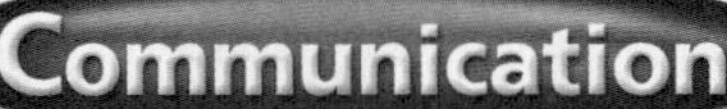

Communication

37 Scénario

Parlons You're out shopping with a classmate for school supplies. Role-play the scene in the store with your classmate. You should talk about the items you need and exchange opinions about sizes and colors.

MODÈLE **—Il me faut des baskets pour EPS. J'aime les jaunes.**
—Pas moi. Je préfère les gris foncé.
—Est-ce que tu aimes les grandes trousses noires?
—Les grandes? …

Application 2

38 On rappe!

First, listen to the song **De quoi tu as besoin... ?** Then, rewrite the rap song by substituting the various items with ones that you might need. With a classmate, perform your song to the class.

39 Quel choix!

Écrivons Look at this brochure you received for a back-to-school sale. Write a note to your parent telling which of these school supplies you need for your classes and what colors you prefer.

À chacun son stylo!
$2,20 – $9,70
Trousses branchées!
$12,50 – $18,65
Tout pour la rentrée
Pro des maths!
$26
Cahiers top!
$6,35 – $11,93

Un peu plus

Agreement with numbers

You've already learned that the numbers **quatre-vingts** and multiples of **cent** take an **-s** unless they are followed by another number.

The number **un** changes to **une** when followed by a feminine noun.

M. Rocher a **vingt et un** livres. Il a aussi **vingt et une** règles.

Vocabulaire et grammaire, *p. 48*
Cahier d'activités, *pp. 35–237*

40 L'inventaire

Parlons You're on the phone, confirming an order for a French stationery store, **Papeterie Galliand.** Say the numbers and items listed, in French, to make sure that you have the order right.

Papeterie Galliand

80	taille-crayons	51	règles
201	cahiers	88	stylos
100	classeurs	72	crayons

À la suisse

In Switzerland, as well as in Belgium, you will hear **septante** and **nonante** rather than **soixante-dix** and **quatre-vingt-dix.** In Switzerland, people also use **octante** or **huitante** instead of **quatre-vingts,** depending on the region.

Communication

41 Sondage

Écrivons/Parlons You're working at a stationery store. Determine which school supplies are most popular by conducting a survey among your classmates to find out what they buy at the beginning of each year. Report the results of your survey in the form of a bar graph or a pie chart.

42 Mes cours

Parlons You and your partner are discussing your classes and your school schedule. You're also exchanging school supplies. Take turns reading the questions below and answering them.

— **Quand est-ce que tu as cours d'histoire?**
—
— **Comment est ton cours d'histoire?**
—
— **Et ça te plaît, le français?**
—
— **Tu as un dictionnaire à me prêter?**
—
— **Et tu pourrais me prêter un crayon?**
—

Application 2

Télé-roman

Que le meilleur gagne!

Épisode 4

STRATÉGIE

Understanding a character's motives To understand a character, you must first understand his or her motives: why he or she is doing something or acting a certain way. To understand someone's motives, you must watch his or her actions and behavior. In this episode, Yasmina and Kevin interact for the first time. Judging by Yasmina's behavior toward Kevin, can you guess how she feels about him? Is Kevin's behavior the same at the beginning of the episode and toward the end? Why do you think that is? How about Adrien's attitude? What is his motive for being upset?

Yasmina téléphone à Laurie...

1

Laurie Allô?
Yasmina J'ai une histoire incroyable à te raconter!
Laurie Vas-y. Raconte!

2 *Yasmina et Adrien sonnent à la mystérieuse adresse.*

3

Kevin Oui?

4

Adrien Kevin! Quelle surprise! Dis, on a trouvé ce cahier dans un café près du lycée. Il est à toi?
Kevin Oui, c'est mon cahier de géo. Je l'ai perdu hier.

Visit Us Online

my.hrw.com
Online Edition

Télé-roman

5

Yasmina Je t'ai vu parler avec mademoiselle N'Guyen.
Kevin Ben... oui, c'était pour le concours.
Yasmina Tu fais le concours? Nous aussi, on fait le concours!

6

Kevin On peut manger ensemble. Mardi, ça te va?
Yasmina OK. Ça marche. Voici mon e-mail.

7
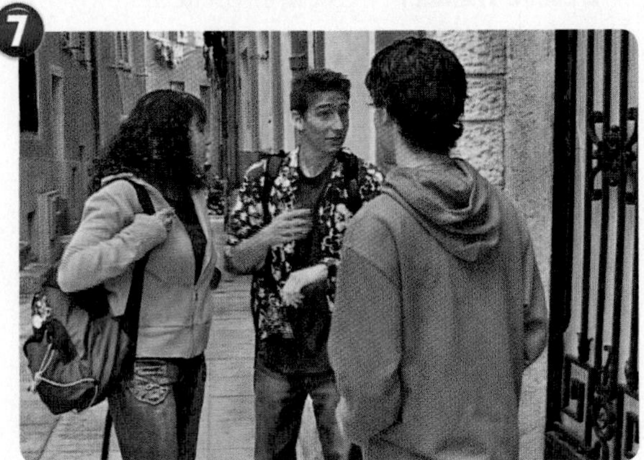

Adrien Euh... Vous savez, il y a un match de foot à la télé. Alors...
Kevin Ah oui, c'est vrai! Bon, allez, salut!

8

Adrien Kevin ne voulait pas nous parler et puis... on mentionne le concours et boum! C'est un peu bizarre, tu ne trouves pas?
Yasmina Non. Pas du tout! Toi, par contre, tu es un peu nul! Salut.

9

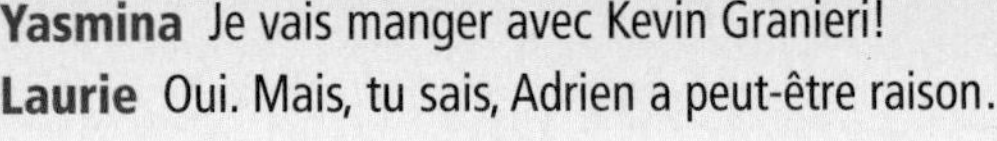

Yasmina Je vais manger avec Kevin Granieri!
Laurie Oui. Mais, tu sais, Adrien a peut-être raison...

AS-TU COMPRIS?

1. Why does Yasmina call Laurie?
2. Who opens the door to Yasmina and Adrien?
3. What is Yasmina curious about?
4. What do Kevin and Yasmina decide to do?
5. What is Adrien's reaction to Yasmina and Kevin's conversation? Why?

Prochain épisode:
Our characters will get a new clue about the mysterious high school. Who do you think will find the answer?

Lecture et écriture

STRATÉGIE pour lire

Using background knowledge Background knowledge is what you already know about a subject. Taking a moment to recall what you already know about the type of text and the topic will help you with unfamiliar vocabulary and with making predictions as you read.

A Avant la lecture

What do you know about the play *Hamlet* by William Shakespeare? Do you know any famous lines from the play? What kind of conversation might take place between a student named Hamlet and a teacher?

L'accent grave

de Jacques Prévert

LE PROFESSEUR —Élève Hamlet!

L'ÉLÈVE HAMLET *(sursautant)* —... Hein... Quoi... Pardon... Qu'est-ce qui se passe[1]... Qu'est-ce qu'il y a... Qu'est-ce que c'est ?...

LE PROFESSEUR *(mécontent)* —Vous ne pouvez pas répondre « présent » comme tout le monde[2] ? Pas possible, vous êtes encore dans les nuages[3].

L'ÉLÈVE HAMLET —Être ou ne pas être dans les nuages !

LE PROFESSEUR —Suffit. Pas tant de manières. Et conjuguez-moi le verbe être, comme tout le monde, c'est tout ce que je vous demande.

L'ÉLÈVE HAMLET —To be...

LE PROFESSEUR —En français, s'il vous plaît, comme tout le monde.

L'ÉLÈVE HAMLET —Bien, monsieur.

(Il conjugue :)

Je suis ou je ne suis pas
Tu es ou tu n'es pas
Il est ou il n'est pas
Nous sommes ou nous ne sommes pas...

LE PROFESSEUR *(excessivement mécontent)* —Mais c'est vous qui n'y êtes pas[4], mon pauvre ami[5] !

L'ÉLÈVE HAMLET —C'est exact, monsieur le professeur,
Je suis « où » je ne suis pas
Et, dans le fond, hein, à la réflexion[6],
Être « où » ne pas être
C'est peut-être aussi la question.

1. What's happening 2. like everybody else
3. daydreaming 4. you're the one who doesn't get it
5. my poor friend 6. if you really think about it

Online Practice
my.hrw.com
Online Edition

B Compréhension

Est-ce que les phrases suivantes sont **a) vraies** ou **b) fausses?**

1. Hamlet a cours d'anglais.
2. Il n'écoute pas le professeur.
3. Hamlet est différent des autres *(other)* élèves.
4. Hamlet conjugue bien le verbe «être».
5. Le professeur trouve qu'Hamlet est pénible.

C Après la lecture

Which words in the scene look alike except for an accent? What do the words mean? Why do you think the scene is called **L'accent grave?** Can you infer the meaning of **mécontent** using context clues and background knowledge? What is the connection between the scene and Shakespeare's play, *Hamlet?*

novembre	
lundi	mardi
	7h30 musique
8h15 maths	8h15 français
10h30 anglais	10h30 sciences
Informatique: crayon, cahier, calculatrice, livres, stylo	Géographie: stylo, cahier, atlas, livres

Espace écriture

STRATÉGIE pour écrire

Using chronology When describing sequential events or activities, it helps to arrange your ideas chronologically. You can use lists, timelines, or charts.

Emploi du temps

Imagine that you are helping a foreign exchange student who has just arrived at your school. Write a conversation in which you ask what classes he or she has and when, and you tell the student what school supplies he or she needs. Include information in your conversation that would be helpful to a new student.

1 Plan

Divide a sheet of paper into five columns, one for each school day. Write classes and class times for each day in the appropriate column. At the bottom of each column, list the school supplies needed for that day's classes.

2 Rédaction

Using your chart, write your conversation. Introduce yourself and ask what classes the exchange student has. He or she responds, including what time the classes are. Then, tell what school supplies he or she needs. End your conversation by giving the student a way to reach you if needed.

3 Correction

Read your draft at least two times, comparing it to your chart. Check spelling and punctuation.

4 Application

Practice your conversation with a classmate and perform it for the class. You may wish to use props and create a simple set to use during your performance.

Prépare-toi pour l'examen

@HOMETUTOR

1 Vocabulaire 1
- to ask about classes
- to ask for and give opinions

pp. 112–115

1 Complete the dialogue according to your class schedule.

—Tu as quels cours le jeudi matin?
—J'ai ___1___, ___2___, ___3___ et ___4___.
—Quand est-ce que tu as anglais?
—J'ai anglais ___5___.
—Comment est ton cours d'anglais?
—Il est ___6___.

2 Grammaire 1
- *-re* verbs
- *-ger* and *-cer* verbs

Un peu plus
- *le* with days of the week

pp. 116–121

2 Tu entends les choses suivantes pendant la récréation. Complète chaque phrase avec la forme du verbe approprié.

1. À quelle heure est-ce que le cours d'histoire ______ (commencer)?
2. Est-ce que nous ______ (manger) bientôt?
3. Pierre et Jean-Martin ______ (lancer) des feuilles de papier. Ils ______ (déranger) toujours *(always)* les profs!
4. Est-ce que tu ______ (entendre) le chien?
5. Nous ______ (commencer) à ______ (corriger) les devoirs.
6. Pierre et Jean-Martin ______ (perdre) toujours leurs devoirs.
7. Mireille et moi, nous ______ (répondre) souvent aux questions du prof.
8. Nicole et Élise, qu'est-ce que vous ______ (attendre)?

3 Vocabulaire 2
- to ask others what they need and tell what you need
- to inquire about and buy something

pp. 124–127

3 The following items belong to your friend Frédéric. Write complete sentences describing the items he owns. Be sure to include the color of each item.

1. 2. 3. 4. 5. 6.

Online Assessment

my.hrw.com
Chapter Self-test

4 Isabelle and her friends are shopping for school supplies. Complete their sentences with the appropriate form of the verb or noun.

1. —Est-ce que tu ______ (préférer) le classeur bleu ou ______ (rouge)?
2. —Est-ce que vous ______ (acheter) les feuilles de papier jaunes ou ______ (blanc)?
3. —Isabelle, est-ce qu'Alice et Ivan ______ (acheter) les stylos noirs ou ______ (violet)?
4. —Est-ce que vous ______ (préférer) la trousse verte ou ______ (gris)?

4 Grammaire 2
- the verbs ***préférer*** and ***acheter***
- adjectives as nouns

Un peu plus
- agreement with numbers

pp. 128–133

5 Answer the following questions.

1. What's a **Cégep**?
2. What degree do Canadian students get after the **secondaire?**
3. What is **l'heure officielle**? Where is it often used?

5 Culture
- **Comparaisons** **p. 123**
- **Flash culture** **pp. 116, 118, 120, 128, 133**

6 Aline et ses amis achètent des fournitures scolaires. Écoute chaque phrase et indique si c'est **a) le vendeur/la vendeuse** ou **b) le client/la cliente** qui parle.

7 You're talking with a classmate about your classes. First read the instructions for each exchange. Then, create a dialogue using the expressions you've learned in this chapter and the previous chapters.

Student A:	Ask your classmate when he/she has chemistry class.
Student B:	Say that you have chemistry on Mondays and Wednesdays. Ask your classmate which day he/she has computer science.
Student A:	Say that your classes are on Tuesdays and Thursdays. Ask at what time your classmate's chemistry classes are.
Student B:	Say that your classes are at 9:00 am. Ask your classmate's opinion about his/her computer science class.
Student A:	Say that you think the class is awesome. Ask if your classmate likes chemistry.
Student B:	Say that it's hard. Say that you prefer French.
Student A:	Say that you think French class is boring.
Student B:	Say that you think French class is interesting.

Grammaire 1
- *-re* verbs
- *-ger* and *-cer* verbs

Un peu plus
- *le* with days of the week

pp. 116–121

Résumé: Grammaire 1

Regular **-re** verbs follow a fixed pattern.

attendre			
j'	attends	nous	attendons
tu	attends	vous	attendez
il/elle/on	attend	ils/elles	attendent

Verbs ending in **-ger** and **-cer** have a spelling change in the **nous** form: **nous mangeons** and **nous commençons.** The verb **commencer** + **à** + infinitive means *to start to do something.*

Ma sœur **commence à** étudier à 6h le soir.

To say that you do something regularly on a certain day of the week, use le before the day of the week.
To say that you are doing something on one particular day of the week, don't use the article in front of the day.

Grammaire 2
- the verbs *préférer* and *acheter*
- adjectives as nouns

Un peu plus
- agreement with numbers

pp. 128–133

Résumé: Grammaire 2

The verbs **préférer** and **acheter** have spelling changes in all forms except the **nous** and **vous** forms.

Tu préfères nager à la piscine?

You can use colors and other adjectives as nouns to avoid repetition. Use the appropriate article **le, la, l',** or **les** in front of the adjective.

J'adore **la chemise** verte mais j'aime bien **la bleue** aussi.

Remember these rules with numbers:
- **Quatre-vingts** and multiples of **cent (deux cents)** have an -**s** unless they are followed by another number **(deux cent trois).**
- The number **un** changes to **une** when followed by a feminine noun **(trente et une calculatrices).**

Lettres et sons

The nasal sound [ã]

This sound is called a nasal because you make it by passing the air through the back of your mouth and nose. The nasal sound **[ã]** has four possible spellings: **an, am, en,** and **em.** These letter combinations don't represent a nasal sound if another vowel follows the **n** or **m,** or if the **n** or **m** is doubled. You have to learn the pronunciation when you learn the word.

Jeux de langue

Ta tante t'attend.
J'ai tant de tantes. Quelle tante m'attend?
Ta tante Antoinette t'attend.

Dictée

Écris les phrases de la dictée.

Résumé: Vocabulaire 1

PRACTICE FRENCH WITH HOLT MCDOUGAL APPS!

To ask and tell about classes

l'allemand (m.)	*German*
les arts (m.) plastiques	*art class*
aujourd'hui	*today*
la biologie	*biology*
la chimie	*chemistry*
les devoirs	*homework*
l'examen (m.)	*test*
l'éducation (f.) musicale	*music*
l'EPS (éducation (f.) physique et sportive)	*physical education*
l'espagnol (m.)	*Spanish*
la géographie	*geography*
l'histoire (f.)	*history*
l'informatique (f.)	*computer science*
le jour	*day*
maintenant	*now*
les mathématiques (f.)	*mathematics*
les matières (f.)	*school subjects*
la physique	*physics*
la récréation	*break*
la semaine	*week*
la sortie	*dismissal*
le week-end	*weekend*
de l'après-midi (m.)	*in the afternoon*
demain	*tomorrow*
du matin	*in the morning*
du soir	*in the evening*
Il est... heure(s)	*It is . . . o'clock.*
À quelle heure tu as...?	*At what time do you have . . . ?*
Quand est-ce que tu as...?	*When do you have . . . ?*
Quelle heure est-il?	*What time is it?*
Quel jour est-ce que tu as...?	*What day do you have . . . ?*
Tu as quel cours...?	*What class do you have . . . ?*
J'ai... lundi.	*I have . . . on Monday.*
J'ai... le lundi, le mercredi, et...	*I have . . . on Mondays, Wednesdays and. . .*
J'ai... à...	*I have . . . at . . .*

Les jours de la semaine .... *see page 113*
To ask for and give opinions .... *see page 114*

Résumé: Vocabulaire 2

To tell what you need

des baskets (f.)	*sneakers*
un cahier	*notebook*
une calculatrice	*calculator*
un classeur	*binder*
un crayon (de couleur)	*pencil (colored)*
un dictionnaire	*dictionary*
une feuille de papier	*sheet of paper*
une gomme	*eraser*
un livre	*book*
un mobile	*cell phone*
un portable	*cell phone or laptop*
une règle	*ruler*
un sac (à dos)	*backpack*
un short	*shorts*
un stylo	*pen*
un sweat-shirt/un tee-shirt	*sweat-shirt/T-shirt*
un taille-crayon	*pencil sharpener*
une trousse	*pencil case*
De quoi tu as besoin?	*What do you need?*
Désolé(e).	*Sorry.*
J'ai besoin de/Il me faut...	*I need . . .*
Qu'est-ce qu'il te faut pour...?	*What do you need for . . . ?*
Tiens./Voilà./	*Here.*
Tu as... à me prêter?	*Do you have . . . that I could borrow?*
Tu pourrais me prêter...?	*Could you lend me . . .?*

Les couleurs .... *see page 125*
Les nombres de 30 à 201 .... *see page 125*

To inquire about and buy something

Je cherche...	*I'm looking for...*
..., c'est combien? C'est...	*How much is the . . . ?/It's . . .*
Il/Elle est à combien, ...?	*How much is the . . . ?*
Il/Elle est à... dollars.	*It is . . . dollars.*
De quelle couleur?	*In what color?*
À votre service./ Je vous en prie.	*You're welcome.*

Révisions cumulatives

1 Look at the illustrations below. Match each statement you hear with the appropriate illustration.

a.

b.

c.

d.

2 Adrien, a French-speaking teenager from Montreal has just been accepted as an exchange student in the United States. Read his e-mail to his host parents and then tell whether each statement below is **a) vrai** or **b) faux.** Correct the false statements.

Bonjour! Je m'appelle Adrien Richard. Je suis de Montréal. J'ai une sœur et deux frères. Je suis assez petit et brun. J'ai les yeux bruns. Je ne suis pas timide! J'adore discuter avec des amis, envoyer des e-mails et sortir avec mes copains. J'aime aussi lire des bandes dessinées, aller au cinéma et faire du sport. Au lycée, j'étudie l'anglais, le français, la physique, les maths, l'informatique et l'histoire canadienne. Je n'aime pas les maths. C'est difficile. Je préfère l'informatique. Je trouve ça intéressant. J'aime aussi l'anglais. C'est facile!
J'arrive à l'aéroport le 5 juin à 14h.
À bientôt!
Adrien

1. Adrien n'a pas de sœur.
2. Il aime les cours d'anglais et d'informatique.
3. Il n'aime pas les maths parce que c'est difficile.
4. Il est timide.
5. Il n'aime pas voir des films.

Online Assessment

my.hrw.com
Cumulative Self-test

3  You've just finished your first day of school. Your parents want to know what classes you have and how you like them. Tell your parents about your classes and any school supplies you need.

4 Regarde ce tableau de van Gogh et réponds aux questions suivantes.

1. Quelles couleurs est-ce qu'il y a dans ce tableau?
2. Est-ce qu'il y a des personnes dans ce tableau?
3. Qu'est-ce que ces personnes font?
4. Est-ce que ce tableau te plaît?
5. Avec un(e) camarade de classe, discutez en anglais, du style de ce tableau. Présentez vos commentaires à la classe.

L'Hôpital Saint-Paul à Saint-Rémy
de Vincent van Gogh

5  You saw an ad asking for volunteers for peer tutoring on the school bulletin board. Volunteers need to send information about the times they're available. Write a letter to the school counselor telling him/her which classes you have and when you're available. You might mention your favorite classes.

6 À ton tour

Le nouveau Work in groups of three or four to welcome a new exchange student to your school. Start with a greeting and introductions. Describe a typical day at your school. Tell what classes you each have and at what times. Discuss what you and your friends like to do after school. Ask the new student how he/she feels about various school subjects and find out what he/she likes to do after school and on the weekends.

Chapitres 5 et 6

Géoculture

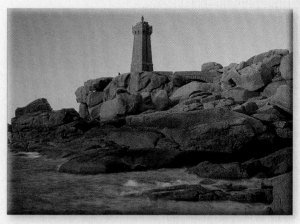

Géoculture
L'Ouest de la France

La côte de Granit Rose, dans le nord de la Bretagne, offre un paysage unique.

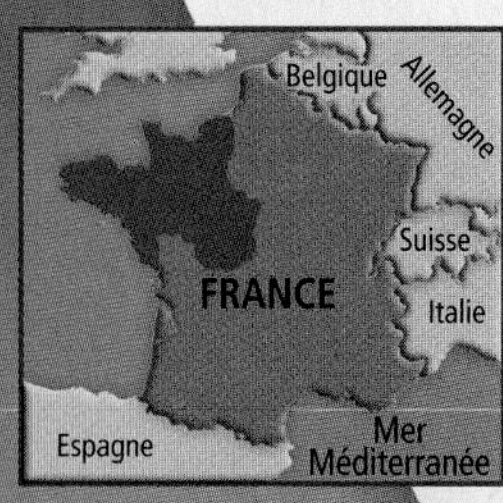

Almanach

Population
Plus de 12 millions d'habitants

Villes principales
Rennes, Nantes, Tours, Le Mans, Saumur, Rouen, Le Havre

Économie
agriculture, élevage, industrie automobile, construction navale, tourisme

À Carnac, en 4000 avant J.-C., les habitants ont dressé des pierres (*stones*), appelées «menhirs», pour des raisons mystérieuses.

Le pont de Normandie est situé au Havre. C'est un des plus grands ponts à haubans (*suspension bridge*) du monde.

Les coiffes bretonnes sont des bonnets traditionnels. Aujourd'hui, les Bretonnes portent encore la coiffe pour les fêtes folkloriques.

Savais-tu que...?

Les marées *(tides)* de la baie du Mont-Saint-Michel sont très fortes. Leur vitesse peut atteindre *(reach)* 30 km/h *(18 mph)* au printemps.

La réserve naturelle des Sept-Îles abrite une grande variété d'oiseaux (*birds*) marins.

Les maisons troglodytes, près de Saumur, sont des maisons construites dans la roche calcaire *(limestone).*

En Normandie, on élève des vaches *(cows)* et on cultive des pommes.

Manche
Côte de Granit Rose
Les Sept-Îles
HAUTE-NORMANDIE
Le Havre
Rouen
Bayeux
BASSE-NORMANDIE
Saint-Malo
Mont-Saint-Michel
Fougères
BRETAGNE
Rennes
Le Mans
Orléans
Carnac
PAYS DE LA LOIRE
Chambord
Tours
CENTRE
Loire
Nantes
Saumur
Villandry
Chenonceaux
OCÉAN ATLANTIQUE

Villandry, un des châteaux de la Loire, est connu pour ses magnifiques jardins à la française.

Le Mont-Saint-Michel est une abbaye construite sur un rocher qui devient une île (*island*) pendant les grandes marées.

Géo-quiz

Qu'est-ce que c'est, un «menhir»?

Découvre l'Ouest de la France

Histoire

La tapisserie de Bayeux, longue de 70 mètres, raconte l'histoire de l'invasion de l'Angleterre par Guillaume le Conquérant en 1066.

Musée de la tapisserie, Bayeux, France

Les cimetières américains en Normandie rappellent le débarquement des Alliés qui a eu lieu le 6 juin 1944.

©Bettman/Corbis

Jeanne d'Arc, à l'âge de 17 ans, libère Orléans des Anglais pendant la guerre de Cent Ans.

Architecture

Fougères est une ville fortifiée de l'est de la Bretagne. Ses remparts et son château sont un bel exemple de l'architecture défensive du Moyen Âge.

Le château de Chambord reflète le style de la Renaissance. Ici, les tours ne sont pas défensives mais décoratives.

Gastronomie

Online Practice

my.hrw.com
Photo Tour

➤ **Le plateau de fruits de mer** est composé de crabes, de langoustines, de crevettes, d'huîtres et d'autres coquillages et crustacés.

Savais-tu que...?

On dit que le château d'Ussé, dans la vallée de la Loire, a inspiré le conte de Charles Perrault «La Belle au bois dormant».

▲ **Le camembert, le valençay et le pont-l'évêque** sont des fromages très appréciés dans le monde entier.

« **Le far breton** est un gâteau traditionnel fait avec des pruneaux *(prunes)* ou des raisins secs.

Sports

➤ **La Route du Rhum** est une course de voiliers *(sailboats)*, en solitaire, qui commence à Saint-Malo et se termine à Pointe-à-Pitre, en Guadeloupe.

▼ **Les 24 heures du Mans**
Cette compétition automobile est une course d'endurance qui a lieu *(takes place)* chaque année depuis 1923.

Activité

1. **Histoire**: Quelle est la date du débarquement en Normandie?
2. **Architecture**: Où est-ce qu'il y a un château du Moyen Âge?
3. **Gastronomie**: Qu'est-ce qu'il y a dans le far breton?
4. **Sports**: Où est-ce que la course du Rhum se termine?

chapitre 5

Le temps libre

Objectifs

In this chapter, you will learn to
- ask about interests
- ask how often someone does an activity
- extend, accept, and refuse an invitation
- make plans

And you will use
- the verb **faire**
- question words
- adverbs
- the verb **aller** and the **futur proche**
- the verb **venir** and the **passé récent**
- idioms with **avoir**

Que vois-tu sur la photo?

Où sont ces personnes?

Qu'est-ce qu'elles font?

Et toi, est-ce que tu aimes faire du vélo? Et quelles autres activités?

MODES OF COMMUNICATION

INTERPRETIVE	INTERPERSONAL	PRESENTATIONAL
Listen to people accept and refuse invitations.	Interview classmates about their favorite sports.	Present your survey results to the class.
Read a brochure for a weekend sports club.	Write an instant message to a friend to find out about some new exchange students.	Write a description of a painting.

Le Mont-Saint-Michel, en Normandie

Objectifs

- to ask and tell about interests
- to ask when someone does an activity

Vocabulaire à l'œuvre 1

Télé-vocab

Les sports et les passe-temps

En hiver, nous aimons…

faire du ski

faire du patin à glace

Au printemps, j'aime…

jouer au basket-ball

faire de la photo

En été, nous aimons…

jouer au volley

faire du surf

En automne, j'aime…

faire du vélo

faire du jogging

Les mois						
	janvier	février	mars	avril	mai	juin
	juillet	août	septembre	octobre	novembre	décembre

Online Practice
my.hrw.com
Vocabulaire 1 practice

D'autres mots utiles

faire de l'athlétisme	*track and field*	**la raquette**	*racket*
faire de l'aérobic	*to do aerobics*	**les skis (m.)**	*skis*
le caméscope	*camcorder*	**le casque**	*helmet*
l'appareil photo (numérique) (m.)	*(digital) camera*	**la saison**	*season*

Exprimons-nous!

To ask about interests	To tell about interests
Est-ce que tu fais du sport? *Do you play sports?*	**Non, je ne fais pas de sport.** *No, I don't play sports.*
Est-ce que tu joues au basket? *Do you play . . . ?*	Non, **je ne joue pas** au basket. *I don't play . . .*
Qu'est-ce que tu fais comme sport? *What sports do you play?*	**Je joue** au hockey. *I play . . .*
Qu'est-ce que tu fais pour t'amuser? *What do you do for fun?*	**Je fais** du skate. *I do . . .*
Qu'est-ce que tu fais samedi? *What are you doing on . . . ?*	**Je ne fais rien.** *I'm not doing anything.*

Vocabulaire et grammaire, *pp. 49–51* Online Workbooks

▶ **Vocabulaire supplémentaire—Les sports et les passe-temps, p. R11–12**

1 Écoutons

Monsieur Delville's grandchildren are all having birthdays this month. Listen to each conversation and decide which item he is likely to buy for each of them.

1. Marie	**a.** une guitare
2. Charles	**b.** un casque
3. Corinne	**c.** une raquette
4. Marc	**d.** un caméscope
5. Hélène	**e.** des skis
6. Denis	**f.** un ballon

Flash culture

Since most schools in France don't have sports teams, they typically don't have a mascot, coaches or sports competitions. In rare instances that a school has a sports team (usually basketball, handball or track and field), the competitions are held on Wednesday afternoons, and there are usually very few spectators, mostly a few close friends. This is true even at the college level.

How is the level of community involvement in sports events at your school different from most French schools?

2 Les mois et les saisons

Lisons/Parlons Complete each series logically.

1. mars, ______, mai, ______
2. l'automne, ______, ______, l'été
3. juin, ______, ______, septembre
4. décembre, ______, ______, mars
5. l'été, ______, ______, le printemps

3 Qu'est-ce que tu fais après les cours?

Écrivons Farid et Sylvain parlent des activités qu'ils aiment faire après les cours. Complète leur conversation avec les activités représentées.

Souviens-toi! Likes and dislikes, pp. 52–53

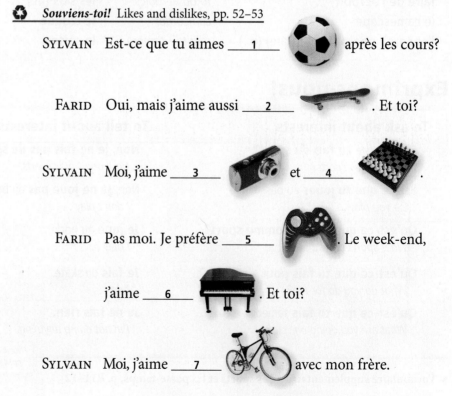

SYLVAIN Est-ce que tu aimes ___1___  après les cours?

FARID Oui, mais j'aime aussi ___2___. Et toi?

SYLVAIN Moi, j'aime ___3___ et ___4___.

FARID Pas moi. Je préfère ___5___. Le week-end, j'aime ___6___. Et toi?

SYLVAIN Moi, j'aime ___7___ avec mon frère.

À la québécoise

In Quebec, you're more likely to hear the words **ballon-panier** for basketball, **ballon-volant** for volleyball, and **soccer** rather than **football.**

Exprimons-nous!

To ask when someone does an activity	To respond
Quand est-ce que tu fais du jogging? *When do you . . . ?*	**Je fais** du jogging **en** automne et **au** printemps. *I . . . in the . . .*
En quelle saison tu fais du jogging? *In which season do you . . . ?*	
Tu fais du basket **pendant quels mois**? *What months do you play . . . ?*	**Je fais** du basket **en** juillet et **en** août. *I do/play . . . in . . .*

Vocabulaire et grammaire, *pp. 49–51* Online Workbooks

4 Toute la famille est sportive!

Parlons/Écrivons Describe what sport or activity each member of Benoît's family does and in what season.

1. ses oncles

2. Sam et Benoît

3. vous

4. ses cousines

5. sa grand-mère

6. tu

Communication

5 Sondage

Parlons The sports club where you work received 100,000 euros for new equipment. Do a survey among your classmates to find out which of the sports listed below they play and how regularly they play these sports. Then, decide on what equipment to buy.

jouer au tennis	jouer au basket	faire du vélo
jouer au volley	faire du ski	jouer au base-ball

Objectifs
- the verb *faire*
- question words

Grammavision

The verb *faire*

Faire is an irregular verb. Here are its forms.

faire *(to make, to do)*			
je	**fais**	nous	**faisons**
tu	**fais**	vous	**faites**
il/elle/on	**fait**	ils/elles	**font**

Elle **fait** du jogging.

Est-ce que vous **faites** du vélo?

Vocabulaire et grammaire, *pp. 52–53*
Cahier d'activités, *pp. 41–43*
Online Workbooks

Flash culture

The category of sports to which roller skating, skateboarding, skiing, snowboarding, surfing, windsurfing, kitesurfing, etc., belong is called **sports de glisse**. It is estimated that there are 4 million roller skaters in France, several of them members of the roller skating federation. When the weather is good, roller skating rides are organized on Friday evenings in different cities across France. The **randonnée du vendredi soir** in Paris gathers up to 12,000 people.

What sports are most popular in your area?

6 Des projets

Lisons/Écrivons Adèle et Lisette parlent de leurs projets pour le week-end. Complète leur conversation avec les formes correctes de **faire.**

ADÈLE Alors Lisette, qu'est-ce qu'on __1__ ce soir?

LISETTE Moi, le soir, j'aime __2__ du vélo. Tu aimes?

ADÈLE Non, je préfère faire du skate. Tu __3__ du skate?

LISETTE Je déteste le skate. Qu'est-ce que Gilles et toi, vous __4__ demain?

ADÈLE Ben… Nous __5__ du patin à glace à dix heures et à midi, je __6__ du théâtre à la MJC. Et Gilles et Laure __7__ de la vidéo amateur.

LISETTE Très bien! Je vais __8__ du théâtre avec toi à midi.

7 Des phrases à construire

Écrivons Mets les mots dans le bon ordre et fais des phrases complètes. Fais tous les changements nécessaires.

1. automne / je / athlétisme / faire
2. été / faire / mes copains / aérobic
3. printemps / vous / vélo / faire
4. faire / à l'école / nous / théâtre
5. week-end / mes parents / vidéo amateur / faire
6. patin à glace / au Canada / faire / on / hiver

Online Practice

my.hrw.com

Grammaire 1 practice

Grammaire 1

8 C'est ma passion!

Écrivons/Parlons Qu'est-ce que ces personnes font souvent, d'après les images? Utilise les verbes **faire** et **jouer.**

MODÈLE **Martine fait du jogging.**

Martine

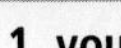

1. vous

2. mes cousins

3. je

4. mon grand-père

5. tu

9 Souvent ou pas?

Écrivons Regarde ton calendrier. Mentionne cinq activités que tu fais et quels jours tu les fais.

lundi	mardi	mercredi	jeudi	vendredi
1 basket-ball piano	2 jogging vidéo amateur	3 basket-ball piano	4 théâtre à la MJC	5 hockey
8 basket-ball piano	9 au Club d'échecs à 5h00	10 basket-ball patin à glace	11 théâtre à la MJC	12 jeux vidéo avec Tristan

Digital performance space

Communication

10 Sondage

Parlons You're working for a Quebecois polling agency that's conducting a survey among teens to find out about their favorite sports. Use these questions to interview at least five classmates. Then present your survey results to the class.

1. Qu'est-ce que tu fais pour t'amuser?
2. Est-ce que ton meilleur ami fait du sport?
3. Qu'est-ce que tu aimes faire en hiver?
4. En quelles saisons est-ce qu'on fait du vélo?
5. Toi et tes amis, qu'est-ce que vous faites le week-end?

Question words

1 You've already learned to ask yes-no questions using intonation or **est-ce que.**

Tu aimes le base-ball?

Est-ce qu'il fait du jogging?

2 To ask for information, use a question word followed by **est-ce que** plus a subject and verb.

	question word ↓ *subject* ↓ *verb* ↓
(When)	Quand **est-ce qu'**il fait du théâtre?
(Why)	Pourquoi **est-ce qu'**il n'aime pas le football?
(What)	Qu'est-ce **qu'**il fait en automne?
(Where)	Où **est-ce qu'**il nage?
(How)	Comment **est-ce qu'**on fait du ski?
(With whom)	Avec qui **est-ce que** tu joues au tennis?

3 You don't use **est-ce que** with question words when they are followed by the verb **être.**

Où est ton frère?   Comment est ton amie?

4 The question word Qui *(Who)* is followed directly by a verb.

Qui joue de la guitare?

Vocabulaire et grammaire, *pp. 52–53*
Cahier d'activités, *pp. 41–43*

En anglais

In English, in an information question, the question word usually comes at the beginning of the sentence.

When do you play tennis?

What words do we use in English to ask information questions?

In French, question words can appear in different places in the sentence, depending on the level of formality of the conversation.

Quand est-ce que tu vas au ciné?

Tu vas au ciné quand? ***(less formal)***

11 Qu'est-ce qu'elles font?

Lisons/Écrivons Fatima et Cécile parlent de leurs activités de cette semaine. Complète leur conversation de façon logique.

Où	Comment	Quand	Avec qui	Qu'est-ce que

—__1__ est-ce que tu vas jouer au volley?
—Jeudi.
—__2__ est-ce que tu joues?
—Avec mon cousin Dominique. Et toi, __3__ tu fais jeudi?
—Moi, je joue du piano.
—Tu joues du piano, toi!? __4__?
—À l'école de musique de Notre-Dame.
—Ah bon? __5__ est ton prof?
—Il est super!

12 Écoutons

Écoute chaque question et choisis la réponse logique.

a. Avec Olivia.
b. Lundi soir.
c. À l'école.
d. Oui, j'adore faire du ski.
e. Du vélo et du surf.
f. Ma tante Inès.

13 Scènes de vie

Lisons/Parlons Réponds aux questions d'après les illustrations.

1. Luc

2. Mathieu

3. Marthe

1. Qui fait du patin à glace?
2. Qu'est-ce que Luc fait?
3. Quand est-ce que Luc fait du sport?
4. Qu'est-ce que Mathieu fait? En quelle saison?
5. En quelle saison est-ce que Marthe fait du sport?

14 Mon journal

Écrivons There are several new French exchange students at your school, and you're really curious about them. Write an instant message to your friend who's been helping the new students, asking questions to get more information about them.

Communication

15 Scénario

Parlons You're a parent and your teenage child (your classmate) wants to go out Friday night. Ask your child a lot of questions to find out as many details as you can about his/her plans. Role play this conversation for the rest of the class.

MODÈLE —Où est-ce que tu vas vendredi soir?

Synthèse
- Vocabulaire 1
- Grammaire 1

Application 1

16 Écoutons

Listen to the conversation between Pascal and Ariane. Identify which of these sports or activities Pascal likes and which ones he dislikes.

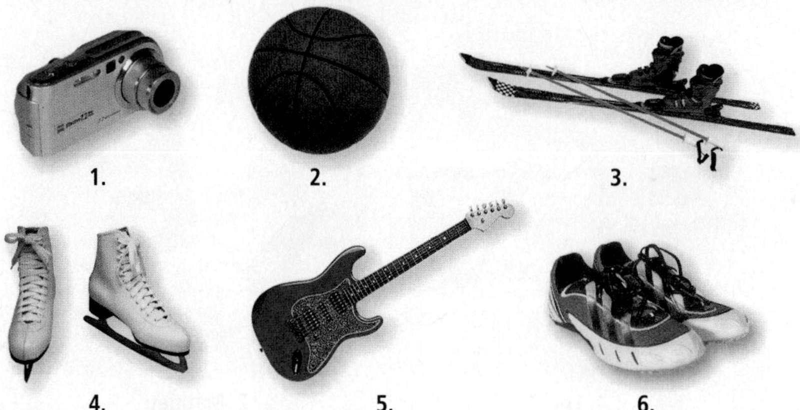

1. 2. 3. 4. 5. 6.

17 Ton sport préféré

Parlons Réponds aux questions suivantes.

1. Qu'est-ce que tu fais comme sport ou comme activité?
2. Pourquoi est-ce que tu aimes cette activité?
3. Où est-ce que tu fais cette activité?
4. Quand est-ce que tu fais cette activité?
5. Avec qui est-ce que tu fais cette activité?

Flash culture

During international sports events, such as the **Coupe du monde de football** *(Soccer World Cup)*, you may hear French supporters yelling **Allez les bleus!** (*Go blue!*). Blue is usually the color of the jersey for French national sports teams. City soccer teams usually don't have a mascot and are also associated with the color of the team jersey. The Nantes team is referred to as the **canaris** because of their yellow jersey.

What colors are usually worn by American athletes at international sports events?

Un peu plus

Adverbs

You've already learned some adverbs like **souvent, de temps en temps, rarement** and **régulièrement.** In English, many adverbs end in *-ly: quickly, slowly, etc.* In French, many adverbs end in **-ment.** To form most **adverbs** in French, take the **feminine form of the adjective** and add **-ment.** Adverbs are usually placed after the verb.

sérieux → **sérieuse** → **sérieusement**

Les élèves travaillent **sérieusement.**

The adjectives **bon** and **mauvais** have irregular adverbs:

bon → **bien** *(well)* and **mauvais** → **mal** *(badly).*

Ma cousine joue **bien** au hockey.

Vocabulaire et grammaire, *p. 54*
Cahier d'activités, *pp. 41–43*

my.hrw.com
Application 1 practice

18 Des détails

Lisons/Écrivons Éliane is telling you about her family and friends. Rewrite what she says, adding the adverbs corresponding to the adjectives in parentheses.

MODÈLE Mon grand-père nage pendant une heure. (facile)
Mon grand-père nage facilement pendant une heure.

1. Ma sœur parle. (timide)
2. Papa travaille. (rapide)
3. Mon frère et moi, nous jouons au tennis. (bon)
4. Je joue au hockey. (mauvais)
5. Ici, en automne, on fait du ski. (rare)

Communication

19 Scénario

Parlons You and your friends are looking at a brochure for a summer camp in France. In groups of three, take turns asking your classmates if they like the activities featured in the brochure and how often and how well they do these activities.

Application 1

Culture

Une partie de pétanque

Culture appliquée

La pétanque

Pétanque is a very popular game in France, especially in the South. The name **pétanque** comes from the Provençal language and means "feet together." The modern version of the game dates back to 1907, but the ancient Romans played a similar game. To play **pétanque,** you need two teams of two or three players each. The goal of the game is to throw several steel balls, called **boules,** the closest possible to the **cochonnet,** which is a smaller wooden ball.

Un tournoi de pétanque

If you don't have **boules** and a **cochonnet,** use tennis balls for the **boules** and a table tennis ball for the **cochonnet.** Mark each team's tennis balls with different colors so that teams can identify which are theirs.

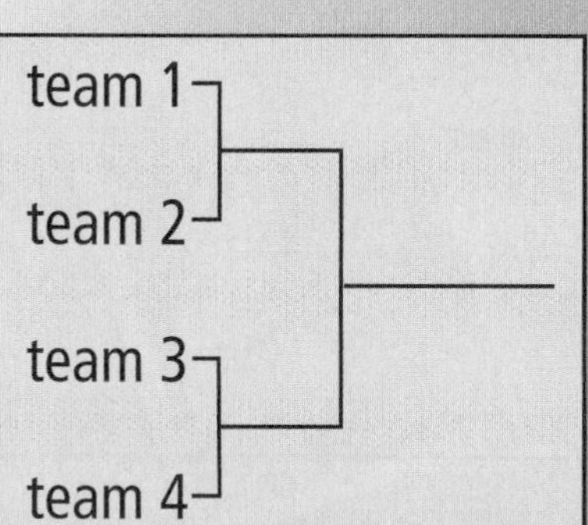

Step 1 Divide the class into teams of three. Teams will compete against one another until one team wins. Draw a chart on which to enter the names of the teams.

Step 2 Draw a line from which the balls are thrown.

Step 3 The first player will throw the **cochonnet** 6–10 meters from the line.

Step 4 Each player will throw the balls toward the **cochonnet.** At the end of the game, the team with the ball closest to the **cochonnet** wins!

Repeat steps 3 and 4 until you have a winning team.

In what other countries do people play **pétanque** or a similar game? Are the rules the same?

Online Practice
my.hrw.com
Online Edition

Culture

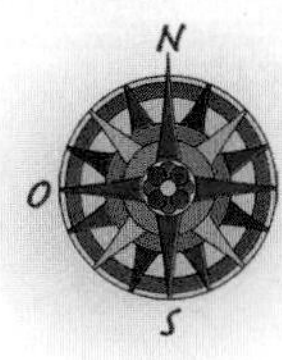

Comparaisons

Une leçon de tennis

Vive le sport!

You are an exchange student for a year in France. You are talking with your French host family about sports. You have been playing tennis since you were six. Your host family advises you to:

a. join a tennis club.
b. join your school's tennis team.
c. practice tennis at school every day.

Since French high schools are very demanding, with a full day of classes and a lot of homework, sports and cultural activities are unusual within the school. Such activities usually take place outside school, in youth clubs, art schools, sports clubs, etc. Sometimes students join a school sports association **(UNSS, Union Nationale du Sport Scolaire),** which enables them to train and participate in school sports competitions. It is very common for parents to encourage their children to take part in organized classes outside of school, typically on Wednesdays and Saturdays.

ET TOI?

1. Do you practice sports outside of your school?
2. How different from the French system is your school's approach to sports?

Communauté

Un club de pétanque

Do you know of a group of people that plays **pétanque** in your community? Find out from the **Alliance française** or do research at your local library to get this information. Do you know of any other type of sport or activity that is played in your community that resembles **pétanque**? What is it? What are the rules of that sport?

Un jeu du fer à cheval

Objectifs
- to extend, accept and refuse an invitation
- to make plans

Vocabulaire à l'œuvre 2

Télé-vocab

Où vas-tu? Je vais...

my.hrw.com
Vocabulaire 2 practice

Quel temps fait-il?

Il fait beau.

Il fait chaud.

Il pleut.

Il y a du vent.

Il fait froid.

Il neige.

D'autres mots utiles

le zoo	*zoo*	**Il fait mauvais.**	*The weather is bad.*
la plage	*beach*	**Il y a du soleil.**	*It's sunny.*
le musée	*museum*	**Il y a des nuages.**	*It's cloudy.*

Exprimons-nous!

To extend an invitation	To accept and refuse an invitation
On fait du jogging? *Shall we . . . ?*	**D'accord./Bonne idée!/Pourquoi pas?** *Okay. / Good idea! / Why not?*
On va au lac? *How about going to . . . ?*	**Si tu veux./Si vous voulez.** *If you want.*
Tu as envie de faire du vélo ce soir? **Ça te/vous dit de** jouer au tennis? *Do you feel like . . . ?*	Non, **ça ne me dit rien.** *. . . , I don't feel like it.* **Désolé(e), je n'ai pas le temps.** *Sorry, I don't have the time.*
Tu viens au cybercafé avec moi? *You want to come . . . ?*	

Vocabulaire et grammaire, *pp. 55–57*

▶ **Vocabulaire supplémentaire—La météorologie, p. R10**

20 Écoutons

Écoute les conversations. Est-ce que les personnes **a) acceptent** ou **b) refusent** d'aller aux endroits suivants?

Flash culture

Like many other countries, France uses the Celsius scale to measure temperature. In the Celsius scale, 0°C = 32°F and 100°C = 212°F. Some useful temperatures to remember are 37°C (98.6°F) for normal body temperature and 19°C (68°F) for a comfortable temperature in a house. To convert Fahrenheit to Celsius, subtract 32 and then multiply by 5/9. To convert from Celsius to Fahrenheit, multiply by 9/5 and then add 32.

Can you think of another measuring unit that is used in other countries but not in the U.S.?

21 Tu veux faire quoi?

Lisons/Parlons Complète les phrases avec l'endroit le plus approprié pour faire les activités suggérées.

1. On fait du jogging (au musée / au parc / à la bibliothèque)?
2. Ça te dit de jouer au tennis (au club / au lac / à la montagne)?
3. Tu aimes nager (au théâtre / au cybercafé / à la mer)?
4. Ça te dit de faire du ski (au stade / au théâtre / à la montagne)?
5. Tu viens faire un pique-nique (à l'opéra / au lac / au musée)?

22 Les activités de saison

Parlons Tell what the weather is like in each photo. Then, extend an invitation to do an activity for each type of weather.

1.

2.

3.

4.

5.

6.

23 Des invitations

Écrivons Anne is inviting Serge to do activities over the week-end. Serge is busy on Saturday but agrees to do something on Sunday. Write their conversation using expressions from the box.

Tu as envie de...?	Désolé, je...	au cybercafé
à la plage	Bonne idée!	Ça te dit de...?

Exprimons-nous!

To make plans	To respond
Qu'est-ce que tu vas faire s'il pleut? *What are you going to do if it . . . ?*	**Je vais** jouer aux cartes. *I will . . .*
Avec qui est-ce que tu joues? *With whom . . . ?*	**Avec** Lili. *With . . .*
Où ça?/Où est-ce qu'on se retrouve? *Where? Where are we meeting?*	À la MJC.
Qu'est-ce qu'on fait mardi? *What are we doing . . . ?*	**On pourrait** aller au café. *We could . . .*
Tu vas faire quoi samedi? *What are you going to do . . . ?*	**Pas grand-chose./Rien de spécial.** *Not much./Nothing special.* Samedi, **j'ai trop de choses à faire. Je suis très occupé(e).** *. . . I have too many things to do. I'm very busy.*

Vocabulaire et grammaire, pp. 55–57 Online Workbooks

24 En colonie de vacances

Écrivons You're at a summer camp and you send an e-mail to your parents telling them what the weather is like, what activities you do each day of the week, and with whom you're doing these activities.

Communication

25 Scénario

Parlons With a classmate, take turns inviting each other to do five activities. Imagine different weather situations. Accept or refuse each invitation.

MODÈLE —**Il fait beau. Ça te dit de faire du jogging?**
—**Pourquoi pas?**

26 Scénario

Parlons Ton/Ta camarade veut savoir ce que tu fais samedi. Parle-lui de tes projets.

MODÈLE —**Tu vas faire quoi samedi matin?**
—**Je joue au tennis à 10h.**
—**Où ça?**
—**Au...**
—**Avec qui?...**

SAMEDI 21 juillet
10h jouer au tennis / Manon / club de tennis
1h jouer au volley / Mathieu, Guillaume, Laure / à la plage
4h surfer sur Internet / Ahmed / cybercafé
6h étudier / Lydia / bibliothèque

Objectifs
- *aller* and the *futur proche*
- *venir* and the *passé récent*

Aller and the *futur proche*

1 The verb **aller** is irregular. Here are its forms.

aller *(to go)*	
je **vais**	nous **allons**
tu **vas**	vous **allez**
il/elle/on **va**	ils/elles **vont**

—Est-ce que vous **allez** au parc?

2 You can use a form of **aller** plus **an infinitive** to talk about something that is going to happen in the *near future.*

Je **vais jouer** au basket.
I'm going to play basketball.

Nous **allons étudier** la géo.
We're going to study geography.

Vocabulaire et grammaire, *pp. 58–59*
Cahier d'activités, *pp. 45–47*

En anglais

In English, there are two ways to express actions that will take place in the future. One way is with the future tense that uses the word *will.*

I will play tennis tomorrow.

Can you think of another way to express an action that will take place in the future?

Similarly, **in French**, there are two ways to express actions that will take place in the future. You will learn one of these now.

27 Qui va où?

Lisons Complète chaque phrase avec la forme qui convient.

1. Juliette et moi, nous (allez / allons) au lac samedi.
2. Est-ce que tu (vas / va) à la bibliothèque ce soir?
3. Les professeurs (va / vont) au théâtre samedi.
4. Pauline et Lucas, vous (allez / vont) au stade?
5. Ma mère (va / vais) travailler au club de tennis.

28 Tu viens?

Écrivons Michèle invite sa copine à un pique-nique. Complète sa note.

Salut Aude!
Dis, tu __1__ faire quoi demain? Éric et moi, on __2__ faire un pique-nique. Tu viens avec nous? Marc et Sophie __3__ venir aussi. Nous __4__ jouer au volley. Ça __5__ être super!

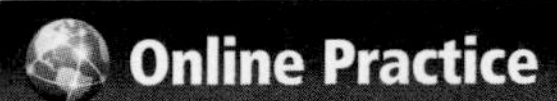

Online Practice

my.hrw.com

Grammaire 2 practice

Grammaire 2

29 Logique ou pas logique?

Parlons Based on the weather, tell whether the following people are going to do these activities. If not, tell what they're going to do instead.

MODÈLE Il neige: Lydia / faire du vélo au parc
Lydia ne va pas faire du vélo au parc!
Elle va regarder la télévision.

1. Il y a du vent: Les enfants / jouer au volley au parc
2. Il neige: Géraldine / faire du ski
3. Il pleut: Toi et ta cousine / faire de l'athlétisme
4. Il fait mauvais: Je / jouer au foot au stade
5. Il y a du soleil: Nous / faire de la vidéo à la campagne

30 Des projets pour le week-end

Écrivons Dis ce que ces personnes vont faire et où, d'après les photos.

1. Olivier

2. mon frère et moi

3. vous

4. tu

5. les Renaud

6. je

Digital performance space

Communication

31 Scénario

Parlons Invite your classmate to do different activities. He/She always has other plans at the times you propose. After several attempts, your classmate finally accepts your invitation.

MODÈLE **—Tu as envie d'aller au parc samedi matin?**
—Désolé(e), je vais aller au lac samedi…

Venir and the *passé récent*

1 The verb **venir** is an irregular verb. Here are its forms.

venir *(to come)*	
je **viens**	nous **venons**
tu **viens**	vous **venez**
il/elle/on **vient**	ils/elles **viennent**

Ils **viennent** au théâtre avec Paul.

Est-ce que tu **viens** au parc avec nous?

2 You can use a form of **venir** plus **de** plus the **infinitive** of another verb to say that **something just happened.**

Je **viens de téléphoner** à Ali.
I just phoned Ali.

Il **vient de pleuvoir.**
It just rained.

Vocabulaire et grammaire, *pp. 58–59*
Cahier d'activités, *pp. 45–47*

32 Écoutons

Listen as Guillaume talks to his friends. For each conversation, tell if the friend **a) is going to do something** or **b) just did something.**

33 On vient?

Lisons Complète les phrases suivantes logiquement.

1. Nous
2. Patrice, tu
3. Florent et Salima
4. Natasha
5. Vous

a. venez à la plage?
b. ne vient pas au parc.
c. viens à la patinoire?
d. venons au musée avec toi.
e. viennent à la campagne.

À la francophone

If you need time to think during a conversation, you can say **Eh bien/ Ben/Bon)...** *(Well. . .)* or **Alors/Donc...** *(So. . .)* and pause for a moment before you continue speaking. The more you practice this, the more natural it will become.

34 Des projets

Écrivons Complète les phrases avec la bonne forme de **venir.**

1. Je ______ au cinéma avec Julie.
2. Nous ______ de voir un film français.
3. Tu ______ au stade avec moi ce soir?
4. Paul et toi, vous ______ à l'opéra demain?
5. Mes parents ______ d'aller en France.

Grammaire 2

35 Qu'est-ce qui vient d'arriver?

Parlons Qu'est-ce que ces personnes viennent de faire?

1. les filles

2. tu

3. nous

4. je

5. vous

6. le chien

36 Carnet de bord

Écrivons You and your family just returned to your hotel in France after an exciting day. Write a short journal entry telling about an activity that each person just did, when, with whom, etc. Mention at least two things that you're going to do.

MODÈLE **mardi 8 avril**
Je viens de visiter le Louvre avec Caroline ce matin.
Le musée est cool! Mes parents viennent de...

Communication

37 Scénario

Parlons You're acting as a host to a visiting French student. Invite him or her to do activities with you and your friends. The student has just done several of the activities you propose, so be sure to offer additional suggestions. Role play this with your classmate.

MODÈLE **—Ça te dit d'aller au zoo?**
—Je viens d'aller au zoo avec Hector.
—Ben... je vais aller... vendredi. Tu viens avec moi?
—Vendredi, je suis très occupé(e)...

Synthèse
- Vocabulaire 2
- Grammaire 2

Application 2

38 On rappe!

Écoute la chanson rap **Qu'est-ce que tu fais...?** Quelles activités est-ce qu'on fait **a) quand il fait beau, b) quand il fait mauvais** et **c) quand il fait froid?**

39 Et toi?

Parlons Réponds aux questions suivantes.

1. Qu'est-ce que tu fais quand il pleut?
2. Ça te dit d'aller au musée?
3. Tu vas faire quoi ce soir?
4. Tu aimes aller au zoo?
5. Avec qui est-ce que tu étudies?
6. Qu'est-ce que tu viens de faire?

40 La routine quotidienne

Écrivons What are some things that your family usually does on Saturdays around the same time? For each time given below, describe something that a family member may have just done.

MODÈLE 7h00 du matin: **Mon père vient de lire le journal.**

1. 8h30 du matin
2. midi
3. 1h00 de l'après-midi
4. 4h00 de l'après-midi
5. 7h30 du soir
6. 11h00 du soir

Un peu plus

Idioms with avoir

You've already learned the verb **avoir** *(to have)*. Here are some useful expressions with **avoir**.

avoir besoin de	*to need*
avoir envie de	*to feel like*
avoir faim	*to be hungry*
avoir soif	*to be thirsty*
avoir chaud	*to feel hot*
avoir froid	*to feel cold*
avoir sommeil	*to feel sleepy*

J'ai chaud! Tu as envie de nager?
I'm hot! *Do you feel like swimming?*

Vocabulaire et grammaire, *p. 60*
Cahier d'activités, *pp. 45–47*

41 Extraits de conversation

Parlons Complète les phrases en utilisant une expression avec **avoir.**

1. Je/J' ______! Tu as un coca?
2. Nous ______ deux calculatrices pour les maths.
3. On ______ à Boston en hiver.
4. Pauline ______ en été.
5. Pierre et moi, nous ______ manger des frites.
6. Je/J' ______, moi! Je vais manger un hamburger.

Online Practice

my.hrw.com
Application 2 practice

42 Il se sent comment?

Écrivons Marie-Line sent you some photos she took with her cell phone. Write a caption for each photo using an expression with **avoir.**

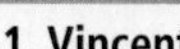

1. Vincent

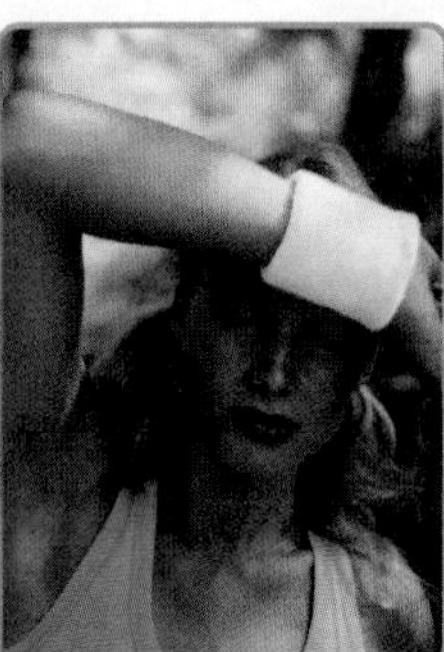

2. tu

3. je

4. Seydou et Laure

43 Un message pour Bérangère

Parlons You're planning to visit your friend Bérangère in Paris. Leave a message on her answering machine to let her know two things you need to do or feel like doing during your visit. Be sure to invite her to do at least two other activities with you.

MODÈLE **Salut, Bérangère. Je viens à Paris ce soir. J'ai envie de manger au café Camargue. Tu viens avec moi?...**

Digital performance space

Communication

44 Qu'est-ce que tu aimes faire?

Parlons You and your partner are discussing what activities you like to do. Take turns reading the questions below and answering them. Give as many details as possible in your answers.

— **Qu'est-ce que tu aimes faire en été quand il fait beau?**
—

— **Qu'est-ce que tu fais s'il pleut?**
—

— **Est-ce que tu fais du ski en hiver?**
—

— **Est-ce que tu aimes faire du jogging?**
—

— **Qu'est-ce que tu fais mercredi? On pourrait jouer au tennis.**
—

Que le meilleur gagne!

Épisode 5

STRATÉGIE

Looking for clues Part of being an astute viewer involves looking for clues in the information that is provided in a story. Sometimes the clues are quite obvious and sometimes they are purposely hidden. The clues can also provide some insight into where the story is headed. Think back on the clues presented in the previous episodes and look for clues in this episode. Write down at least three things that you observe about Yasmina, Laurie, Kevin, and Adrien.

Chez Laurie, les deux filles sont en train de faire leurs devoirs...

1

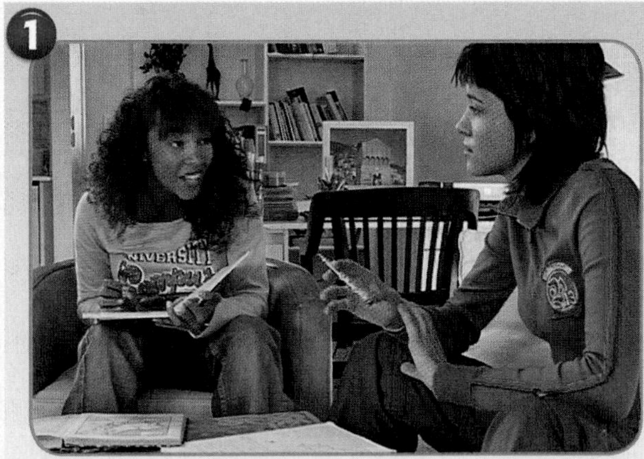

Laurie C'est quand, ton déjeuner avec Kevin?
Yasmina Demain. On mange à l'Olivier, à côté du lycée.

2

Adrien Salut, Laurie. C'est Adrien. Ça va?
Laurie Super. Qu'est-ce qui se passe?

3

Adrien On vient de recevoir un e-mail de mademoiselle N'Guyen avec la deuxième énigme du concours. Vous venez chez moi?

4

Laurie Ben, tu sais, on fait nos devoirs. Envoie-nous l'énigme et on essaie de trouver la réponse chacun de notre côté.

5

Yasmina Bon, c'est sur le sport.
Laurie Tu sais, Adrien adore le sport. À mon avis, il va trouver la réponse.

Visit Us Online
my.hrw.com
Online Edition

Chez Adrien...

6

Adrien Maman! J'ai reçu la deuxième énigme pour le concours. C'est sur le sport. Tu peux m'aider?

7

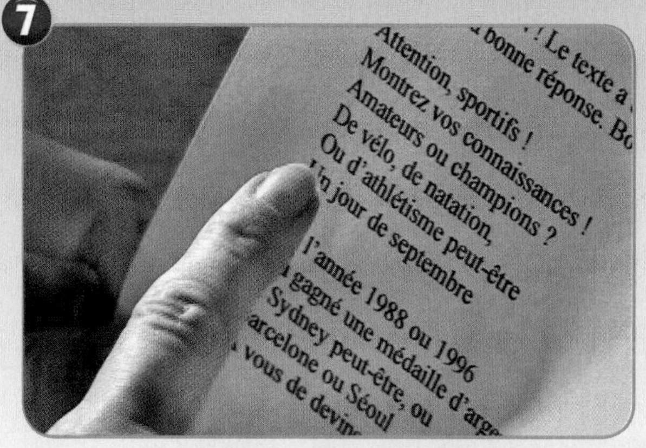

Mme Ortiz Bon, voyons... Vélo, natation ou athlétisme... Ça doit être un de ces trois sports... 1988 ou 1996... Les années des Jeux olympiques...

8

Adrien Amadou Dia Ba?

9

Mme Ortiz Ah, mais oui, regarde!
Adrien «Amadou Dia Ba: champion d'athlétisme sénégalais. Gagne une médaille d'argent à Séoul en 1988.»

10

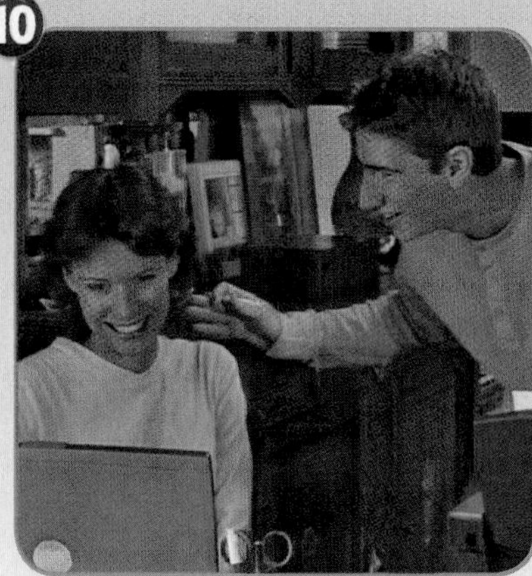

Adrien Et il est sénégalais. Le pays du lycée, c'est le Sénégal, alors!

AS-TU COMPRIS?

1. Whom is Yasmina going to meet for lunch?
2. What is in the e-mail that Mlle N'Guyen sent to Adrien?
3. Why is Laurie confident that Adrien will find the answer to the clue?
4. Who helps Adrien find the answer to the second clue?
5. What nationality is Amadou Dia Ba? Why is this important to the three friends?

Prochain épisode:
At the beginning of the next episode, Yasmina will be very excited. Can you guess why?

Lecture et écriture

STRATÉGIE

Making predictions **Predicting** what a reading selection is about can help you understand the information it will give you. You can make predictions by skimming the text for key words that you already know and inferring the meaning of those that are unfamiliar. This will help you make connections between ideas.

A Avant la lecture

Look at the headings, subheadings, and photos in the following ad. What is the ad for? What information do you expect to find? Who do you predict will be interested in the activities in the ad?

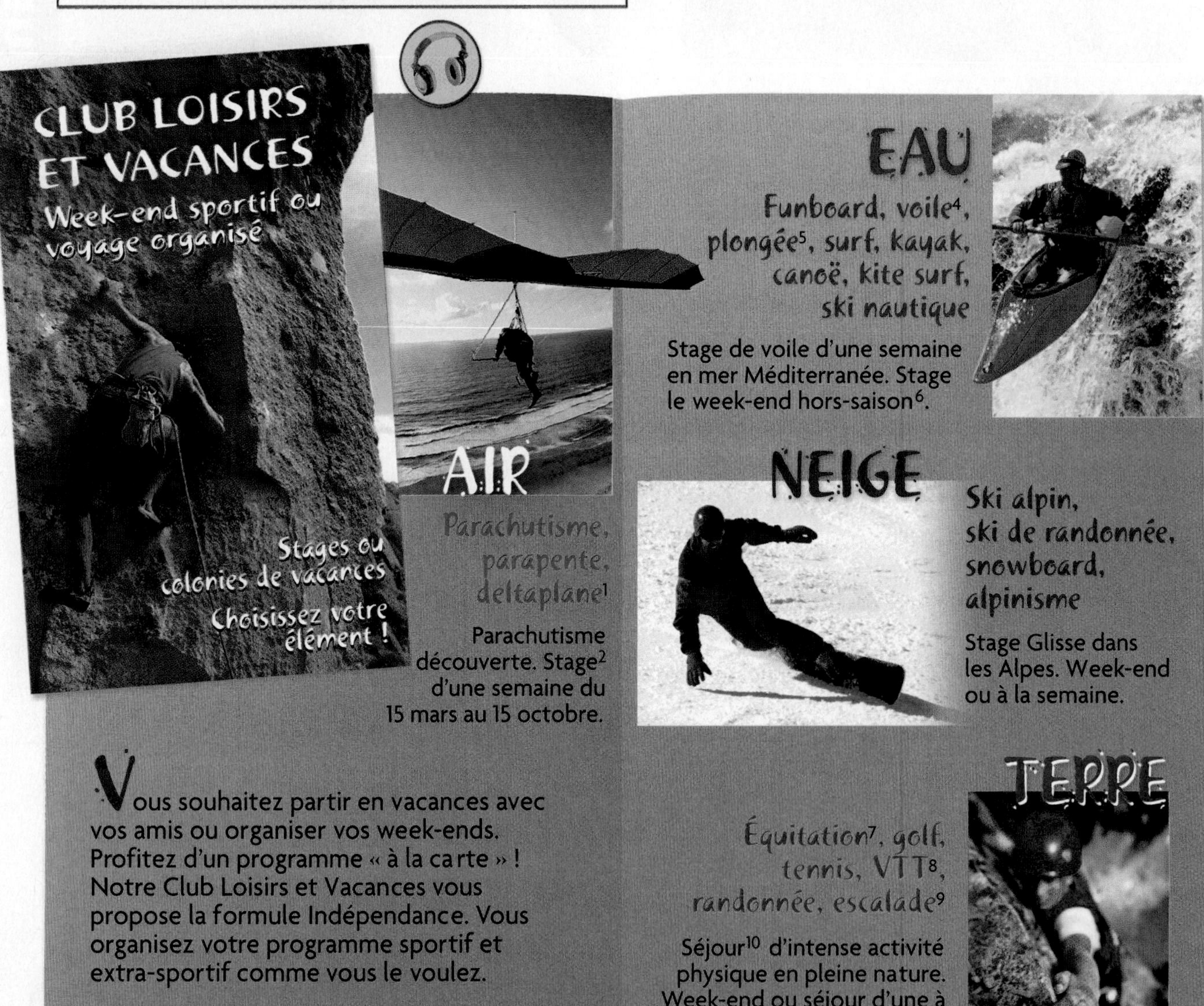

CLUB LOISIRS ET VACANCES
Week-end sportif ou voyage organisé
Stages ou colonies de vacances
Choisissez votre élément !
AIR
Parachutisme, parapente, deltaplane[1]
Parachutisme découverte. Stage[2] d'une semaine du 15 mars au 15 octobre.
EAU
Funboard, voile[4], plongée[5], surf, kayak, canoë, kite surf, ski nautique
Stage de voile d'une semaine en mer Méditerranée. Stage le week-end hors-saison[6].
NEIGE
Ski alpin, ski de randonnée, snowboard, alpinisme
Stage Glisse dans les Alpes. Week-end ou à la semaine.
TERRE
Équitation[7], golf, tennis, VTT[8], randonnée, escalade[9]
Séjour[10] d'intense activité physique en pleine nature. Week-end ou séjour d'une à trois semaines.
Vous souhaitez partir en vacances avec vos amis ou organiser vos week-ends. Profitez d'un programme « à la carte » ! Notre Club Loisirs et Vacances vous propose la formule Indépendance. Vous organisez votre programme sportif et extra-sportif comme vous le voulez.
Pour plus de renseignements[3], appelez nos bureaux au 01.23.45.67.89. Nous sommes ouverts tous les jours de 7h à 19h.

1. hang-gliding 2. training/workshop 3. information 4. sailing 5. diving 6. off-season 7. horseback riding 8. mountain biking 9. rock climbing 10. a stay

B Compréhension

Réponds aux questions suivantes.

1. Quand est-ce qu'on peut téléphoner au club?
2. Combien de temps durent *(last)* les stages du club?
3. Quelle activité est-ce qu'on peut faire en mer Méditerranée?
4. En quelles saisons est-ce qu'on peut faire du parachutisme?
5. En utilisant le contexte, est-ce que tu peux déduire ce que le mot **glisse** veut dire?
6. Qu'est-ce qu'on peut faire sur «Terre»?

C Après la lecture

What is the theme around which the activities in the ad revolve? Which set of activities would you prefer to do? Why? Would this club be popular in your state or area? Why or why not?

Espace écriture

1. Activités
   a. tennis
   b. volley
   c. .....
2. Temps
   a. beau

STRATÉGIE pour écrire

An outline is a list that is divided into categories. Creating an outline can help you organize your ideas logically and remember everything that you want to include in your writing.

Ça te dit...?

Imagine that you're vacationing with **Club Loisirs et Vacances**. Write a letter to a friend describing everything that you're doing and asking him or her to join you this weekend. Tell about the activities you're doing, where and how often you do each one, and what the weather is like. Ask what plans your friend has for this weekend and if he or she wants to come to the vacation club.

1 Plan

List **Activités** and **Temps** on a sheet of paper, skipping several lines between each entry. Then, list specific facts or details that you want to include in your letter under the appropriate heading.

2 Rédaction

Using your outline, write a letter to your friend describing your vacation experience.

3 Correction

Check your letter against the outline you wrote to make sure you included everything. Read your letter a second time, checking it for spelling, grammar, and punctuation.

4 Application

Exchange letters with a classmate. Answer each others' letters, explaining why you accept or decline the invitation.

Chapitre 5

Prépare-toi pour l'examen

@HOMETUTOR

1 Vocabulaire 1
- to ask about interests
- to ask when someone does an activity

pp. 150–153

1 Regarde les illustrations. Est-ce que tu fais ces activités? Réponds avec une phrase complète.

a.

b.

c.

d.

2 Grammaire 1
- the verb *faire*
- question words

Un peu plus
- adverbs

pp. 154–159

2 Emmanuel is interviewing Roger about the activities he likes. Based on Roger's responses, fill in Emmanuel's questions.

EMMANUEL ___1___
ROGER Je fais du skate, de l'athlétisme et je joue au hockey.
EMMANUEL ___2___
ROGER Je fais du skate au printemps, en été et en automne.
EMMANUEL ___3___
ROGER Je fais du skate avec mon frère.
EMMANUEL ___4___
ROGER Non. Je fais rarement du vélo.
EMMANUEL ___5___
ROGER Parce que c'est ennuyeux!

3 Vocabulaire 2
- to extend, accept and refuse an invitation
- to make plans

pp. 162–165

3 Complète les phrases suivantes avec des expressions logiques.

1. On fait du patin à glace à la ______.
2. Quand il ______, je joue à des jeux vidéo ou je regarde la télé.
3. On va ______ pour faire du ski.
4. En ______, j'aime faire du patin à glace et du ski.
5. Quand il fait ______, j'aime jouer au tennis ou faire du jogging.
6. Au ______, on joue au base-ball.
7. On va ______ ou ______ pour faire de la planche à voile.
8. Quand il fait ______, j'aime nager et faire du surf.

Online Assessment
my.hrw.com
Chapter Self-test

4 Complète la conversation entre Annick et Rachid avec les verbes **aller** ou **venir.**

RACHID Qu'est-ce que tu __1__ faire ce week-end?

ANNICK Samedi soir, Marina et moi, nous __2__ au théâtre avec Karim. Dimanche après-midi, je __3__ au cinéma avec Marina. Tu __4__ avec nous?

Rachid Non, Michel et moi, nous __5__ de voir un film. En plus, je __6__ travailler ce week-end.

4 Grammaire 2
- *aller* and the *futur proche*
- *venir* and the *passé récent*

Un peu plus
- idioms with *avoir*

pp. 166–171

5 Answer the following questions.

1. What scale is used in France to measure temperature?
2. Name three sports that can be classified as **sports de glisse.**
3. Do schools in France have team mascots? Why or why not?

5 Culture
- **Comparaisons p. 161**
- **Flash culture pp. 152, 154, 158, 164**

6 Salima et Farid parlent de sports et de passe-temps. Indique si les phrases suivantes sont **a) vraies** ou **b) fausses.**

1. Farid trouve le skate difficile.
2. Il joue souvent au tennis.
3. Il trouve le base-ball amusant.
4. Farid aime jouer à des jeux vidéo avec ses copains.

7 With a classmate you're trying to decide what activities to do today. First read the instructions for each exchange. Then, create a dialogue using the expressions you've learned in this chapter and the previous chapters.

Student A:	Say that the weather is gorgeous. Ask your classmate about going to the pool.
Student B:	Answer you don't feel like going to the pool. Suggest playing tennis.
Student A:	Say that you don't feel like it.
Student B:	Suggest going to the lake.
Student A:	Say that it's a good idea. Ask what you should do at the lake.
Student B:	Suggest running.
Student A:	Say that you agree, and suggest biking as well.
Student B:	Say that it's a good idea.

Grammaire 1
- the verb *faire*
- question words

Un peu plus
- adverbs

pp. 154–159

Résumé: Grammaire 1

Faire is an irregular verb.

faire *(to make, to do)*			
je	fais	nous	faisons
tu	fais	vous	faites
il/elle/on	fait	ils/elles	font

To ask for information, use the following question words: **quand, pourquoi, qu'est-ce que, où, qui, comment, avec qui.**

To form most adverbs in French, take the feminine form of the adjective and add **-ment: sérieux → sérieusement.**

Some irregular adverbs are **bon → bien** and **mauvais → mal.**

Grammaire 2
- *aller* and the *futur proche*
- *venir* and the *passé récent*

Un peu plus
- idioms with *avoir*

pp. 166–171

Résumé: Grammaire 2

These are the forms of the verb **aller** *(to go)*.

je	vais	nous	allons
tu	vas	vous	allez
il/elle/on	va	ils/elles	vont

Use a form of **aller** plus **an infinitive** to talk about something that is going to happen in the near future.

These are the forms of the verb **venir** *(to come)*.

je	**viens**	nous	**venons**
tu	**viens**	vous	**venez**
il/elle/on	**vient**	ils/elles	**viennent**

Use a form of **venir** + de + **infinitive** of another verb to say that something just happened.

For a list of idiomatic expressions with **avoir**, see page 170.

Lettres et sons

S versus SS

The consonant **s** is pronounced like the sound **[z]** when it is placed between two vowels. To keep the **[s]** sound, we need to double the **s.**

Jeux de langue

Poisson sans boisson, c'est poison!

Dictée

Écris les phrases de la dictée.

Résumé: Vocabulaire 1

PRACTICE FRENCH WITH HOLT MCDOUGAL APPS!

To ask and to tell about interests

l'appareil photo numérique	*digital camera*
le caméscope	*camcorder*
le casque	*helmet*
Faire...	
de l'aérobic (f.)	*aerobics*
de l'athlétisme (m.)	*track and field*
du jogging	*jogging*
du patin à glace	*skating*
de la photo	*to do photography*
du skate(-board)	*skateboarding*
du ski	*skiing*
du surf	*surfing*
du théâtre	*drama*
du vélo	*biking*
de la vidéo amateur	*make amateur videos*
Jouer...	
au basket(-ball)	*basketball*
à des jeux vidéo (m.)	*video games*
au hockey	*hockey*
au tennis	*tennis*
au volley	*volleyball*
de la batterie	*drums*
de la guitare	*guitar*
du piano	*piano*
les passe-temps (m.)	*pastime activities*
la raquette	*racket*
les skis (m.)	*skis*
Est-ce que tu fais du sport?	*Do you play sports?*
Est-ce que tu joues au...?	*Do you play . . . ?*
Qu'est-ce que tu fais comme sport?	*What sports do you play?*
Qu'est-ce que tu fais pour t'amuser?	*What do you do for fun?*
Qu'est-ce que tu fais...?	*What are you doing on . . . ?*
Je fais/joue.../Je ne joue pas...	*I do/play . . ./I don't play . . .*
Non, je ne fais pas de sport.	*No, I don't play sports.*
Je ne fais rien.	*I'm not doing anything.*

Les mois de l'année ....see page 150
Les saisons ....see page 150
To ask when someone does an activity..........................see page 153

Prépare-toi pour l'examen

Résumé: Vocabulaire 2

To invite; to extend, accept and refuse an invitation

la campagne	*countryside*
le club	*sports club*
le cybercafé	*cybercafé*
le lac/la mer	*lake/sea*
la montagne	*mountain*
le musée	*museum*
l'opéra (m.)	*opera house*
la patinoire	*skating rink*
la plage	*beach*
le théâtre	*theater*
le zoo	*zoo*
Quel temps fait-il?	*What's the weather like?*
Il fait beau.	*The weather is nice.*
Il fait chaud.	*It's hot.*
Il fait froid.	*It's cold.*
Il fait mauvais.	*The weather is bad.*
Il neige.	*It's snowing.*
Il y a des nuages.	*It's cloudy.*
Il pleut.	*It's raining.*
Il y a du vent.	*It's windy.*
Il y a du soleil.	*It is sunny.*
On fait.../On va...?	*Shall we... ?/What about going...?*
Tu as envie de...?/ Ça te/vous dit de...?	*Do you feel like . . . ?*
Tu viens...?	*You want to come . . . ?*
D'accord./Bonne idée!/ Pourquoi pas?	*Okay./Good idea!/ Why not?*
Si tu veux/vous voulez.	*If you want.*
..., ça ne me dit rien.	*. . . , I don't feel like it.*
Désolé(e), je n'ai pas le temps.	*Sorry, I don't have the time.*
J'ai trop de choses à faire. Je suis très occupé(e).	*I have too many things to do. I'm very busy.*

To make plans ....see page 165
Idioms with avoir ....see page 170

Révisions cumulatives

1 Choisis la photo qui correspond à chaque conversation.

a.

b.

c.

d.

2 Read this brochure for a vacation resort in Tunisia. Then, tell whether or not each of the people described below is going to like the resort.

Club Sousse

Bienvenue au *Club Sousse*, une oasis de calme avec des plages dorées et une mer limpide. Le club offre des activités pour toute la famille. Services d'accueil, de restauration et de location sur place.

- Discothèque
- Piscine olympique et piscine enfant
- 2 saunas
- Une salle de gymnastique
- Location de vélos
- Un terrain omnisports: Basket-ball, Volley-ball
- 5 courts de tennis dont 2 éclairés
- 1 salle de jeux vidéo
- cybercafé: 20 ordinateurs

1. Juliette adore la neige.
2. Jean-Michel et moi, nous aimons bien la plage.
3. Anne aime jouer à des jeux vidéo.
4. Monsieur et Madame Dupont ont deux enfants qui adorent nager.
5. J'ai un casque et j'adore faire du vélo.
6. Abdul n'aime pas la mer. Il préfère la montagne.

Online Assessment
my.hrw.com
Cumulative Self-test

3 You're interviewing a school athlete for an upcoming issue of the French Club newspaper. Ask the athlete what sports and activities he or she does at different times of the year and in various weather conditions. Find out how often the athlete does each activity.

4 Write a paragraph in French describing the scene below. Include the weather, a description of the woman and the girl, their ages, and what their relationship to each other is. What activities do you think the woman and the girl like or dislike?

Monet, Claude (1840–1926). On the beach at Trouville, 1870–71. Canvas. Musée Marmottan-Claude Monet, Paris, France

Sur la plage à Trouville **de Claude Monet**

5 You haven't talked to your friend Hugo in a while. Write an e-mail in which you ask how he is doing, tell him about your classes, and invite him to do something with you this weekend. Suggest a second activity in case of bad weather, and a time and place to do each activity.

6 **À ton tour**

Ça te dit? Your French teacher wants you to work with a new student. Greet each other and exchange names. Discuss the sports and activities you each like to do at various times of the year and in different weather conditions. Make plans to do something with the new student after school.

chapitre 6

Bon appétit!

Objectifs

In this chapter, you will learn to
- offer, accept, and refuse food
- ask for and give an opinion
- inquire about food and place an order
- ask about prices and pay the check

And you will use
- the partitive
- **-ir** verbs
- the verb **vouloir**
- the verb **prendre**
- the imperative
- the verb **boire**

Que vois-tu sur la photo?

Où sont ces personnes?

À ton avis, qu'est-ce qu'elles aiment manger?

Et toi, est-ce que tu aimes manger au restaurant?

MODES OF COMMUNICATION

INTERPRETIVE	INTERPERSONAL	PRESENTATIONAL
Listen to what people are having for breakfast. Read restaurant ads.	Talk with a friend about foods, drinks, and prices at a restaurant. Write an email to a French friend about what your family likes to eat at breakfast.	Present plans for a French club party to the class. Write a review for a new restaurant.

Une crêperie, à Rennes

Objectifs

- to offer, accept, and refuse food
- to ask for and give an opinion

Vocabulaire à l'œuvre 1

Au petit-déjeuner à Rennes

Online Practice
my.hrw.com
Vocabulaire 1 practice

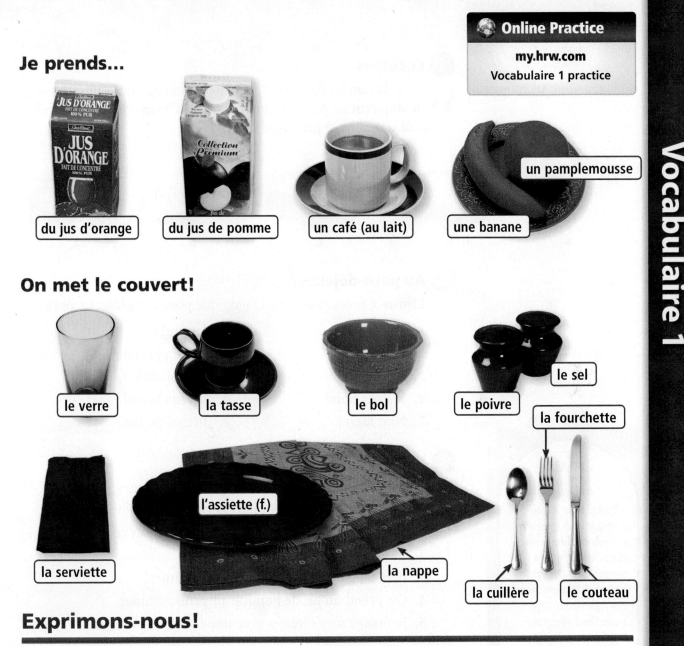

Je prends...

On met le couvert!

Exprimons-nous!

To offer food	To accept or refuse
Qu'est-ce que tu veux prendre/manger/boire? *What do you want to have/eat/drink?*	**J'aimerais** un croissant/un jus de pomme. *I'd like . . .*
Tu veux/Vous voulez une banane/un café? *Do you want . . . ?* **Encore/Tu reprends** des toasts? *More/Do you want more . . . ?*	**Oui, je veux bien. J'ai faim/soif.** *Yes, please. I'm hungry/thirsty.* **Oui, s'il vous/te plaît.** *Yes, please.* **Non, merci./Non, ça va.** *No, thank you./No, I'm fine.* **Non, je n'ai plus faim/soif.** *No, I'm not hungry/thirsty anymore.*

Vocabulaire et grammaire, *pp. 61–63* Online Workbooks

▶ **Vocabulaire supplémentaire—Les fruits et les légumes, p. R10**

1 Écoutons

Dans la famille de Frédérique, chacun mange quelque chose de différent au petit-déjeuner. Choisis l'image qui correspond à ce que chaque personne mange.

a.

b.

c.

d.

e.

2 Au petit-déjeuner

Lisons Choisis la conclusion logique pour compléter les phrases.

1. Qu'est-ce que
2. Tu aimes
3. Encore
4. Je veux boire
5. Non merci,

a. des œufs?
b. je n'ai plus faim.
c. les croissants?
d. tu veux boire?
e. du café au lait.

Flash culture

A typical French breakfast is very simple. It usually consists of bread with butter and jam **(une tartine)**. At home, morning coffee is often served in a bowl rather than a cup. The French drink their coffee either black with sugar **(café noir)** or with milk and sugar **(café au lait)**. Breakfast cereals are becoming more common among children due to the American influence.

Are there any French influences in American breakfast habits?

3 Logique ou pas?

Lisons/Écrivons Indique si les phrases suivantes sont **a) logiques** ou **b) illogiques.** Corrige les phrases illogiques.

1. Mégane met *(puts)* du jus d'orange dans ses céréales.
2. Le café au lait est dans l'assiette.
3. Je mange une tartine avec de la confiture.
4. On prend du jus de pomme au petit-déjeuner.
5. Je mange mes céréales avec une fourchette.

4 Il faut...

Parlons Maëlle a invité trois copains à dîner. Elle doit mettre le couvert pour quatre personnes. De quoi est-ce qu'elle a encore besoin?

MODÈLE **Maëlle a besoin de deux bols...**

Exprimons-nous!

To ask for an opinion	To give an opinion
Il/Elle est bon/bonne, le croissant/ la baguette? *Is the . . . good?*	Non, **il/elle est vraiment mauvais(e).** *No, it's really bad.* Oui, **délicieux/délicieuse!** *Yes, delicious!*
Il/Elle est comment, le café/la confiture? *How's the . . . ?*	**Excellent(e)!/Pas mauvais(e).** *Excellent!/Not bad.*
Comment tu trouves le café/la tartine? *How do you like . . . ?*	**Pas bon/bonne du tout!** *Not good at all!*

Vocabulaire et grammaire, *pp. 61–63*

5 On mange!

Écrivons Ta copine Aurélie t'offre à manger. Réponds à ses questions d'une façon logique.

AURÉLIE Tu as faim?
TOI Oui, ____________________

AURÉLIE Qu'est-ce que tu veux manger?
TOI ____________________

AURÉLIE Tu veux boire du chocolat chaud?
TOI Oui, ____________________

AURÉLIE Il est comment, le chocolat chaud?
TOI ____________________

AURÉLIE Tu veux encore des toasts?
TOI Non, ____________________

À la francophone

French speakers tend to use understatement *(la litote)* a lot. For instance, if the food is bad, they might say *C'est pas terrible. (It's not great.)* Similarly, rather than saying that something is good, they would say *C'est pas mauvais.*

Digital performance space

Communication

6 Scénario

Parlons Tu as préparé le petit-déjeuner pour tes parents. D'abord, offre-leur quelque chose. Puis, demande leur opinion de chaque plat *(dish)*. Joue cette scène avec deux camarades.

MODÈLE **—Tu veux un croissant, papa?**
—Oui, je veux bien...

7 Questions personnelles

Parlons Demande à un(e) camarade ce qu'il/elle aime prendre au petit-déjeuner et s'il/elle préfère un petit-déjeuner américain ou français.

Objectifs
- the partitive
- *-ir* verbs

Grammavision

The partitive

1. To say that you want *part of* or *some of* an item, use **de** with the definite article that goes with the item. This is called the **partitive.**

MASCULINE SINGULAR	FEMININE SINGULAR	SINGULAR NOUN BEGINNING WITH A VOWEL	PLURAL
du bacon	**de la** confiture	**de l'**omelette	**des** céréales

Tu veux **du** beurre? — *Do you want some butter?*

Je veux **des** œufs. — *I want some eggs.*

2. In French, you always need to include the article, even though it is omitted in some cases in English.

Je prends **des** toasts et **de la** confiture.

I'm having toast and jam. (some is implied and can be omitted)

3. To say that you want a whole item (or several whole items), use the indefinite articles **un, une,** and **des.** Remember that in a negative sentence, **un, une,** and **des** become **de.**

Je veux **un** croissant. — *I want a croissant.*

Je ne veux pas **de** croissant. — *I don't want a croissant.*

Vocabulaire et grammaire, *pp. 64–65*
Cahier d'activités, *pp. 51–53*

Déjà vu!

Do you remember how to form contractions with de and the definite articles?

de + le → du
de + la → de la *(no change)*
de + l' → de l' *(no change)*
de + les → des

8 Tu aimes quoi?

Lisons Géraldine et ses amis parlent de ce qu'ils préfèrent. Choisis l'article indéfini ou le partitif qui convient.

1. Moi, j'aime prendre (une / du) tartine et (un / une) chocolat chaud le matin.
2. Nathan aime manger (de la / des) œufs et (du / de la) bacon mais moi, je préfère manger (un / des) céréales.
3. Gabriel aime prendre (un / une) croissant et (de la / un) café au lait.
4. Lola préfère (du / de la) lait et (un / une) toast avec (du / de la) beurre.
5. Aïcha prend rarement (un / une) banane ou (de la / du) jus de pomme.

my.hrw.com
Grammaire 1 practice

Grammaire 1

9 Qu'est-ce que tu prends?

Lisons/Écrivons Maeva et Michel parlent de ce qu'ils vont manger au petit-déjeuner. Complète leur conversation avec **du, de l', de la, un, une** ou **des.**

MAEVA Michel, qu'est-ce que tu veux manger?
MICHEL J'aimerais ___1___ œufs avec ___2___ bacon et ___3___ chocolat chaud. Et toi? Qu'est-ce que tu veux manger?
MAEVA J'aimerais ___4___ céréales avec ___5___ banane et ___6___ lait.
MICHEL Oh, j'aimerais ___7___ beurre aussi, pour la baguette.
MAEVA Et moi, j'aimerais aussi ___8___ croissant!

10 On petit-déjeune!

Écrivons/Parlons Mathilde a très faim! Regarde l'illustration et décris ce qu'elle va manger. Utilise le partitif ou l'article indéfini.

bouffer	*to eat*
la malbouffe	*junk food*
avoir la dalle	*to be hungry*
crever de faim	*to be starving*
crever de soif	*to be very thirsty*

11 Chez moi, on...

Écrivons Ton ami français, Hervé, veut savoir ce que ta famille aime manger au petit-déjeuner. Écris-lui un e-mail pour dire ce que chaque membre de ta famille aime manger ou boire.

Digital performance space

Communication

12 Questions personnelles

Parlons Demande à un/une camarade de classe s'il/elle mange ces aliments *(foods)* souvent, de temps en temps, jamais ou rarement. Fais attention aux articles! Ensuite, échangez les rôles.

chocolat	croissants	baguette	toasts
céréales	bacon	pamplemousse	banane

MODÈLE —Tu manges souvent des croissants?...

-ir verbs

You've already learned about **-er** and **-re** verbs. A third category of verbs ends in **-ir**. These are the forms of regular **-ir** verbs.

finir *(to finish)*			
je	**finis**	nous	**finissons**
tu	**finis**	vous	**finissez**
il/elle/on	**finit**	ils/elles	**finissent**

Éliane **finit** ses devoirs.

Ils **grossissent** parce qu'ils mangent beaucoup.

More regular **-ir** verbs:

choisir	*to choose*
grossir	*to gain weight*
maigrir	*to lose weight*
grandir	*to grow*
réussir (à)	*to pass, to succeed*

Vocabulaire et grammaire, *pp. 64–65*
Cahier d'activités, *pp. 51–53*

13 Une interview

Lisons Complète les phrases suivantes avec la forme appropriée du verbe **finir**.

SONIA À quelle heure est-ce que tu (finit / finis) ton petit-déjeuner, d'habitude?

SERGE Mes sœurs et moi, nous (finissons / finissent) notre petit-déjeuner à sept heures. Et toi et Alex, Océane?

OCÉANE Je (finis / finit) vers huit heures. Alex (finissent / finit) son petit-déjeuner tôt! Il joue au tennis à six heures.

SONIA Et vous, Martin et Flore, vous (finis / finissez) votre petit-déjeuner à quelle heure?

FLORE Nous (finissent / finissons) notre petit-déjeuner vers sept heures et demie.

Flash culture

In France, people keep both their hands on the table during a meal. They hold their knife in their right hand and their fork in their left hand while both cutting and eating their food. In France, placing your hand in your lap while eating is considered impolite. At the end of the meal, the fork and knife are placed together across the plate.

Are table manners in your culture similar to the ones in France?

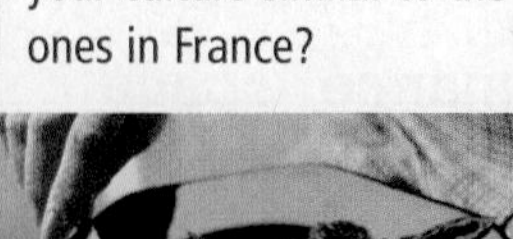

14 Écoutons

Marie-Line fait un sondage pour le journal du club de français. Choisis l'image qui correspond à chaque conversation.

a.

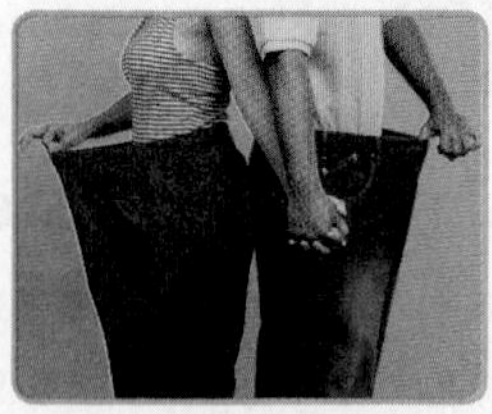

b.

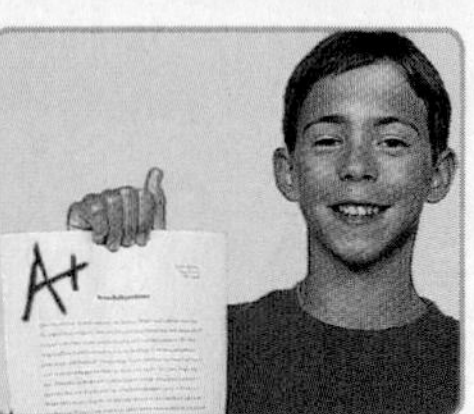

c.

d.

e.

f.

15 Qu'est-ce qu'on fait?

Lisons/Écrivons Complète les phrases suivantes avec la forme appropriée d'un verbe en **-ir.**

1. Je ________ mes devoirs et puis *(then)* je regarde la télé.
2. Tu ________ parce que tu manges souvent de la glace.
3. Est-ce que Sylvie ________ toujours *(always)* à ses examens?
4. En général, quand vous allez au café, qu'est-ce que vous ________? Un café ou un chocolat chaud?
5. Elles ________ parce qu'elles mangent beaucoup de salade.
6. Ils ________ leur match de football à dix heures.
7. Nous ________ si *(if)* nous ne faisons pas souvent de jogging.
8. Marion ________ quand elle fait de l'aérobic.

16 Faisons des phrases!

Écrivons Utilise un élément de chaque colonne pour écrire des phrases complètes. Fais tous les changements nécessaires.

MODÈLE Vous finissez vos devoirs?

Mes parents	grossir	le lait
Je	finir	le petit-déjeuner
Vous	choisir	manger beaucoup
Mon copain	réussir à	les croissants
Mes copains et moi		les devoirs
		les examens

Communication

17 Questions personnelles

Parlons Pose les questions suivantes à un(e) camarade de classe. Puis, échangez les rôles.

1. D'habitude, tu choisis un petit-déjeuner américain ou français?
2. À quelle heure est-ce que ta famille finit le petit-déjeuner?
3. En général, jusqu'à *(until)* quel âge est-ce qu'on grandit?
4. Est-ce que tu finis toujours tes devoirs?
5. À quelle heure finissent tes cours?
6. Est-ce que tu réussis toujours à tes examens?

Application 1

18 Écoutons

Écoute chaque conversation et choisis l'image qui correspond.

a. b. c. d. e.

19 Qu'est-ce que vous mangez?

Écrivons Une nutritionniste pose des questions à Zacharie. Complète leur conversation avec l'article indéfini ou le partitif.

—D'habitude, est-ce que tu manges ___1___ céréales le matin?

—Non, je préfère manger ___2___ pamplemousse ou ___3___ banane et je prends ___4___ lait.

—Est-ce que tu manges souvent ___5___ bacon?

—Non, rarement. Mais je mange ___6___ œufs de temps en temps.

—Bon, tu manges très bien!

Flash culture

The term **viennoiseries** refers to particular types of breads available in bakeries all over France. Some items included as **viennoiseries** are: **croissants, brioches, chaussons aux pommes, beignets, chouquettes, pains aux raisins,** and **pains au chocolat. Croissants** and **brioches** are usually served at breakfast, while the other items are often eaten as an after-school snack, known as **le goûter.**

Are any of these **viennoiserie** items available in your town?

Un peu plus

The verb *vouloir*

1. The verb **vouloir** *(to want)* is irregular. Here are its forms.

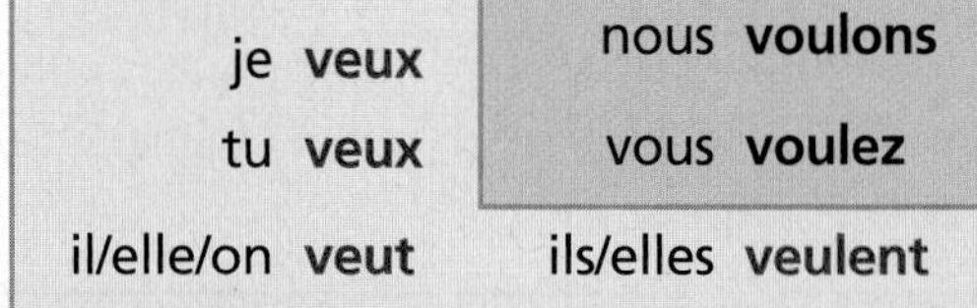

je **veux**	nous **voulons**
tu **veux**	vous **voulez**
il/elle/on **veut**	ils/elles **veulent**

Vous **voulez** du chocolat?

Je **veux** dîner au restaurant.

2. Je voudrais *(I would like)* is a more polite form of **je veux.**

Je voudrais un steak-frites, s'il vous plaît.

Vocabulaire et grammaire, *p. 66*
Cahier d'activités, *pp. 51–53*

Online Practice

my.hrw.com
Application 1 practice

20 L'e-mail de Sofiane

Lisons/Écrivons Lis le message que Sofiane écrit à sa cousine. Puis, complète son message avec les formes appropriées du verbe **vouloir**.

> *Salut Nicole!*
> *Qu'est-ce que tu* __1__ *faire demain? Moi, je* __2__ *aller voir un film français, mais Élise et Léa* __3__ *voir le nouveau film américain de Tom Hanks. Nous* __4__ *manger au restaurant après le film. Tu* __5__ *venir au Café de l'horloge avec nous?*
> *À demain!*
> *Sofiane*

21 On veut...

Écrivons Suivant *(Following)* le modèle de Sofiane de l'activité 20, écris une note à un(e) ami(e) pour dire ce que toi et tes amis, vous voulez faire pendant le week-end.

Digital performance space

Communication

22 Scénario

Parlons Tu es au Café St Valentin avec trois amis. Dites ce que vous pensez de chaque plat *(dish)*.

MODÈLE **À mon avis, le croissant est délicieux!**

Café St Valentin
Petit-déjeuner 7h00 à 10h00
Jus d'orange, Café, Thé ou Chocolat,
Croissant, Beurre, Confiture, Brioche,
Oeufs au choix, Yaourt
5,50€

Culture

Petits gâteaux dans une pâtisserie

Culture appliquée

La tarte

La tarte est un dessert typiquement français. Elle est composée d'une garniture[1] de fruits cuite au four[2] dans une pâte[3]. On peut aussi faire des tartes avec des légumes, et surtout avec des oignons. La tarte est alors servie en entrée ou en plat principal. Certaines tartes, comme la tarte Tatin, sont très connues.

1. filling **2.** baked **3.** crust

Faisons une tarte!

Pie crust

Ingredients

1 cup flour

1 stick of butter

1/2 cup sugar

1 egg

Step 1 Put the flour and sugar in a bowl. Add the egg.

Step 2 Melt the butter. Pour the butter into the bowl. Mix all the ingredients with a spoon until it forms a ball.

Step 3 Spread the dough into a pie dish.

Step 4 Bake the crust with or without fruit in a 375° oven for 25 minutes. See the chart below for advice about fruit toppings.

Ideas for fruit toppings	
To bake with the crust:	To add after baking the crust:
apples	strawberries
pears	blueberries
apricots	blackberries

Quelle est l'histoire de la tarte Tatin? Pourquoi est-ce qu'elle est différente des autres tartes?

Online Practice

my.hrw.com

Online Edition

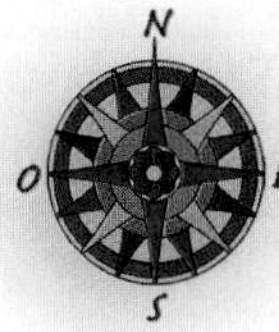

Comparaisons

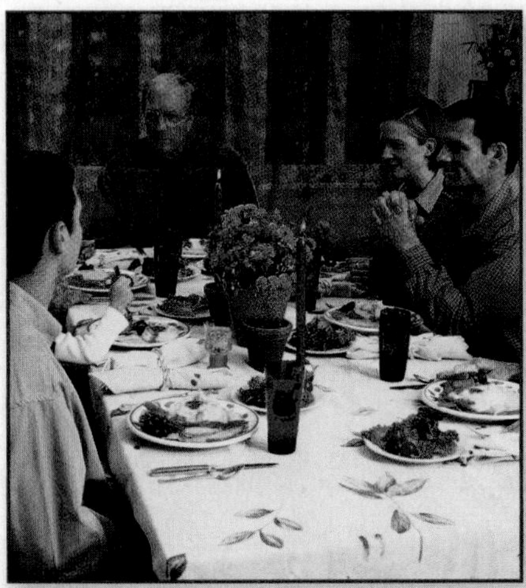

Repas en famille

À table!

En France, tu es invité(e) à dîner chez ton copain Hugo. Il y a une salade verte sur la table. Au début du repas[1], tu prends de la salade mais tu es le(la) seul(e)[2] à le faire. Pourquoi?

a. La salade est une simple décoration et on ne la mange pas.

b. Tu dois attendre que la mère de Hugo te serve[3].

c. On mange la salade après le plat principal.

A formal French meal is very structured. The whole family and the guests usually sit at one table. A typical menu will include **hors-d'œuvre/entrée** (appetizer), **plat principal avec des légumes, salade, fromages, dessert,** and **café.** Salad is usually eaten after the main course and sometimes with cheese. Cheese is considered a real course, and several kinds are offered on a platter. Coffee is never drunk with a meal but is served afterwards. Each course is usually brought in order and passed around the table. Be prepared for a leisurely dinner!

ET TOI?

1. How many courses are served during a formal American dinner? Compare it to a formal French one.
2. Is cheese commonly served at dinner in the U.S.?

Communauté

Des desserts

Can you think of a typical American dessert? A dessert from your area? Research the history of this dessert at the library or on the Internet. Where does it come from? Where can you buy it today? With friends or classmates, try to find the recipe and make the dessert together.

Un banana split

1. at the beginning of the meal 2. you're the only one
3. for his mother to serve you

Objectifs

- to inquire about food and place an order
- to ask about prices and pay the check

Vocabulaire à l'œuvre 2

Télé-vocab

Au café à Rennes

le sandwich au saucisson

la tarte aux fruits

le sandwich au jambon

l'omelette (f.)

la limonade

le croque-monsieur

le coca

l'eau (f.) minérale

la pizza

le sandwich au fromage

la quiche

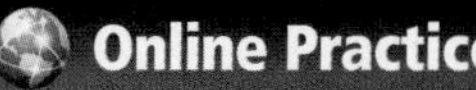

my.hrw.com
Vocabulaire 2 practice

Vocabulaire 2

Vous avez choisi?

D'autres mots utiles

saignant(e)	*rare*
à point	*medium*
bien cuit(e)	*well-done*
la grenadine	*water with pomegranate syrup*
le sirop de menthe	*water with mint syrup*
le déjeuner	*lunch*
le dîner	*dinner*
le repas	*meal*

Exprimons-nous!

To inquire about food and place an order

La carte, s'il vous plaît! *The menu, . . . !*	**Un moment,** s'il vous plaît. *One moment, . . .*
Qu'est-ce que vous me conseillez? *What do you recommend?*	**Je vous conseille/recommande** le steak-frites. *I recommend . . .*
Qu'est-ce que vous avez comme boissons? *What types of drinks do you have?*	**On a/Nous avons** du coca et du jus de pomme. *We have . . .*
Je voudrais/vais prendre le poisson. *I'd like/I'll have . . .* **Donnez-moi** le poisson, s'il vous plaît. *Give me/I'll have the . . .*	**Vous désirez autre chose?** *Would you like anything else?*

Vocabulaire et grammaire, *pp. 67–69*

▶ **Vocabulaire supplémentaire—La nourriture, p. R11**

23 Écoutons

Tu es au restaurant **L'Escargot Bleu.** Écoute les phrases et décide qui parle, **a) le serveur/la serveuse** ou **b) le client/la cliente.**

24 Tout a l'air bon!

Lisons/Écrivons Nathalie est au restaurant **Margolis.** Complète cette conversation à l'aide des images.

—Qu'est-ce que vous me conseillez?

—Le  est excellent!

—Non... je n'ai pas envie. Il est comment, le ?

—Il n'est pas mauvais, mais le rôti de  et le provençal sont délicieux!

—Alors, je vais prendre le rôti. Je voudrais aussi une , s'il vous plaît.

25 Au restaurant

Écrivons Tu es au restaurant avec tes copains. Écris une conversation entre vous et le serveur en utilisant les expressions de la boîte.

un croque-monsieur	le steak	Donnez-moi...
une grenadine	à point	la carte...
Vous avez choisi?	un coca	une quiche

Flash culture

By law, in France, restaurants automatically include a 15% tip **(le pourboire)** in every check. The service charge included **(service compris** or **prix nets)** should be indicated on the check and on the menu, but even if it is not, the tip is still included. Sometimes, customers may leave an additional amount if they are very happy with the service, but it isn't required or expected.

What is a fair tipping percentage in your area? Is it comparable to France?

Exprimons-nous!

To ask about prices and pay the check

C'est combien, le coca? *How much is the . . . ?*	**C'est** cinq euros. *It's . . .*
Ça fait combien en tout? *How much is it?*	**Ça fait** quinze euros. *It's . . . (total).*
L'addition, s'il vous plaît. *The check, . . .*	**Oui, tout de suite.** *Yes, right away.*
Le service est compris? *Is the tip included?*	**Oui, bien entendu.** *Yes, of course.*

Vocabulaire et grammaire, *pp. 67–69* Online Workbooks

Vocabulaire 2

26 Miam, miam!

Lisons/Parlons Lis ces publicités et réponds aux questions.

1. On peut *(can)* manger de la salade dans quel restaurant?
2. Où est-ce qu'on peut manger du poulet?
3. Si on aime le poisson, où est-ce qu'on va manger?
4. Quel restaurant propose un menu spécial pour enfants?

La Dolce Vita
Plus de 20 choix de Pizzas
Pâtes fraîches maison
Salades
ouvert tous les jours
de 11h30 à 22h30
livraison à domicile
3, rue des Amarres
35000 Rennes
02.35.65.03.79

2.

La Brasserie de la Gare
vous propose
Salades • Croque-monsieur
Pizzas • Sandwichs
Grillades
Poissons et fruits de mer
et aussi un menu enfant
de 11h à minuit
Depuis 1920

1.

MARRAKECH
Spécialités marocaines
Couscous au poulet
Couscous aux légumes
Merguez et Kebab
Thé à la menthe
16, rue des Capucines • 35000 Rennes • 02.36.67.97.44

3.

Communication

27 Scénario

Parlons Avec un(e) camarade, choisis un des restaurants de l'activité 26. Jouez une petite scène entre le serveur et le client où vous demandez les prix de vos plats et vous payez l'addition.

28 Scénario

Parlons Ton/Ta partenaire et toi, vous allez ouvrir *(open)* un restaurant. Décidez quels repas vous allez servir. Préparez la carte avec des prix et présentez-la à la classe.

MODÈLE —**Pour le déjeuner, on va avoir… Le poulet, c'est…**

Objectifs
- the verb *prendre*
- the imperative

Grammavision

The verb *prendre*

The verb **prendre** is irregular. Notice the spelling changes in the stem of the verb for the plural forms.

prendre *(to take; to have food or drink)*	
je **prends**	nous **prenons**
tu **prends**	vous **prenez**
il/elle/on **prend**	ils/elles **prennent**

Verbs like **prendre**:

apprendre	*to learn*
comprendre	*to understand*
reprendre	*to have more (food or drink)*

—Qu'est-ce que vous **prenez**?
—Nous **prenons** du pain et un chocolat chaud.

Vocabulaire et grammaire, *pp. 70–71*
Cahier d'activités, *pp. 55–57*

Flash culture

France and other countries in the European Union adopted a common currency, the **euro** (€) in 2002. The bills are identical throughout the euro zone. For the euro coins, each country has a common European design on one side and its own national symbol on the other side. Euro bills come in denominations of 5, 10, 20, 50, 100, 200, and 500. Euro coins come in units of 1, 2, 5, 10, 20 and 50 cents, and 1 and 2 euros.

What other currencies are you familiar with? Compare them to the euro.

29 Le bon choix

Lisons Complète les phrases avec le bon verbe.

1. Qu'est-ce que vous ______ au dîner?
   a. prenez b. prenons c. comprenez
2. Il ______ le français et l'allemand.
   a. apprends b. prends c. comprend
3. Mona et moi, nous ______ une pizza avec du coca.
   a. apprenons b. prenons c. comprenons
4. Sabine et Georges ______ des sandwichs. Ils ont très faim!
   a. reprennent b. prenons c. comprennent
5. Alice ne ______ pas la question.
   a. prends b. comprend c. apprenons

30 Qu'est-ce qu'on prend?

Parlons Qu'est-ce qu'on prend (ou ne prend pas) dans les situations suivantes?

MODÈLE Quand il veut un dessert, mon ami…
Quand il veut un dessert, mon ami prend de la glace.

1. Comme boisson, quand il fait chaud, je…
2. Quand mes amis et moi allons au café, nous…
3. Quand ils veulent maigrir, mes parents ne…
4. Quand je veux un petit-déjeuner français, je…
5. Pour le déjeuner, quand elle n'a pas très faim, ma sœur…

my.hrw.com
Grammaire 2 practice

31 Au resto!

Écrivons/Parlons Regarde la carte du restaurant **Chez Jean-Luc.** Qu'est-ce que les personnes suivantes vont probablement prendre?

MODÈLE Caroline veut un dessert. **Elle prend une glace.**

1. Noémie veut maigrir.
2. Tu adores le poisson.
3. Irène et Brigitte adorent la viande *(meat).*
4. Nous sommes végétariens.
5. Philippe aime bien les fruits et il veut un dessert.

Chez Jean-Luc
Les entrées
Soupe du jour .... 4,50 €
Escargots .... 5,50 €
Les plats principaux
Quiche lorraine .... 6,50 €
Côtelette de porc .... 8 €
Poulet rôti .... 7,50 €
Steak grillé .... 8 €
Filet de sole .... 9,50 €
Les plats d'accompagnement
Légumes .... 3,50 €
Frites .... 3 €
Riz .... 2,50 €
Pâtes .... 2,50 €
Salade .... 3 €
Les desserts
Tarte aux pommes .... 3 €
Pêche Melba .... 3 €
Glace .... 2,50 €
chocolat
vanille
fraise
Les boissons
Eau minérale .... 2 €
Limonade .... 1,50 €
Coca .... 2,50 €
Jus d'orange / de pomme .... 3 €
Café crème .... 3 €

Communication

32 Scénario

Parlons Tu es au restaurant **Chez Jean-Luc** avec tes amis. En groupe de quatre, imaginez que vous commandez votre repas. Une personne va jouer le rôle du serveur et les autres, les clients. Commandez vos plats et ensuite payez l'addition.

MODÈLE **—La carte, s'il vous plaît.**
—Voilà monsieur…

The imperative

1 To form the imperative or the command forms, use the **tu, nous,** or **vous** form of the present tense of the verb without the subject. Notice that for **-er** verbs, including **aller,** you drop the **-s** at the end of the **tu** form.

Tu écoutes Paul. → **Écoute** Paul!
Listen to Paul!

Nous écoutons Paul. → **Écoutons** Paul!
Let's listen to Paul!

Vous écoutez Paul. → **Écoutez** Paul!
Listen to Paul! (plural)

2 For **-ir** and **-re** verbs and verbs that aren't regular **-er** verbs, the spellings of the command forms don't change.

Tu fais tes devoirs. → **Fais** tes devoirs!

Nous attendons le bus. → **Attendons** le bus!

Vous finissez votre dîner. → **Finissez** votre dîner!

3 To make a command negative, put **ne** before the verb and **pas** after it.

Regarde la télé! → **Ne regarde pas** la télé!

Vocabulaire et grammaire, *pp. 70–71*
Cahier d'activités, *pp. 55–57*

En anglais

In English, an imperative is a command formed by using the infinitive form of the verb without the word *to.* Notice that no subject is stated in the imperative form.

Do your homework!

Does the verb form change in English if the command is directed to more than one person?

In French, the command forms vary depending on the person to whom they're addressed.

33 Écoutons

Tout le monde parle à Sabine! Écoute chaque phrase et indique si **a) c'est un ordre** ou **b) ce n'est pas un ordre.**

34 Au travail!

Lisons Tu gardes *(are babysitting)* tes nièces et tes neveux. Donne des ordres pour dire ce qu'ils/elles doivent faire ou ne pas faire.

1. Maxence, ne (prends / prenons) pas le bol!
2. Patrice, (finis / finissons) tes devoirs, s'il te plaît!
3. Marc et Jean-Paul, ne (fais / faites) pas de bruit *(noise)*!
4. Karine, ne (manges / mange) pas de chocolat!
5. Frédéric et Adèle, (donne / donnez) les assiettes à Ludo!
6. Ne (perdons / perdez) pas vos cuillères!
7. Marie-Josée, (choisissez / choisis) une nappe, s'il te plaît.
8. Les enfants, ne (regardez / regardes) pas la télé maintenant!
9. Jean-Paul, ne (dérange / dérangez) pas ta sœur.
10. (Commençons / Commencent) à manger!

In Switzerland as well as in Belgium, you're more likely to hear the words **déjeuner** for *breakfast,* **dîner** for *lunch,* and **souper** for *dinner.*

35 Des conseils

Parlons Donne des suggestions à tes amis, d'après ce qu'ils disent.

Souviens-toi! Sports et passe-temps, pp. 150–151, 162

MODÈLE Nous ne voulons pas faire du patin à glace.
Faites du ski alors./N'allez pas à la patinoire!

1. Je n'ai pas très faim.
2. Nous aimons beaucoup la musique.
3. Il fait beau aujourd'hui.
4. J'ai un examen demain.
5. Je veux faire du sport.
6. Nous avons envie de boire quelque chose.

36 Des ordres!

Écrivons Imagine ce que ces personnes disent. Utilise l'impératif!

1.

2.

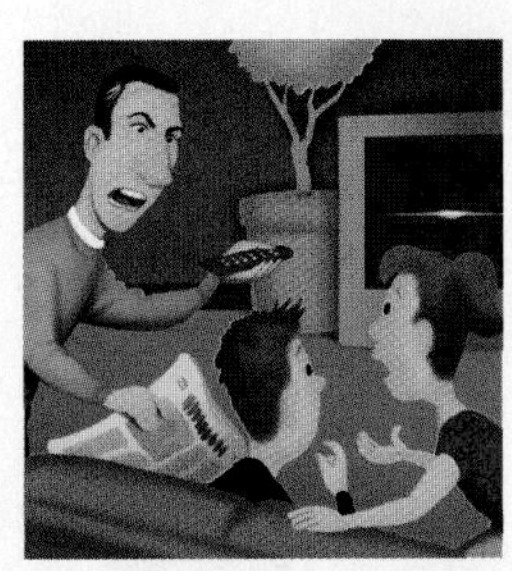
3.

4.

5.

6.

Flash culture

A **menu à prix fixe** allows the customer to choose from a limited number of menu items for a fixed price. The **menu à prix fixe** might have a choice between two appetizers **(hors d'œuvres/entrées),** another choice between 3–4 main dishes **(plats principaux),** followed by a choice between either cheese **(fromage)** or dessert **(dessert).**

Do you know of any restaurants in your area that offer a **menu à prix fixe?**

Grammaire 2

Digital performance space

Communication

37 Opinions personnelles

Parlons Ton ami(e) et toi, vous êtes au restaurant. Il y a beaucoup de choses sur la carte que tu n'aimes pas manger ou boire. Dis à ton/ta camarade ce que tu n'aimes pas. Il/Elle suggère *(suggests)* autre chose à manger ou à boire. Échangez les rôles.

MODÈLE **—Je n'aime pas les légumes.**
—Ne mange pas de salade!

Synthèse

- Vocabulaire 2
- Grammaire 2

Application 2

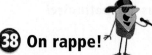

38 On rappe!

Écoute la chanson **Qu'est-ce que vous voulez?** et complète les phrases suivantes.

1. Deux choses populaires au café sont ______ et ______ .
2. On sert le sandwich au jambon avec ______ .
3. ______ et ______ sont excellents aussi.
4. Au café, ______ est servi avec du riz.
5. Comme boisson, on prend ______ .

39 On mange!

Parlons Qu'est-ce que ces personnes prennent au déjeuner?

1. nous

2. M. Rochard

3. les enfants

4. je

Un peu plus

The verb *boire*

The verb **boire** is irregular. Notice the spelling changes in the stem for the plural forms.

boire *(to drink)*	
je **bois**	nous **buvons**
tu **bois**	vous **buvez**
il/elle/on **boit**	ils/elles **boivent**

Je **bois** de l'eau minérale.

Qu'est-ce que vous **buvez**?

Vocabulaire et grammaire, *p. 72*
Cahier d'activités, *pp. 55–57*

40 Et à boire?

Écrivons Complète les phrases avec la forme appropriée du verbe **boire.**

1. Au petit-déjeuner, André ______ un chocolat chaud.
2. Quand il fait chaud, mes parents ______ de l'eau minérale.
3. Qu'est-ce que vous voulez ______?
4. Avec un sandwich au fromage, je ______ toujours du coca.
5. Samira et moi, nous ______ de la limonade.
6. Au petit-déjeuner, mon frère ______ du café.

my.hrw.com
Application 2 practice

41 Un critique

Écrivons Tu es critique de restaurant. Donne ton opinion sur le nouveau restaurant **La Salamandre.** Dis comment tu trouves la cuisine et le service et si tu recommandes ce restaurant au public ou non.

La Salamandre

Les formules déjeuner sauf dimanche et jours fériés
La formule légère *(entrée + plat ou plat + dessert)* à 10 €
La formule complète *(entrée + plat +dessert)* à 12,50 €

Entrée au choix	*Plat au choix*	*Dessert au choix*
Carottes râpées	Poulet au riz sauvage	Tarte aux pommes
Salade de tomates	Steak-frites	Mousse au chocolat
Pâté	Filet de sole aux petits légumes	Crème caramel
	Pizza	
	Croque-monsieur	

Digital performance space

Communication

42 À table!

Parlons Avec ton/ta camarade, imaginez que vous êtes dans un restaurant français. Vous jouez le rôle du client et du serveur. Lisez les questions ci-dessous et répondez-y de manière logique. Ensuite, échangez les rôles.

— **Bonjour. La carte s'il vous plaît.**
—
— **Qu'est-ce que vous me conseillez?**
—
— **Qu'est-ce que vous avez comme boissons?**
—
— **Il est comment, le croque-monsieur?**
—
— **Je vais prendre un croque-monsieur et une limonade. Ça fait combien?**
—

Application 2

Télé-roman

Que le meilleur gagne!

Épisode 6

STRATÉGIE

Keeping track of the plot The plot advances the storyline. The plot is made up of actions that occur as the story unfolds. Go back through the past five episodes and write down the events that occur in each one. Write at least two important actions that occur in each episode. For example, in Episode 1, Yasmina makes friends at her new school but she is warned by Laurie that Kevin is not so cool. Keeping track of the plot points will help you understand the overall storyline and perhaps give you ideas about how it might end.

Au café, les trois amis travaillent sur une nouvelle énigme...

1

Laurie Salut, Yasmina. Ça va?

Yasmina Super bien! Je viens juste de manger avec Kevin.

2

Adrien Regardez, j'ai trouvé trois autres mots!

3

Laurie «Fait avec des arachides.» Il y a quatre lettres.

4

Le serveur Mafé! Le mafé est une spécialité africaine qu'on fait avec des arachides, des légumes et de la viande.

5

Yasmina Adrien, mets les lettres dans l'ordre pour avoir le nom de la ville.

Visit Us Online
my.hrw.com
Online Edition

Yasmina En fait, «Faidherbe», c'est le nom d'un pont de Saint-Louis. Alors, la ville qu'on cherche, c'est Saint-Louis!

Yasmina Oh là là! Mon cours de dessin! À plus!

Kevin Tu as vu? C'était Yasmina. Cette fille croit qu'elle m'intéresse. Elle ne comprend pas que c'est à cause du concours!

Laurie Tu as entendu ce qu'il a dit? Il est vraiment nul, ce Kevin. Pauvre Yasmina!

AS-TU COMPRIS?

1. Avec qui Yasmina déjeune?
2. Qui trouve les premières réponses à l'énigme?
3. Qui aide les trois amis à trouver le mot «mafé»?
4. Dans quelle ville est le lycée jumelé?
5. Qu'est-ce que Kevin dit de Yasmina?

Prochain épisode:
D'après toi, qu'est-ce que Laurie va dire à Yasmina dans le prochain épisode?

Lecture et écriture

STRATÉGIE

Context clues and **visual clues** You can infer the meaning of many words by looking at the root of the word, the part of speech, and the context. Looking at the illustration can also help you understand a story and guess the meaning of new words.

A Avant la lecture

Regarde les illustrations et le titre de la lecture. Est-ce que tu peux essayer de deviner l'histoire qui va être racontée dans la lecture?

Le croissant

Il est dans toutes les boulangeries françaises. Il est le symbole du petit-déjeuner français typique. Et pourtant[1], il n'est pas français si l'on en croit[2] l'histoire.

En 1683, 300.000 soldats turcs assiègent Vienne[3], en Autriche. Une nuit, ils décident d'entrer dans la ville en creusant[4] un souterrain[5]. Tout le monde dort, sauf[6] les boulangers qui préparent leur pain. Intrigués par les bruits entendus sous-terre, ils donnent l'alerte. Les Turcs sont vaincus[7]. Léopold Ier, archiduc d'Autriche, accorde[8] des privilèges aux valeureux[9] boulangers qui ont sauvé[10] la ville. Les boulangers font un Hörnchen, ou «petite corne» en allemand, pour le remercier[11]. C'est un petit pain en forme de croissant de lune. Le croissant est né.

La légende a une variante: un cafetier viennois aurait reçu[12] des sacs de café confisqués à l'ennemi en récompense[13] de son courage pendant le siège de la ville. Il aurait eu alors l'idée de servir ce café accompagné d'une pâtisserie en forme de croissant.

Le croissant est introduit[14] en France au 18e siècle par la femme de Louis XVI, Marie-Antoinette, qui était autrichienne. Mais, le croissant devient populaire seulement à partir des années 1910.

Aujourd'hui il est servi nature, avec des amandes ou de la confiture et aussi avec du jambon ou du fromage.

---

1. however **2.** if one believes **3.** had Vienna under siege **4.** by digging **5.** underground tunnel **6.** except **7.** were defeated **8.** grants **9.** valorous **10.** saved **11.** to thank **12.** would have received **13.** as a reward **14.** is introduced

Online Practice
my.hrw.com
Online Edition

B Compréhension

Réponds par **vrai** ou **faux**. Corrige les phrases fausses.

1. Le texte explique l'origine du croissant.
2. Le croissant vient d'Italie.
3. Les boulangers sont les héros.
4. Les boulangers font des croissants pour remercier les Turcs.
5. Le croissant est introduit en France par Louis XVI.
6. Aujourd'hui, on mange les croissants avec de la confiture.

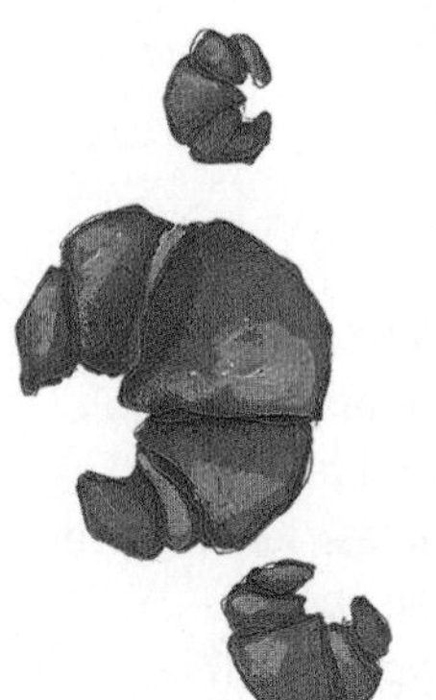

C Après la lecture

What other food-related legends have you heard or read? How do they compare with the legend of the croissant?

Espace écriture

Café des artistes

	plat	opinion
déjeuner	sandwich au jambon poulet rôti tarte	excellent délicieux très bonne
	boisson	**opinion**
	limonade jus d'orange	pas bonne pas terrible

STRATÉGIE pour écrire

Charts are a type of graphic organizer that can help you record, track, and organize information. Consider creating a chart to collect information, see patterns, and make inferences that you can use in your writing.

Les bonnes tables

You've been asked to write a review of a restaurant for the school newspaper. In your review, tell your readers what to order for breakfast, lunch, or dinner the next time they go to that restaurant.

1 Plan

Think about a place where you eat out regularly. Create a chart in which you record foods and beverages you have eaten there. Note your opinion of each item on your chart.

2 Rédaction

Look over your chart to see what types of food and drink you've had and what you think of them. Do you see any patterns? What inferences can you make? For example, are the main courses good, but the desserts bad? Based on what you learn from your chart, use affirmative and negative commands, the partitive, and expressions to comment on food to write your review. Tell readers what to order and not to order, and explain why.

3 Correction

Exchange your chart and restaurant review with a classmate to compare the two. Your classmate may point out other patterns or make different inferences you may wish to include in your review. Check spelling, punctuation, level of formality, and grammar.

4 Application

You may want to illustrate your review with dishes you recommend or compile the reviews in a restaurant guide.

Prépare-toi pour l'examen

@HOMETUTOR

1 Vocabulaire 1
- to offer, accept, and refuse food
- to ask for and give an opinion

pp. 184–187

1 Réponds aux questions suivantes.

1. Qu'est-ce que tu préfères prendre au petit-déjeuner, des céréales ou des œufs?
2. Qu'est-ce que tu aimes boire quand il fait froid?
3. Est-ce que tu préfères le petit-déjeuner américain ou le petit-déjeuner français?
4. Est-ce que tu manges souvent du bacon?
5. Est-ce que tu manges souvent un pamplemousse?

2 Grammaire 1
- the partitive
- *-ir* verbs

Un peu plus
- the verb *vouloir*

pp. 188–193

2 Erwan et Nicole prennent leur petit-déjeuner. Complète leur conversation avec la forme appropriée du verbe ou de l'article partitif.

ERWAN Voilà __1__ toasts et __2__ confiture. Tu __3__ (vouloir) __4__ beurre?

NICOLE Non, merci. J'ai peur de __5__ (grossir).

ERWAN Tu ne __6__ (grossir) jamais, toi. Mais, d'accord, pas de beurre. Encore __7__ café?

NICOLE Oui. Merci.

ERWAN Qu'est-ce qu'on __8__ (faire) après le petit-déjeuner?

NICOLE Moi, je __9__ (vouloir) faire du jogging!

3 Vocabulaire 2
- to inquire about food and place an order
- to ask about prices and pay the check

pp. 196–199

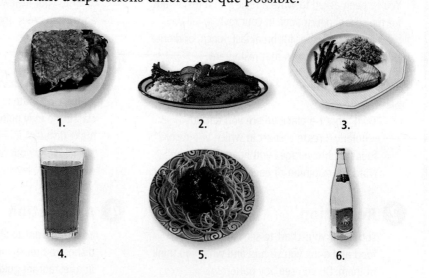

3 Commande *(order)* les choses suivantes au restaurant. Utilise autant d'expressions différentes que possible.

1.

2.

3.

4.

5.

6.

Online Assessment
my.hrw.com
Chapter Self-test

4 Tu prépares le dîner avec tes copains. Utilise l'impératif pour dire à tes copains ce qu'ils doivent faire.

1. Virginie, ______ -moi le riz! (donner)
2. Paul et Antoine, ______ des omelettes! (faire)
3. Yaëlle, ______ du pain! (acheter)
4. Martin et Magali, ______ une boisson! (choisir)
5. Yaëlle et Paul, ______ à manger! (commencer)
6. Magali, ______ les serviettes rouges! (prendre)

4 Grammaire 2
- the verb ***prendre***
- the imperative

Un peu plus
- the verb ***boire***

pp. 200–205

5 Answer the following questions.

1. Is the tip usually included in a restaurant bill in France?
2. When is salad usually served during a typical French meal?
3. What is a **menu à prix fixe**?

5 Culture
- **Comparaisons** **p. 195**
- **Flash culture** **pp. 186, 189, 192, 198, 200, 202**

6 Denise et Antoine sont au restaurant. Écoute leur conversation et puis réponds aux questions suivantes.

1. Qui a faim?
2. Qu'est-ce que Denise va prendre?
3. Qui a soif?
4. Qui n'a pas de fourchette?
5. Elle est comment, l'omelette?

7 Imagine que tu manges dans un restaurant. Tu vas jouer le rôle du/de la client(e) et ton/ta camarade va jouer le rôle du/de la serveur/serveuse. D'abord, lisez les instructions pour chaque réplique *(exchange)*. Ensuite, créez votre dialogue en utilisant des expressions de ce chapitre et des autres chapitres.

Élève A:	Demande la carte au serveur.
Élève B:	Réponds que tu arrives dans un moment.
Élève A:	Demande conseil au serveur.
Élève B:	Suggère un plat.
Élève A:	Accepte la suggestion. Demande quelles boissons il y a.
Élève B:	Suggère des boissons.
Élève A:	Demande le prix d'une boisson.
Élève B:	Donne le prix de la boisson.
Élève A:	Dis ce que tu veux manger et boire.
Élève B:	Réponds de manière positive.

Grammaire 1
- the partitive
- *-ir* verbs

Un peu plus
- the verb *vouloir*

pp. 188–193

Résumé: Grammaire 1

The partitive is used to say that you want *part of* or *some of* an item. The partitive articles are: du, de la, de l', and des. To say that you want a whole item (or several whole items), use **un, une,** and **des.**

Regular **-ir** verbs are conjugated like **finir** below:

finir *(to finish)*			
je	**finis**	nous	**finissons**
tu	**finis**	vous	**finissez**
il/elle/on	**finit**	ils/elles	**finissent**

The verb **vouloir** *(to want)* is irregular:

je	**veux**	nous	**voulons**
tu	**veux**	vous	**voulez**
il/elle/on	**veut**	ils/elles	**veulent**

Grammaire 2
- the verb *prendre*
- the imperative

Un peu plus
- the verb *boire*

pp. 200–205

Résumé: Grammaire 2

The verb **prendre** is irregular:

prendre *(to take, to have food)*			
je	**prends**	nous	**prenons**
tu	**prends**	vous	**prenez**
il/elle/on	**prend**	ils/elles	**prennent**

To make commands, use the **tu, nous,** or **vous** form of the verb, without the subject. For **-er** verbs, drop the **-s** at the end of the **tu** form.

Regarde la télé! **Regardons** la télé! **Regardez** la télé!

To make a command negative, put **ne** before the verb and **pas** after it.

Ne regardez **pas** la télé!

The verb **boire** is irregular: je **bois**, tu **bois**, il/elle/on **boit**, nous **buvons**, vous **buvez**, ils/elles **boivent**.

Lettres et sons

The nasal sound [ɔ̃]

To pronounce [ɔ̃] you make an [o] but pass the air through the back of your mouth and nose. The [ɔ̃] sound is spelled **-on** or **-om**: **bon, nom**. But, if a double consonant or a vowel follows, the vowel is not nasal: **bonne, pomme**.

Jeux de langue

Tonton, ton thé t'a-t-il ôté ta toux?

Dictée

Écris les phrases de la dictée.

Résumé: Vocabulaire 1

PRACTICE FRENCH WITH HOLT MCDOUGAL APPS!

To offer, accept or refuse food

américain(e)	*American*
l'assiette (f.)	*plate*
le bacon	*bacon*
la baguette	*long French bread*
la banane	*banana*
le beurre	*butter*
le bol	*bowl*
le café (au lait)	*coffee (with milk)*
les céréales (f.)	*cereal*
le chocolat (chaud)	*hot chocolate*
la confiture	*jam*
le couteau	*knife*
le croissant	*croissant*
la cuillère	*spoon*
D'habitude...	*Usually . . .*
la fourchette	*fork*
le jus d'orange/de pomme	*orange/apple juice*
le lait	*milk*
les œufs (m.)	*eggs*
la nappe	*tablecloth*
le pamplemousse	*grapefruit*
le petit-déjeuner	*breakfast*
le poivre/le sel	*pepper/salt*
la serviette	*napkin*
la tasse/le verre	*cup/glass*
la tartine	*French bread with butter and jam*
le toast	*toast*
Je prends...	*I'm having . . .*
On met le couvert!	*We/one set(s) the table!*
Non, ça va.	*No, I am fine.*
Non, je n'ai plus faim/soif.	*No, I am not hungry/thirsty anymore.*
Encore...?/Tu reprends...?	*More . . .?/Do you want more . . .?*
J'aimerais...	*I would like...*
Non, merci.	*No, thank you.*
Oui, je veux bien.	*Yes, please.*
Qu'est-ce que tu veux prendre/manger/boire?	*What do you want to have/eat/drink?*
Tu veux/Vous voulez...?	*Do you want . . . ?*

To ask for and give an opinion ....*see p. 187*

Résumé: Vocabulaire 2

To inquire about food and place an order

le café	*coffee/café*
le coca	*cola*
le croque-monsieur	*ham and cheese sandwich*
le déjeuner/le dîner	*lunch/dinner*
l'eau (f.) minérale	*mineral water*
la grenadine	*water with pomegranate syrup*
les légumes (m.)	*vegetables*
la limonade	*lemon soda*
l'omelette (f.)/la quiche	*omelet/quiche*
le pain	*bread*
les pâtes (f.)	*pasta*
la pizza	*pizza*
le poisson/le porc/le poulet	*fish/pork/chicken*
le repas	*meal*
le riz	*rice*
saignant(e)/à point/ bien cuit(e)	*rare/medium/well-done*
la salade	*salad*
le sandwich au fromage/ au jambon/au saucisson	*cheese/ham/salami sandwich (with baguette)*
le sirop de menthe	*water with mint syrup*
le steak	*steak*
la tarte	*fruit pie*
Donnez-moi...	*Give me/I'll have . . .*
Je vous recommande...	*I recommend . . .*
Nous avons/On a...	*We have . . .*
Je voudrais/Je vais prendre...	*I'd like/I'll take . . .*
La carte,...	*The menu, . . .*
Qu'est-ce que vous me conseillez?	*What would you recommend?*
Qu'est-ce que vous avez comme boissons?	*What types of drinks do you have?*
Un moment,...	*One moment, . . .*
Vous désirez autre chose?	*Would you like anything else?*

To ask about prices and pay the check.....................................*see p. 198*

Prépare-toi pour l'examen

Révisions cumulatives

1 Choisis la photo appropriée pour chaque commentaire.

a.

b.

c.

d.

2 Mia va ouvrir un petit café et elle a besoin d'acheter beaucoup de choses. Regarde ce catalogue et aide Mia à faire une liste de tout ce qu'elle doit *(must)* commander. Puis, dis combien ça va coûter.

MODÈLE **Elle a besoin de vingt tables, soixante chaises… Alors, ça fait… euros.**

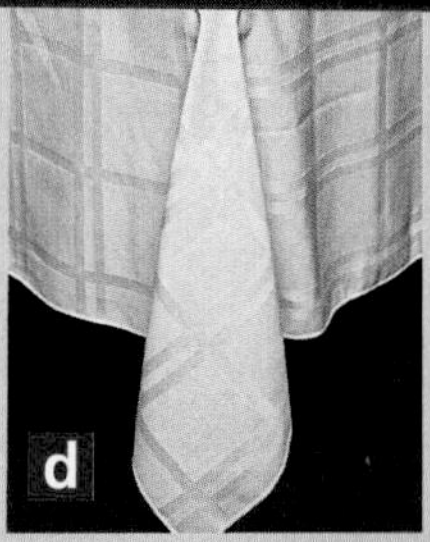

a b c d e f g

a **Service de table** (assiette, tasse, bol) *À l'unité 14,90 €*

b **Verres Loïc** *3 € et 5 €*

c **Couverts Vankatessen** en acier inoxydable; *Ensemble 44 €* *À l'unité 12 €*

d **Nappe Lilium** (3 tailles) *de 99 à 169 €*

e **Serviettes printemps** *4,75 €*

f **Table café-terrasse** *285 €*

g **Chaise café-terrasse** *79 €*

Online Assessment

my.hrw.com
Cumulative Self-test

Révisions cumulatives

3 Le Club de français va organiser une soirée. Avec vos camarades, décidez de la date et de l'heure de la soirée. Choisissez les activités que vous allez faire et ce que vous allez manger et boire. Présentez vos idées à la classe.

4 Regarde ce tableau de Renoir. Imagine que tu es une des personnes de cette scène. Écris de petites conversations entre les différentes personnes.

Renoir, Pierre Auguste. Luncheon of the Boating Party 1880–81. Oil on canvas, 51 1/4 x 69 1/8 in.; 130.175 x 175.5775 cm. Acquired 1923. The Phillips Collection, Washington, D.C.

Le déjeuner des canotiers **de Pierre Auguste Renoir**

5 Ton correspondant français Théo te demande ce que les jeunes Américains prennent au déjeuner. Écris-lui un e-mail. Décris ce que tes amis mangent et boivent d'habitude au déjeuner. Donne ton opinion sur quelques boissons et plats *(dishes)*.

6 À ton tour

On sort ce soir? Your French class is going out to dinner at a local French restaurant. The server waiting on your group is having trouble getting everyone's order straight. Ask the server questions about the menu and order food and drinks. After the food has been served, ask each other about your meals and then ask for the bill.

Géoculture

Géoculture
Le Sénégal

▲ **Le parc national du Djoudj** est une grande réserve ornithologique. Beaucoup d'oiseaux s'arrêtent là pendant leur migration.

▲ **Dakar,** la capitale du Sénégal, est le point le plus occidental du continent africain.

Almanach

Population
Plus de 14 millions d'habitants

Villes principales
Dakar, Thiès, Saint-Louis, Kaolack, Touba

Industries
agriculture, pêche, huileries, raffineries

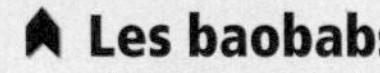

▲ **Les baobabs** sont des arbres énormes. Ces arbres n'ont pas de feuilles pendant neuf mois de l'année. Le fruit du baobab s'appelle «pain de singe».

▼ **La pêche** est une ressource importante pour les Sénégalais.

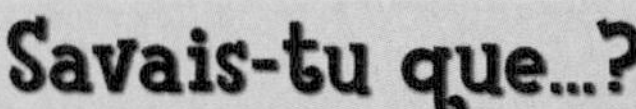

Savais-tu que...?

Le baobab est l'emblème du Sénégal. Son tronc peut atteindre 9 mètres (27 pieds) de diamètre et il peut vivre plus de 1.000 ans.

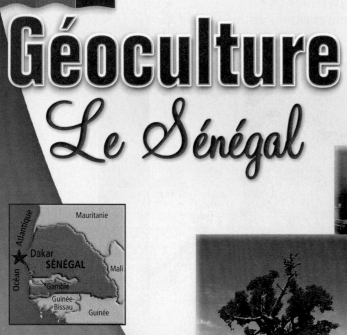

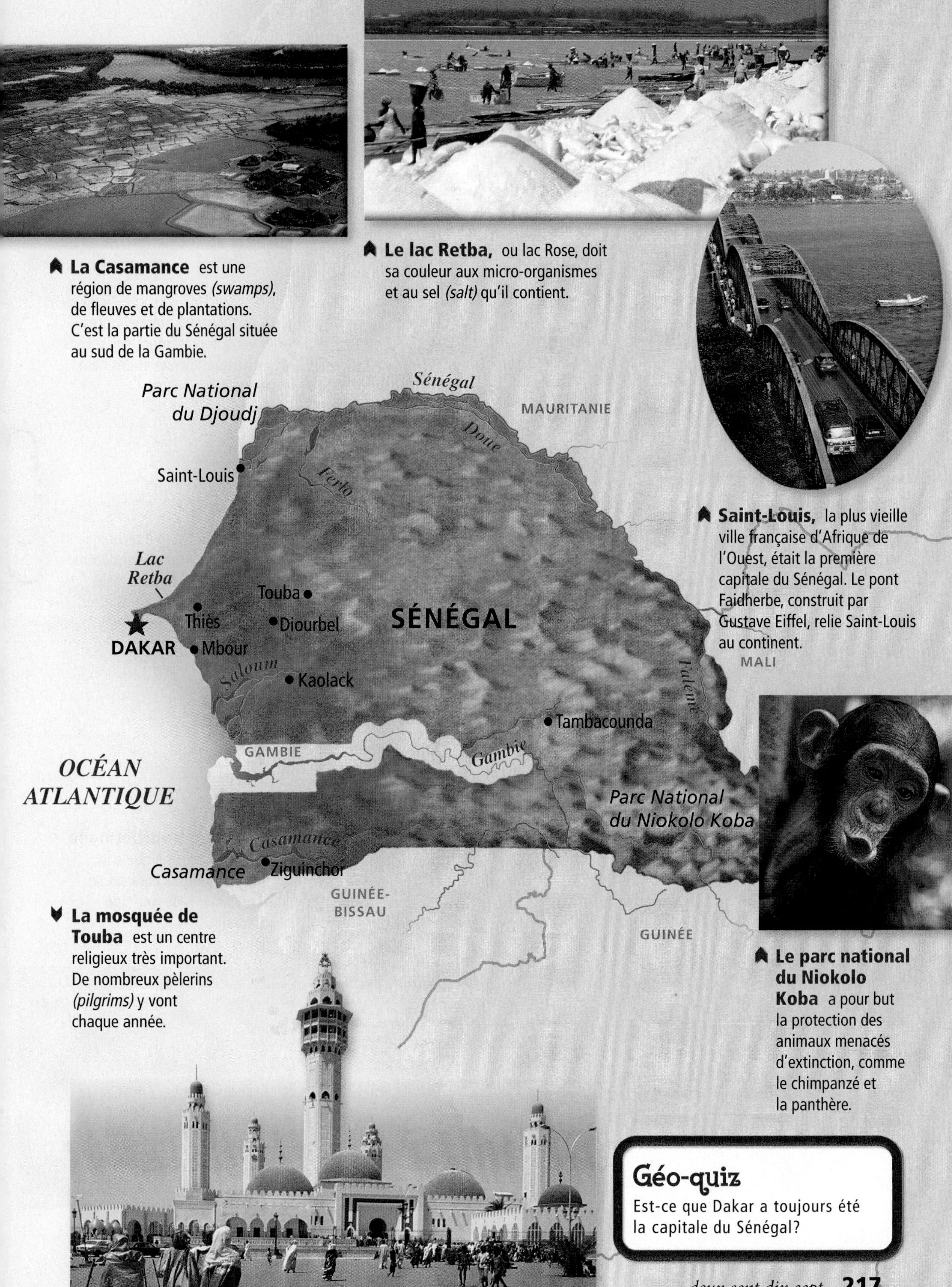

La Casamance est une région de mangroves *(swamps)*, de fleuves et de plantations. C'est la partie du Sénégal située au sud de la Gambie.

Le lac Retba, ou lac Rose, doit sa couleur aux micro-organismes et au sel *(salt)* qu'il contient.

Saint-Louis, la plus vieille ville française d'Afrique de l'Ouest, était la première capitale du Sénégal. Le pont Faidherbe, construit par Gustave Eiffel, relie Saint-Louis au continent.

La mosquée de Touba est un centre religieux très important. De nombreux pèlerins *(pilgrims)* y vont chaque année.

Le parc national du Niokolo Koba a pour but la protection des animaux menacés d'extinction, comme le chimpanzé et la panthère.

Géo-quiz

Est-ce que Dakar a toujours été la capitale du Sénégal?

Découvre le Sénégal

Artisanat

Les souwères, ou peintures sous verre, représentent des scènes de la vie quotidienne et des héros historiques nationaux.

La vannerie
Les artisans utilisent des matériaux de récupération pour fabriquer différents objets en osier.

Le batik est une technique artisanale utilisée pour décorer les vêtements traditionnels, comme les boubous.

Musique

Le mbalax mélange les rythmes et les instruments traditionnels du Sénégal avec la salsa, le rock et le funk. L'artiste Youssou N'Dour a fait connaître cette musique dans le monde entier.

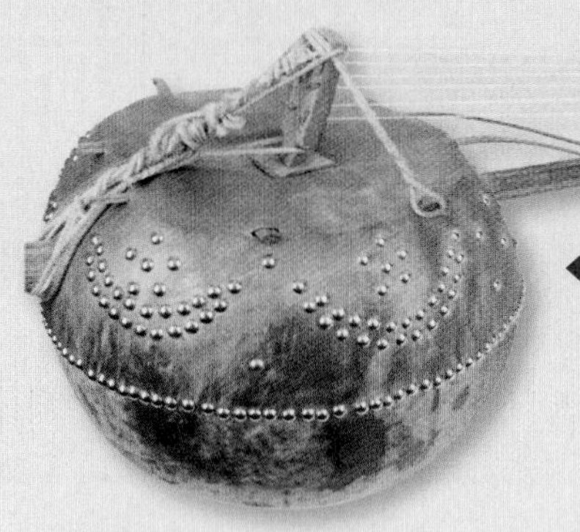

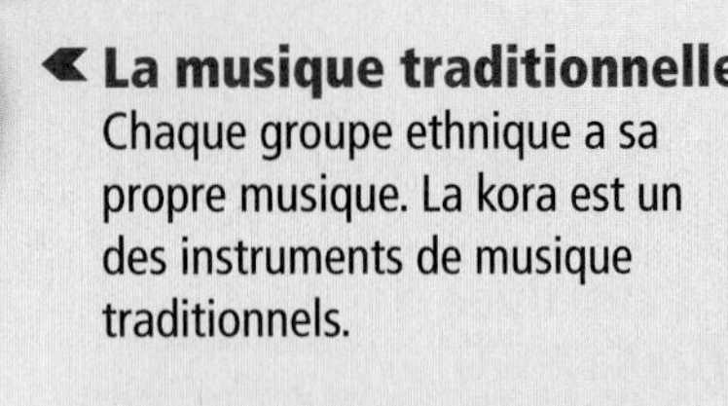

La musique traditionnelle
Chaque groupe ethnique a sa propre musique. La kora est un des instruments de musique traditionnels.

Le groupe Daara J chante le rap sénégalais, ou Séné-rap. Leurs chansons parlent de l'environnement et de la vie quotidienne.

Sports

Online Practice

my.hrw.com
Photo Tour

Savais-tu que...?

Les chansons du Séné-rap et du mbalax sont souvent chantées en wolof, la langue traditionnelle la plus parlée au Sénégal.

Le Dakar est une course hors-piste qui partait d'Europe et se terminait à Dakar. Depuis 2009, il a lieu en Amérique du Sud. Il y a trois catégories différentes: les motos, les voitures et les camions.

La lutte sénégalaise est un sport traditionnel du Sénégal. Pour gagner un match, il faut que l'épaule, le dos ou les genoux de l'adversaire touchent la terre.

Les courses de pirogues
Les pêcheurs utilisent leurs pirogues pour participer à des courses en mer et sur les fleuves du pays.

Gastronomie

Le poulet yassa, un plat traditionnel, est fait de poulet mariné dans du jus de citron et d'oignons cuits dans de l'huile d'arachide.

La tieboudienne est un autre plat typique du Sénégal. Il est composé de poisson, de riz et de légumes.

Activité

1. **Artisanat**: Quels sont les sujets des souwères?
2. **Musique**: Qu'est-ce que c'est, le mbalax?
3. **Sports**: Comment est-ce qu'on gagne un match de lutte sénégalaise?
4. **Gastronomie**: Qu'est-ce qu'il y a dans la tieboudienne?

chapitre 7

On fait les magasins?

Objectifs

In this chapter, you will learn to

- offer and ask for help
- ask for and give opinions
- ask about and give prices
- make a decision

And you will use

- demonstrative adjectives
- interrogative adjectives
- the verb **mettre**
- the **passé composé** of **-er** verbs
- the **passé composé** of irregular verbs
- adverbs with the **passé composé**

Que vois-tu sur la photo?

Où sont ces personnes?

Qu'est-ce qu'elles font?

Et toi, est-ce que tu aimes faire du shopping? Où est-ce que tu vas pour faire du shopping?

MODES OF COMMUNICATION

INTERPRETIVE	INTERPERSONAL	PRESENTATIONAL
Listen to someone talking about clothes and accessories while shopping. Read an ad for a Senegalese store.	With a partner, describe classmates' clothes to each other and guess who the classmates are. Write an email to a friend telling him/her what you bought at the mall.	Act out a conversation with shoppers and salespeople. Write a short story about a shopping trip.

Un marché artisanal, à Gorée

Objectifs
- to offer and ask for help
- to ask for and give opinions

Vocabulaire à l'œuvre 1

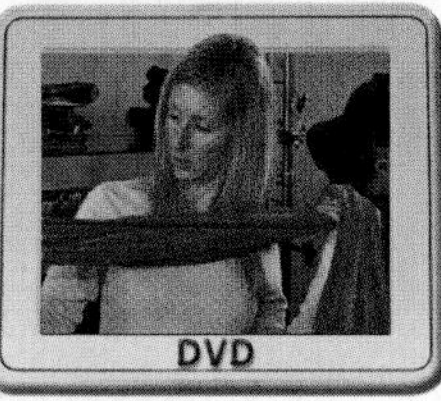

Télé-vocab

Faisons les magasins à Dakar!

des sandales (f.)

un chapeau

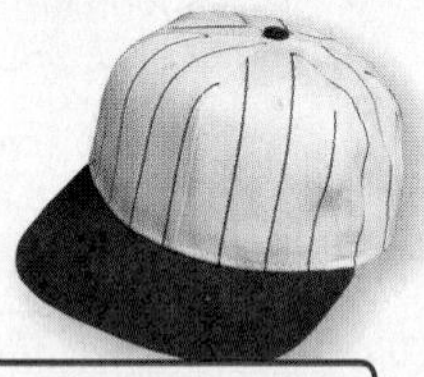
une casquette

une veste

une chemise

une robe

des lunettes (f.) de soleil

une jupe

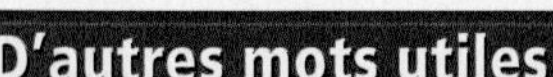
D'autres mots utiles

un tailleur	*woman's suit*	**en jean**	*made of denim*
un costume	*man's suit*	**en lin**	*made of linen*
en coton	*made of cotton*	**en soie**	*made of silk*
en laine	*made of wool*	**étroit(e)/serré(e)**	*tight*
en cuir	*made of leather*	**large**	*loose*

Online Practice
my.hrw.com
Vocabulaire 1 practice

D'autres vêtements et accessoires

Vocabulaire 1

Exprimons-nous!

To offer help	To ask for help
Je peux vous aider? *Can I help you?*	**Je voudrais quelque chose pour** ma mère. *I'd like something for . . .* **Je cherche** un pull **pour porter/mettre** avec ce jean. *I'm looking for . . . to wear with . . .* **Je peux essayer** le chemisier? *May I try on . . . ?* **Vous avez** la veste **en** vert/**en** 40? *Do you have . . . in . . . ?* **Non, merci, je regarde.** *No thank you, I'm just looking.*
Quelle taille/pointure faites-vous? *What clothing/shoe size do you wear?*	**Je fais du** 38. *I wear size . . . (in clothing/shoes).*

Vocabulaire et grammaire, *pp. 73–75* Online Workbooks

▶ **Vocabulaire supplémentaire**—Les motifs, **p. R11**

❶ Quoi mettre?

Lisons Choisis les vêtements appropriés pour les situations suivantes.

1. quand il fait chaud: un pull, un tee-shirt, un manteau, un anorak, des sandales, des bottes, un short
2. quand il fait froid: un imperméable, un manteau, un anorak, un short, une écharpe, des sandales
3. pour aller à la plage: des lunettes de soleil, une casquette, un foulard, un short, une veste, un tee-shirt
4. pour aller à une interview: un jean, une cravate, un foulard, une casquette, un tailleur, un chapeau, un costume

❷ Je cherche...

Parlons Fatima est dans une boutique à Dakar. Elle veut acheter des vêtements pour sa famille. Aide Fatima à poser des questions au vendeur.

MODÈLE **Je cherche une chemise pour mon père. Il fait du 40.**

mon père

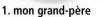

1. mon grand-père

2. ma sœur

3. ma mère

4. mon cousin

Flash culture

France and Senegal use the metric system, so clothing sizes are different there from clothing sizes in the United States. The word for *size* also varies depending on what you're buying: for clothing it is **la taille** and for shoes, it is **la pointure.**

Look at the chart and find out what size you would wear in Senegal.

Chemisiers et pantalons femmes				
SENEGAL	36	38	40	42
US	6	8	10	12
Chemises hommes				
SENEGAL	38	39	40	41
US	15	15.5	16	16.5
Chaussures femmes				
SENEGAL	38	38.5	39	39.5
US	6.5	7	7.5	8
Chaussures hommes				
SENEGAL	42	43	44	45
US	8.5	9	10	11

Exprimons-nous!

To ask for opinions	To give opinions
Qu'est-ce que tu penses de mon chapeau/ma jupe? *What do you think of . . . ?* **Il/Elle te plaît,** mon pantalon/ma chemise? **Ils/Elles te plaisent,** mes pulls/mes bottes? *Do you like . . . ?*	**C'est tout à fait toi!** *It's totally your style!* **Il/Elle est vraiment élégant(e)/joli(e)/horrible.** *It's really elegant/pretty/horrible.* **Franchement, ils/elles sont un peu tape-à-l'œil.** *Honestly, it's a little gaudy.*
Il/Elle me va, l'anorak/la jupe? **Ils/Elles me vont,** les chapeaux/les vestes? *How does/do . . . fit me?*	Oui, **il/elle te va très bien.** *. . . it fits you very well.* Non, **ils/elles ne te vont pas du tout.** *. . . they don't look good on you at all.*

Vocabulaire et grammaire, *pp. 73–75* Online Workbooks

3 Écoutons

Jaineba fait les magasins avec sa mère. Elle essaie plusieurs choses. Pour chaque vêtement ou accessoire qu'elle essaie, indique si sa mère **a) l'aime** ou **b) ne l'aime pas.**

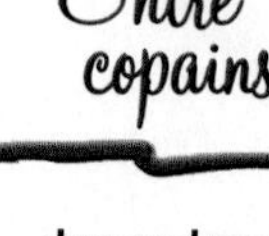

Entre copains

des godasses	*shoes*
C'est ringard!	*It's outdated!*
C'est moche!	*It's ugly!*
C'est pas terrible.	*It's not great.*

4 Comment tu trouves...?

Écrivons Tes amis ont fait du shopping et ils t'ont envoyé des photos pour te demander ton opinion sur leurs vêtements. Envoie un petit texto pour dire ce que tu en penses.

Souviens-toi! Giving opinions, p. 80

MODÈLE **À mon avis, le tee-shirt est joli.**

1. le jean

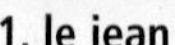

2. le costume

3. la chemise

4. la robe

5. le chapeau

Communication

5 Scénario

Parlons Tu es dans un magasin de vêtements. Tu veux acheter quelque chose pour un membre de ta famille. Dis au vendeur/à la vendeuse ce que tu veux. Pose des questions sur les prix et sur les tailles. Joue cette scène avec ton/ta camarade.

6 Devine!

Parlons Choisis une personne dans la classe à décrire. Dis ce qu'il/elle porte. Nomme une chose à la fois *(at a time)*. Ton/Ta camarade va deviner de qui tu parles. Échangez les rôles.

MODÈLE **—Il porte un pantalon noir.**
—C'est Robert?
—Non. Il porte une chemise bleue...

Objectifs
- demonstrative adjectives
- interrogative adjectives

Grammavision

Demonstrative adjectives

1 To say *this*, *that*, *these*, or *those*, use the demonstrative adjectives **ce, cet, cette,** and **ces.** The demonstrative adjective you use will depend on the number and the gender of the noun with which it goes.

	Masculine	**Feminine**
Singular	**ce** pull (starting with a consonant sound) **cet** imperméable (starting with a vowel sound)	**cette** chemise
Plural	**ces** pulls **ces** imperméables	**ces** chemises

Tu préfères **ce** manteau ou **cet** anorak?

Je vais acheter **ces** chaussures.

2 To distinguish **this** from **that** and **these** from **those**, add **-ci** or **-là** to the end of the noun.

J'aime bien **ces** bottes**-ci,** mais je n'aime pas **ces** bottes**-là**
*I like **these** boots, but I don't like **those** boots.*

Vocabulaire et grammaire, *pp. 76–77*
Cahier d'activités, *pp. 61–63*

À la belge

Belgians tend to use **brun** more often than **marron** to talk about a clothing item or accessory. Unlike **marron, brun** must agree with the noun it modifies.

les yeux **marron**

les jupes **brunes**

7 Écoutons

Solange regarde les vêtements sur deux mannequins dans un magasin. Décide si ce qu'elle dit est **a) vrai** ou **b) faux.**

8 Une cliente difficile

Écrivons Aujourd'hui, il y a une cliente difficile au magasin. Complète toutes ses questions avec **ce, cet, cette** ou **ces.** Ensuite, écris les réponses du vendeur/de la vendeuse.

1. Est-ce que ______ chapeau me va?
2. Ils sont à combien, ______ foulards?
3. Vous n'avez pas ______ anorak en rose?
4. Il me va, ______ jean?
5. Vous avez ______ chemise en 38?
6. Vous n'avez pas ______ bottes en rouge?

9 Et le prix?

Parlons Demande le prix des choses suivantes en utilisant la forme appropriée de **ce, cet, cette** ou **ces** et **l'adjectif.**

Souviens-toi! Adjective agreement p. 84

MODÈLE cravate / noir **C'est combien, cette cravate noire?**

1. chemises / blanc
2. tailleur / violet
3. écharpe / bleu
4. chaussettes / jaune
5. sandales / vert
6. pantalon / noir

10 À la boutique Mamouni!

Écrivons Tu écris une pièce *(play)* pour le club de français. Écris une scène comique qui se passe dans une boutique de vêtements entre la vendeuse et deux clients. Utilise les expressions de la boîte. Fais tous les changements nécessaires.

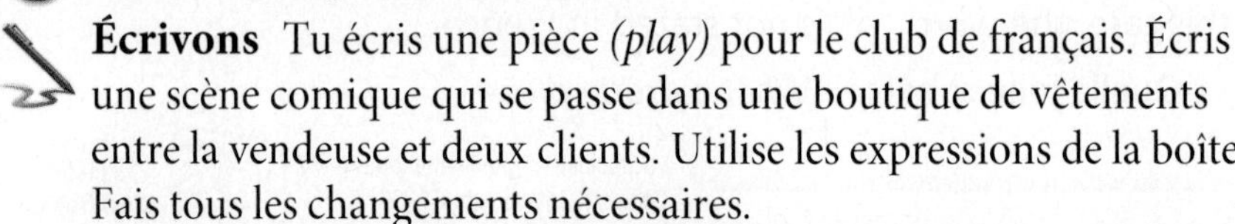

chemise	...-ci	tape-à-l'œil	veste	horrible	...-là
élégant	taille	serré	en soie	large	en cuir

Online Practice

my.hrw.com

Grammaire 1 practice

Flash culture

In Senegal, **batik** is both an art and a craft. To make a batik, one draws patterns with hot wax on a white cotton cloth. Then, the cloth is dyed. The parts covered in wax resist the dye and remain the original color. This process of waxing and dyeing is repeated as many times as necessary for colorful and elaborate designs. After the final dyeing, the wax is removed and the cloth is ready for wearing. Have you ever made a tie-dye T-shirt? How does it compare to the **batik** technique?

Digital performance space

Communication

11 Scénario

Écrivons/Parlons Imagine que tu es mannequin *(model)*. Un grand couturier te demande de présenter ses vêtements. Vous décidez quels vêtements porter et en quelle couleur. Avec ton/ta camarade, faites une liste des vêtements et de leurs couleurs. Ensuite jouez cette scène.

MODÈLE — **Tu veux porter cette chemise rouge avec ce pantalon noir?**
— **Non, je préfère cette chemise verte.**

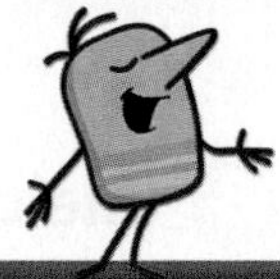

Interrogative adjectives

1 **Quel** means *which* or *what.* It has four forms. All four forms are pronounced the same way.

	Masculine	**Feminine**
Singular	**Quel** chemisier?	**Quelle** jupe?
Plural	**Quels** chemisiers?	**Quelles** jupes?

2 You've been using **qu'est-ce que** to say *what.* It is used a little differently from **quel.**

Use a form of **quel** *when what is followed directly by a noun:*

Quelle cravate est-ce que tu vas acheter?

Use a form of **quel** *when what is followed by the word* **est** or **sont.**

Quelles sont tes cravates préférées?

Use **qu'est-ce que** *to say what in most other cases.*

Qu'est-ce que tu vas acheter?

3 A form of **quel** can also be used as an exclamation, as in *What a . . . !* In this case, the word "a" is not stated in French.

Quelle jolie robe! *What a pretty dress!*

Vocabulaire et grammaire, *pp. 76–77*
Cahier d'activités, *pp. 61–63*

Bargaining is part of the shopping ritual in Senegal. For instance, a merchant will often ask an excessive price for an item. In turn, the client offers to pay a lesser price. The negotiations continue until an agreement is reached. Bargaining is also common practice in Morocco, Algeria, and Tunisia. In Morocco, since negotiations could take some time, the merchant might offer mint tea to the potential buyer.

Are there situations in the U.S. in which you bargain?

12 Beaucoup de questions!

Lisons Feydou pose beaucoup de questions à ses amis. Choisis le mot approprié pour compléter ses questions.

1. (Quelle / Quel) chemisier est-ce que tu vas acheter?
2. (Quels / Quelles) sont les magasins que tu aimes à Dakar?
3. (Quelle / Qu'est-ce que) tu préfères, la jupe verte ou la noire?
4. (Qu'est-ce que / Quelle) taille est-ce que tu fais?
5. (Quel / Qu'est-ce que) son cousin aime porter?

13 Impressions

Parlons Utilise les formes correctes de **quel** et de **l'adjectif** pour donner tes opinions. Attention à la forme et la place de l'adjectif!

MODÈLE pantalon / élégant **Quel pantalon élégant!**

1. bottes / vieux
2. robe / beau
3. chien / paresseux
4. foulards / grand
5. fille / intelligent
6. costume / beau

14 Le shopping

Écrivons Complète les questions suivantes avec **qu'est-ce que** ou la forme correcte de **quel.** Ensuite, réponds aux questions.

1. ______ est ton magasin de vêtements préféré?
2. ______ vêtements est-ce que tu aimes?
3. ______ est ta couleur préférée?
4. ______ tu préfères porter, des chapeaux ou des casquettes?
5. ______ jours de la semaine préfères-tu faire les magasins?
6. Avec qui est-ce que tu préfères faire les magasins? ______ vous aimez faire après?

15 Un cadeau d'anniversaire

Écrivons Crée des questions en utilisant un mot de chaque boîte. Utilise des sujets différents et fais tous les changements nécessaires.

Quel	vêtements	aimer
Quels	taille	préférer
Quelle	couleurs	faire
Quelles	sport	porter
	film	acheter
	jeu	

Digital performance space

Communication

16 Opinions personnelles

Parlons Pour chaque paire d'objets, demande à ton/ta camarade lequel des deux objets il/elle préfère. Il/Elle va répondre et expliquer son choix.

MODÈLE — **Quelles chaussures est-ce que tu préfères?**
— **Je préfère les bleues. Elles sont mignonnes!**

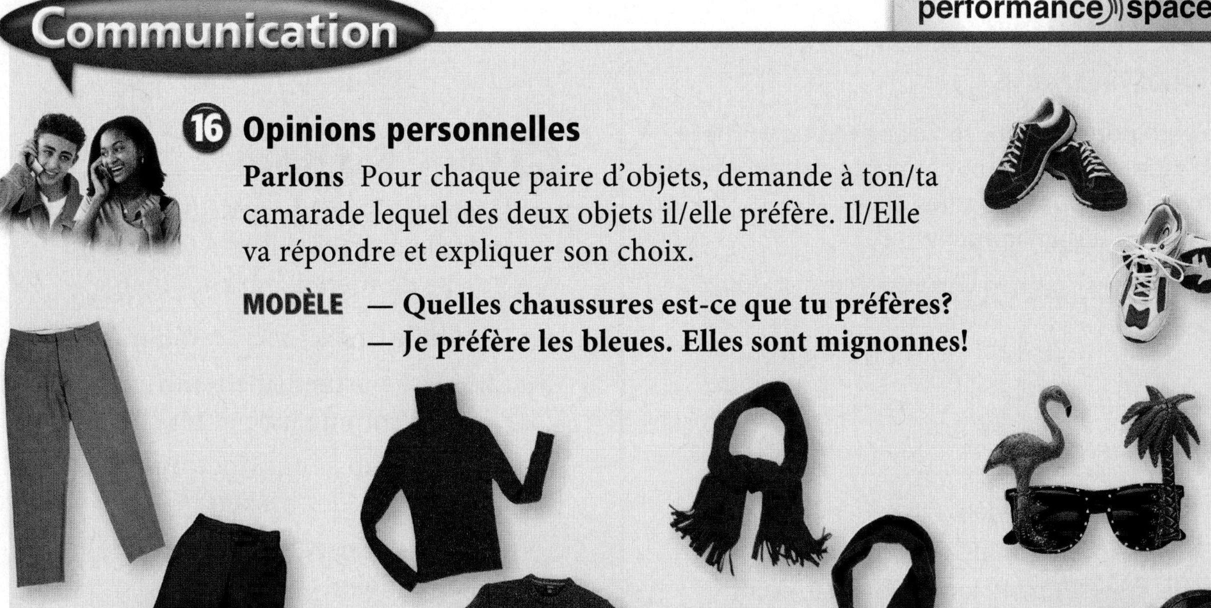

Grammaire 1

Application 1

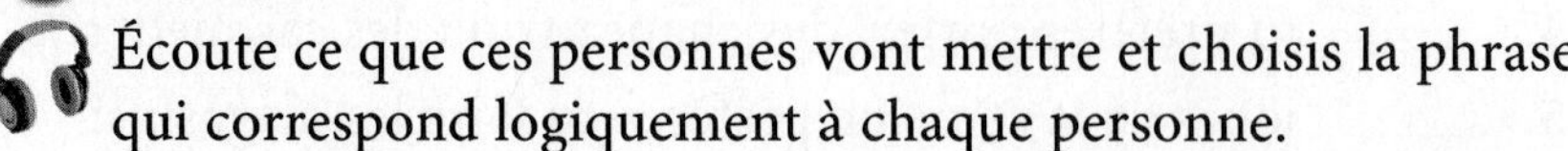

17 Écoutons

Écoute ce que ces personnes vont mettre et choisis la phrase qui correspond logiquement à chaque personne.

a. Elle va à l'école.
b. Il va à un mariage.
c. Elles vont faire du ski.
d. Rémy et son frère vont jouer au foot.
e. Elle va à une interview.

18 Un nouveau look!

Écrivons Ta sœur veut un nouveau look. Regarde l'image des vêtements qu'elle veut acheter et écris-lui un e-mail pour donner ton opinion sur ce style.

Un peu plus

The verb *mettre*

The verb **porter** means *to wear* or *to carry*. The verb **mettre** means *to put something somewhere* or *to wear/to put on clothes, shoes,* and *accessories*. It is an irregular verb.

mettre			
je	mets	nous	mettons
tu	mets	vous	mettez
il/elle/on	met	ils/elles	mettent

Je mets le livre dans le sac.
I put the book in the bag.

Je **mets** un pantalon pour la fête d'Eric.
I'm wearing pants for Eric's party.

Vocabulaire et grammaire, *p. 78*
Cahier d'activités, *pp. 61–63*

19 Fais le bon choix!

Lisons Ousmane parle de ce que sa famille met d'habitude. Choisis la forme de **mettre** qui convient.

1. Odile (mets / met) toujours un jean.
2. Mes cousines (mettent / mettez) souvent une jupe et un chemisier.
3. Ali et moi, nous (mettons / mettent) toujours des baskets.
4. Vous aimez (mettez / mettre) un tailleur.
5. Moi, je (mets / met) un anorak quand il fait froid.

20 Qu'est-ce qu'ils mettent?

Parlons Qu'est-ce que ces personnes mettent pour faire les activités suivantes?

MODÈLE **Tu mets une jupe blanche, un tee-shirt et une casquette pour jouer au tennis.**

tu

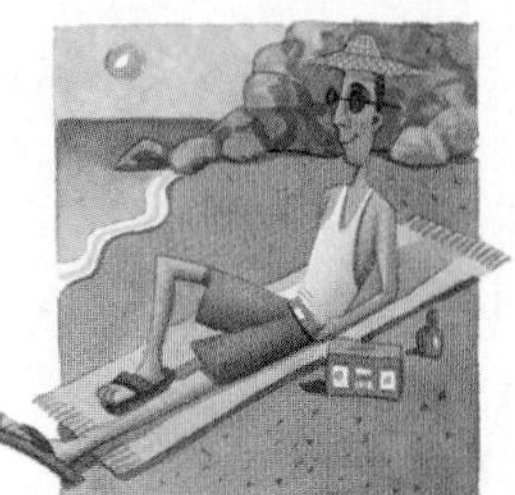
1. Sylvain

2. Anne et Célia

3. mon père et moi

4. Mme Touré

Communication

21 Opinions personnelles

Parlons Tu surfes le site Web de la **Boutique Ndiaye.** Demande à ton/ta camarade s'il/si elle aime ces vêtements. Ton/Ta camarade va t'expliquer son choix.

MODÈLE **— Il te plaît, ce foulard?**
— Oui, j'adore ce foulard! Il est très élégant.

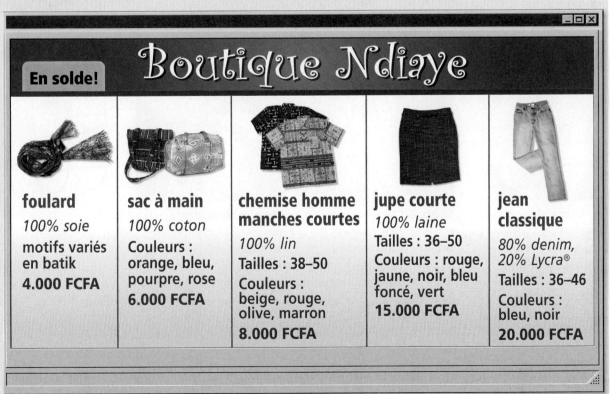

En solde! **Boutique Ndiaye**

foulard *100% soie* motifs variés en batik **4.000 FCFA**	**sac à main** *100% coton* Couleurs : orange, bleu, pourpre, rose **6.000 FCFA**	**chemise homme manches courtes** *100% lin* Tailles : 38–50 Couleurs : beige, rouge, olive, marron **8.000 FCFA**	**jupe courte** *100% laine* Tailles : 36–50 Couleurs : rouge, jaune, noir, bleu foncé, vert **15.000 FCFA**	**jean classique** *80% denim, 20% Lycra®* Tailles : 36–46 Couleurs : bleu, noir **20.000 FCFA**

Application 1

Culture

Adolescent portant un boubou

Culture appliquée

Le boubou

En Afrique de l'Ouest, le vêtement traditionnel est le **boubou.** C'est une tunique longue. Les femmes du Sénégal le portent avec un foulard et un pagne[1]. Les hommes portent ce qu'on appelle le « grand boubou complet ». C'est un boubou mis par dessus[2] un pantalon et une chemise. Aujourd'hui, les couturiers sénégalais fabriquent aussi ce vêtement traditionnel pour le vendre à l'étranger[3].

1. piece of fabric **2.** worn over **3.** abroad

Styliste à la mode

Materials needed:

- sheets of colored paper
- markers of different colors
- scissors
- glue

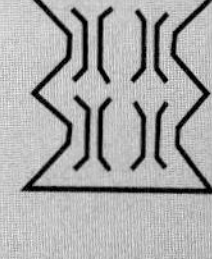
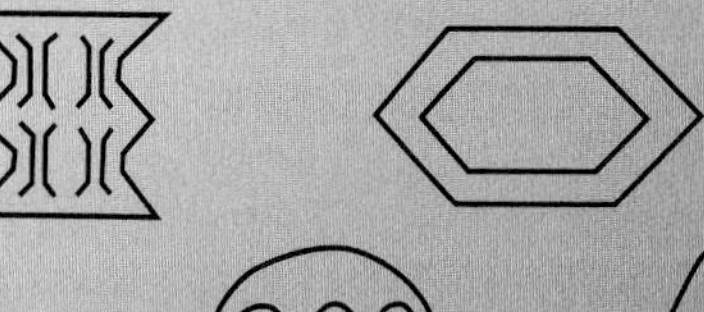
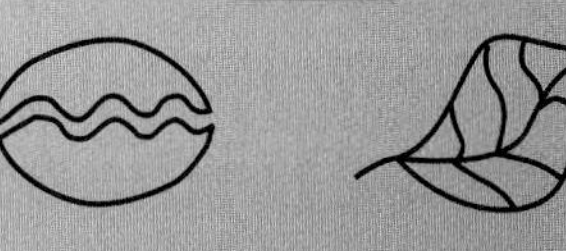

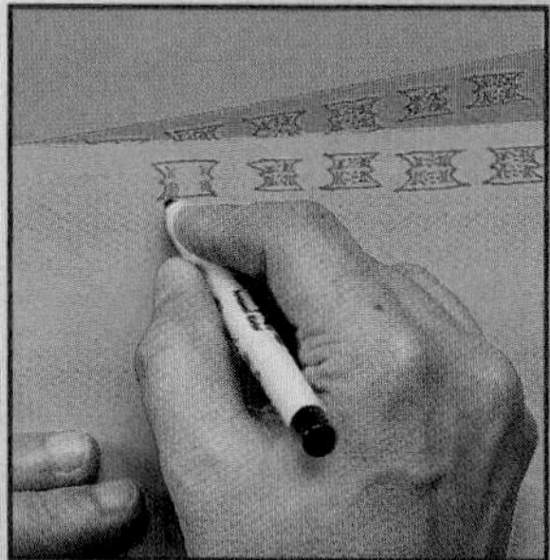

Step 1 Look at the different elements contained in the embroidery of a typical **boubou.** Choose three patterns. Draw them on different colored paper and then cut out the patterns.

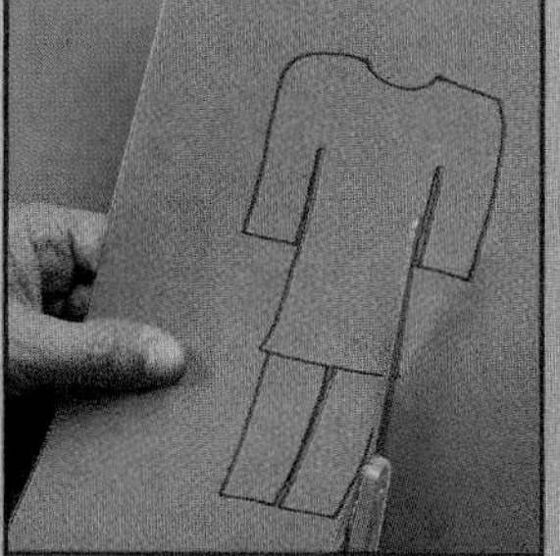

Step 2 Choose a sheet of paper of the color you'd like your **boubou** to be and cut it out in the shape of the **boubou.** Glue the patterns on it.

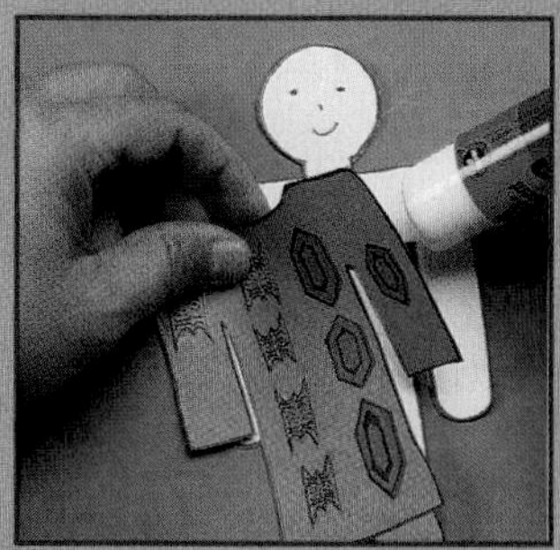
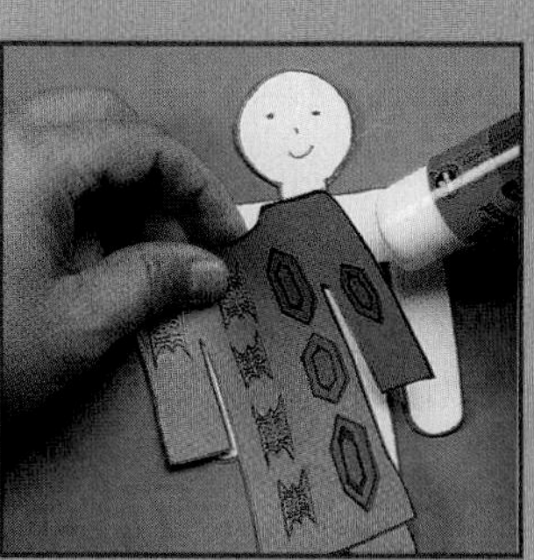

Step 3 Now, draw a mannequin and glue your **boubou** on it. Put your mannequins on the walls around your classroom.

Qu'est-ce qui fait qu'un boubou est plus élégant qu'un autre?

Online Practice
my.hrw.com
Online Edition

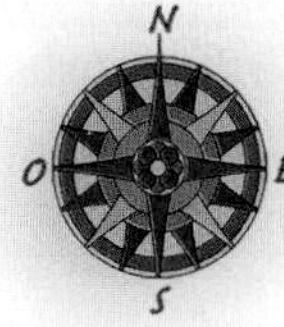

Comparaisons

Les soldes en France

Les soldes

Tu es en France au mois de juin et tu décides d'aller faire les magasins. Tu veux trouver une chemise en solde[1]. Mais, tu ne trouves pas.

a. Les soldes n'existent pas en France.
b. Les soldes existent seulement[2] deux fois par an.
c. Les magasins où tu vas ne font pas de soldes.

Stores in France are allowed to have items **en solde** only twice a year: in the winter, right after Christmas, and in the summer, usually in July. The beginning date of the **soldes** is decided by the storekeepers and a regional representative of the government. The **soldes** cannot last more than six weeks. The storekeeper cannot discount the price of an item if it means that he will lose money. Throughout the year, stores are also allowed to lower prices on a few selected items that are **en promotion** for a short period of time.

ET TOI?

1. Do you buy items on sale? When do you usually find the best sales?
2. Do stores in the U.S. follow similar regulations? Should they? Why or why not?

Communauté

Des costumes traditionnels

Different cultures in the United States have their own traditional costumes. What are the costumes of the country from which your family came? Do people from your region of the United States dress in a particular way? Look up images of traditional costumes from your area on the Internet or at the library. At what events do people wear these costumes today?

Costumes folkloriques mexicains

1. on sale 2. only

Culture

Objectifs

- to ask about and give prices
- to make a decision

Vocabulaire à l'œuvre 2

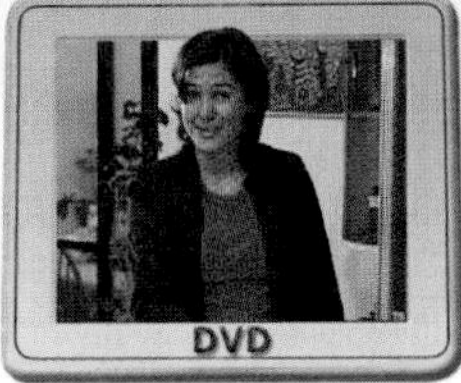

DVD
Télé-vocab

Dans une grande surface

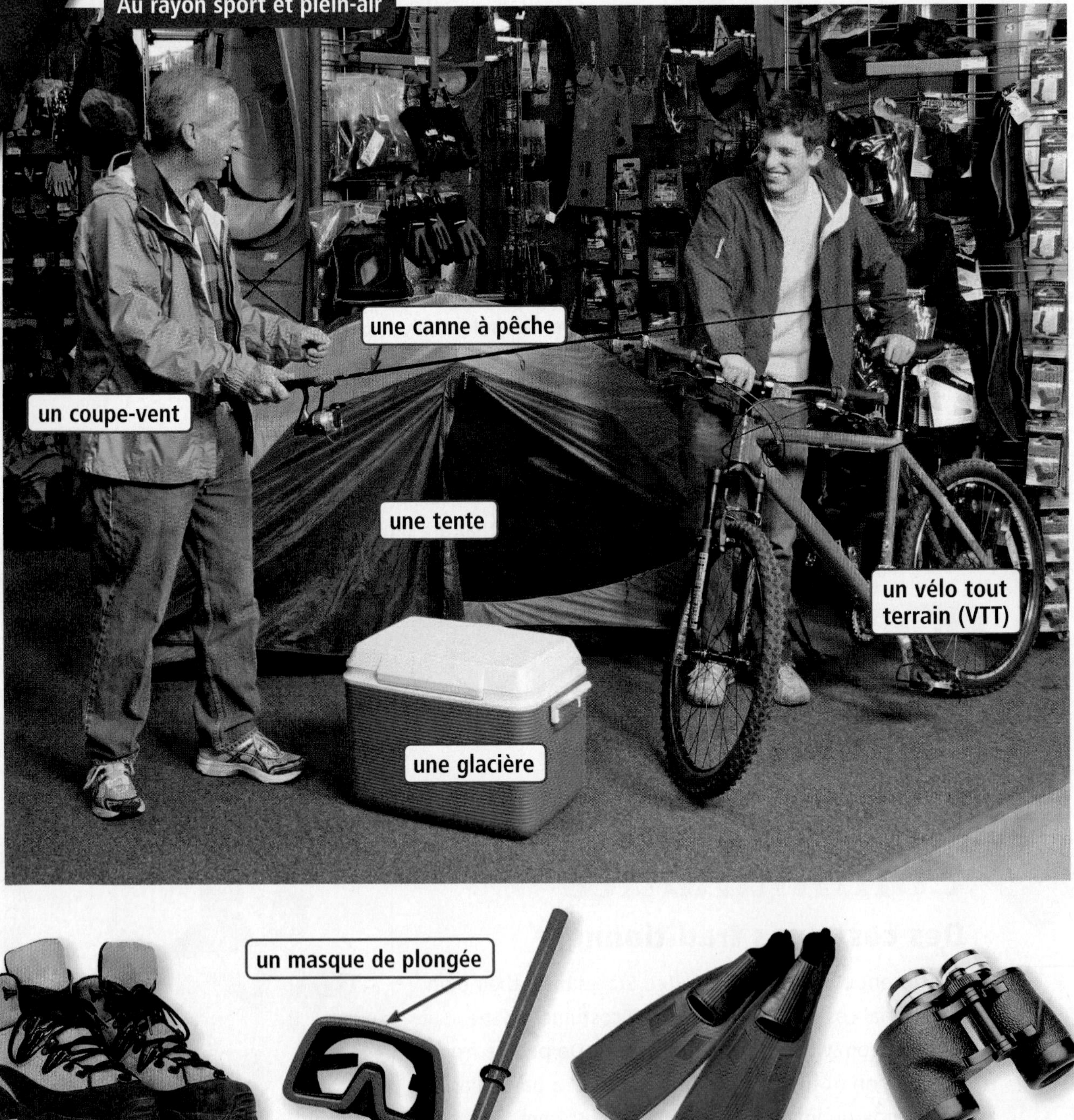

Au rayon sport et plein-air
une canne à pêche
un coupe-vent
une tente
un vélo tout terrain (VTT)
une glacière

des chaussures (f.) de randonnée
un masque de plongée
un tuba
des palmes (f.)
des jumelles (f.)

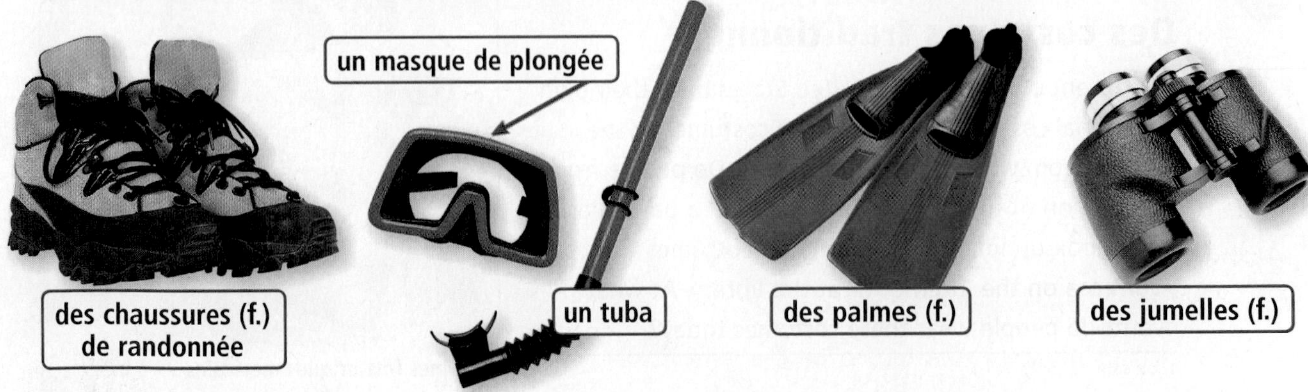

Online Practice
my.hrw.com
Vocabulaire 2 practice

Au rayon maroquinerie

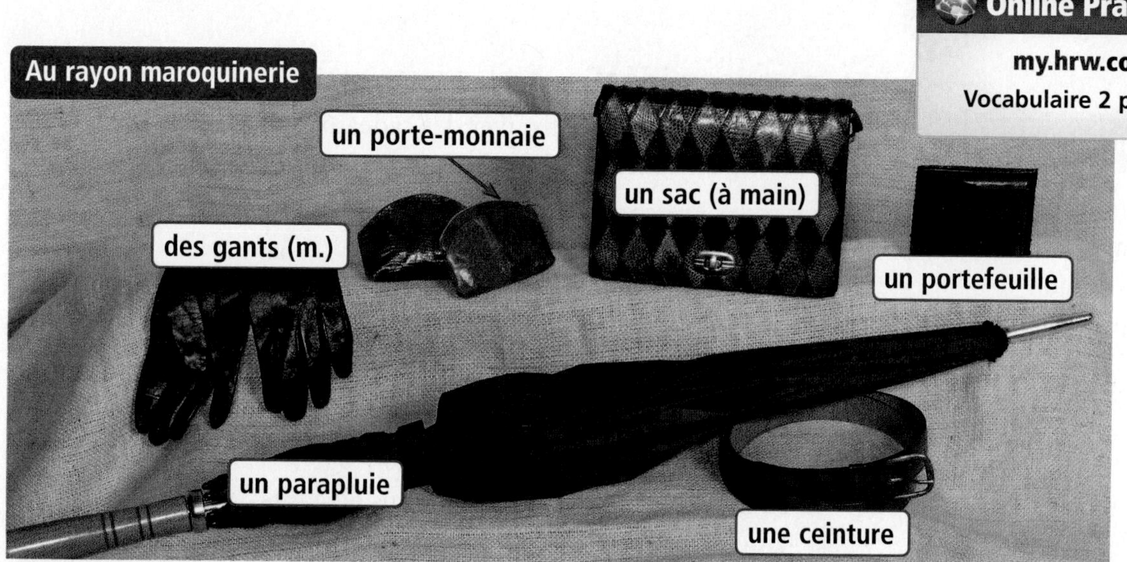

Au rayon bijouterie

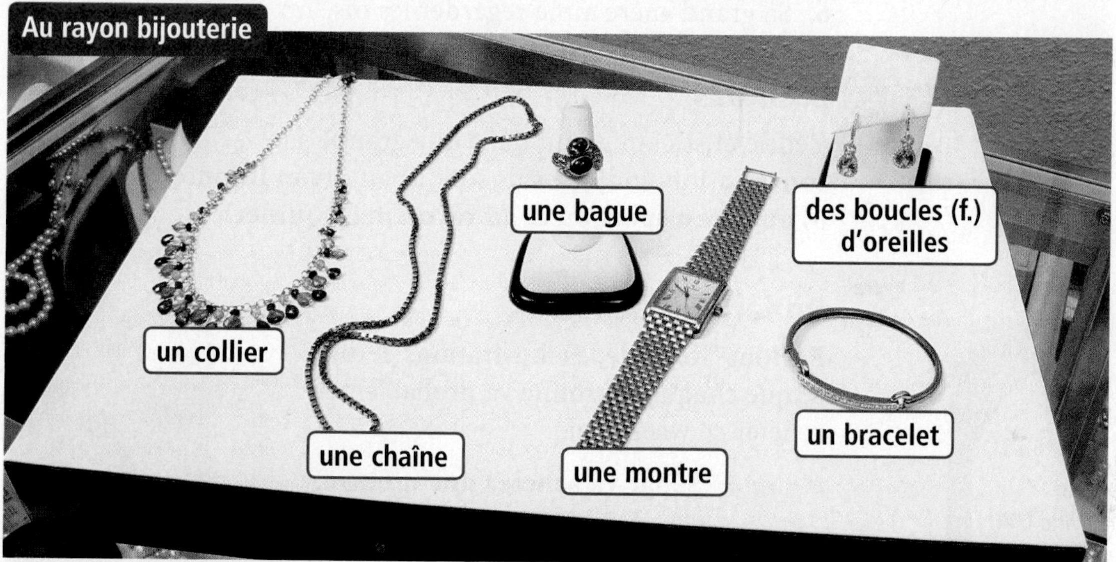

D'autres mots utiles

un cerf-volant	*kite*	**en or**	*in gold*
un skate(board)	*skateboard*	**en argent**	*in silver*
une planche de surf	*surf board*	**en diamant**	*diamond*
un maillot de bain	*bathing suit*	**cher/chère**	*expensive*

Exprimons-nous!

To ask about prices	To give prices
Il/Elle coûte combien, ce vélo/cette bague? *How much does . . . cost?*	**Il/Elle coûte** 4.000 FCFA. *It costs . . .*
Ils/Elles sont **en solde,** les colliers/les montres? *Are . . . on sale?*	Oui, **ils/elles sont soldé(e)s à** 6.500 FCFA. *. . ., they are on sale for . . .*

Vocabulaire et grammaire, *pp. 79–81*
Online Workbooks

D'autres mots utiles

1.000 mille
2.000 deux mille (invariable)
1.000.000 un million
3.000.000 trois millions

22 Le cadeau idéal

Lisons Monique doit trouver des cadeaux de Noël. Aide Monique à choisir un cadeau logique d'après les goûts de chaque personne.

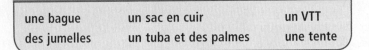

une bague	un sac en cuir	un VTT
des jumelles	un tuba et des palmes	une tente

1. Son père aime faire du camping.
2. Sa sœur adore les bijoux *(jewels)*.
3. Son ami Arthur va souvent à la mer.
4. Sa mère porte des vêtements très élégants.
5. Son frère adore faire du vélo.
6. Sa grand-mère aime regarder les oiseaux *(birds)*.

23 Écoutons

Cédric et ses amis sont dans une grande surface. Pour chaque conversation, indique s'ils sont **a) au rayon bijouterie, b) au rayon sport** ou **c) au rayon maroquinerie.**

Flash culture

The money used in Senegal is the **franc CFA (Communauté financière africaine).** Both coins and bills are used. Golden color coins are worth 5, 10 and 25 FCFA, silver coins are worth 50 and 100 FCFA. The bills are 500, 1.000, 5.000 and 10.000 FCFA.

Have you ever used a currency other than the dollar? Where?

24 On fait des achats

Parlons Regarde les illustrations et dis ce que chaque personne va probablement acheter ce week-end.

MODÈLE Sédar va acheter une montre.

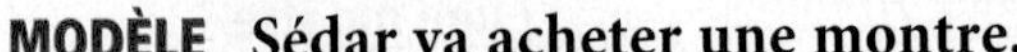

Sédar

1. M. Rongier

2. Oumar et Simon

3. vous

4. tu

Exprimons-nous!

To make a decision

The salesperson might say:	*You might respond:*
Vous avez décidé? *Have you decided?*	**Je ne sais pas quoi choisir.** *I don't know what to pick.* **Je n'arrive pas à me décider.** *I can't decide.*
Je peux vous montrer les bagues en or? *Can I show you . . .?*	Non, je trouve qu'elles sont **un peu trop** chères. *. . . a little bit too . . .*
Regardez, ce bracelet est **bon marché!** *. . . inexpensive!*	Oui, **c'est une bonne affaire!** *. . . it's a great deal!*

Vocabulaire et grammaire, *pp. 79–81* Online Workbooks

25 Au magasin!

Écrivons Saliou va faire du camping et il veut acheter une nouvelle tente. Écris une conversation entre Saliou et le vendeur. Utilise les expressions de la boîte et fais tous les changements nécessaires.

Vous avez décidé?	Je ne sais pas…	un peu trop	rouge	jaune
Il coûte combien…	bon marché	en solde	vert	cher

MODÈLE —**Bonjour. Je peux vous aider?**
—**Oui, je cherche une tente, s'il vous plaît…**

Communication

Digital performance space

26 Scénario

Parlons Tu es au magasin avec un(e) ami(e). Tu ne sais pas quoi acheter. Ton ami(e) va te donner son opinion sur différentes choses. Tu demandes les prix au vendeur et finalement tu achètes quelque chose. Jouez cette scène en groupe de trois.

MODÈLE —**Vous avez décidé?**
—**Je ne sais pas quoi choisir…**

90.000 FCFA

18.700 FCFA

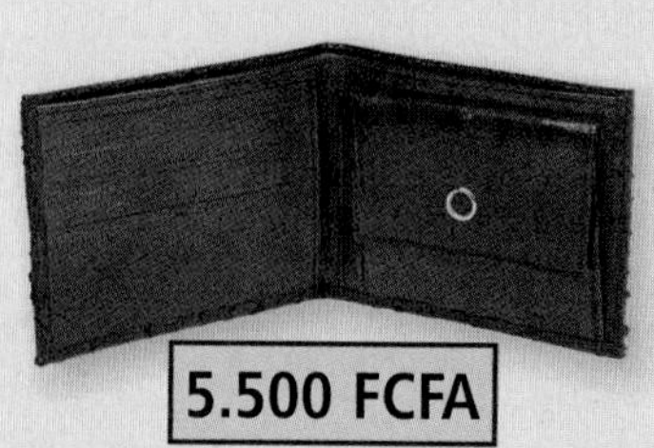

5.500 FCFA

24.000 FCFA

52.000 FCFA

Objectifs

- the *passé composé* of *-er* verbs
- the *passé composé* of irregular verbs

The *passé composé* of *-er* verbs

1 To tell what happened in the past, use a verb in the **passé composé.** The **passé composé** has two parts: **a helping verb** and **a past participle.** The helping verb for most verbs is **avoir**. You form the past participle of most **-er** verbs by replacing the **-er** with **-é**.

chercher *(to look for)*			
j'	**ai cherché**	nous	**avons cherché**
tu	**as cherché**	vous	**avez cherché**
il/elle/on	**a cherché**	ils/elles	**ont cherché**

2 The **passé composé** is the equivalent of these three ways to express the past tense in English.

J'ai mangé. *I ate. / I have eaten. / I did eat.*

3 To say what didn't happen, place **ne... pas** around the **helping verb.**

Je **n'ai pas** trouvé de chemise à ma taille.
I didn't find a shirt in my size.

Vocabulaire et grammaire, *pp. 82–83*
Cahier d'activités, *pp. 65–67*

Déjà vu!

The verb avoir is irregular.

j'	ai
tu	as
il/elle/on	a
nous	avons
vous	avez
ils/elles	ont

27 Écoutons

Zoé parle de ses activités et des activités de ses copains. Pour chaque phrase, indique si elle parle **a) du présent** ou **b) du passé.**

28 On fait quoi?

Lisons Farida parle avec une amie de ce qu'elle et sa famille ont fait hier. Complète les phrases suivantes de manière logique.

1. Ma sœur et moi, nous…
2. Où est-ce que vous…
3. Dans un magasin très chic, je/j'…
4. Sylvie…
5. Mes frères
6. Et toi? Qu'est-ce que tu…

a. n'a pas trouvé de sac en cuir.
b. ai acheté des jeans.
c. ont acheté une tente.
d. avez trouvé ces jumelles?
e. as acheté?
f. avons acheté ces bracelets.

my.hrw.com
Grammaire 2 practice

29 Au centre commercial

Parlons Xavier est allé *(went)* au centre commercial avec sa famille. Regarde les images et utilise les éléments donnés pour former des phrases complètes au passé composé.

1. Je / regarder
2. Mes sœurs / acheter
3. Nous / manger
4. Papa / essayer

1. 2. 3. 4.

30 Devine!

Écrivons Donne une raison logique pour expliquer pourquoi chaque chose est arrivée *(happened)* en utilisant le verbe donné.

MODÈLE Stéphane est très content. (danser avec Céline).
Il a dansé avec Céline.

1. Mariama a de mauvaises notes *(grades)*. (étudier)
2. Jérôme n'a pas faim. (manger)
3. Mélanie et Gilles sont fatigués *(tired)*. (travailler)
4. Luc n'a pas téléphoné au nouvel élève. (ne pas trouver)
5. Aïda a gagné *(won)* le match de tennis. (jouer)

Communication

31 Questions personnelles

Parlons Avec un(e) camarade, parlez de ce que vous avez fait le week-end dernier *(last)*. Ensuite, raconte le week-end de ton/ta camarade à la classe. Tu peux utiliser des verbes de la boîte.

jouer	manger	acheter
téléphoner	regarder	travailler
écouter	essayer	trouver

MODÈLE **—Qu'est-ce que tu as fait samedi?**
—Moi, j'ai joué au tennis avec mon frère…

The *passé composé* of irregular verbs

1 These verbs use **avoir** as the **helping verb** in the **passé composé,** but they have **irregular past participles.** You will need to memorize them.

être → **été**	Nous **avons été** au magasin.
avoir → **eu**	J'**ai eu** un problème avec mon nouveau tuba.
vouloir → **voulu**	J'**ai voulu** acheter un VTT.
boire → **bu**	Il **a bu** une limonade au café.
lire → **lu**	Elles **ont lu** les romans de Proust.
voir → **vu**	J'**ai vu** un super cerf-volant au magasin.
mettre → **mis**	Vous **avez mis** une veste?
prendre → **pris**	Ils **ont pris** un sandwich au jambon.
faire → **fait**	Qu'est-ce que tu **as fait**?
pleuvoir → **plu**	Il **a plu** hier.

2 The **passé composé** of **il y a** is **il y a eu**.

Il y a eu un accident devant le magasin de vêtements.
There was an accident in front of the clothing store.

Vocabulaire et grammaire, *pp. 82–83*
Cahier d'activités, *pp. 65–67*

En anglais

In English, some verbs have an irregular past tense form, such as the verb *to swim.* In the past, you would say *I swam* or *I have swum* or *I did swim.*

Can you think of other irregular verbs in English?

In French too, there are verbs with irregular forms in the past tense.

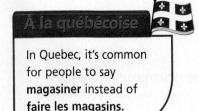

À la québécoise

In Quebec, it's common for people to say **magasiner** instead of **faire les magasins.**

32 Fais le bon choix!

Lisons Choisis le mot approprié pour compléter les phrases.

1. Yvonne et moi, nous avons (fais / fait) nos devoirs.
2. Marine a (étudié / étudie) ses maths hier.
3. J'ai (mangé / manges) du poulet ce soir.
4. Vous avez (buvez / bu) de l'eau minérale?
5. Il a (mis / met) un maillot de bain pour aller à la plage.

33 Notre week-end

Écrivons Brigitte raconte ce qu'elle et ses amis ont fait le week-end dernier. Complète ses phrases avec un verbe **au passé composé.**

acheter	vouloir	lire	faire	pleuvoir	voir

1. Moi, j' ______ un roman intéressant.
2. Fayed et moi, nous ______ un film super!
3. Bertrand et Ali ______ des photos au parc.
4. Ousmane ______ une nouvelle voiture.
5. Nous ______ jouer au foot mais il ______!

34 Qu'est-ce qu'on a fait?

Parlons Dis ce que ces personnes ont fait hier.

1. tu

2. les Gauvin

3. vous

4. je

5. Benjamin

6. nous

35 À construire

Écrivons Crée des phrases complètes avec les éléments donnés pour dire ce que Laurent et sa famille ont fait le week-end dernier.

Papa	avoir	le journal
Mon frère	lire	un film
Je	prendre	un accident
Maman et moi	ne pas vouloir	du surf
Mes grands-parents	voir	le bus
	faire	aller au café

Communication

36 Interview

Écrivons/Parlons Prépare une liste de six activités. Puis, demande à tes camarades de classe s'ils ont fait ces activités récemment *(recently)*. Essaie de trouver quatre activités que la majorité de tes camarades ont faites récemment.

MODÈLE **Est-ce que tu as joué au tennis? Quand?**

Grammaire 2

Synthèse
- Vocabulaire 2
- Grammaire 2

Application 2

37 On rappe!

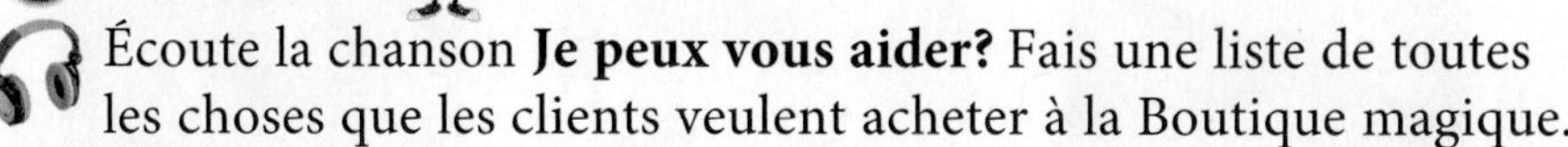

Écoute la chanson **Je peux vous aider?** Fais une liste de toutes les choses que les clients veulent acheter à la Boutique magique.

38 Qu'est-ce qui se passe?

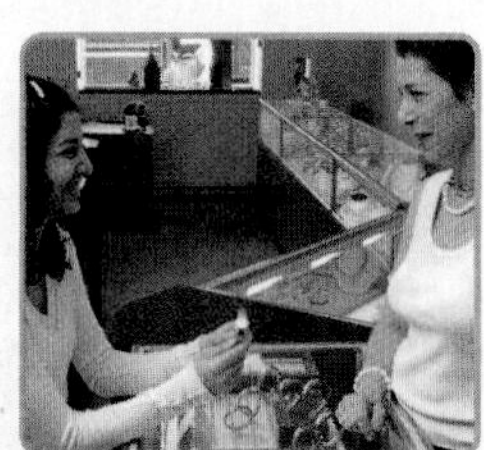

Écrivons Crée des conversations pour les situations suivantes.

MODÈLE **—Elle coûte combien, la montre?**
—Elle coûte cent soixante euros.

1.

2.

3.

4.

Un peu plus

Adverbs with the *passé composé*

Here are some common adverbial expressions used when talking about the past. They can be placed at the beginning or at the end of a sentence.

hier matin/après-midi/soir
yesterday morning/ afternoon/ evening

lundi (mardi...) dernier
last Monday (Tuesday...)

la semaine dernière/le mois dernier/ l'année dernière
last week/last month/last year

Vocabulaire et grammaire, *p. 84*
Cahier d'activités, *pp. 65–67*

39 C'est dans le passé

Écrivons Fais des phrases au passé avec les éléments suivants.

1. Élise / hier / étudier / ses maths
2. bibliothèque / jeudi dernier / tu / être
3. faire du piano / je / hier soir
4. les devoirs / dans son sac / le prof / mettre / vendredi dernier
5. le mois dernier / voir / nous / un bon film
6. Jamila et Ahmed / cinéma / hier soir / vouloir aller

my.hrw.com
Application 2 practice

40 Deux semaines occupées

Lisons/Parlons Aujourd'hui, c'est le 24. Utilise le calendrier et des adverbes pour dire quand Maurice a fait chaque activité.

MODÈLE **Hier matin, il a eu un match** ***(game)*** **de football.**

Lundi	Mardi	Mercredi	Jeudi	Vendredi	Samedi	Dimanche
11	12	13 voir un film avec Marc	14	15 café avec Marie	16 jouer au tennis avec Paul	17 travailler au restaurant
18	19 téléphoner à Mémé	20	21	22 faire les devoirs	23 match de foot	24

Application 2

Communication

41 Interview

Parlons Pose des questions à deux camarades pour savoir qui a fait ces activités le week-end dernier.

MODÈLE —**Est-ce que tu as joué au foot samedi dernier?**
—**Oui, j'ai joué au foot.**

étudier	faire tous ses devoirs	mettre un tailleur/ une cravate
travailler à la maison	jouer au foot	voir un film au ciné
prendre un taxi	écouter de la musique	acheter un nouveau CD

42 Une boutique chère

Parlons Yasmina a fait les magasins hier. Elle a trouvé une robe qu'elle aime bien et elle veut l'essayer. Avec un(e) camarade, vous allez jouer le rôle de Yasmina et de la vendeuse. Lisez les questions ci-dessous et répondez-y de manière logique. Ensuite, échangez les rôles.

— **Je peux vous aider?**
—
— **Quelle taille faites-vous?**
—
— **Alors, elle vous plaît, la robe?**
—
— **Elle coûte 230 euros.**
—

Télé-roman

Que le meilleur gagne!

Épisode 7

STRATÉGIE

Recognizing different points of view When characters have different perspectives on people and events, it is important to keep track of why they think the way they do in order to determine the truth. Recalling previous scenes that the various characters witnessed or in which they showed opinions and feelings helps to understand their points of view. In this episode, Laurie and Yasmina show very different opinions of Kevin. Why is Laurie thinking the way she does and why is Yasmina resisting her friend's warnings?

Laurie et Yasmina achètent un cadeau pour Adrien...

1

La vendeuse Bonjour, mesdemoiselles.

Laurie Bonjour. On cherche quelque chose pour l'anniversaire d'un copain.

2

Yasmina Tu préfères ce tee-shirt en vert ou en noir?

Laurie En vert. Adrien aime beaucoup le vert.

3

Laurie Et ces lunettes, elles coûtent combien, s'il vous plaît?

La vendeuse Vingt-deux euros.

4

Laurie Oh! J'ai un message d'Adrien... «Reçu la dernière énigme. Chez moi, 6 heures. Parle à Yasmina...»

5

Yasmina De quoi est-ce que tu dois me parler?

Laurie De Kevin.

Visit Us Online
my.hrw.com
Online Edition

Yasmina De Kevin? Pourquoi?
Laurie Ben, l'autre jour, on a vu Kevin au café avec une fille… et il a dit qu'il te parlait seulement à cause du concours, pour avoir les réponses.

Yasmina Non. Impossible. Kevin n'est pas comme ça. Bon! On va chez Adrien?

Chez Adrien...

Adrien Alors, pour la dernière énigme, on doit trouver un endroit dans Nice qui va nous indiquer le nom du lycée mystérieux. Mademoiselle N'Guyen m'a donné un plan de Nice pour nous aider.

Yasmina Je voudrais faire une photocopie du plan pour l'étudier un peu avant dimanche.

À la photocopieuse...

10 *Yasmina fait une photocopie du plan de Nice et modifie la copie.*

AS-TU COMPRIS?

1. Qu'est-ce que Yasmina et Laurie cherchent dans le magasin?
2. Combien coûtent les lunettes de soleil?
3. Qui envoie un message à Laurie? Pourquoi?
4. De qui Adrien veut que Laurie parle à Yasmina?
5. D'après ce que Yasmina dit, qu'est-ce qu'elle veut faire avec le plan?

Prochain épisode:
D'après toi, qu'est-ce que Yasmina va faire avec le plan de Nice qu'elle a copié et modifié?

Lecture et écriture

STRATÉGIE pour lire

Facts and opinions When you read, be careful to separate facts from opinions. A fact is something that can be proven by observation or specific information. An opinion is someone's personal view of something.

A Avant la lecture

Regarde les photos. Comment est-ce que tu penses que les jeunes s'habillent au Sénégal? Est-ce que tu crois que la mode fait partie de leurs préoccupations? Qu'est-ce qu'ils aiment ou n'aiment pas?

Le Sénégal : la mode et les jeunes

Dakar est en train de devenir[1] la capitale de la mode en Afrique. Les maisons de couture sont de plus en plus nombreuses. Les couturiers[2] sénégalais comme Oumou Sy ou Mame Faguèye Bâ, meilleure[3] styliste d'Afrique de l'Ouest en 2002, aiment retravailler les habits traditionnels que les Sénégalais font encore faire sur mesure[4] chez leur tailleur[5].

Et les jeunes, qu'est-ce qu'ils préfèrent?

« Qu'est-ce que les ados portent de nos jours à Dakar? »

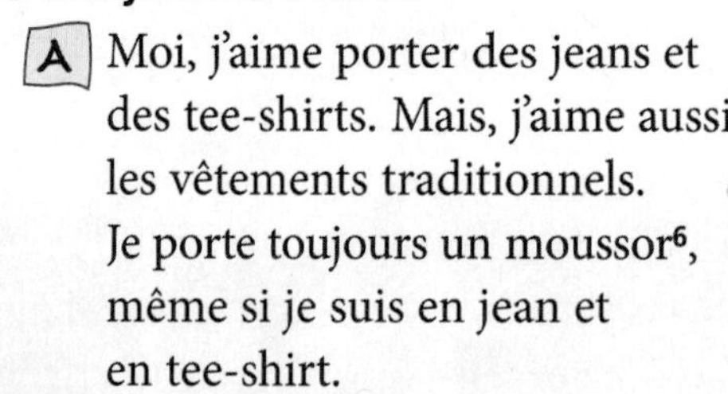

A Moi, j'aime porter des jeans et des tee-shirts. Mais, j'aime aussi les vêtements traditionnels. Je porte toujours un moussor[6], même si je suis en jean et en tee-shirt.

Y Moi, je suis toujours en jean et en chemise.

« Et c'est quoi, le vêtement traditionnel sénégalais? »

A Le pagne[7] et le boubou. Le boubou, c'est un vêtement large que l'on enfile[8] par la tête. C'est super coloré. Les femmes portent aussi le moussor. C'est un foulard qui se porte sur la tête.

Y Je porte des vêtements traditionnels comme le grand boubou complet seulement les jours de fête. C'est un pantalon, une chemise et par-dessus[9] on met un grand boubou.

« Qui est votre styliste préféré? »

A J'adore ce que fait Mame Faguèye Bâ. C'est cool!

Y J'aime bien Diarra Diop.

1. is becoming **2.** fashion designers **3.** best **4.** custom made **5.** tailor **6.** traditional scarf worn on the head **7.** traditional African cloth **8.** to slip on **9.** on top

B Compréhension

Réponds aux questions suivantes avec des phrases complètes.

1. Quelle ville est le centre de la mode au Sénégal?
2. Quels sont les noms de deux grands couturiers sénégalais?
3. Qu'est-ce qu'Aminata porte en général?
4. Quels vêtements est-ce que Youssou aime porter?
5. Qui préfère porter des vêtements traditionnels: Aminata ou Youssou?

C Après la lecture

Read the text again and see if you can distinguish between statements that reflect facts and those that express opinions. Then, write a short paragraph in French about current fashion trends you see in magazines or at your school and give your opinion.

Espace écriture

Vêtement	J'aime.../ Je n'aime pas	Mon ami(e) aime/ n'aime pas

STRATÉGIE pour écrire

Using charts to visualize and contrast
When you write about differing opinions, it helps to choose terms that show sharp, clear contrasts. Using charts can help you visualize and contrast differing perspectives.

Ça me va comme un gant!

Pick a partner in class and imagine that you are shopping for clothes together. However, you and your friend can't agree about anything today! If you think something looks good and fits well, your friend says it looks awful. Write a short story about your shopping trip.

1 Plan

In a column, list at least five pieces of clothing. In the next column, write what you like or don't like about each item. In a third column, have your partner write the contrasting, or opposite, opinions to your own.

2 Rédaction

Using your chart, write a story with your partner that tells about your shopping trip. Include your and your friend's opinions about the clothes: how they fit, if they look good, and whether they are in style or not. Include details to back up each opinion.

3 Correction

Read your draft at least two times, comparing it with your chart. Are the contrasting opinions clear? Check spelling and punctuation.

4 Application

Share your paragraph with the class. Ask your classmates to respond by giving their opinions or preferences regarding the clothing.

Chapitre 7

Prépare-toi pour l'examen

@HOMETUTOR

1 Décris ce que chaque personne porte.

1 Vocabulaire 1
- to offer and ask for help
- to ask for and give opinions

pp. 222–225

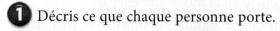

1. Alain

2. Thuy

3. Binata

4. Raoul

5. Corinne

2 Grammaire 1
- demonstrative adjectives
- interrogative adjectives

Un peu plus
- the verb *mettre*

pp. 226–231

2 Complète les dialogues avec une forme de **ce, quel** ou avec la forme correcte du verbe **mettre**.

1. —Paul, qu'est-ce que tu penses de ______ coupe-vent?
   —Je préfère ______ anorak.
2. —Qu'est-ce que tu ______ pour aller au ciné ce soir?
   —Je vais mettre ______ pantalon bleu et ______ chemise.
3. —______ cravate préfères-tu, Hélène?
   —Je préfère ______ cravate-ci.
4. —André, Nicole et toi, qu'est-ce que vous ______ ce soir?
   —Je ______ un pantalon gris et une chemise et Nicole ______ une robe noire.
5. —______ chaussures est-ce que tu vas porter?
   —______ chaussures-là.

3 Vocabulaire 2
- to ask about and give prices
- to make a decision

pp. 234–237

3 Choisis la meilleure réponse à chaque question.

1. Qu'est-ce que tu penses de cette chaîne?
2. Vous avez décidé?
3. Elle me va, cette ceinture?
4. Regardez, ce bracelet n'est pas cher.
5. Elles coûtent combien, ces jumelles?

a. Non, elle est un peu tape-à-l'œil.
b. Oui, il est très bon marché!
c. Elle est jolie! Elle est en or?
d. Elles sont soldées à 1.000 CFA.
e. Je ne sais pas quoi choisir.

Online Assessment

my.hrw.com
Chapter Self-test

4 Complète la conversation entre Claire et son amie Zoë avec le verbe logique **au passé composé.**

—Claire, tu ___1___ (trouver / pleuvoir) quelque chose au centre commercial, hier?

—Oui, je/j' ___2___ (boire / acheter) une très jolie jupe rouge.

—Sacha ___3___ (écouter / acheter) quelque chose aussi?

—Oui. Elle ___4___ (mettre / essayer) un chemisier blanc, mais elle ___5___ (décider / faire) de prendre un chemisier orange.

—Qu'est-ce que vous ___6___ (faire / être) après?

—Nous ___7___ (boire / voir) un film au ciné.

4 Grammaire 2
- the *passé composé* of *-er* verbs
- the *passé composé* of irregular verbs

Un peu plus
- adverbs with the *passé composé*

pp. 238–243

5 Réponds aux questions suivantes.

1. What is **batik**?
2. What are the two French words for "size"? What is the difference between the two words?
3. What are the rules governing **les soldes** in France? When do they occur? How long do they last?
4. What is the currency used in Senegal?

5 Culture
- **Comparaisons p. 233**
- **Flash culture pp. 224, 227, 228, 236**

6 Écoute chaque phrase et décide qui parle: **a) le vendeur/la vendeuse** ou **b) le client/la cliente.**

7 Aujourd'hui, ton/ta camarade et toi faites les magasins. Vous essayez plusieurs articles *(items)* et vous discutez de vos choix. D'abord, lisez les instructions pour chaque réplique *(exchange)*. Ensuite, créez votre dialogue en utilisant des expressions de ce chapitre et d'autres chapitres.

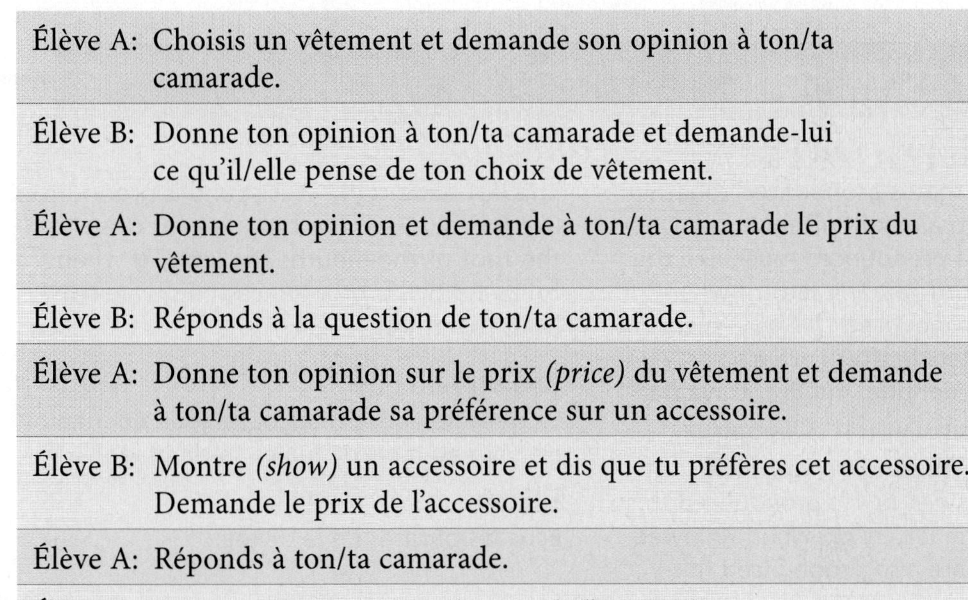

Élève A:	Choisis un vêtement et demande son opinion à ton/ta camarade.
Élève B:	Donne ton opinion à ton/ta camarade et demande-lui ce qu'il/elle pense de ton choix de vêtement.
Élève A:	Donne ton opinion et demande à ton/ta camarade le prix du vêtement.
Élève B:	Réponds à la question de ton/ta camarade.
Élève A:	Donne ton opinion sur le prix *(price)* du vêtement et demande à ton/ta camarade sa préférence sur un accessoire.
Élève B:	Montre *(show)* un accessoire et dis que tu préfères cet accessoire. Demande le prix de l'accessoire.
Élève A:	Réponds à ton/ta camarade.
Élève B:	Donne ton opinion sur le prix de l'accessoire.

Grammaire 1
- demonstrative adjectives
- interrogative adjectives

Un peu plus
- the verb *mettre*

pp. 226–231

Résumé: Grammaire 1

To say *this, that, these,* or *those,* use the demonstrative adjective **ce.**

MASCULINE	FEMININE	PLURAL
ce pull	**cette** chemise	**ces** bottes
cet imperméable		

Quel is an interrogative adjective that means *which* or *what.* It has four forms: **quel, quels, quelle,** and **quelles.**

The forms of **mettre** *(to put/to put on something)* are: je **mets,** tu **mets,** il/elle/on **met,** nous **mettons,** vous **mettez,** ils/elles **mettent**

Grammaire 2
- the *passé composé* of *-er* verbs
- the *passé composé* of irregular verbs

Un peu plus
- adverbs with the *passé composé*

pp. 238–243

Résumé: Grammaire 2

The **passé composé** has two parts, a helping verb (usually **avoir**) and a past participle. To form the past participle of most -**er** verbs, replace the **-er** with **-é.**

regard**er** → regard**é** j'ai regardé

Some verbs have **irregular past participles**:

être → **été** avoir → **eu** vouloir → **voulu**
boire → **bu** lire → **lu** voir → **vu**
mettre → **mis** prendre → **pris** faire → **fait**

Here are some adverbial expressions used to talk about the past: **hier, lundi dernier, la semaine dernière, le mois dernier.**

Lettres et sons

The glides [j], [w], and [ɥ]

A glide is a vowel that is pronounced together with, or glided into a neighboring vowel. One glide is [j], which is pronounced much like the *y* in the English word *yet*. The letter **i** when followed by **e** is pronounced this way: **bien, chemisier**. The letters **ll** after **i** are also pronounced this way: **gentille, maillot, travailler.**

Another glide is [w], which is pronounced much like the *w* in the English word *wet*. The letter **o** when followed by **i** is pronounced this way: **moi, trois**. The letters **ou** when followed by another vowel are also pronounced this way: **Louis, jouer**.

The last glide is [ɥ]. This sound is pronounced like [w] but with the tongue kept close to the roof of the mouth. The letter **u** when followed by **i** is pronounced this way: **cuir, huit, juillet, lui**.

Jeux de langue

La gentille petite fille Louise joue en maillot de bain au mois de juillet sur la plage.

Dictée

Écris les phrases de la dictée.

Résumé: Vocabulaire 1

PRACTICE FRENCH WITH HOLT MCDOUGAL APPS!

To offer and ask for help

les **accessoires (m.)**	*accessories*
un **anorak**	*hooded winter jacket*
des **bottes (f.)**	*boots*
une **casquette**/un **chapeau**	*cap/hat*
des **chaussettes (f.)**	*socks*
des **chaussures (f.)**	*shoes*
une **chemise**/un **chemisier**	*shirt/blouse*
un **costume**/un **tailleur**	*man's suit/woman's suit*
une **cravate**	*tie*
une **écharpe**	*scarf (like a long woolen scarf)*
en coton/en cuir	*made of cotton/made of leather*
en laine/en lin	*made of wool/made of linen*
en jean/en soie	*made of denim/made of silk*
étroit(e),serré(e)/large	*tight/loose*
un **foulard**	*scarf (as in a dressy silk scarf)*
un **imperméable**	*raincoat*
un **jean**	*jeans*
une **jupe**	*skirt*
les **lunettes (f.) de soleil**	*sun glasses*
un **manteau**/une **veste**	*coat/jacket*
un **pantalon**	*pants*
un **pull**	*pullover*
une **robe**	*dress*
des **sandales (f.)**	*sandals*
les **vêtements (m.)**	*clothes*
J'aime porter...	*I like to wear . . .*
Je cherche... pour mettre avec...	*I'm looking for . . . to go with . . .*
Je fais du...	*I wear size . . . (in clothing/shoes).*
Je peux essayer...?	*May I try on . . . ?*
Je peux vous aider?	*Can I help you?*
Je voudrais quelque chose pour...	*I'd like something for . . .*
Non merci, je regarde.	*No thank you, I'm just looking.*
Quelle taille/pointure faites-vous?	*What clothing/shoe size do you wear?*
Vous avez... en vert/en 40?	*Do you have . . . in . . . ?*

To ask for and give opinions .... *see p. 224*

Résumé: Vocabulaire 2

To ask about and give prices

une **bague**/un **bracelet**	*ring/bracelet*
bon marché	*inexpensive*
des **boucles (f.) d'oreilles**	*earrings*
une **canne à pêche**	*fishing rod*
une **ceinture**	*belt*
un **cerf-volant**	*kite*
une **chaîne**/un **collier**	*chain/necklace*
des **chaussures (f.) de randonnée**	*hiking boots*
cher/chère	*expensive*
un **coupe-vent**	*wind-breaker*
en argent/en or/en diamant	*in silver/in gold/diamond*
des **gants (m.)**	*gloves*
une **glacière**	*ice chest*
une **tente**	*tent*
une **grande surface**	*big department store*
des **jumelles (f.)**	*binoculars*
un **maillot de bain**	*bathing suit*
un **masque de plongée**	*diving mask*
une **montre**	*watch*
des **palmes (f.)**/un **tuba**	*fins/mask and snorkel*
un **parapluie**	*umbrella*
une **planche de surf**	*surf board*
un **portefeuille**	*wallet*
un **porte-monnaie**	*coin purse*
le **rayon bijouterie**	*jewelry department*
le **rayon maroquinerie**	*leather goods department*
le **rayon sport et plein-air**	*sporting goods department*
un **sac (à main)**	*handbag/purse*
un **skate (board)**	*skateboard*
un **vélo tout terrain (VTT)**	*mountain bike*
Il/Elle coûte...	*It costs . . .*
Il/Elle coûte combien,...?	*How much does . . . cost?*
Oui,ils/elles sont soldé(e)s à...	*Yes, they are on sale for . . .*
...en solde,...?	*. . . on sale . . . ?*

Les nombres de mille à million .... *see p. 236*

To make a decision .... *see p. 237*

Révisions cumulatives

1 Monique et Amélie ont fait du shopping. Choisis l'image qui correspond à chaque conversation.

a.

b.

c.

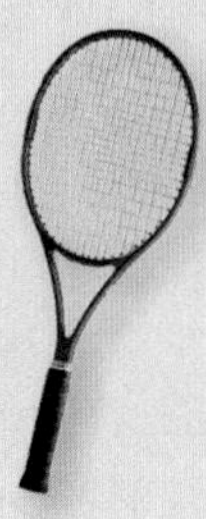
d.

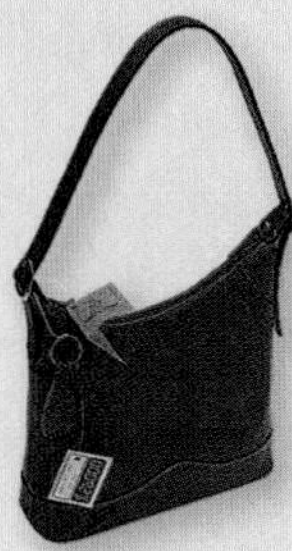
e.

2 Regarde cette publicité pour un magasin sénégalais. Indique si les phrases qui suivent sont **a) vraies** ou **b) fausses.**

Afrique Bazar
Jupe longue en batik
Trois styles disponibles:
jupe droite, à plis ou portefeuille
Saisons : Printemps, Été.
Couleurs: beige, bleu, vert, rose
Tailles: 28, 30, 32, 34, 36
14.000 FCFA – 15.500 FCFA
Porte-monnaie
Faits en cuir coloré.
Avec fermeture
éclair ou à pression,
assortis au sac.
Couleurs:rouge,
marron, olive, noir.
2.155 FCFA – 2.600 FCFA
Pantalon et tunique
pour femmes
Pantalon à deux poches.
Fermeture éclair et agrafes.
Saisons : Printemps, Été.
Couleurs : bleu, rose,
jaune, orange et
pourpre.
Tailles: P, M, L.
Ensemble 14.200 FCFA
Bijoux exotiques
Beaux bracelets en argent et en cuivre,
garnis de perles en bois de différentes couleurs.
Faits au Sénégal par des artisans locaux.
19.000 FCFA – 22.000 FCFA

1. Les bracelets coûtent de neuf mille à vingt-deux mille FCFA.
2. Si Aminata a 50.000 FCFA, elle peut acheter une jupe et un porte-monnaie.
3. Le bracelet est disponible en or.
4. Les pantalons sont pour les hommes et les femmes.
5. On peut acheter le pantalon en jaune.
6. On trouve le pantalon en quatre tailles différentes.

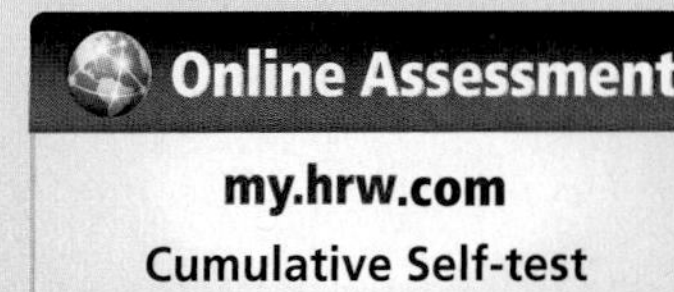

3 Demande a un(e) camarade de classe ce qu'il/elle a acheté la dernière fois qu'il/elle est allé(e) *(went)* au centre commercial. Si ton/ta camarade a acheté des vêtements, demande la couleur et pour quels événements *(events)* il/elle pense mettre ses nouveaux vêtements.

4 Regarde ce tableau fait par l'artiste sénégalaise Anne-Marie Diam et réponds aux questions suivantes.

1. Décris les caractéristiques physiques des personnes de ce tableau.
2. Qu'est-ce que l'homme et la femme portent? De quelles couleurs sont leurs vêtements?
3. Selon toi, est-ce que ces personnes préfèrent des vêtements traditionnels ou modernes?
4. À ton avis, ces vêtements sont faits en quel tissu *(fabric)?*
5. Qu'est-ce que tu penses de ce tableau?

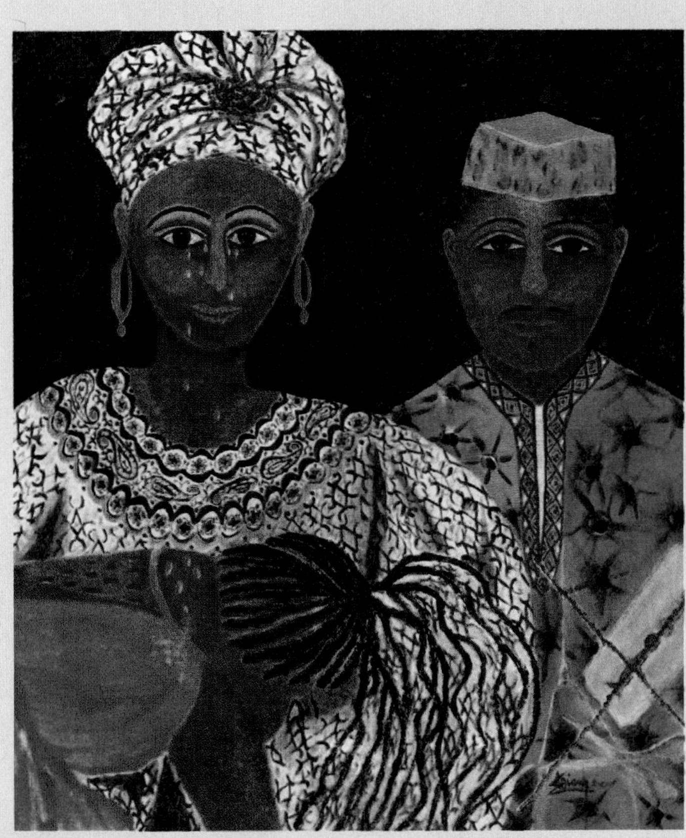

Un tableau d'Anne-Marie Diam

5 Tu as gagné un concours. Le prix? 500 euros que tu peux dépenser au centre commercial! Écris un e-mail à un(e) ami(e) pour décrire ce que tu as acheté. Dis à ton ami(e) où tu as acheté chaque chose.

6 À ton tour

Les Galeries Farfouillettes Create a classroom department store. Make signs for different departments such as school supplies, clothing, leather goods, electronics, sporting goods, and jewelry. Tell which items each department has for sale and include the prices. Act out the roles of salespeople and shoppers who buy and sell the merchandise.

chapitre 8

À la maison

Objectifs

In this chapter, you will learn to

- ask for, give, and refuse permission
- tell how often you do things
- describe a house
- tell where things are

And you will use

- the verbs **pouvoir** and **devoir**
- the **passé composé** with **-ir** and **-re** verbs
- negative expressions
- the verbs **dormir, sortir,** and **partir**
- the **passé composé** with **être**
- **-yer** verbs

Que vois-tu sur la photo?

Où sont ces personnes?

Qu'est-ce que ces personnes font?

Et toi, qu'est-ce que tu fais quand tu es chez toi *(at home)*? Est-ce que tu prépares le repas?

MODES OF COMMUNICATION

INTERPRETIVE	INTERPERSONAL	PRESENTATIONAL
Listen to people asking for, giving, and refusing permission. Read an ad for a housecleaning company.	Tell your partner about your dream house or apartment. Write a letter describing an apartment for rent.	Act out a conversation about getting ready for a French Club party. Write a description of your dream home and its associated chores.

Cérémonie du thé dans une famille, à Dakar

Objectifs
- to ask for, give, or refuse permission
- to tell how often you do things

Vocabulaire à l'œuvre 1

Télé-vocab

Les corvées chez les Bâ au Sénégal

► **Vocabulaire supplémentaire—Les corvées, p. R8**

my.hrw.com
Vocabulaire 1 practice

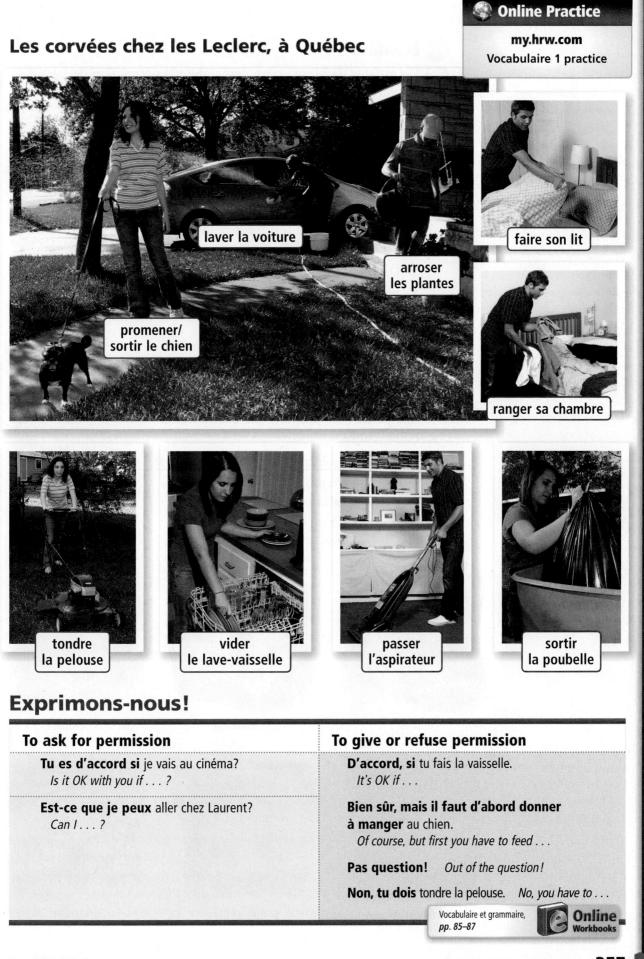

Les corvées chez les Leclerc, à Québec

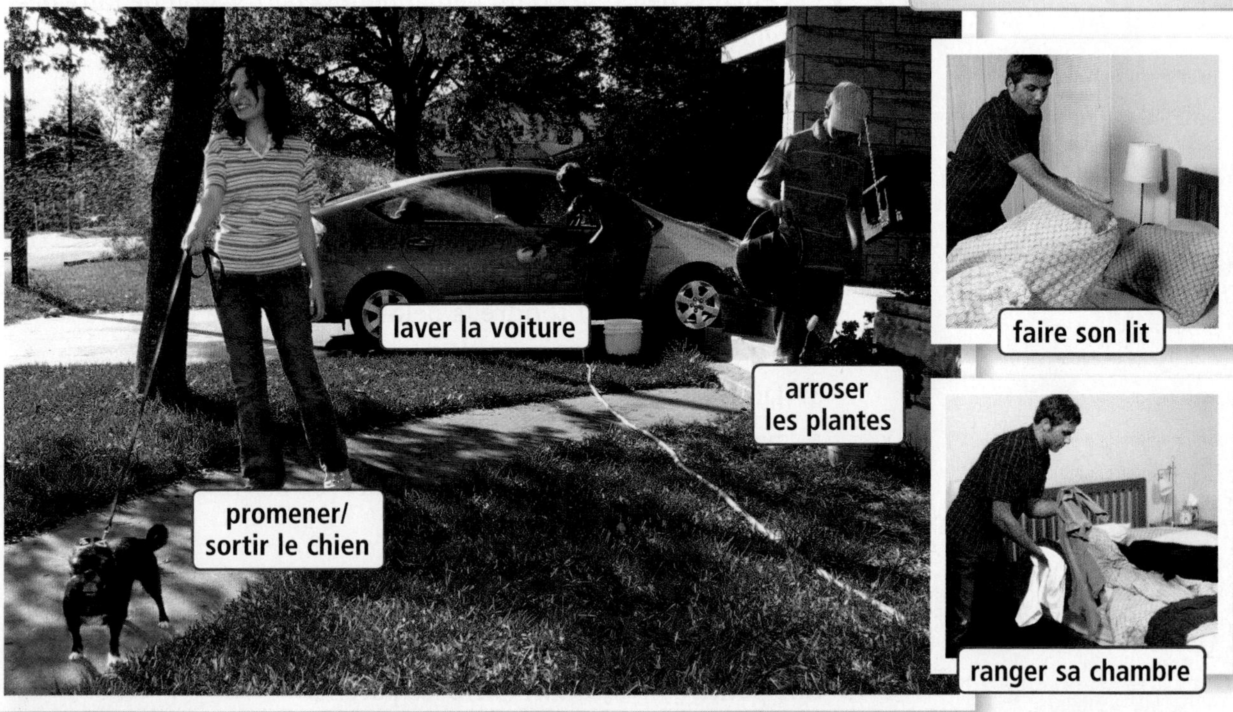

Exprimons-nous!

To ask for permission	To give or refuse permission
Tu es d'accord si je vais au cinéma? *Is it OK with you if . . . ?*	**D'accord, si** tu fais la vaisselle. *It's OK if . . .*
Est-ce que je peux aller chez Laurent? *Can I . . . ?*	**Bien sûr, mais il faut d'abord donner à manger** au chien. *Of course, but first you have to feed . . .* **Pas question!** *Out of the question!* **Non, tu dois** tondre la pelouse. *No, you have to . . .*

Vocabulaire et grammaire, *pp. 85–87*

1 Écoutons

Les enfants de Mme Loum demandent la permission de faire des activités. Dans chaque cas, indique si elle **a) donne la permission** ou **b) refuse la permission.**

2 Chasse l'intrus!

Lisons Choisis l'expression qui n'appartient pas à chaque groupe.

1. balayer / nettoyer / passer l'aspirateur / tondre la pelouse
2. laver la voiture / tondre la pelouse / ranger sa chambre / promener le chien
3. faire la lessive / faire la vaisselle / mettre la table / laver la voiture
4. passer l'aspirateur / faire la lessive / arroser les plantes / balayer
5. faire la vaisselle / faire la cuisine / faire son lit / vider le lave-vaisselle

3 Quel désordre!

Écrivons Ces jeunes veulent faire des activités mais ils ont des corvées à faire d'abord. Écris une petite conversation entre les parents et les jeunes.

Chloé et Samuel

Souviens-toi! Les endroits et les activités, pp. 52–53, 162

MODÈLE **—Papa, tu es d'accord si nous allons au cinéma?**
—D'accord si vous rangez votre chambre.

1. Anne

2. Sébastien

3. Jérôme

4. Perrine et Thomas

5. Julie et Max

6. Florent

Exprimons-nous!

To tell how often you do things

Je fais mon lit **tous les** jours. *. . . every . . .*

D'habitude, mon frère range sa chambre le samedi. *Usually, . . .*

C'est toujours moi **qui** fais la vaisselle. *It's always . . . that . . .*

Ma mère passe l'aspirateur une **fois par** semaine. *. . . time(s) a . . .*

Je **ne** fais **jamais** la cuisine. *. . . never . . .*

Vocabulaire et grammaire, *pp. 85–87*

4 Et toi?

Parlons Dis si tu fais souvent les corvées suivantes.

faire son lit	ranger sa chambre	faire la cuisine
vider le lave-vaisselle	laver la voiture	sortir la poubelle

MODÈLE promener le chien: **Je promène le chien tous les jours.**

5 Qu'est-ce que tu fais?

Écrivons Un journaliste fait un sondage sur les adolescents et les corvées. Réponds à ses questions avec des phrases complètes.

MODÈLE —Qu'est-ce que tu fais comme corvées tous les matins?
—Je fais mon lit tous les matins.

1. Quelles corvées est-ce que tu fais tous les jours?
2. Quelles corvées est-ce que tu fais quelques fois par semaine?
3. Quelles corvées est-ce que tu ne fais pas souvent?
4. Chez toi, qui fait la cuisine, d'habitude?
5. Quelles corvées est-ce que tu ne fais jamais?
6. Complète cette phrase: C'est toujours… qui…

Flash culture

Hospitality is very important in Senegal. The tea ceremony, also called **ataya,** can last for a few hours and is a part of this hospitality. Tea is rarely drunk at breakfast but rather at the end of a meal. It is usually offered to visitors and friends. It is a ritual mostly performed by young boys or men. It is also the only ritual that gathers both men and women, young and old people.

Do you drink tea? What type of tea? What do you drink when you are with friends?

Vocabulaire 1

Digital performance space

Communication

6 Sondage

Parlons Fais un sondage pour découvrir s'il y a vraiment des corvées typiquement féminines ou masculines. Si tu veux, utilise les questions de l'activité 5 pour ton sondage. Partage tes résultats avec la classe.

MODÈLE **—Katie, qu'est-ce que tu fais comme corvées?**
—D'habitude, je donne à manger au chien et…
—Et toi David, qui fait… chez toi?

Objectifs

- the verbs *pouvoir* and *devoir*
- the *passé composé* of *-ir* and *-re* verbs

Grammavision

The verbs *pouvoir* and *devoir*

1 The verbs **pouvoir** *(to be able to, can)* and **devoir** *(to have to, must)* are irregular. Here are the forms of these verbs.

pouvoir			
je	**peux**	nous	**pouvons**
tu	**peux**	vous	**pouvez**
il/elle/on	**peut**	ils/elles	**peuvent**

devoir			
je	**dois**	nous	**devons**
tu	**dois**	vous	**devez**
il/elle/on	**doit**	ils/elles	**doivent**

2 These verbs are usually followed by an **infinitive.**

Tu **peux laver** la voiture?
Can you wash the car?

Nous **devons faire** la vaisselle?
Do we have to wash the dishes?

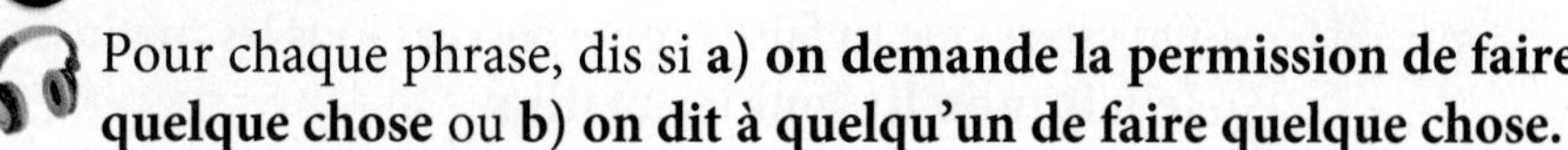
Vocabulaire et grammaire, *pp. 88–89*
Cahier d'activités, *pp. 71–73*

En anglais

In English, some verbs are often followed by another verb, for example, the verbs *to have to* and *can.*

I **have to** sweep.

You **can** go home now.

What other English verbs can you think of that are always or almost always followed by another verb?

In French too, there are verbs that are almost always followed by another verb. **Devoir** and **pouvoir** are two such verbs.

7 Écoutons

Pour chaque phrase, dis si **a) on demande la permission de faire quelque chose** ou **b) on dit à quelqu'un de faire quelque chose.**

8 Chez les Dialo

Lisons Les Dialo font leur emploi du temps et chaque membre de la famille doit faire quelque chose. Choisis la forme correcte de **devoir** ou de **pouvoir** pour compléter les phrases suivantes.

1. Après le petit-déjeuner, je _____ débarrasser la table.
   a. dois **b.** devons **c.** doit
2. Moussa et Mati _____ passer l'aspirateur cet après-midi.
   a. doivent **b.** devez **c.** doit
3. Papa _____ sortir la poubelle une fois par semaine.
   a. peux **b.** peut **c.** pouvez
4. Nous _____ ranger nos chambres.
   a. devez **b.** doivent **c.** devons
5. Leïla, est-ce que tu _____ faire la vaisselle après le repas?
   a. peuvent **b.** peux **c.** peut
6. Et vous, Youssef et Ali, vous _____ faire la lessive!
   a. devons **b.** dois **c.** devez

À la québécoise

In Quebec, people use the expression **sortir les vidanges** to say *to take out the trash.*

Online Practice

my.hrw.com
Grammaire 1 practice

Grammaire 1

9 Les corvées d'Ibra

Lisons/Écrivons Ibra a envie de sortir aves ses copains, mais son père n'est pas d'accord. Complète leur conversation avec les formes appropriées de **pouvoir** ou de **devoir.**

IBRA Je ___1___ aller au café avec Julien et Ahmed cet aprèm?

PAPA Pas question! Tu ne ___2___ pas sortir cet après-midi. Tu ___3___ ranger ta chambre! Nous ___4___ aussi laver la voiture de ta mère aujourd'hui.

IBRA Quoi!? Je lave toujours les voitures! Et Tarik et Niom, ils ne ___5___ pas t'aider?

PAPA Non, ils ___6___ promener le chien et faire la vaisselle.

10 On a tous des obligations!

Parlons Regarde les images et dis ce que ces personnes doivent faire et ce qu'elles ne peuvent pas faire ce week-end.

MODÈLE **Flore doit passer l'aspirateur, alors elle ne peut pas jouer au tennis.**

Flore

1. nous

2. je

3. Martine et Anna

4. tu

11 Chez moi...

Écrivons Qui fait les corvées chez toi? Écris un paragraphe pour décrire ce que chaque personne doit faire habituellement.

MODÈLE **D'habitude, ma mère doit..., mais je dois... toujours... Mon frère et moi, nous devons...**

Communication

12 Scénario

Parlons Tu demandes la permission à ton père de faire quatre activités. Ton père va accepter ou refuser parce qu'il y a des corvées à faire à la maison. Tu demandes à ton père si tu dois faire toutes les corvées. Jouez cette scène avec ton/ta camarade.

MODÈLE **—Papa, est-ce que je dois...?**
—Non, tu dois...

The *passé composé* of -ir and -re verbs

1 You've seen how to form the **passé composé** of **-er** verbs. Most -ir and -re verbs also use the helping verb avoir.

2 Here's how you form the past participles of -ir and -re verbs:

-ir verbs, drop the final -r

choisi**r** → choisi

Tu **as choisi** quelque chose?
Did you pick something out?

-re verbs, change the final -re to -u

perd**re** → perd**u**

Elle **a perdu** ses devoirs.
She lost her homework.

Vocabulaire et grammaire, *pp. 88–89*
Cahier d'activités, *pp. 71–73*

Online Workbooks

Déjà vu!

The passé composé is formed by adding the past participle of a verb to the present tense of a helping verb. To form the past participle of regular -er verbs, replace -er with -é.

parler
j'ai parlé
tu as parlé
il/elle/on a parlé
nous avons parlé
vous avez parlé
ils/elles ont parlé

13 Une matinée bien chargée

Lisons/Écrivons Il s'est passé beaucoup de choses chez les Thiam ce matin. Complète les phrases avec le passé composé des verbes entre parenthèses.

1. Oumar ______ la pelouse à 8h. (tondre)
2. Tarek et Jamila ______ un restaurant pour aller dîner. (choisir)
3. Papa et moi, nous ______ les livres à la bibliothèque. (rendre)
4. Vous ______ votre frère pour aller faire les magasins? (attendre)
5. Oumar, tu ______ la poubelle après le petit-déjeuner? (sortir)
6. Moi, je/j' ______ mon vélo à M. Diouf! (vendre)

14 La liste de Mamadou

Lisons/Parlons Regarde la liste de Mamadou et dis ce qu'il a fait et ce qu'il n'a pas fait.

MODÈLE Il n'a pas tondu la pelouse. Il a…

tondre la pelouse
✓répondre à l'e-mail de Salima
sortir le chien
vendre mes livres
✓choisir la musique pour la fête
finir mes devoirs

⓯ Ce qui est arrivé récemment

Écrivons Choisis un mot de chaque boîte et utilise **le passé composé** pour faire des phrases. Fais les changements nécessaires.

MODÈLE J'ai perdu le bracelet de maman.

Je Mon père Mes copains et moi Les élèves Mon petit frère	attendre perdre finir choisir réussir à entendre	un nouveau chapeau des copains au café l'examen d'histoire les devoirs de maths le bracelet de maman le nouveau CD de Youssou N'dour

⓰ Un dimanche pas terrible

Parlons Décris ce que les personnes sur les photos ont fait dimanche. Utilise les éléments donnés.

MODÈLE Elles ont vendu des légumes.

elles / vendre

1. tu / attendre

VOUS AVEZ VU NOTRE CHIEN?
APPELEZ NICOLAS OU LISE
01.82.63.55.90

2. nous / perdre

3. il / sortir

4. je / tondre

Digital performance space

Communication

⓱ Scénario

Parlons Il y a eu un crime chez les Mottier. L'inspecteur de police pose des questions à M. Mottier. Avec un(e) camarade, jouez cette scène. Utilisez les mots de la boîte et le passé composé.

répondre	une amie	attendre	mari
finir	hier soir	dîner	chien
téléphoner	perdre	entendre	maison

MODÈLE —À quelle heure est-ce que vous avez...?
—J'ai... à huit heures et j'ai...

Synthèse
- Vocabulaire 1
- Grammaire 1

Application 1

18 Écoutons

Madame Giraud doit travailler. Elle demande à ses enfants de faire des corvées. Qu'est-ce que chaque personne doit faire?

Maison-Mains-Ménage

Retrouver un intérieur impeccable après une journée active est si agréable !

On vous propose de faire
- votre ménage (balayer, nettoyer la salle de bain/la cuisine, passer l'aspirateur, sortir les poubelles, faire les lits)
- votre lessive et votre repassage

Et pour encore plus de liberté, on peut...
- ✓ préparer vos repas
- ✓ promener votre chien
- ✓ faire du baby-sitting

Pour plus de renseignements, appelez le service des MMM au

06.38.40.03.44

19 Dis adieu au ménage!

Lisons/Parlons Le père de Lola est en voyage d'affaires *(business trip)* et sa mère a le bras cassé *(broken arm)*. Lis la publicité et décide si le service MMM peut l'aider avec ses corvées.

1. La pelouse est haute *(high)*.
2. Elle doit faire la cuisine.
3. La maison est sale *(dirty)*.
4. Elle doit laver la voiture.
5. Les vêtements sont sales.
6. Le chat a faim.

Un peu plus

Negative expressions

1. You've already used the expressions **ne... pas, ne... ni... ni** and **ne... jamais**. Here are some other negative expressions.

ne... pas encore	*not yet*	**ne... personne**	*no one*
ne... plus	*no longer*	**ne... rien**	*nothing*

2. The negative pronouns **rien** *(nothing)* and **personne** *(nobody)* come before **ne** and the verb when used as subjects.

   Personne n'a joué avec moi au parc.
   Rien n'est facile.

   In the **passé composé, rien** goes immediately after the helping verb, but **personne** goes after the whole verb phrase.

   Je **n'ai rien** fait au parc.
   Je **n'ai vu personne** au parc.

Vocabulaire et grammaire, *p. 90*
Cahier d'activités, *pp. 71–73*

my.hrw.com
Application 1 practice

20 Questions et réponses

Lisons/Écrivons Complète les conversations de façon logique avec des expressions de négation. Attention à l'ordre des mots!

1. —Florent, il y a encore du pain?
   —Ah non, il ______ y a ______ de pain!
2. —Vous attendez Henri?
   —Non, on ______ peut ______ attendre Henri. Il est 9h00!
3. —Qui a fait la vaisselle ?
   —______ ______ a fait la vaisselle!
4. —Lucas a déjà nettoyé sa chambre?
   —Non, il ______ a ______ nettoyé sa chambre.

21 Contradictions

Lisons/Parlons Utilise des expressions négatives pour dire l'opposé de chaque phrase.

MODÈLE Léonie fait beaucoup de choses à la maison.
Léonie ne fait rien à la maison.

1. Christian a encore *(still)* des devoirs à faire.
2. Tout *(everything)* est facile.
3. Seydou doit faire son lit et ranger sa chambre.
4. Mariama a beaucoup mangé au déjeuner.
5. Papa sort toujours la poubelle le soir.
6. Maman a débarrassé la table.

22 La lettre de Cendrillon

Écrivons Cendrillon écrit à sa belle-mère qu'elle ne veut plus faire ses corvées. Écris cette lettre et mentionne cinq à dix corvées.

MODÈLE **Chère belle-mère,**
C'est toujours moi qui fais...
Vos filles ne font ni... ni...

Digital performance space

Communication

23 Scénario

Parlons Imagine que tu es directeur/directrice d'une colonie de vacances *(summer camp)*. C'est toi qui décides qui va faire les corvées pour la semaine. Les enfants (tes camarades) se plaignent *(complain)*. Jouez la scène en groupes de quatre.

La cérémonie du thé au Sénégal

Culture appliquée

La cérémonie du thé

La cérémonie du thé au Sénégal fait partie de l'hospitalité sénégalaise. Le thé à la menthe est offert aux amis et aux visiteurs après le repas. On sert[1] le thé en trois services. Le premier verre est amer[2] comme la mort, le deuxième est un peu plus sucré[3], et le troisième est doux comme l'amour[4].

1. serves **2.** bitter **3.** sweet **4.** love

Thé à la menthe

Ingredients:

- green tea leaves
- fresh mint
- boiling water
- sugar

Step 1 Boil water in a kettle. While the water is boiling, take one sprig of fresh mint and rinse it in cool water, keeping the leaves intact. Set it aside.

Step 2 Rinse one teaspoon of the green tea leaves in boiling water. Put the leaves with the mint in a teapot. Add sugar. Let the tea steep for 3 to 4 minutes before serving.

Step 3 When serving the tea, pour it from high up into a glass, then pour the content of the glass back into the teapot or in another glass. Repeat a few times. You should get froth. The thicker the froth, the better the tea is.

Fais des recherches pour découvrir s'il existe d'autres types de thé au Sénégal.

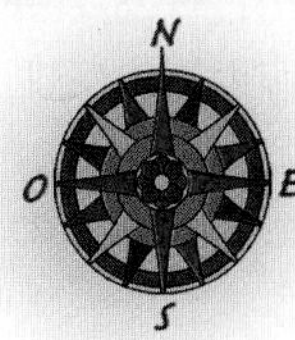

Comparaisons

Des toilettes

Où sont les toilettes?

Tu arrives dans la maison de ta famille d'accueil[1] à Paris. Tu veux aller aux toilettes et tu demandes: «Où est la salle de bain, s'il vous plaît?» La pièce qu'on t'indique n'a pas de toilettes. Pourquoi?

a. Les toilettes sont à l'extérieur de la maison.

b. La salle de bain a en général un lavabo et une douche ou une baignoire[2], mais pas de toilettes.

c. Chaque chambre a ses propres toilettes.

Closed doors (bedroom, bathroom) in a French home mean no admittance, except for the door to the toilet which is always closed. It usually is in a room separate from the bathroom, so be precise when you ask for directions, and do not use the French equivalent to the English word *bathroom,* as it is confusing for the French. **Une salle de bain** is a room where you wash yourself or take a bath. To be on the safe side, use the words **les toilettes** as in **Où sont les toilettes?** It may also be a good idea to knock on the door of the toilet before you open it.

ET TOI?

1. Do homes in your culture have any features that are unique? What are they?
2. Do you know of any other differences between a French home and an American one?

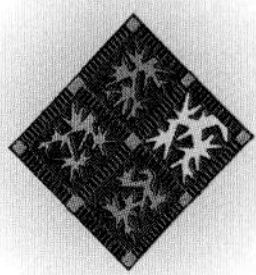

Communauté

C'est comment, chez toi?

What types of houses or buildings are there in your community? Are they two-story? Do they have a basement or an attic? What are they made of: brick, wood…? Take a walk around your neighborhood and note the most popular types of houses or buildings. Are these types of buildings typical of your region?

Une lotissement typique aux États-Unis

1. host family **2.** sink, shower or bathtub

Objectifs

- to describe a house
- to ask where something is

Vocabulaire 2 à l'œuvre

Télé-vocab

Bienvenue chez moi à Dakar!

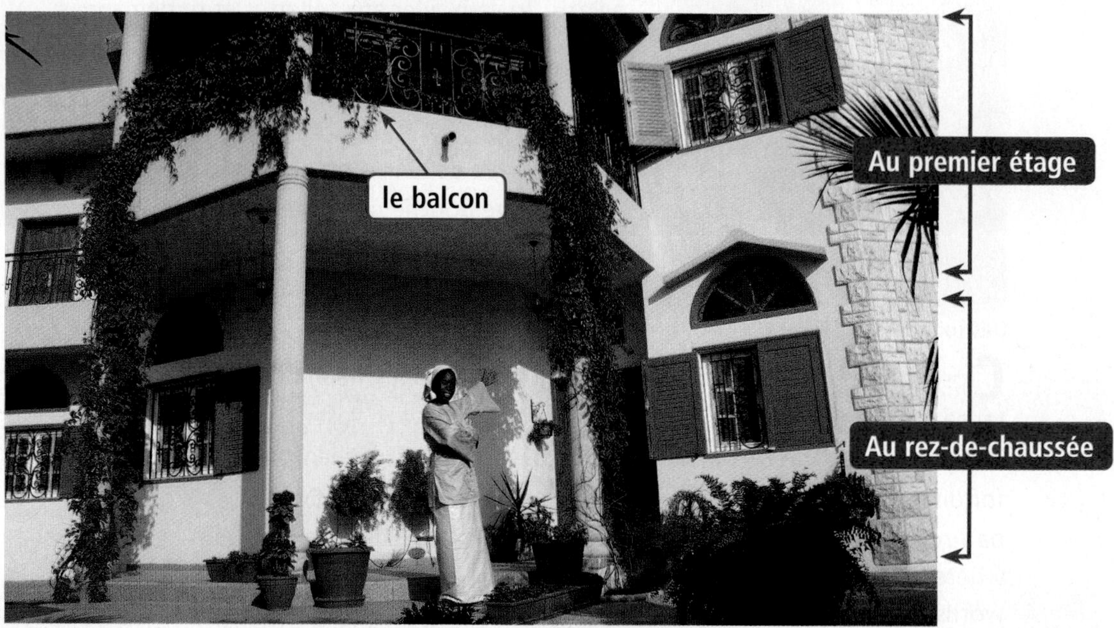

Online Practice
my.hrw.com
Vocabulaire 2 practice

Exprimons-nous!

To describe a house

J'habite dans une maison/un appartement. *I live in a house/an apartment.*

C'est un immeuble de six **étages.** *It's a building with . . . floors.*

Il y a cinq **pièces chez moi.** *There are . . . rooms at my place.*

Là, c'est la chambre de mes parents. *There's . . .*

Dans le salon, il y a un sofa, deux fauteuils et une table. *In . . .*

Vocabulaire et grammaire, *pp. 91–93*

▶ **Vocabulaire supplémentaire—À la maison, p. R10**

un plumard	*a bed*
une baraque	*a house*
une piaule	*a bedroom*

24 La chambre de Naago

Lisons/Écrivons Naago décrit sa chambre. Complète ses phrases d'après les images.

Mon frère et moi, nous avons une grande chambre!

Dans notre chambre, il y a deux , une  et

un . Il y a aussi trois  dans la chambre.

J'ai une  sur la . Elle est super!

25 Où sont-ils?

Parlons Mariama et sa famille sont très occupées dans différentes parties de la maison. D'après leurs actions, dis où ils sont.

MODÈLE Djaineba fait la vaisselle. **Elle est dans la cuisine.**

1. Papa tond la pelouse.
2. Naffisatou et Mariama mettent la table.
3. Maman fait le lit.
4. Léopold gare *(parks)* la voiture.
5. Mamie vide le lave-vaisselle.
6. Le chat joue avec une balle sur le sofa.

Flash culture

In Senegal as in France, floors in a house or building are not counted the same way as in the U.S. The ground level floor is the **rez-de-chaussée.** The floor above the street level is the **premier étage.** So, if someone tells you that they have a **maison à deux étages,** it means that their house has three floors.

Do you know of other countries which refer to floors in the same way as the Senegalese do?

26 Écoutons

Amadou est agent immobilier *(realtor)* et il a une liste de ce que ses clients cherchent. Écoute les messages qu'il a laissés pour ses clients. Dans chaque cas, indique ce qu'il **n'a pas trouvé.**

1. *Mme Faye*
   a. big garden
   b. four bedrooms
   c. balcony
2. *Les Simonet*
   a. big kitchen
   b. dining room
   c. near the beach
3. *Les Dialo*
   a. pool
   b. garage
   c. single level
4. *Les Diop*
   a. balcony
   b. five bedrooms
   c. three bathrooms
5. *M. Vaillant*
   a. modern kitchen
   b. dining room
   c. large living room
6. *Mlle Ndoye*
   a. two bedrooms
   b. small garden
   c. no stairs

Exprimons-nous!

To ask where something is	To respond
Où se trouve ta chambre? *Where is . . . ?*	Elle est **au deuxième/troisième étage.** *. . . on the third/fourth floor.*
	Elle est **en bas/en haut.** *. . . downstairs/upstairs.*
	Elle est **à gauche/à droite de** la salle à manger. *. . . to the left of/to the right of . . .*
	Elle est **au fond/au bout du couloir.** *. . . at the end of the corridor.*
	Elle est **en face de** la cuisine. *. . . facing/across from . . .*
Où est ton sac à dos? *Where is . . . ?*	Il est **sur/sous** le lit. *. . . on top of/under . . .* Il est **à côté de** l'étagère. *. . . next to . . .*

Vocabulaire et grammaire, *pp. 91–93* — Online Workbooks

Vocabulaire 2

27 À louer!

Écrivons Regarde le plan de l'appartement de M. Garros. Un élève sénégalais veut louer *(rent)* l'appartement. Écris-lui une lettre pour décrire l'appartement. Donne tous les détails: combien de pièces il y a, comment les pièces sont orientées etc.

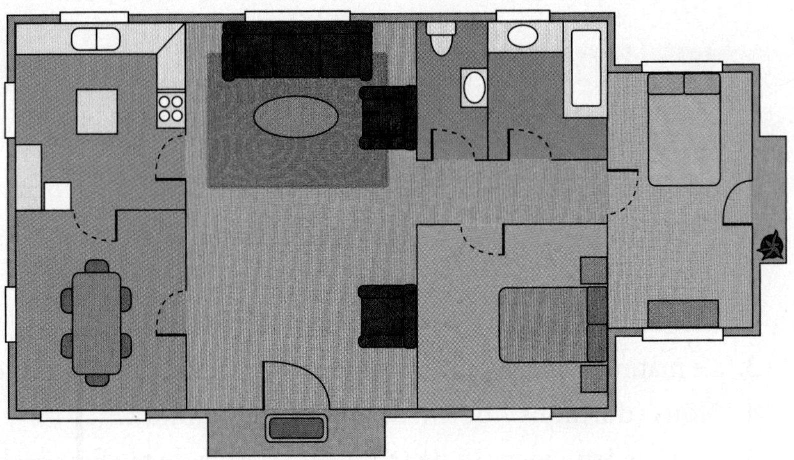

Digital performance space

Communication

28 Informations personnelles

Parlons Décris ta maison ou ton appartement ou la maison de tes rêves *(dream house)* à ton/ta camarade. Est-ce qu'il y a un jardin, une piscine? Donne beaucoup de détails.

MODÈLE **Il y a… pièces dans ma maison idéale. Au rez-de-chaussée, il y a… Le… est à côté de…**

Objectifs

- the verbs *dormir, sortir,* and *partir*
- the *passé composé* with *être*

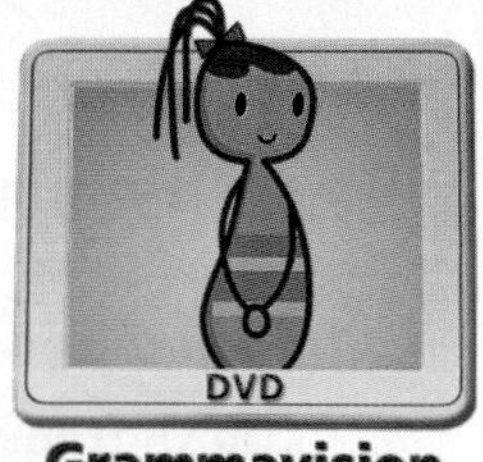

Grammavision

The verbs *dormir, sortir,* and *partir*

Dormir *(to sleep)*, **sortir** *(to go out, to take out)*, and **partir** *(to leave)* follow a pattern different from the **-ir** verbs you learned in Chapter 6.

	dormir	sortir	partir
je	dor**s**	sor**s**	par**s**
tu	dor**s**	sor**s**	par**s**
il/elle/on	dor**t**	sor**t**	par**t**
nous	dorm**ons**	sort**ons**	part**ons**
vous	dorm**ez**	sort**ez**	part**ez**
ils/elles	dorm**ent**	sort**ent**	part**ent**

Je **pars** de la maison à 10h30. Ils **dorment** bien.
Il **sort** avec Célia ce soir. Vous **sortez** le livre du sac.

Vocabulaire et grammaire, *pp. 94–95*
Cahier d'activités, *pp. 75–77*

In Senegal, there is a great diversity in the style of houses. The **case** is a senegalese home built in the traditional architectural style. The shapes of the **cases** vary greatly from one region to another, even from one village to the other. They are mostly made out of straw and mud. In the Saloum islands, the houses are made with bricks of crushed shells. These houses have a **toiture-terrasse** *(flat roof)*.

Do you know of an area in the U.S. where houses are constructed differently or with special materials?

29 À la maison

Lisons Complète les phrases suivantes avec la forme correcte des verbes.

1. Les filles (dorment / dormons) dans la chambre verte.
2. Magali (sors / sort) ses vêtements du placard.
3. Le matin, vous (partent / partez) de votre appartement quand?
4. Nous (dormons / dorment) en haut, d'habitude.
5. Avec ce jeu vidéo, tu ne (sors / sort) plus de ta chambre!

30 La famille d'Aristide

Écrivons Aristide décrit ce que sa famille fait aujourd'hui. Complète ses phrases avec les verbes **sortir, partir** ou **dormir.**

1. Séverine a sommeil. Elle ______ dans sa chambre.
2. Papa travaille à midi. Il ______ de la maison à 11h45.
3. Moi, je ______ avec des copains cet après-midi.
4. Nous ______ dans notre chambre.
5. Vous ______ en vacances en juillet?
6. Comme toujours, les chiens ______ sur le sofa!

Online Practice

my.hrw.com

Grammaire 2 practice

Grammaire 2

31 On fait quoi?

Parlons Explique ce qu'on fait d'après les images. Utilise les sujets indiqués.

MODÈLE **Vous sortez un livre de l'étagère.**

vous

1. les élèves

2. tu

3. Paloma

4. je

5. M. Jourdain

6. nous

32 Nos habitudes

Parlons/Écrivons Réponds aux questions pour décrire les habitudes de ta famille.

1. Est-ce que tu dors tard *(late)* le dimanche?
2. Jusqu'à *(until)* quelle heure est-ce que tes parents dorment?
3. Où est-ce que ta famille part en vacances d'habitude?
4. Tu sors souvent avec tes amis le week-end?
5. Tu pars de la maison à quelle heure pour aller à l'école?

Digital performance space

Communication

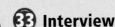

33 Interview

Parlons Tu interviewes Dominique Leconte, un(e) jeune athlète francophone, pour le journal de ton lycée. Pose-lui des questions sur ses habitudes. Ton/Ta camarade va jouer le rôle de l'athlète. Utilise les verbes **partir, sortir** et **dormir** dans tes questions.

MODÈLE **—Dominique, tu dors beaucoup, d'habitude?**
—Non, je ne dors pas beaucoup parce que...

The *passé composé* with être

1 Some verbs, mainly verbs of motion like **aller**, use **être** instead of **avoir** as the helping verb in the **passé composé.** When you write these forms, the participle agrees in gender and number with the subject.

je	**suis allé(e)**	nous	**sommes allé(e)s**
tu	**es allé(e)**	vous	**êtes allé(e)(s)**
il	**est allé**	ils	**sont allés**
elle	**est allée**	elles	**sont allées**

agrees in gender and number

Carol et Marie-Louise **sont rentrées** à neuf heures.

2 When the subject is the pronoun on, then the participle agrees with the understood subject that on stands for.

if on stands for	*then you write*
ils/nous *(all male or mixed)*	on **est allés**
elles/nous *(all female)*	on **est allées**

Baptiste et moi, on **est allés** au parc hier.

3 These verbs are conjugated with **être** in the **passé composé** and have regular past participles.

arriver	*to arrive*	**monter**	*to go up*
descendre	*to go down*	**partir**	*to leave*
entrer	*to enter*	**rester**	*to stay*
sortir	*to go out*	**tomber**	*to fall*
retourner	*to return*	**rentrer**	*to go back*

These verbs are conjugated with **être** in the **passé composé,** but have irregular past participles.

mourir →	mort	*to die*
naître →	né	*to be born*
(re)venir/devenir →	(re)venu/devenu	*to come (back)/to become*

Vocabulaire et grammaire, *pp. 94–95*
Cahier d'activités, *pp. 75–77*

Déjà vu!

Do you remember how to form the past participles of **-er, -ir** and **-re** verbs?

parler → **parlé**
finir → **fini**
vendre → **vendu**

34 Qu'est-ce qu'ils ont fait?

Lisons Choisis la forme correcte du verbe entre parenthèses.

1. Annabelle, tu (es tombé / es tombée) dans l'escalier?
2. Papa (est descendu / sont descendus) au salon.
3. Ma nouvelle chaîne stéréo (sont arrivés / est arrivée) hier!
4. Les deux commodes (sont restés / sont restées) chez Thomas.
5. Mon amie (est monté / est montée) au deuxième étage.
6. Nos oncles (sont nés / sont nées) dans cette maison.

35 Écoutons

Anna discute avec ses copines au café. Écoute chaque phrase et indique si elle parle de quelque chose qu'elle fait **a) tous les jours** ou qu'elle a fait **b) hier.**

36 Activités diverses

Lisons/Écrivons Complète ces phrases de façon logique. Utilise un verbe qui est conjugué avec **être** au passé composé.

MODÈLE Monsieur Godrèche est allé à l'hôpital parce qu'il...
...est tombé dans l'escalier.

1. C'est à Tahiti que ma cousine...
2. Les enfants de Sylvie...
3. Jacques et moi, nous... au deuxième étage pour...
4. Les filles, est-ce que vous... à la maison pour... ce week-end?
5. Et toi, Céleste, tu... avec ta famille?

37 La visite des grands-parents

Parlons Raconte ce qui s'est passé chez les Dumez hier. Utilise un verbe avec être au passé composé.

papi et mamie

MODÈLE **Papi et mamie sont arrivés le matin à 10h00.**

1. Élise et Olivier

2. Olivier

3. mamie

4. papi et mamie

Communication

38 Scénario

Parlons Imagine que tu as perdu un devoir de français très important hier. Ton/Ta camarade et toi, vous essayez de retracer tes pas *(to retrace your steps)* pour retrouver ce devoir. Parle de tout ce que tu as fait hier. Puis échangez les rôles.

MODÈLE **—Alors, qu'est-ce que tu as fait hier matin?**
—Je suis parti(e) de la maison à 8h30 et...

Application 2

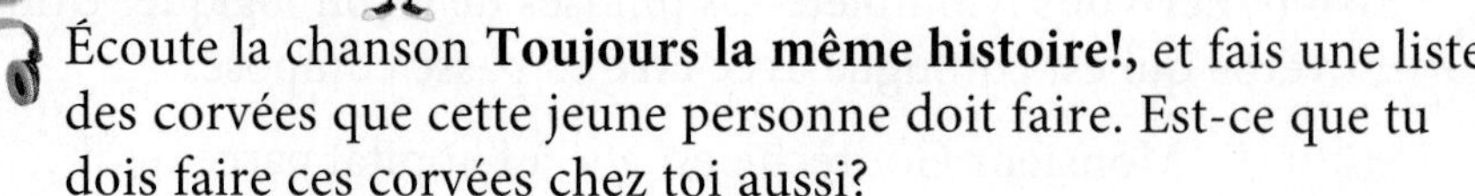

39 On rappe!

Écoute la chanson **Toujours la même histoire!,** et fais une liste des corvées que cette jeune personne doit faire. Est-ce que tu dois faire ces corvées chez toi aussi?

40 Mon journal

Écrivons Tu passes l'été à Dakar avec ton oncle et ta tante. Écris un paragraphe dans ton journal et décris tout ce qu'il y a dans ta chambre.

41 Que des corvées!

Écrivons Tu as fait beaucoup de corvées le week-end dernier et ton frère et ta sœur n'ont pas aidé *(helped)* du tout. Écris un e-mail à ton copain pour lui raconter ton week-end. Utilise des verbes au passé composé et des expressions de négation.

MODÈLE **Salut Christophe! J'ai fait beaucoup de corvées le week-end dernier! Samedi matin…**

Un peu plus

-yer verbs

Verbs ending in **-yer** have a spelling change in all forms except the **nous** and **vous** forms.

nettoyer *(to clean)*			
je	netto**i**e	nous	nettoyons
tu	netto**i**es	vous	nettoyez
il/elle/on	netto**i**e	ils/elles	netto**i**ent

Verbs like **nettoyer**:

balayer	*to sweep*
envoyer	*to send*
essayer (de)	*to try on (to try to)*
payer	*to pay for*

The past participles for **-yer** verbs follow the regular pattern:

nettoyer → j'ai nettoyé

Vocabulaire et grammaire, *p. 96*
Cahier d'activités, *pp. 75–77*

42 Préparations pour le réveillon

Lisons/Parlons Fais des phrases pour expliquer ce que les membres de la famille de Josiane font le 31 décembre.

1. Josiane / payer / dîner au restaurant
2. Vous / essayer / nouveaux vêtements
3. Maman et moi, nous / envoyer / cartes / toute la famille
4. Papa et Philippe / nettoyer / salle de bain
5. Moi, je / balayer / le salon
6. Philippe, tu / nettoyer / la table de la salle à manger.

my.hrw.com
Application 2 practice

43 Les tâches de chacun

Écrivons Complète les phrases avec un verbe en **-yer.**

1. Tu ______quelqu'un pour tondre la pelouse?
2. D'habitude, nous ______ de laver la voiture le dimanche.
3. Mamie et papi ______ des bandes dessinées de Paris.
4. C'est toujours moi qui ______ la salle de bain.
5. Théo ______ le balcon.

44 Préparatifs pour une fête d'anniversaire

Écrivons Tu organises une fête d'anniversaire *(birthday)* chez toi. Qu'est-ce que chaque personne fait? Utilise une expression de chaque boîte pour faire des phrases complètes.

Je	nettoyer	la cuisine
Toi, tu	payer	une jolie robe
Maman	envoyer	la salle à manger
Nous	essayer	une pizza
Vous, les garçons	balayer	les invitations
Mes sœurs		les toilettes

Communication

45 Où habites-tu?

Parlons Avec un(e) camarade, vous discutez de votre maison et des corvées que vous devez faire. Lisez les questions ci-dessous et répondez-y de manière logique. Ensuite, échangez les rôles.

— **Tu habites dans une maison ou un appartement?**
—
— **Où se trouve ta chambre?**
—
— **Est-ce que tu dois souvent ranger ta chambre?**
—
— **Qui met la table chez toi?**
—
— **Est-ce que tu peux venir au cinéma samedi?**
—

Télé-roman

Que le meilleur gagne!

Épisode 8

STRATÉGIE

Making deductions Making deductions based on information you have gathered is an important skill in watching a story unfold on screen. The characters themselves make deductions as they learn more about their situation and the people involved. As a viewer, you may or may not agree with their deductions because you may have information that they don't have. Think about the information you have gathered about Yasmina's situation with Kevin. Have you seen anything happen that Yasmina has not seen? How does the end of this episode reflect what you already knew that she didn't?

Chez Adrien...

1 *C'est le jour de la fête d'Adrien.*

2

Yasmina Bon anniversaire!

Adrien Merci! Merci!

3 *Yasmina met le plan modifié sur le bureau d'Adrien.*

4

Laurie Dis, Adrien, j'ai vu Kevin ce matin et il m'a dit qu'il vient à ta fête. Tu l'as invité?

Adrien Non!

5

Yasmina Moi, je l'ai invité. Il aime beaucoup Adrien, vous savez. Ils font même du sport ensemble, il m'a dit. Alors, j'ai pensé que ça serait sympa.

6

Laurie Oui mais, Yasmina! Après ce qu'il a dit au café… franchement.

Yasmina Oh! Laurie! Je te l'ai dit! Kevin n'est pas comme ça. Et tu vas voir, je vais même te le prouver aujourd'hui.

7

Yasmina Eh! Kevin! Salut.

Kevin Salut, euh… Yasmina. Ça va?

8

Yasmina Tu as vu la chambre d'Adrien? Elle est super-cool!

Kevin Ah oui?

Yasmina Oui! Va voir! Sa chambre, c'est la deuxième à gauche.

9 *Kevin va dans la chambre d'Adrien et prend le plan modifié.*

10 *Yasmina découvre que Kevin a pris le plan modifié. Elle n'est pas contente.*

AS-TU COMPRIS?

1. Pourquoi est-ce qu'il y a une fête chez Adrien?
2. Qui a invité Kevin à la fête d'Adrien? Pourquoi?
3. Qu'est-ce que Yasmina dit à Kevin de faire?
4. Pourquoi est-ce que Kevin prend le plan?
5. Est-ce que c'est le plan de Mlle N'Guyen? Explique.
6. Compare la fête d'Adrien aux fêtes que tes amis et toi faites.

Prochain épisode:
D'après toi, qui va se perdre dans le prochain épisode? Et qui va trouver la dernière réponse au concours?

Lecture et écriture

STRATÉGIE

Looking for key details can help you quickly get the gist. You do not have to read or understand every word when that is your purpose. Scan the text or listen until you find the key words you are looking for.

A Avant la lecture

Regarde les photos et survole *(glance)* les petites annonces suivantes. Est-ce que tu peux deviner où sont les appartements et les maisons? Devine lesquels sont à vendre? À louer?

AGENCE IMMOBILIÈRE *du Rocher* Maisons et Appartements

Grandes Fenêtres!

A. Paris. À vendre. Bel appartement dans immeuble[1] ancien. Entrée. Salon avec cheminée. 3 chambres. Salle de bain et salle d'eau. ***Prix incroyable!***

Proche de la Plage!

B. À louer[2]. Sénégal, à 80km de Dakar. Résidence[3] Plein Sud, située dans station touristique. Appartement meublé[4] et équipé. 2 chambres climatisées, 1 salle de bain, cuisine équipée, séjour. Terrasse. Piscine dans la résidence.

Authenticité

C. 50 km sud de Paris. À vendre. Très belle ferme ancienne. Surface habitable 150m². Arbres fruitiers, dépendances. 3 chambres. Écoles et commerces à proximité. 465 000 €. Prix négociable.

À 2min de la Plage!

D. Sénégal, Mbour au sud de Dakar, particulier[5] loue maison avec vue et jardin, cuisine équipée, 4 chambres, 2 salles de bain, 2 terrasses. 180 000 FCFA/Semaine

À Saisir Tout de Suite!

E. Suisse. À 30 km de Genève. À louer. Magnifique chalet situé au calme avec vue exceptionnelle. Rez-de-chaussée: grand salon avec cheminée et cuisine équipée. Au premier étage: 2 grandes chambres avec salle de bain. État neuf. À saisir[6] !

5 Avenue du Roule • Paris 75006 • Tél. 01.23.45.67.89 • www.agence-rocher@immo.hrw.fr

1. building 2. For rent 3. apartment complex 4. furnished 5. owner 6. Great deal!

B Compréhension

Lis les phrases suivantes. Associe chaque groupe avec l'annonce qui lui correspond le mieux *(the best)*.

1. Une famille de deux enfants et trois chiens veut acheter une maison.
2. Deux amis veulent nager mais ils n'aiment pas la mer.
3. Un couple ne veut pas de jardin.
4. Des amis veulent passer l'été à la montagne.
5. Une famille de quatre enfants veut aller en vacances à la plage.

C Après la lecture

What things do people take into consideration when looking for a home to rent or buy? Would people look for the same things in a vacation home? Use key words from the ads to help explain.

Espace écriture

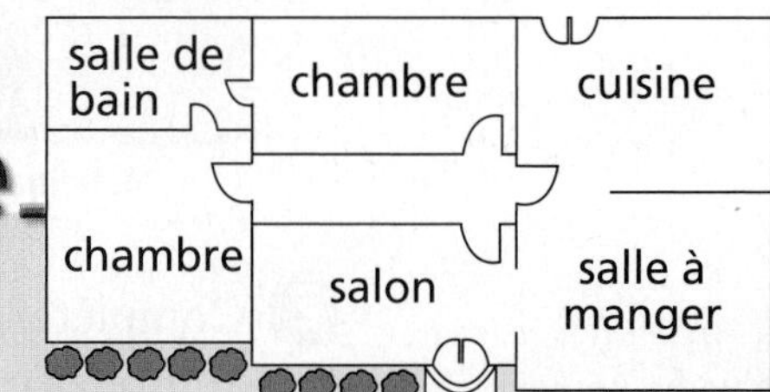

STRATÉGIE pour écrire

Using visuals can help you plan your writing and remember details you might otherwise forget. If you first sketch what you want to describe, your writing may be clearer to your readers.

Une maison de rêve

Describe your dream home. Say how many floors it has, what it is like, who lives there with you, and the chores each person does.

1 Plan

Sketch a floorplan of your dream home, including some furniture in each room. Label each room and the furniture. Then, write one or more chores next to each room and the name of the person who is supposed to do the chore(s). For example, next to the kitchen you might write **faire la vaisselle: papa.**

2 Rédaction

Using your sketch as a guide, write a detailed description of your dream home. Include where rooms and furniture are located in relationship to one another. Then, write a second paragraph about the people who live there with you, the chores each person has to do, and whether they do them well or not.

3 Correction

Read your draft at least two times. Did you accurately describe all the details from your drawing? Check for spelling, punctuation, and correct grammar.

4 Application

You may wish to color in your sketch or redraw it on poster board to display with your paragraphs. You might also give your classmates a guided tour of your dream home.

Prépare-toi pour l'examen

@HOMETUTOR

❶ Vocabulaire 1
- to ask for, give or refuse permission
- to tell how often you do things

pp. 256–259

❶ Dis ce que ces personnes font à la maison.

1. vous

2. Alisha

3. M. Fayyad

4. Benjamin

5. tu

6. je

❷ Grammaire 1
- the verbs ***pouvoir*** and ***devoir***
- the ***passé composé*** of ***-ir*** and ***-re*** verbs

Un peu plus
- negative expressions

pp. 260–265

❷ Complète la conversation entre Laurent et Penda avec la forme appropriée des verbes **pouvoir** ou **devoir.**

LAURENT J'ai envie d'aller au ciné. Tu ___1___ venir avec moi?

PENDA Pas maintenant. Je ___2___ ranger ma chambre, et après, mes sœurs et moi, nous ___3___ faire la vaisselle.

LAURENT Et cet après-midi, tu ___4___ faire quelque chose?

PENDA Vers six heures et demie, je ___5___ mettre la table, mais avant ça je ___6___ faire quelque chose. Qu'est-ce que tu veux faire?

PENDA Bon! Allons au concert cet aprèm!

❸ Vocabulaire 2
- to describe a house
- to ask where something is

pp. 268–271

❸ Réponds aux questions suivantes.

1. Tu habites dans une maison ou un appartement?
2. Il y a combien de pièces chez toi?
3. Qu'est-ce qu'il y a dans le salon chez toi?
4. Où sont les toilettes chez toi?
5. Où se trouve ta chambre?
6. Qu'est-ce qu'il y a dans ta chambre?

4 Complète ce paragraphe avec le verbe **au passé composé.**

Qu'est-ce qu'Amina ___1___ (faire) ce week-end? Samedi, elle ___2___ (sortir) avec des copains. Ils ___3___ (faire) les magasins et puis ils ___4___ (aller) au cinéma. Amina ___5___ (rentrer) à la maison vers dix heures. Elle ___6___ (entrer) dans sa chambre et elle ___7___ (dormir) jusqu'à neuf heures. Dimanche, Amina ___8___ (rester) à la maison. Elle ___9___ (tondre) la pelouse.

5 Réponds aux questions suivantes.

1. Describe the tea ceremony in Senegal.
2. What's the difference between a **salle de bain** and **les toilettes**?

6 Jaineba parle de son appartement à sa copine Caroline. Est-ce que les phrases suivantes sont **a) vraies** ou **b) fausses?**

1. L'appartement de Jaineba est petit.
2. Il y a six pièces dans l'appartement.
3. La salle de bain est au fond du couloir.
4. Il n'y a pas de tapis dans le salon.
5. La chambre de Jaineba est en face de la cuisine.

7 Tu parles avec un(e) camarade de votre maison ou appartement et de vos corvées. D'abord, lisez les instructions pour chaque réplique *(exchange)*. Ensuite, créez votre dialogue en utilisant des expressions de ce chapitre et des autres chapitres.

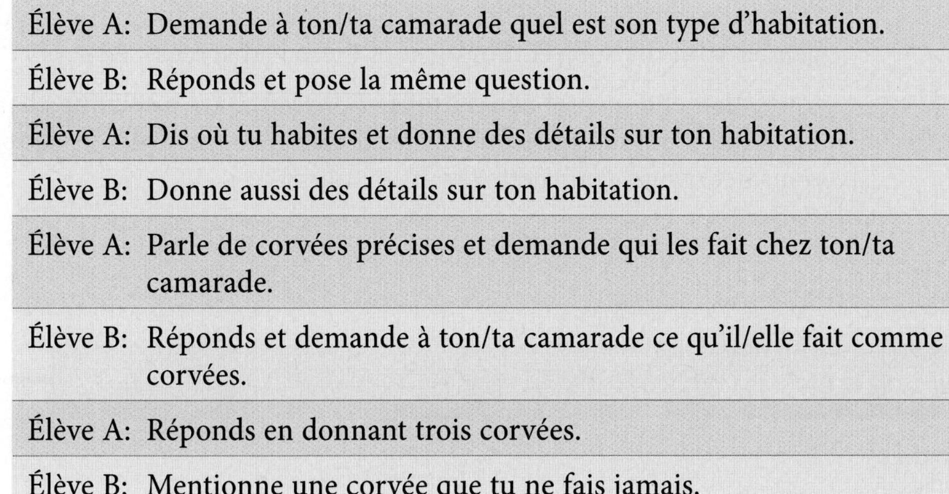

Élève A:	Demande à ton/ta camarade quel est son type d'habitation.
Élève B:	Réponds et pose la même question.
Élève A:	Dis où tu habites et donne des détails sur ton habitation.
Élève B:	Donne aussi des détails sur ton habitation.
Élève A:	Parle de corvées précises et demande qui les fait chez ton/ta camarade.
Élève B:	Réponds et demande à ton/ta camarade ce qu'il/elle fait comme corvées.
Élève A:	Réponds en donnant trois corvées.
Élève B:	Mentionne une corvée que tu ne fais jamais.

Online Assessment

my.hrw.com
Chapter Self-test

4 Grammaire 2
- the verbs ***dormir, sortir*** and ***partir***
- the ***passé composé*** with ***être***

Un peu plus
- ***-yer*** verbs

pp. 272–277

5 Culture
- **Comparaisons**
p. 267
- **Flash culture**
pp. 259, 270, 272

Grammaire 1
- the verbs *pouvoir* and *devoir*
- the *passé composé* of *-ir* and *-re* verbs

Un peu plus
- negative expressions

pp. 260–265

Résumé: Grammaire 1

The verbs **pouvoir** *(to be able to, can)* and **devoir** *(to have to, must)* are conjugated as follows:

pouvoir				devoir			
je	peux	nous	pouvons	je	dois	nous	devons
tu	peux	vous	pouvez	tu	dois	vous	devez
il/elle/on	peut	ils/elles	peuvent	il/elle/on	doit	ils/elles	doivent

Here's how you form the **past participle** of verbs:

- -er verbs: drop the -er and add é: chanter → chant**é**
- -ir verbs: drop the -r: finir → fin**i**
- -re verbs: drop the -re and add-u: vendre → vend**u**

For most verbs, use **avoir** as the helping verb in the **passé composé.**

For **negative expressions,** see p. 264.

Grammaire 2
- the verbs *sortir, partir* and *dormir*
- the *passé composé* with *être*

Un peu plus
- *-yer* verbs

pp. 272–277

Résumé: Grammaire 2

These are the forms of **dormir**, **sortir** and **partir**:

dormir				sortir				partir			
je	dors	nous	dormons	je	sors	nous	sortons	je	pars	nous	partons
tu	dors	vous	dormez	tu	sors	vous	sortez	tu	pars	vous	partez
il	dort	ils	dorment	il	sort	ils	sortent	il	part	ils	partent

Several verbs, mostly **verbs of motion** use **être** as the helping verb in the **passé composé.** Their past participles agree in number and gender with the subject. For a list of these verbs, see p. 274.

Verbs that end in **-yer** like **nettoyer** *(to clean)* have a spelling change in all but the **nous** and **vous** forms: je netto**i**e, tu netto**i**es, il netto**i**e, nous nettoyons, vous nettoyez, ils netto**i**ent.

Lettres et sons

The nasal sound [ɛ̃]

This sound is similar to the vowel you make when you say "Nah!" and has these possible spellings: **in, im, ain, aim** and **en** or **ien**. Some examples of words that have this sound are **bain, jardin, faim, cousin** and **impossible.**

Jeux de langue

Des blancs pains, des bancs peints, des bains pleins

Dictée

Écris les phrases de la dictée.

Résumé: Vocabulaire 1

PRACTICE FRENCH WITH HOLT MCDOUGAL APPS!

To ask for, give or refuse permission

arroser les plantes (f.)	*to water the plants*
balayer/nettoyer	*to sweep/to clean*
les corvées (f.)	*chores*
débarrasser la table	*to clear the table*
donner à manger au...	*to feed the . . .*
faire la cuisine	*to cook*
faire la lessive	*to do the laundry*
faire son lit	*to make one's bed*
faire la vaisselle	*to do the dishes*
laver la voiture	*to wash the car*
mettre la table	*to set the table*
passer l'aspirateur (m.)	*to vacuum*
promener/sortir le chien	*to walk the dog*
ranger sa chambre	*to pick up one's bedroom*
sortir la poubelle	*to take out the trash*
tondre la pelouse	*to mow the lawn*
vider le lave-vaisselle	*to empty the dishwasher*
Bien sûr, mais il faut d'abord...	*Of course, but first you must . . .*
D'accord, si...	*OK, if . . .*
Est-ce que je peux...?	*Can I . . . ?*
Non, tu dois...	*No, you have to . . .*
Pas question!	*Out of the question!*
Tu es d'accord si...?	*Is it OK with you if . . . ?*

To tell how often you do things

...tous les.../...ne... jamais...	*. . . every . . . /. . . never . . .*
D'habitude,.../...fois par...	*Usually, . . . /. . . times a . . .*
C'est toujours...	*It's always . . .*

Negative expressions .... ***see p. 264***

Résumé: Vocabulaire 2

To describe a house

l'armoire (f.)	*wardrobe*
arriver/entrer	*to arrive/to enter*
le balcon	*balcony*
la chambre	*bedroom*
une chaîne stéréo	*stereo*
une commode	*chest of drawers*
la cuisine	*kitchen*
dormir	*to sleep*
l'escalier (m.)	*staircase*
une étagère	*shelf*
un fauteuil	*armchair*
le garage	*garage*
le jardin	*yard/garden*
une lampe	*lamp*
un lit	*bed*
monter/descendre	*to go up/to go down*
mourir/naître	*to die/to be born*
partir/sortir	*to leave/to go out, to take out*
un placard	*closet/cabinet*
le premier étage	*second floor*
rentrer	*to go back*
rester	*to stay*
retourner	*to return*
le rez-de-chaussée	*first floor*
la salle à manger	*dining room*
la salle de bain	*bathroom*
le salon	*living room*
un sofa	*couch*
une table basse	*coffee table*
une table de nuit	*night stand*
un tableau	*picture*
un tapis	*rug*
les toilettes	*restroom/toilets*
tomber	*to fall*
(re)venir/devenir	*to come (back)/to become*
C'est un immeuble de...étages.	*It's a building with . . . floors.*
chez moi	*at (my) home*
Dans..., il y a...	*In. . . , there is / are . . .*
Il y a...pièces.	*There are . . . rooms.*
J'habite dans une maison/ un appartement	*I live in a house / an apartment*
Là, c'est...	*There's . . .*

To ask where something is .... ***see p. 271***

Prépare-toi pour l'examen

Révisions cumulatives

1 Mariam décrit ce que sa famille fait le samedi matin. Choisis l'image qui correspond à chaque phrase.

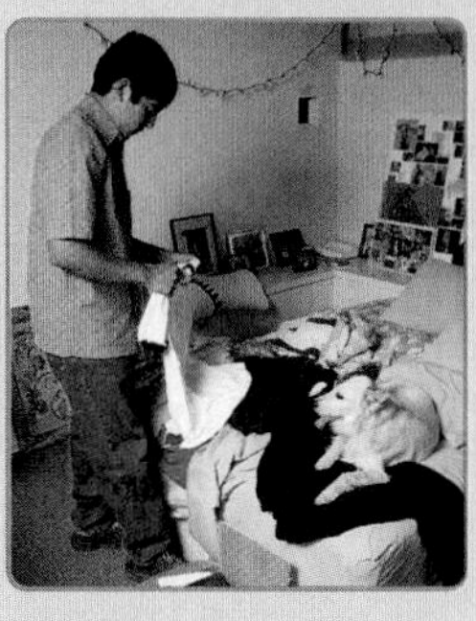
a.

b.

c.

d.

2 Ali a des problèmes. Il écrit une lettre à Gigi. Lis sa lettre et puis réponds aux questions qui suivent.

Ma sœur ne fait rien!

Chère Gigi,

Chez moi ma sœur ne fait rien, et moi, je fais toutes les corvées! J'ai seize ans et ma sœur a dix ans. Samedi, je ne peux pas sortir avec mes copains parce que je dois tondre la pelouse et laver la voiture. Je passe l'aspirateur pendant que ma mère lave la vaisselle et fait la cuisine. Mon père fait la lessive et les courses. Et ma sœur? Qu'est-ce qu'elle fait? Elle doit faire son lit et mettre la table, mais après, elle peut regarder la télé et jouer avec ses copains. C'est pas juste!

-Ali, 16 ans

1. Ali a quel âge?
2. Est-ce que la sœur d'Ali est plus jeune *(younger)* ou plus âgée *(older)* qu'Ali?
3. Qu'est-ce qu'Ali doit faire dans la maison?
4. Qu'est-ce que les parents d'Ali font dans la maison?
5. Qu'est-ce que sa sœur doit faire dans la maison?
6. Est-ce que la situation est juste *(fair)* ou injuste à ton avis? Pourquoi?

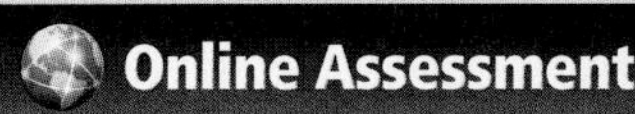

my.hrw.com
Cumulative Self-test

Révisions cumulatives

3 Avec un/une camarade, jouez une scène où il/elle t'invite à faire des activités le week-end mais tu ne peux pas accepter pour différentes raisons. Ton/Ta camarade va proposer au moins quatre activités avant de décider quelque chose.

4 Imagine que tu es décorateur/décoratrice et que tu vas redécorer la chambre de Van Gogh. Écris un e-mail à ton assistant et décris-lui en détail ce qu'il y a dans la chambre. Ensuite, mentionne trois choses que tu voudrais acheter pour mettre dans la chambre.

Gogh, Vincent van (1853–1890). Bedroom at Arles. Musée d'Orsay, Paris, France

La chambre de Van Gogh à Arles **de Vincent Van Gogh**

5 Écris une lettre pour décrire ta famille à un nouvel ami/une nouvelle amie au Sénégal. Décris chaque personne, comment elle est, ce qu'elle aime faire, et décris les corvées que chaque personne doit faire. N'oublie pas de poser des questions à ton ami(e) au sujet de sa famille.

6 À ton tour

Le Club français You're having the next French club party at your house. You're going to serve a small meal with at least one Senegalese dish and have some fun activities. Three of your friends volunteer to help you get ready for the party. Decide what foods to serve, what activities everyone likes, and which chores each of you will do to get ready for the party. Act out your conversation for the class.

DVD
Géoculture

Géoculture
Le Midi

La lavande est cultivée partout dans le Midi depuis le 19e siècle.

Almanach

Population
Plus de 7 millions d'habitants

Villes principales
Marseille, Nice, Avignon, Cannes, Aix-en-Provence

Industries
tourisme, industrie agro-alimentaire, agriculture

Le pont du Gard
Les Romains ont construit cet aqueduc pour amener de l'eau d'Uzès jusqu'à Nîmes.

Le viaduc de Millau
Ce pont, au-dessus du Tarn, fait 343 mètres de haut. Il est plus haut que la tour Eiffel.

La Côte d'Azur attire les touristes du monde entier à cause de tout ce qu'elle a à offrir.

Savais-tu que...?

Le nom «Languedoc» vient de «langue d'oc», langue parlée au Moyen Âge dans le Midi. Dans le nord de la France, on parlait la «langue d'oïl».

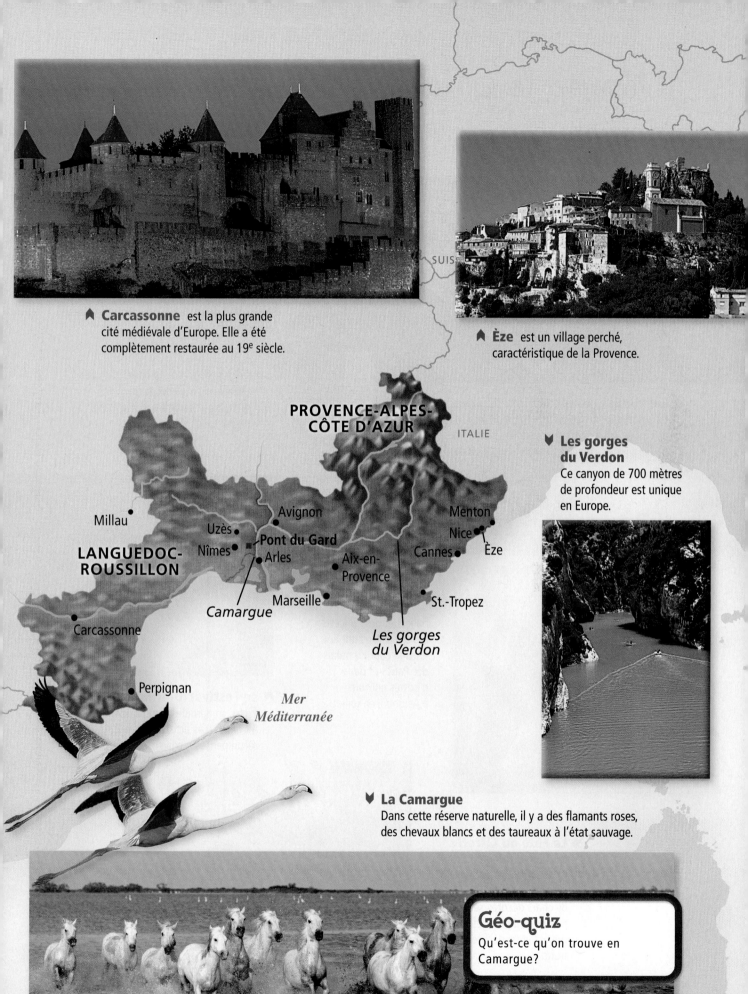

Carcassonne est la plus grande cité médiévale d'Europe. Elle a été complètement restaurée au 19e siècle.

Èze est un village perché, caractéristique de la Provence.

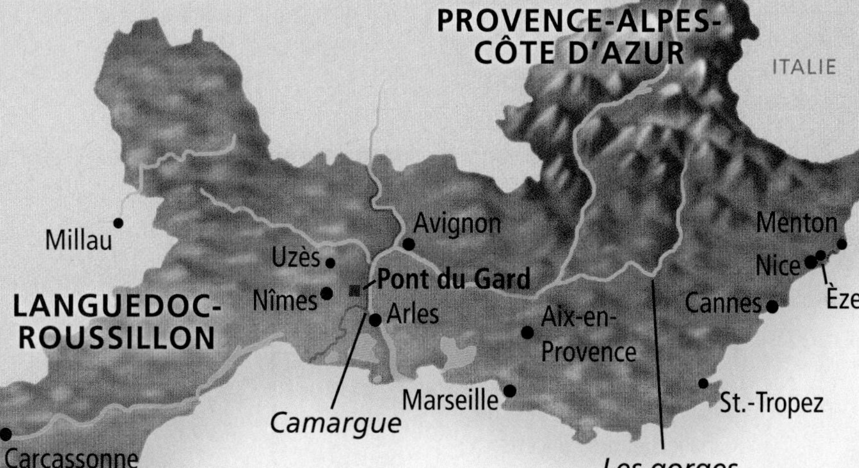

Les gorges du Verdon
Ce canyon de 700 mètres de profondeur est unique en Europe.

La Camargue
Dans cette réserve naturelle, il y a des flamants roses, des chevaux blancs et des taureaux à l'état sauvage.

Géo-quiz
Qu'est-ce qu'on trouve en Camargue?

Découvre le Midi

Les santons sont des figurines en terre cuite, peintes à la main, qui représentent des scènes de la Nativité ainsi que différents aspects de la vie provençale.

Les tissus provençaux sont des tissus en coton imprimé selon une tradition importée des Indes. On les trouve sous toutes les formes: nappes, jupes, chemises, sacs et même valises.

Les produits de la lavande
La lavande est utilisée dans des domaines très variés: parfumerie, médecine et même cuisine.

Fêtes et festivals

Le festival d'Avignon présente des pièces de théâtre, des ballets et des concerts. Les spectacles ont lieu dans la cour du palais des Papes et dans d'autres endroits à Avignon, en juillet.

Le Festival international du film se déroule au mois de mai à Cannes. Les artistes et les films récompensés reçoivent la Palme d'Or.

La Fête du Citron
Le citron de Menton est réputé. Chaque année, en février, la ville organise des défilés de chars décorés seulement de citrons et d'oranges. Ici, une rue est aussi décorée de ces fruits.

Gastronomie

Online Practice
my.hrw.com
Photo Tour

La bouillabaisse est une soupe de poissons d'origine marseillaise.

Savais-tu que...?

Le nom du tissu denim vient probablement de «serge de Nîmes», un tissu fabriqué à Nîmes autrefois.

La ratatouille, un plat typique de la région, est faite de légumes et d'épices cuits dans de l'huile d'olive.

La tarte tropézienne est un gâteau à la crème inventé à Saint-Tropez.

Museum of Modern Art of the West, Moscow, Russia

Paul Cézanne (1839–1906) est un peintre post-impressionniste. Il a peint la montagne Sainte-Victoire dans plusieurs de ses tableaux.

Jean Cocteau (1889–1963) a été dessinateur, écrivain et homme de théâtre et de cinéma. Parmi ses œuvres, il y a *La Belle et la Bête* et *Orphée.*

César (1921–1998) a créé le «César», statuette remise chaque année aux meilleurs artistes et techniciens du cinéma français. C'est l'équivalent de l'Oscar remis aux *Academy Awards.*

Activité

1. **Artisanat:** Quels sont les produits importants du Midi?
2. **Fêtes et festivals:** Qu'est-ce qu'on peut voir au festival d'Avignon?
3. **Gastronomie:** Qu'est-ce que c'est, **la bouillabaisse?**
4. **Arts:** Quel est l'équivalent français de *l'Oscar?*

chapitre 9

Allons en ville!

Objectifs

In this chapter, you will learn to

- plan your day
- ask for and give directions
- ask for information
- make requests

And you will use and review

- the verb **voir**
- the verbs **savoir** and **connaître**
- the imperative
- the present tense
- inversion
- the partitive

Que vois-tu sur la photo?

Où sont ces adolescents?

Qu'est-ce qu'ils font?

Et toi, où vas-tu pour faire tes courses? Est-ce qu'il y a une rue piétonne dans ta ville?

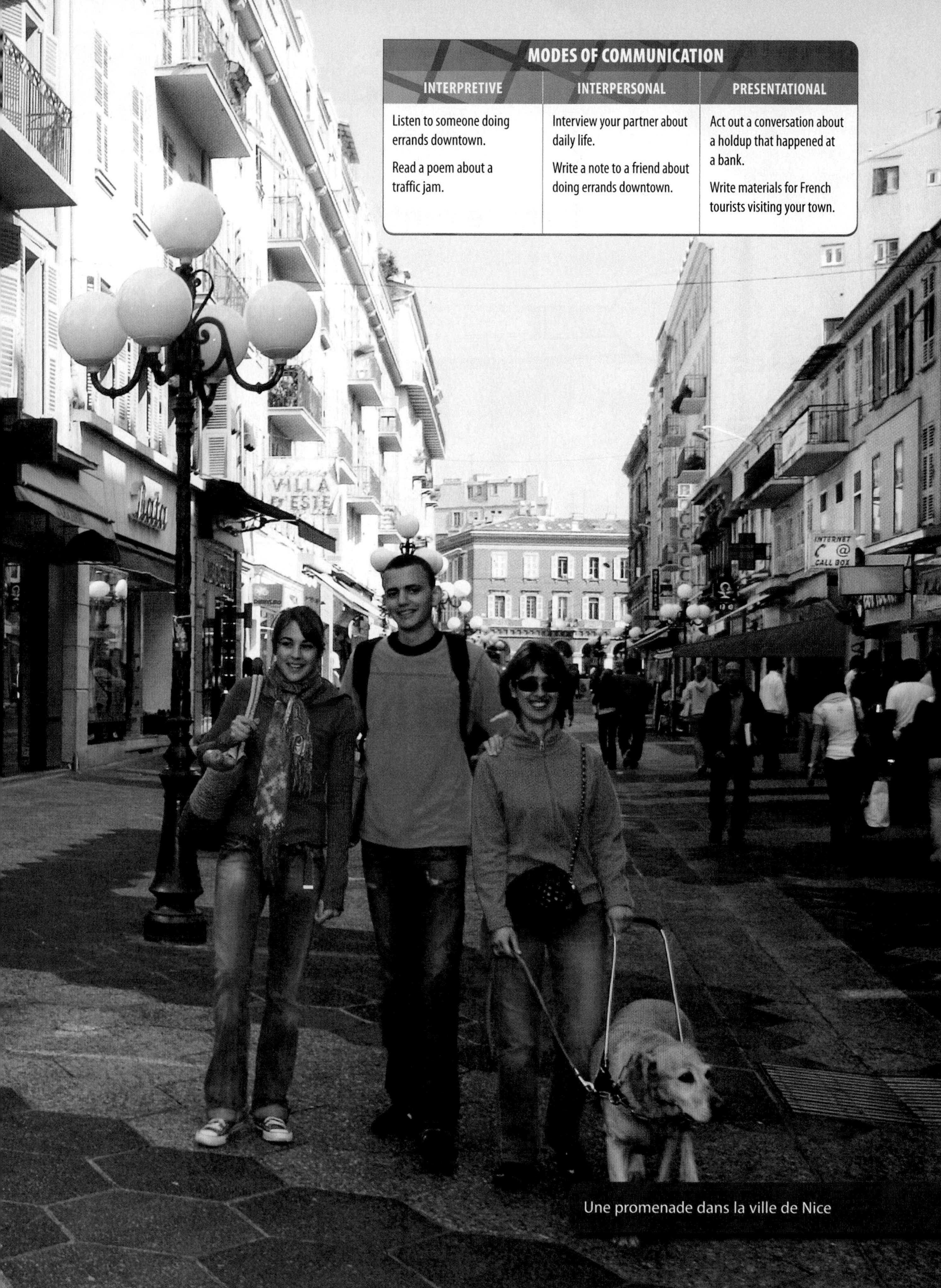

MODES OF COMMUNICATION

INTERPRETIVE	INTERPERSONAL	PRESENTATIONAL
Listen to someone doing errands downtown. Read a poem about a traffic jam.	Interview your partner about daily life. Write a note to a friend about doing errands downtown.	Act out a conversation about a holdup that happened at a bank. Write materials for French tourists visiting your town.

Une promenade dans la ville de Nice

Objectifs

- to plan your day
- to ask for and give directions

Vocabulaire à l'œuvre 1

Télé-vocab

Dans le centre-ville

la librairie-papeterie

la pharmacie

la poste

l'église (f.)

l'hôpital (m.)

Online Practice

my.hrw.com

Vocabulaire 1 practice

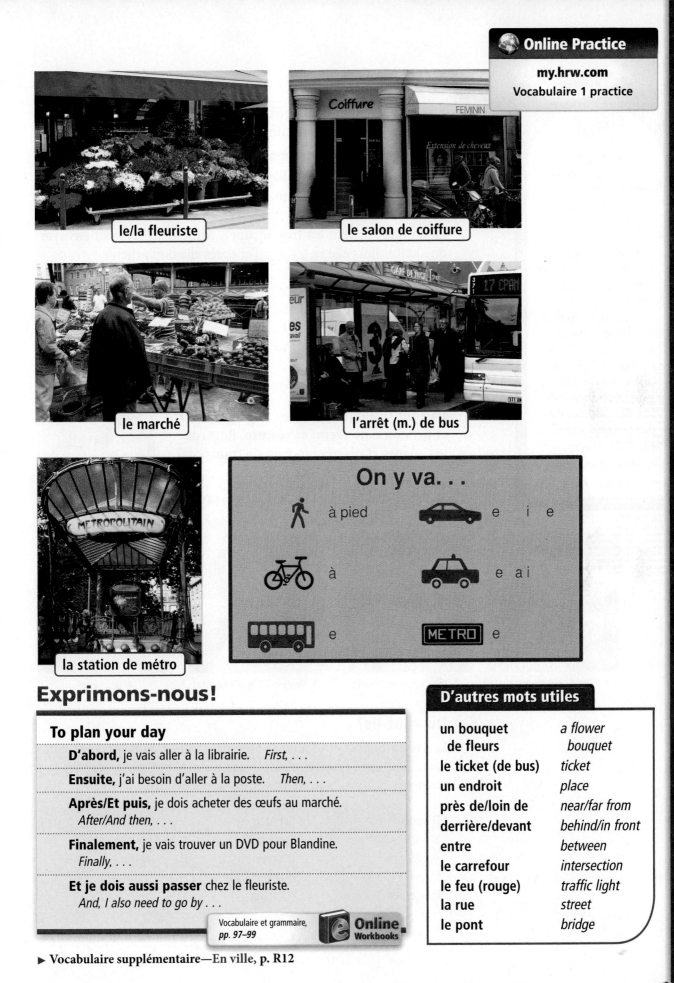

le/la fleuriste

le salon de coiffure

le marché

l'arrêt (m.) de bus

la station de métro

Exprimons-nous!

To plan your day

D'abord, je vais aller à la librairie. *First, . . .*

Ensuite, j'ai besoin d'aller à la poste. *Then, . . .*

Après/Et puis, je dois acheter des œufs au marché. *After/And then, . . .*

Finalement, je vais trouver un DVD pour Blandine. *Finally, . . .*

Et je dois aussi passer chez le fleuriste. *And, I also need to go by . . .*

Vocabulaire et grammaire, *pp. 97–99* — Online Workbooks

D'autres mots utiles

un bouquet de fleurs	*a flower bouquet*
le ticket (de bus)	*ticket*
un endroit	*place*
près de/loin de	*near/far from*
derrière/devant	*behind/in front*
entre	*between*
le carrefour	*intersection*
le feu (rouge)	*traffic light*
la rue	*street*
le pont	*bridge*

▶ **Vocabulaire supplémentaire—En ville, p. R12**

Flash culture

The French **code de la route** *(traffic rules)* are similar to those in the U.S., though some road signs are a little different. There are fewer traffic lights than in the U.S. and their colors are **rouge, orange** (not yellow), and **vert**. More and more traffic lights in France are being replaced by a **rond-point** *(traffic circle)* because they're safer and allow for smoother traffic flow. They also slow down traffic on major roads.

Does something like a **rond-point** exist in your community?

1 Le bon endroit

Lisons/Écrivons Devine où vont les membres de la famille Latellier. Utilise les mots de la boîte.

à la pharmacie	à la librairie	à la boutique
à l'hôpital	à la poste	au marché

La famille Latellier est très occupée. Mme Latellier veut envoyer une lettre, alors elle va ___1___ et après elle doit acheter du poulet et des fruits ___2___. Sa fille, Sarah, cherche une robe pour une fête, alors elle va ___3___ de vêtements. Son fils Max a besoin de livres. Il est allé ___4___. Les grands-parents vont ___5___ pour acheter de l'aspirine. Et le pauvre M. Latellier a eu un petit accident! Il va ___6___.

2 La Journée verte

Parlons Aujourd'hui, c'est la **Journée verte** et personne ne prend sa voiture. Regarde les images et dis quel moyen de transport chaque personne prend.

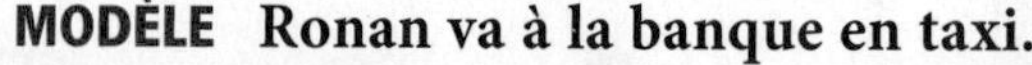

MODÈLE Ronan va à la banque en taxi.

Ronan / banque

1. Mlle Corbet / marché

2. mes copains / école

3. Valérie et moi / hôpital

4. je / poste

3 Où vont-ils?

Écrivons Sophie et Claude ont fait des courses dans le centre-ville hier. Crée cinq phrases complètes au passé composé avec les éléments donnés. Ajoute des mots si nécessaire.

D'abord	acheter	bibliothèque
Ensuite	rendre	pharmacie
Après	trouver	librairie
Et puis	essayer	marché
Finalement	chercher	boutique

Exprimons-nous!

To ask for directions

Excusez-moi monsieur, **je cherche** une pharmacie, s'il vous plaît.
Excuse-me . . . , I'm looking for . . .

Pardon madame, **savez-vous où est/ où se trouve** la banque?
Excuse-me . . . , do you know where I'd find . . . ?

Est-ce que vous pouvez me dire où il y a une librairie?
Can you tell me where there's . . . ?

To give directions

Prenez la première rue **à gauche/à droite**.
Take . . . on the left/right.

Continuez/Allez tout droit vers le/**jusqu'**au feu.
Continue/Go straight towards/until . . .

Traversez l'avenue du Général de Gaulle.
Cross . . .

Tournez au prochain carrefour/**à la prochaine** rue.
Turn at the next . . .

C'est là tout de suite sur votre droite.
It's just right there on your . . .

Vocabulaire et grammaire, *pp. 97–99*

Vocabulaire 1

4 Écoutons

Thierry est sur le pont de la ville et il demande son chemin *(way)*. Décide si on lui indique **a) le bon** ou **b) le mauvais** chemin.

Digital performance space

Communication

5 Scénario

Parlons Tu es touriste en France et tu ne connais *(know)* pas bien la ville. Tu demandes comment aller à trois endroits à ton/ ta camarade. Puis échangez les rôles.

MODÈLE —**Excusez-moi… Où se trouve…, s'il vous plaît?**
—**Prenez la deuxième rue à droite…**

Objectifs
- the verb *voir*
- the verbs *savoir* and *connaître*

Grammavision

The verb *voir*

1 The verb **voir** *(to see)* is irregular. Notice that **i** changes to **y** in the **nous** and **vous** forms.

je vois	nous vo**y**ons
tu vois	vous vo**y**ez
il/elle/on voit	ils/elles voient

Vous **voyez** la voiture blanche dans la rue?
Do you see the white car on the street?

2 The past participle of **voir** is **vu.**

Tu as **vu** un film hier?
Did you see a movie yesterday?

Vocabulaire et grammaire, *pp. 100–101*
Cahier d'activités, *pp. 81–83*

Flash culture

If you visit a French town, you're likely to walk a lot or ride a city bus to get around. Cities usually have a well-developed mass transportation system and downtown areas are planned for easy pedestrian access. Buses often run on **diester,** an energy source made from plants. Larger cities often have a subway system as well. To promote energy conservation, some towns offer a fleet of bicycles and fuel-efficient cars that you can rent for short periods of time.

Does your city have a good mass transportation system?

6 Fais la paire

Lisons Complète chaque phrase logiquement.

1. Les élèves	**a.** as vu Vincent avec Célia, non?
2. Le matin, nous	**b.** ont vu le dernier film de Luc Besson.
3. Le mois dernier, tu	**c.** voyez vos grands-parents le week-end?
4. Mon père	**d.** voyons souvent Isabelle au marché.
5. Est-ce que vous	**e.** n'a vu personne sur la plage.

7 Un voyage à Paris

Lisons/Écrivons Colin et sa famille passent une semaine à Paris. Complète leurs commentaires avec une forme du verbe **voir**.

1. Tu ______ cette station de métro? C'est la station Châtelet.
2. Vous ______ l'église du troisième étage de la tour Eiffel?
3. Maman ______ toujours un film français au théâtre Rex.
4. Le matin, nous ______ M. Calais dans le métro.
5. Papa et maman adorent ______ des expositions d'art.

Online Practice
my.hrw.com
Grammaire 1 practice

8 Où ça?

Parlons Dis ce que ces gens voient. Fais attention à la préposition qui va avec l'endroit.

il / fleuriste

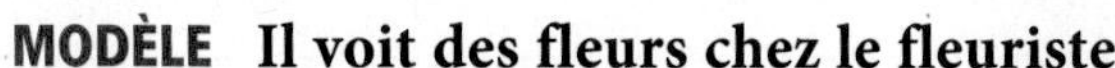

MODÈLE **Il voit des fleurs chez le fleuriste.**

1. je / carrefour

2. nous / rue

3. tu / boutique

4. elles / marché

9 Et toi?

Parlons Réponds aux questions suivantes.

1. Est-ce que tu vois souvent tes amis?
2. Où est-ce qu'on voit beaucoup de monde le samedi après-midi dans ta ville?
3. Est-ce que tes parents voient souvent des films français?
4. D'habitude, quand est-ce que tu vois tes oncles et tes tantes?
5. Qui est-ce que tu ne vois pas souvent?

10 Mon journal

Écrivons Tu es à la terrasse d'un café français avec des amis. Écris un paragraphe dans ton journal pour décrire ce que vous voyez.

MODÈLE **Nice, le 18 octobre**
Mes amis et moi, nous sommes dans un café du centre-ville. Nous voyons beaucoup de gens dans la rue. En face de…, il y a…

Communication

11 Scénario

Parlons Un(e) élève francophone est perdu(e) et cherche le lycée. Il/Elle te demande comment aller au lycée, mais il/elle ne comprend rien à tes explications! Crée une scène humoristique avec ton/ta camarade. Puis, échangez les rôles.

MODÈLE **—Pardon, où est le lycée Beckham?**
—Alors, c'est facile. Tu vois la banque, là?
—Non, je ne vois pas la banque.
—Là-bas, au carrefour, à droite…

The verbs *savoir* and *connaître*

1 The verbs **savoir** and **connaître** both mean *to know* and they're irregular.

savoir *(to know)*			
je	sais	nous	savons
tu	sais	vous	savez
il/elle/on	sait	ils/elles	savent

connaître *(to know; to be familiar with)*			
je	connais	nous	connaissons
tu	connais	vous	connaissez
il/elle/on	connaît	ils/elles	connaissent

2 **Savoir** means *to know,* as in ***to know information or a fact*** or ***to know how to do something.***

Je **sais** la date!
I know the date!

Il **sait** faire du ski.
He knows how to ski.

3 **Connaître** means *to know* as in ***to be familiar with a person*** or a ***place.***

Tu **connais** Jacques?
Do you know Jacques?

Nous **connaissons** ce restaurant.
We're familiar with this restaurant.

4 The past participle of **savoir** is **su** and that of **connaître** is **connu**. When used in the passé composé, these verbs can take on a slightly different meaning. See the examples below:

J'ai **su** la date hier.
I found out the date yesterday.

J'ai **connu** Luc le mois dernier.
I met Luc (for the first time) last month.

Vocabulaire et grammaire, *pp. 100–101*
Cahier d'activités, *pp. 81–83*

En anglais

In English, we use the same verb to say that we know a person, we know a fact, and we know how to do something.

How could you convey the same thing as these sentences, without using the verb "know"?

I *know* Paul.

I *know that* they speak French in Quebec.

I *know how to* ski.

In French, there are two different verbs that mean *"to know."* They're used in different contexts.

12 En ville

Lisons Choisis entre **savoir** et **connaître** pour compléter les phrases suivantes.

1. Joséphine, tu (sais / connais) où se trouve la rue du Bac?
2. Je (sais / connais) bien la vendeuse dans cette boutique.
3. Nous avons (su / connu) les Belmond à Lyon l'année dernière.
4. Ils ne (savent / connaissent) pas nager.
5. Vous ne (savez / connaissez) pas Marseille?

13 Écoutons

Patricia parle avec ses copains mais son mobile ne marche *(work)* pas bien. Écoute ce qu'elle dit et choisis le verbe qui manque *(missing).*

1. sais / connais
2. sais / connais
3. savons / connaissons
4. savent / connaissent
5. savez / connaissez
6. savent / connaissent

14 Sur le pont d'Avignon...

Écrivons Mia et Alisha ne connaissent pas Avignon. Complète leur conversation avec Manu en utilisant une forme de **savoir** ou de **connaître.**

—Excuse-moi, Manu. Tu __1__ où est la rue des Teinturiers?

—C'est très simple Alisha. Tu __2__ le restaurant Chez Marcel?

—Oui, oui, je __3__ bien ce restaurant!

—C'est tout près. Tu __4__ où se trouve le cinéma Gaumont?

—Oui, oui, on __5__ une fille qui travaille là-bas.

—Ben, la rue des Teinturiers est la rue à droite, près du cinéma.

—Nous __6__ où elle est maintenant, cette rue. Merci, Manu!

15 Tu connais ou pas?

Parlons Ta correspondante française te demande si on connaît ou si on sait faire ces choses chez toi. Invente ses questions en utilisant les images et les sujets donnés. Puis, réponds de façon logique.

tu

MODÈLE **—Est-ce que tu connais Paris?**
—Non, je ne connais pas Paris.

1. ton père

2. les Américains

3. tes amis et toi

4. vous

Digital performance space

Communication

16 Sondage

Écrivons/Parlons Fais une liste de six questions au sujet de la culture française (sur la France, l'art, la musique, la cuisine, etc.). Pose tes questions à tes camarades de classe. Utilise les verbes **savoir** et **connaître** et ton imagination!

Souviens-toi! Géoculture, pp. xxiv–3, 144–147, 288–291

MODÈLE **—Tu sais ce que c'est** *(what)* **le camembert?**
—Oui, c'est un fromage.

Application 1

17 Écoutons

Louis a beaucoup de choses à faire aujourd'hui. Écoute ce qu'il dit et dis où il doit aller.

18 Lettre à mon professeur

Écrivons Tu vas passer l'été en France. Tu ne connais pas la France. Écris une lettre à ton professeur et pose-lui des questions sur la France. Utilise les verbes **savoir** et **connaître.**

MODÈLE **Monsieur Smith,**
Je pars en France cet été, mais je ne connais pas la France. Est-ce que vous savez où...? etc.

Un peu plus 

The imperative

1. To make commands with most French verbs, you use the **tu, nous,** or **vous** form of the present tense, without the subject pronoun. Remember to drop the final **-s** when you're using the **tu** form of **-er** verbs.

   Écoute ta mère!

   Finissons nos devoirs!

   Attendez le prof!

2. To make commands negative, put **ne... pas** around the verb.

   Ne va **pas** à la poste!

Vocabulaire et grammaire, *p. 102*
Cahier d'activités, *pp. 81–83*

The French use the **système métrique** as their system of measurement. The system was proposed and adopted during the French Revolution in 1789.
In the metric system, all the units are divisible by 10. In the table below, you can find a few measurement equivalences.
Do you know of other countries that use the metric system?

Metric system	US system
1 mètre (distance)	39.37 inches
1 kilomètre (distance)	0.6214 miles

19 Que faire?

Lisons Dis à ces personnes ce qu'elles doivent faire.

1. Mes cheveux sont trop longs.
2. J'ai besoin d'argent.
3. Nous devons prendre le bus.
4. Il n'y a rien à manger chez moi!
5. Le feu est vert.
6. Le cinéma est à droite.

a. Tournons à droite!
b. Passe à la banque!
c. Traversons la rue!
d. Va au salon de coiffure!
e. Allez à l'arrêt!
f. Déjeune au café!

my.hrw.com
Application 1 practice

20 Des conseils

Lisons/Parlons Dis à tes amis ce qu'ils doivent faire ou ce qu'ils ne doivent pas faire. Utilise l'impératif!

MODÈLE Julia a mal à la tête.
Va à la pharmacie! / Ne regarde pas la télé!

1. Nous voulons visiter la tour Eiffel, mais c'est loin.
2. On n'a pas envie de rester à la maison.
3. Emmanuel a froid.
4. Il est deux heures de l'après-midi et nous avons faim.
5. Martine ne connaît pas bien la ville.

Communication

21 Scénario

Parlons Tu es au café au coin de la rue d'Italie et de l'avenue Durante. Un touriste te demande comment arriver à trois endroits différents. Réponds-lui en utilisant le plan. Puis, échangez les rôles.

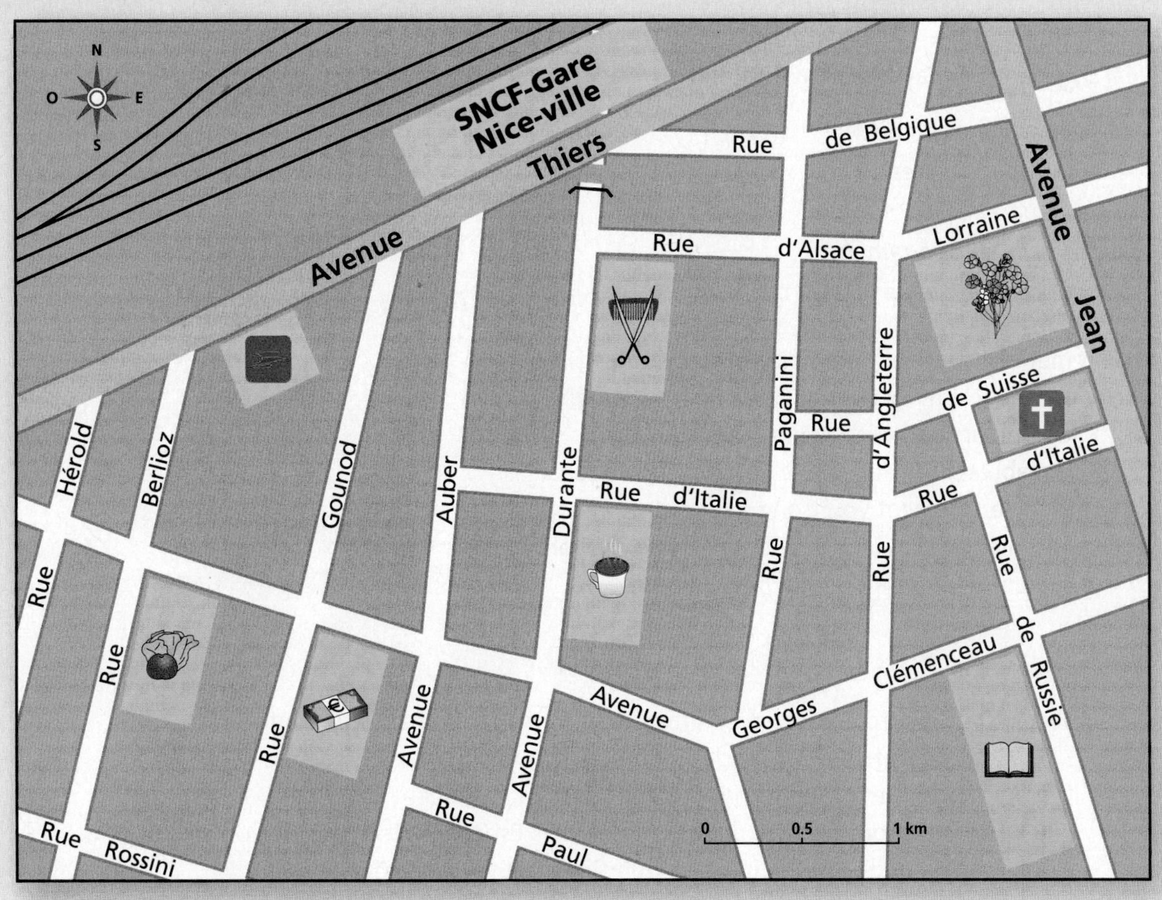

Place du Capitole à Toulouse

Culture appliquée

La ville en chanson

La ville joue un rôle clé[1] dans l'histoire de la chanson française. Les plus grands chanteurs français ont tous chanté Paris, mais Paris n'est pas la seule ville célébrée en chanson. Par exemple, Jacques Brel chante *Bruxelles* en Belgique et Claude Nougaro chante *Toulouse* dans le Midi. Ou encore plus récemment Faudel chantait *Mantes-La-Jolie.*

Compositeur de chansons

Now it's your turn to compose lyrics for a song about your city! Read this excerpt from *J'aime Paris au mois de mai* by Charles Aznavour for inspiration.

J'aime Paris au mois de mai
Avec ses bouquinistes[2]
Et ses aquarellistes[3]
Que le printemps a ramenés[4]
Comme chaque année le long des quais[5]...

Choose a melody you like, then write lyrics that describe your city using vocabulary from this chapter. You might want to begin your song with **J'aime...** and continue with new vocabulary. For example, **J'aime la boutique au coin de la rue...** Present your song to the class. If you know how to play an instrument or how to sing, perform it for the class or if you prefer, read it as a poem.

Dans l'introduction, des noms de chansons et de chanteurs sont mentionnés. Fais des recherches pour trouver les paroles[6] de ces chansons et des informations sur ces villes. Comment est-ce que les villes sont décrites dans les chansons? Est-ce que leur description correspond aux informations que tu as trouvées sur ces villes?

1. key 2. booksellers 3. watercolor painters 4. brought back 5. along the banks 6. lyrics

Online Practice
my.hrw.com
Online Edition

Culture

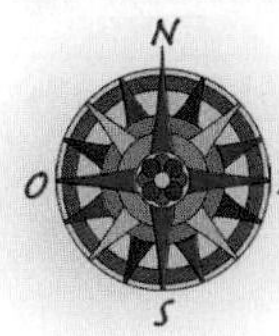

Comparaisons

Une pharmacie à Nice

Les médicaments en France

Tu es en visite en France et tu vas faire une randonnée de deux semaines dans les Alpes. Tu as besoin d'emporter une petite trousse de premiers soins (aspirine, désinfectant, pansements, etc.). Tu vas l'acheter:

a. à l'épicerie
b. au supermarché
c. à la pharmacie

In French grocery stores, you can buy many things, but they're primarily food-related. Grocery stores don't sell over-the-counter drugs like aspirin, allergy medicine, or cold remedies. French supermarkets, like American supermarkets, do sell health and beauty items such as toothpaste, soap, and shampoo, but they do not sell drugs. For drugs, the only place where you can go is the **pharmacie.** When you shop at a **pharmacie** you must usually ask the **pharmacien** to locate those items for you.

ET TOI?

1. What is different about the way medicines are sold in France compared to the U.S.?
2. What other types of French stores are different from stores in the U.S.? How do they differ?

Communauté

Plan de ta ville

How is your town or city organized? Are all the shopping centers located downtown, or are they spread throughout the city? Does your city have a historical district? Take a tour of your city and find out what activities and attractions it has to offer. Write a brief description of your town in French and share it with your class or a pen pal.

La ville de Boston

Objectifs
- to ask for information
- to make a request

Vocabulaire à l'œuvre 2

Télé-vocab

À Nice

À la pharmacie

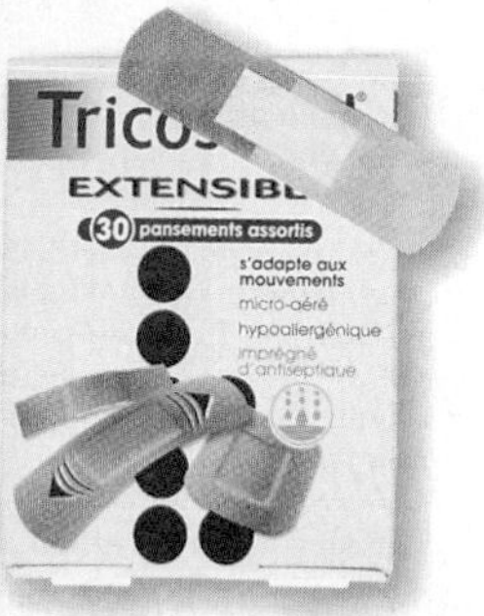

Voilà du sirop.

Je tousse beaucoup.

le pharmacien (la pharmacienne)

le sirop

un médicament

le pansement

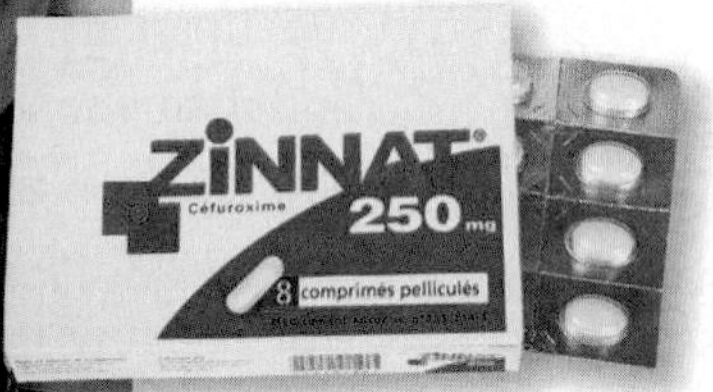

le comprimé

À la banque

Au distributeur de billets/d'argent

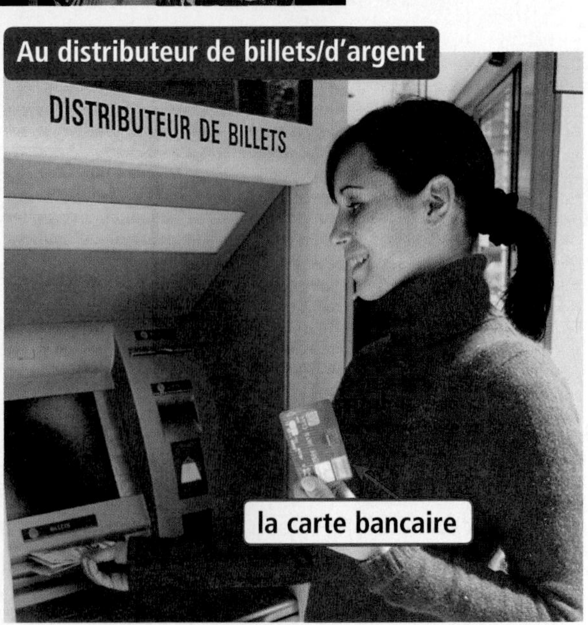

Online Practice

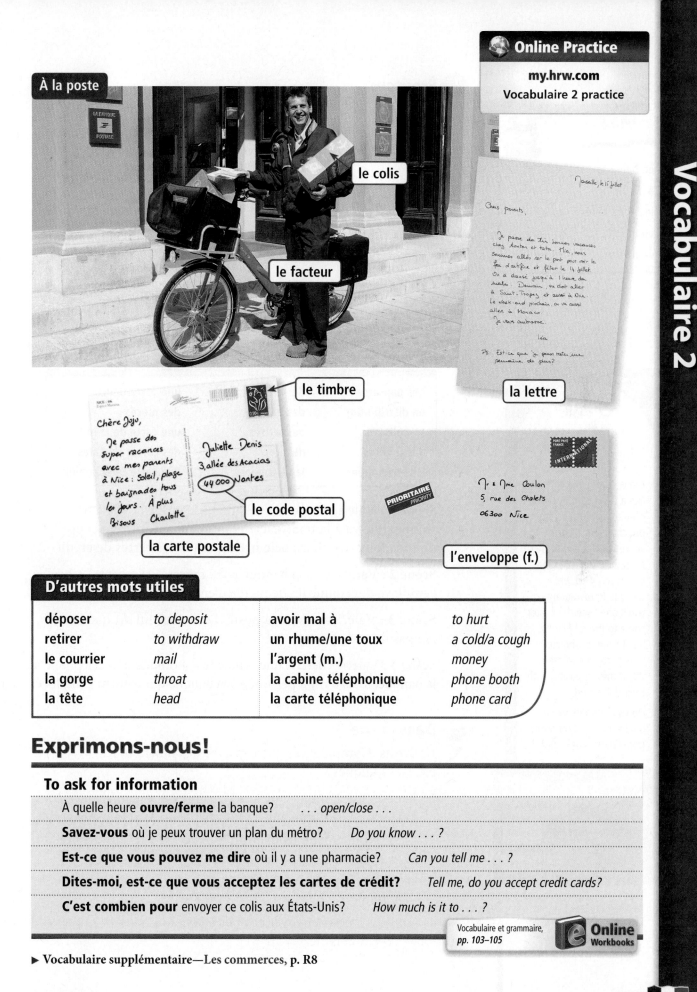

my.hrw.com
Vocabulaire 2 practice

À la poste

le colis

le facteur

Marseille, le 15 juillet

Chers parents,

Je passe de très bonnes vacances chez tonton et tata. Hier, nous sommes allés sur le port pour voir le feu d'artifice et fêter le 14 juillet. On a dansé jusqu'à 1 heure du matin. Demain, on doit aller à Saint-Tropez et aussi à Nice. Le week-end prochain, on va aussi aller à Monaco.
Je vous embrasse.

Léa

PS: Est-ce que je peux rester une semaine de plus?

la lettre

Chère Jojo,
Je passe des super vacances avec mes parents à Nice : Soleil, plage et baignades tous les jours. À plus
Bisous Charlotte

Juliette Denis
3, allée des Acacias
44000 Nantes

le timbre

le code postal

la carte postale

PRIORITAIRE PRIORITY

M. & Mme Coulon
5, rue des Chalets
06300 Nice

l'enveloppe (f.)

D'autres mots utiles

déposer	*to deposit*	**avoir mal à**	*to hurt*
retirer	*to withdraw*	**un rhume/une toux**	*a cold/a cough*
le courrier	*mail*	**l'argent (m.)**	*money*
la gorge	*throat*	**la cabine téléphonique**	*phone booth*
la tête	*head*	**la carte téléphonique**	*phone card*

Exprimons-nous!

To ask for information

À quelle heure **ouvre/ferme** la banque? *. . . open/close . . .*

Savez-vous où je peux trouver un plan du métro? *Do you know . . . ?*

Est-ce que vous pouvez me dire où il y a une pharmacie? *Can you tell me . . . ?*

Dites-moi, est-ce que vous acceptez les cartes de crédit? *Tell me, do you accept credit cards?*

C'est combien pour envoyer ce colis aux États-Unis? *How much is it to . . . ?*

Vocabulaire et grammaire, *pp. 103–105*

▶ **Vocabulaire supplémentaire—Les commerces, p. R8**

Entre copains

en bagnole	*by car*
à pinces	*by foot*
le fric/la thune	*money*
un hosto	*hospital*
un médoc	*medicine*

22 Écoutons

Mme Souchet fait des courses en ville. Écoute chaque conversation et décide si les phrases suivantes sont **a) vraies** ou **b) fausses.**

1. Mme Souchet parle au pharmacien.
2. Mme Souchet paie avec de l'argent.
3. Mme Souchet veut envoyer un colis aux États-Unis.
4. La poste est près de la pharmacie.
5. La poste ferme à cinq heures.

23 Le spectacle doit continuer!

Lisons Valérie fait partie d'un club de théâtre qui va monter une pièce qui s'appelle *Le colis mystérieux.* Décide de quels objets elle va avoir besoin pour chaque scène.

des pansements	des médicaments	une carte bancaire
un distributeur	des billets	des pièces
un colis	des lettres	une carte de crédit
des timbres	du sirop	des cartes postales
les enveloppes	le téléphone	une carte téléphonique

Scène 1 : Valérie Dupont a très mal à la gorge et elle a un rhume. Elle va à la pharmacie pour chercher quelque chose pour sa toux. La pharmacie n'accepte pas les cartes de crédit.

Scène 2 : Valérie va à la banque pour retirer de l'argent. Là-bas, l'employé de banque lui demande d'envoyer un colis. Elle accepte.

Scène 3 : Valérie arrive à la poste. Le facteur lui dit que le colis n'a pas de code postal.

Scène 4 : Valérie cherche une cabine téléphonique. Elle téléphone à la banque, mais il n'y a personne à la banque qui connaît l'employé.

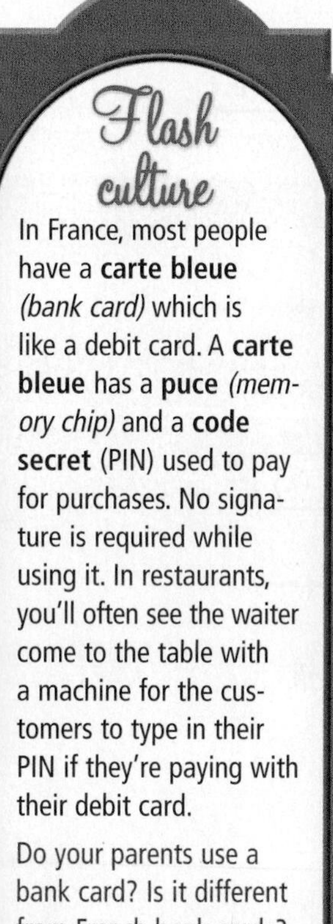

Flash culture

In France, most people have a **carte bleue** *(bank card)* which is like a debit card. A **carte bleue** has a **puce** *(memory chip)* and a **code secret** (PIN) used to pay for purchases. No signature is required while using it. In restaurants, you'll often see the waiter come to the table with a machine for the customers to type in their PIN if they're paying with their debit card.

Do your parents use a bank card? Is it different from French bank cards?

24 Dans la rue

Écrivons Complète ces phrases avec des mots ou des phrases logiques.

1. Excusez-moi, monsieur, ______ où il y a une pharmacie? J'ai ______ et il me faut ______ parce que j'ai mal à la gorge.
2. ______ où je peux trouver un ______? Je vais en vacances et je voudrais ______ de l'argent.
3. —______ la poste?
   —À 19h00.
4. —______ pour envoyer ce colis à Nice?
   — 18 €, madame.

Exprimons-nous!

To make a request	To respond
Avez-vous de la monnaie sur cinq euros? *Do you have change for . . . ?*	**Oui, bien sûr./Absolument.** *Yes, of course./Absolutely.*
Vous avez quelque chose pour calmer la douleur? *Do you have something for the pain?*	**Non, je regrette.** *No, I'm sorry.*
Je voudrais changer de l'argent. *I would like to exchange . . .*	**Adressez-vous** au troisième **guichet.** *Ask at the . . . window.*
Pour prendre de l'argent, **s'il vous plaît?** *Where do I go to . . . ?*	

Vocabulaire et grammaire, pp. 103–105 — Online Workbooks

Vocabulaire 2

25 Des scènes de la vie

Écrivons Imagine les conversations entre ces personnes.

MODÈLE **—Est-ce que vous avez quelque chose pour la toux?**
—Absolument, monsieur. Voilà du sirop.

1.

2.

3.

4.

Digital performance space

Communication

26 Scénario

Parlons Joue une scène à la pharmacie et à la poste avec ton/ta camarade. L'un(e) de vous va être le/la client(e) et l'autre l'employé(e). Échangez les rôles.

MODÈLE **—Bonjour, monsieur. Est-ce que vous avez...?**
—Voilà..., mademoiselle...

Objectifs
- review of the present tense
- inversion

Grammavision

Révisions The present tense

To conjugate a regular verb in the present tense, drop the **-er**, **-ir**, or **-re** of the infinitive and add these endings.

	regular -er verbs parler	*regular -ir verbs* choisir	*regular -re verbs* perdre
je	parl**e**	chois**is**	perd**s**
tu	parl**es**	chois**is**	perd**s**
il/elle/on	parl**e**	chois**it**	perd ← *no ending*
nous	parl**ons**	chois**issons**	perd**ons**
vous	parl**ez**	chois**issez**	perd**ez**
ils/elles	parl**ent**	chois**issent**	perd**ent**

Some irregular verbs:
aller, avoir, connaître, devoir, être, faire, mettre, nettoyer, pouvoir, prendre, savoir, venir, voir

Vocabulaire et grammaire, *pp. 106–107*
Cahier d'activités, *pp. 85–87*

27 Une brochure

Lisons Complète cette brochure sur la ville d'Orange avec les verbes de la boîte.

recommandons	devez	peut	est
choisissent	sont	a	voulez

ORANGE *vous accueille !*

Orange _____ une petite ville en Provence. Les touristes _____ souvent cette ville pour leurs vacances parce qu'elle _____ de belles ruines romaines. Au centre-ville, on _____voir le théâtre antique et l'arc de triomphe. Les commerçants du centre-ville _____ très sympathiques et nous _____ leurs boutiques. Alors, si vous _____visiter une jolie petite ville du Midi, vous _____ venir à Orange!

Office du tourisme **04-90-34-70-88** • Gare SNCF **08-36-35-35-35**

Le TGV ne s'arrête pas à Orange : descendre à Valence et prendre la correspondance.

my.hrw.com
Grammaire 2 practice

28 Les habitudes des lycéens français

Parlons Lucille te parle des habitudes des lycéens français. Complète ses phrases avec le présent des verbes entre parenthèses.

1. On _____ avec des amis au café après les cours. (discuter)
2. Après le déjeuner, nous _____ un café en ville. (boire)
3. Nos parents _____ qu'on rentre assez tôt le soir. (vouloir)
4. Moi, je _____ la boutique de ma mère le week-end. (nettoyer)
5. Je _____ mes cours à midi le mercredi. (finir)
6. Et vous, est-ce que vous _____ rentrer tout de suite après l'école? (devoir)

29 Au quotidien dans les villes françaises

Écrivons Dis où on est et ce qu'on fait sur ces photos. Utilise des verbes variés et les sujets indiqués.

MODÈLE le pharmacien
Ils sont à la pharmacie. Le pharmacien vend des médicaments.

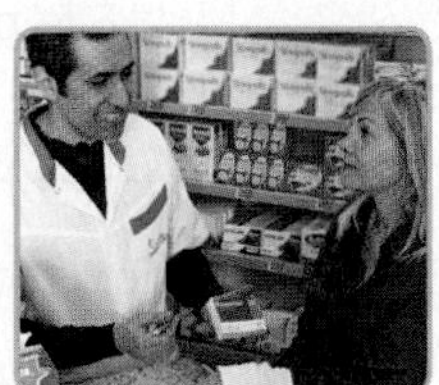
le pharmacien

1. nous

2. tu

3. vous

4. ils

Communication

30 Interview

Écrivons/Parlons Un(e) jeune francophone t'interviewe sur ta vie quotidienne. Il/Elle te pose des questions sur ton lycée, tes profs, ta famille, tes amis, ta ville, tes activités de tous les jours, etc. Joue cette scène avec un(e) camarade, puis échangez les rôles.

MODÈLE **—Steven, tu prends… pour aller au lycée?**
—Moi, je vais au lycée…
—Tu aimes tes cours au lycée?
—J'adore… mais…

Inversion

1 In a more formal context and in written French, you will often see questions formed with **inversion.** To make a question with **inversion,** simply reverse, or invert, the subject and verb and add a hyphen between them.

Tu vas à la banque? → **Vas-tu** à la banque? *Are you going to the bank?*

Vous faites du ski? → **Faites-vous** du ski? *Do you ski?*

2 If you're inverting a question with **il, elle,** or **on** as the subject, and the verb ends in a vowel, add a **-t-** between the verb and subject. The **-t-** has no meaning and only serves to make the pronunciation easier.

Il y a deux chaises là? → Y **a-t-il** deux chaises là?

Elle parle espagnol? → **Parle-t-elle** espagnol?

3 Notice how you form inversion questions if the subject is a noun.

Est-ce que Janine vient avec nous? → Janine **vient-elle** avec nous?

Un cours sans prof est possible? → Un cours sans prof **est-il** possible?

4 Information questions follow the same rules as yes-no questions.

Où vous allez? → Où **allez-vous?**

5 To make an inversion question in the **passé composé,** reverse the subject and the helping verb.

Tu as trouvé un plan de la ville? → **As-tu** trouvé un plan de la ville?

Vocabulaire et grammaire, *pp. 106–107*
Cahier d'activités, *pp. 85–87*

Déjà vu!

You already know how to form questions with intonation or est-ce que.

Marcus travaille au café?
Est-ce qu'il chante bien?

31 Écoutons

Tu entends ces phrases dans la rue en France. Dis si chaque phrase est **a) une question** ou **b) une phrase affirmative.**

32 Le professeur Tournesol

Lisons/Parlons Le professeur Tournesol est un personnage de la bande dessinée *Tintin*® qui ne comprend jamais ce qu'on lui dit. Répète ces questions au professeur en utilisant l'inversion.

1. Professeur, est-ce que vous allez en ville aujourd'hui?
2. Le capitaine Haddock et vous, vous avez pris le bus?
3. Est-ce que Tintin est chez le coiffeur?
4. Le chien de Tintin s'appelle Milou?
5. Est-ce que Dupont et Dupond connaissent Paris?
6. Est-ce que Tintin aime les aventures (*adventures*)?

À la cajun

In Louisiana, people use the word **un char** instead of **une voiture** and **une piastre** instead of **un dollar.**

33 A-t-on...?

Écrivons Regarde les images et pose des questions pour savoir ce qui s'est passé hier. Utilise l'inversion et le passé composé.

Mme Leroy / tomber

MODÈLE Madame Leroy est-elle tombée dans la rue?

1. tu / acheter

2. il / attendre

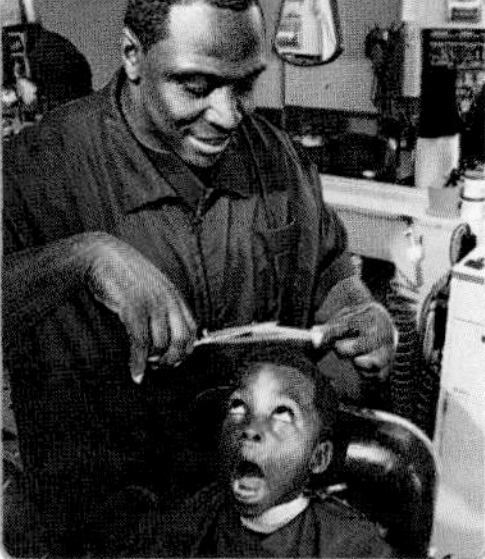
3. ton frère / aller

4. nous / prendre

5. Tina et Carole / étudier

6. vous / laver

34 Si je pouvais rencontrer...

Écrivons Fais une liste de huit questions que tu voudrais poser à une personne célèbre que tu admires. Utilise l'inversion.

MODÈLE Où habitez-vous?
Où travaillez-vous?...

Flash culture

In France, there's a distinction between a **pharmacie** and a **droguerie.** A pharmacy sells prescription medication and can be identified by the green cross on the building. A **droguerie** mostly sells household cleaners and other house items. Typically, pharmacies in France are closed on Sundays and holidays. To fill a prescription on these days, ask for the nearest **pharmacie de garde**, which is a pharmacy that is "on-call" that weekend.

What types of products can you buy in a pharmacy in the U.S.?

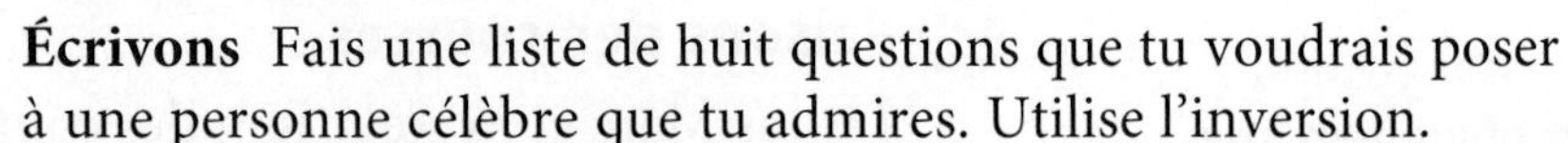

35 Scénario

Parlons Il y a eu un hold-up à la Banque Nationale hier. L'inspecteur Adunez pose des questions au directeur de la banque, M. Rochedor pour savoir ce qui s'est passé à la banque. Joue cette scène devant la classe avec un(e) camarade. Utilise l'inversion, le présent, le passé composé et les pronoms appropriés.

MODÈLE —Bonjour, monsieur. Je suis l'inspecteur Adunez. À quelle heure êtes-vous parti de la banque hier?
—Je suis parti à...

Synthèse
- Vocabulaire 2
- Grammaire 2

Application 2

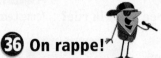

36 On rappe!

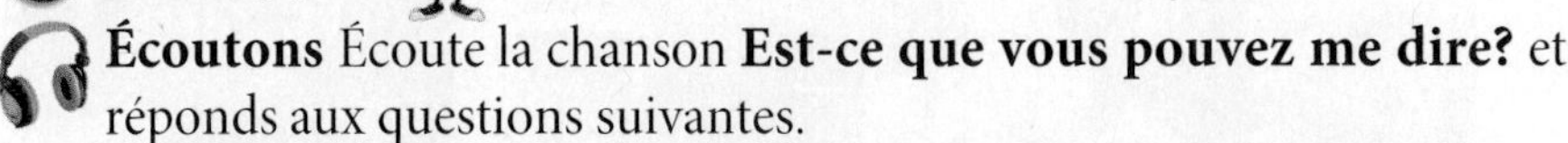

Écoutons Écoute la chanson **Est-ce que vous pouvez me dire?** et réponds aux questions suivantes.

1. Quels moyens de transport est-ce qu'on peut prendre pour aller à la pharmacie?
2. Qu'est-ce qui est près de la poste?
3. Où se trouve le distributeur de billets?

37 Je veux savoir...

Écrivons Tu vas rendre visite à tes cousins qui habitent une petite ville française. Écris-leur un e-mail et pose dix questions sur leur ville. Utilise l'inversion dans tes questions.

MODÈLE **Salut cousins! J'ai beaucoup de questions sur votre ville. La ville de... est-elle jolie? Y a-t-il beaucoup de boutiques et de cafés?...**

Un peu plus Révisions

The partitive

1. When you're talking about **part of an item,** use the partitive articles **du, de l', de la,** and **des** before the noun.

   Je voudrais **des** céréales.
   I'd like some cereal.

2. When you're talking about a **whole item** or items, use **un, une,** or **des** before the noun.

   J'achète **une** tarte.
   I'm buying a (whole) pie.

3. In a negative sentence, the partitive and indefinite articles become **de.**

   Je ne prends pas **de** poisson.
   I'm not having any fish.

Vocabulaire et grammaire, *p. 108*
Cahier d'activités, *pp. 85–87*

38 Faisons des courses

Lisons Marc et sa sœur font des courses. Choisis l'article approprié pour compléter les phrases qui suivent.

1. D'abord, nous devons retirer (des / de l') argent au distributeur.
2. Bonjour, monsieur. Je voudrais (de la / des) comprimés et (du / de la) sirop pour la toux.
3. Adrienne, il faut envoyer (une / un) colis. Allons à la poste.
4. Bonjour, monsieur. Je veux (du / des) timbres, s'il vous plaît?
5. Marc, tu ne vas pas prendre (des / de) fruits pour maman?
6. Allons au supermarché. Maman m'a demandé d'acheter (du / des) pâtes, (un / une) pamplemousse, et (du / de la) poulet.

Online Practice

my.hrw.com
Application 2 practice

39 Tout le monde fait des courses

Lisons Tout le monde fait des courses en ville. Complète les phrases suivantes avec l'article **(du, de la, de l', un, une** ou **des)** qui convient.

1. Bonjour, madame. Je voudrais acheter ______ tarte aux pommes, s'il vous plaît.
2. Maman, je voudrais ______ eau minérale.
3. Je dois retirer ______ argent à la banque.
4. Bonjour, monsieur. Je voudrais ______ comprimés.
5. Mon copain va à la poste pour envoyer ______ colis.
6. Et moi, je vais prendre ______ sandwich au fromage.

40 Les achats

Écrivons Écris un paragraphe pour décrire les choses que ta famille achète généralement au supermarché. Décris aussi ce qu'on a mangé chez toi au déjeuner ou au dîner hier. Utilise les articles appropriés, selon le contexte.

MODÈLE **On achète toujours du pain, des œufs, du jus d'orange… Hier, on a mangé…**

The post office in France is not just a place from where you can send mail and packages. Post offices in France often offer financial services similar to those at a bank. As of January 2006, the financial division of the post office became the **banque postale,** offering all the services that a regular bank would offer, including loans.

Do post offices in the U.S. offer similar services?

Application 2

Communication

Digital performance space

41 Où est la banque?

Parlons Tu es un(e) touriste dans une ville française et tu demandes des renseignements à ton/ta camarade. Lisez les questions ci-dessous et répondez-y de manière logique. Ensuite, échangez les rôles.

— **Pardon, est-ce que vous pourriez me dire où il y a une banque?**
—
— **À quelle heure ferme la banque?**
—
— **Et savez-vous où je peux trouver des timbres?**
—
— **Où est la poste?**
—
— **Savez-vous combien c'est pour envoyer une lettre aux États-Unis?**
—

Télé-roman

Que le meilleur gagne!

Épisode 9

STRATÉGIE

Making predictions As you near the conclusion of a story, it is only natural to start making predictions about how it is going to end. Based on what you already know, make predictions about the characters and their situations: Will Kevin become Yasmina's friend? Will he solve the last clue thanks to the map he stole? Who will win the competition?

Les trois amis ont rendez-vous pour trouver la dernière énigme...

1

Yasmina Vous aviez raison pour Kevin. À la fête d'Adrien, il a pris la photocopie du plan que j'avais laissée dans la chambre.

2

Laurie Tu as laissé une photocopie du plan dans la chambre d'Adrien?

Yasmina C'est un plan que j'ai modifié pour voir si Kevin le prendrait.

Au marché aux fleurs...

3

Adrien Alors, pour prouver qu'on a trouvé les différents endroits, on doit prendre des photos.

4

Adrien «Sur la Terrasse, elles ont besoin de soleil et d'eau.»

Laurie Eh! La rue de la Terrasse est tout près d'ici... Près de la rue de la Terrasse, il y a le marché aux fleurs.

5

Adrien Alors, indice Numéro 2: «Escalier ou ascenseur vont vous mener à la belle vue.»

Laurie C'est peut-être la colline du Château. On peut y monter par un escalier ou en ascenseur.

À la colline du Château...

Laurie Quelle belle vue!

Adrien Bon. Le troisième indice: «Une ancienne ville romaine.»

Laurie Une ville romaine... hmmm... Attendez! À Cimiez, il y a des ruines romaines!

Aux ruines romaines de Cimiez...

Adrien Quatrième indice: «Tout près d'ici, vous trouverez mon nom.»

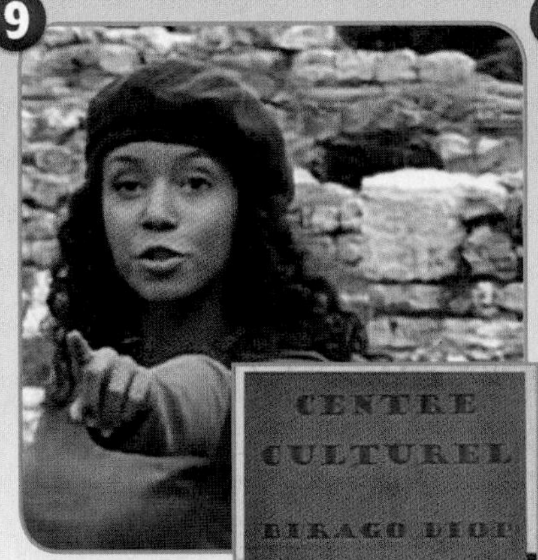

Yasmina Regardez! «Centre Birago Diop.» Birago Diop, c'est un écrivain sénégalais. Ça doit être le nom du lycée de Saint-Louis, vous ne pensez pas?

Yasmina Je me demande où est Kevin avec son faux plan sans indices...

AS-TU COMPRIS?

1. Pourquoi est-ce que Yasmina est triste au début de l'épisode?
2. Pourquoi est-ce que les trois amis doivent prendre des photos?
3. Dans quelle partie de Nice y a-t-il des ruines romaines?
4. Qui est Birago Diop?
5. Pourquoi le nom «Birago Diop» est important?

Prochain épisode:
Est-ce que tu peux deviner ce qui va se passer à l'épisode 10? D'après toi, qui va gagner le concours?

Lecture et écriture

STRATÉGIE

Reading aloud Before you focus on what a poem means, read it aloud at least once. Poets often use alliteration, the repetition of a consonant sound, and onomatopoeia, sounds that imitate or suggest the meaning of a word to communicate their ideas. Listening carefully for repeated words and to the sounds of each word will help you understand the poem.

A Avant la lecture

Lis le poème à haute voix. Quelle lettre de l'alphabet se répète? Quelle image et quel sentiment est-ce que cette répétition donne? Quels mots, à ton avis, sont des exemples de l'onomatopée?

L'embouteillage

de Jacques Charpentreau

Feu vert Feu vert Feu vert !
Le chemin est ouvert !
Tortues blanches, tortues grises,
tortues noires,
Tortues têtues Tintamarre[1] !
Les autos crachotent[2],
Toussotent, cahotent[3]
Quatre centimètres
Puis toutes s'arrêtent.

Feu rouge Feu rouge Feu rouge !
Pas une ne bouge !
Tortues jaunes, tortues beiges,
tortues noires,
Tortues têtues Tintamarre !
Hoquettent[4], s'entêtent[5],
Quatre millimètres,
Pare-chocs[6] à pare-chocs
Les voitures stoppent.

Blanches, grises, vertes, bleues,
Tortues à la queue leu leu[7],
Jaunes, rouges, beiges, noires,
Tortues têtues Tintamarre !
Bloquées dans vos carapaces
Regardez-moi bien : je passe !

1. racket **2.** crackle **3.** jolt **4.** hiccup **5.** persist **6.** bumpers **7.** all lined up

B Compréhension

Réponds aux questions suivantes avec des phrases complètes.

1. Qu'est-ce que les tortues représentent?
2. Où sont les tortues?
3. Comment sont-elles?
4. Est-ce qu'elles font peu ou beaucoup de bruit *(noise)*?
5. Pourquoi est-ce que tu penses que le narrateur peut passer?

C Après la lecture

What situation does the poem describe? What images help describe it? How does the use of alliteration and onomatopoeia contribute to the description? How does the author's description compare to your own experience?

Espace écriture

école → librairie
banque → poste

STRATÉGIE pour écrire

Using a map to write directions can help you identify each step in the process and arrange the steps sequentially. This will make your directions clear and easy to follow.

Des courses

A friend is going downtown and has offered to run some errands for you. Write your friend a note telling three things that you need, where to go to get the items, and how to get to each place.

1 Plan

Make a list of the things you need and where to buy them. Then, draw the route your friend should take from school to the three places. Check your map to be sure that your friend is running the errands in a logical order and that no time is wasted.

2 Rédaction

Write the note to your friend, stating the three things that you need and where to get them. Ask your friend if he or she is familiar with these places. Then, using your map, give your friend directions to each place in a logical order. Include any types of transportation that he or she should use.

3 Correction

Read your note and compare your directions with the map you drew. Did you include all the steps in your instructions? Check spelling and punctuation.

4 Application

Read your note to the class. Your classmates will draw a map based on what they hear. Do their maps match the one you drew? Post your directions and map on the class bulletin board.

Prépare-toi pour l'examen

@HOMETUTOR

1 Vocabulaire 1
- to plan your day
- to ask for and give directions

pp. 294–297

1 Dis où ces gens vont d'après les images.

1. Philippe et moi

2. tu

3. Catherine et Gilles

4. André

2 Grammaire 1
- the verb *voir*
- the verbs *savoir* and *connaître*

Un peu plus
- review of the imperative

pp. 298–303

2 Yasmina parle de son voisin Martin. Complète sa conversation avec les formes appropriés des verbes **voir, savoir** ou **connaître.**

YASMINA Est-ce que tu ___1___ Martin Dubois? Il m'a dit qu'il travaille ici.

ANTOINE Je ne ___2___ pas Martin. C'est qui?

YASMINA C'est un garçon qui habite près de chez moi. Il ___3___ parler anglais, chinois et espagnol. Ses parent sont musiciens. Son père ___4___ jouer du piano. Tu sais, il ___5___ Patricia Kaas.

ANTOINE Ouah! Vraiment?

YASMINA Oui! Et la sœur de Martin travaille au Louvre. Elle ___6___ tous les tableaux et les sculptures du Louvre. Elle adore le cinéma et elle ___7___ souvent les nouveaux films américains et chinois.

3 Vocabulaire 2
- to ask for information
- to make a request

pp. 306–309

3 Réponds aux questions suivantes.

1. Qu'est-ce qu'on peut acheter à la pharmacie?
2. Où est-ce qu'on peut changer de l'argent?
3. Où est-ce qu'on va pour envoyer un colis?
4. À quelle heure ferme la poste près de chez toi?
5. Qu'est-ce que tu prends quand tu as mal à la gorge?
6. D'habitude, à quelle heure ouvrent les banques?
7. Est-ce que tu as une carte de crédit?
8. Est-ce que tu as jamais *(ever)* acheté une carte téléphonique?

Online Assessment
my.hrw.com
Chapter Self-test

4 Complète cette description de Nice avec la forme correcte du verbe qui convient. Fais attention! Il y a des verbes à l'impératif.

À Nice, il y a quelque chose pour tous les goûts. Si vous ___1___ (aimer) le sport, vous ___2___ (pouvoir) faire du ski nautique et nager. Ou bien ___3___ (prendre) un bain de soleil sur la plage! Si vous ___4___ (préférer) faire les magasins, il y a beaucoup de boutiques pour vous tenter. Dans les restaurants, ___5___ (essayer) les plats traditionnels du sud de la France comme la pissaladière et la ratatouille. Si vous ne ___6___ (connaître) pas encore cette ville magnifique, ___7___ (venir) nous rendre visite!

4 Grammaire 2
- review of the present tense
- inversion

Un peu plus
- review of the partitive

pp. 310–315

5 Réponds aux questions suivantes.

1. What is a **rond-point?**
2. Can you buy medicines at a grocery store in France?
3. In France, what do you need to enter each time you use a bank card to pay at a restaurant?

5 Culture
- **Comparaisons** **p. 305**
- **Flash culture** **pp. 296, 298, 302, 308, 313, 315**

6 Écoute la conversation et indique trois choses que Patrick a achetées au centre-ville.

7 Tu visites Nice et tu veux acheter des cartes postales. Ton/ta camarade va jouer le rôle du passant *(passer-by)* qui va t'indiquer le chemin *(route)*. D'abord, lisez les instructions pour chaque réplique *(exchange)*. Ensuite, créez votre dialogue en utilisant des expressions de ce chapitre et des autres chapitres.

Élève A:	Dis bonjour. Demande où acheter des cartes postales.
Élève B:	Réponds à ton/ta camarade.
Élève A:	Demande où est le magasin.
Élève B:	Indique le chemin.
Élève A:	Remercie et demande où est la poste.
Élève B:	Indique où se trouve la poste.
Élève A:	Remercie. Demande si la poste a un distributeur de billets.
Élève B:	Réponds de manière positive.

Grammaire 1
- the verb *voir*
- the verbs *savoir* and *connaître*

Un peu plus
- review of the imperative

pp. 298–303

Résumé: Grammaire 1

The irregular verb **voir** means *to see.*

je vois	nous voyons
tu vois	vous voyez
il/elle/on voit	ils/elles voient

Use **connaître** to say *someone is familiar with a person, place, or thing.* Use **savoir** to say *a person knows information or how to do something.* For the conjugations of these verbs, see **p. 300.**

To make commands in French, use the **tu, nous,** or **vous** form of a present tense verb *without the subject pronoun.*

Grammaire 2
- review of the present tense
- inversion

Un peu plus
- review of the partitive

pp. 310–315

Résumé: Grammaire 2

To conjugate **-er**, **-ir**, and **-re** verbs in the present tense, drop the final two letters from the infinitive and add these endings:

- For **-er** verbs: -e, -es, -e, **-ons**, **-ez**, **-ent**
- For **-ir** verbs: **-is**, **-is**, **-it**, **-issons**, **-issez**, **-issent**
- For **-re** verbs: -s, -s, **[nothing]**, -ons, -ez, -ent

Some verbs that are irregular in the present tense are: **avoir, être, faire, aller, venir, vouloir, prendre, boire, mettre, pouvoir, devoir, nettoyer, voir, connaître,** and **savoir.**

Ask questions in French by inverting the subject and verb and separating them with a hyphen. If you are using **il, elle,** or **on** as the subject and the verb begins with a vowel, separate the subject and verb with a **-t-**.

You use the **partitive du, de l',** and **de la** to talk about *part of an item.* On the other hand, when talking about a *whole item,* you use the articles **un, une,** and **des.**

Lettres et sons

The sounds [u] and [y]

The sound [u] occurs in English words such as *Sue, shoe,* and *too.* The French [u] is usually represented by the letter combination **ou.** It is shorter, terser, and more rounded than the vowel sound in English as in the words **tout, nous,** and **vous.**

The sound [y] is represented in the words **salut, tu,** and **rue.** Start by saying [i] as in the English word *me.* Then, round your lips as if you were going to say *moon,* keeping your tongue pressed behind your lower teeth.

Jeux de langue

La roue sur la rue roule; la rue sous la roue reste.

Dictée

Écris les phrases de la dictée.

Résumé: Vocabulaire 1

PRACTICE FRENCH WITH HOLT MCDOUGAL APPS!

To plan your day

l'arrêt de bus (m.)	*bus stop*
la banque	*bank*
un bouquet de fleurs	*bouquet of flowers*
la boutique	*shop*
le carrefour	*intersection*
le centre-ville	*downtown*
les courses (f.)	*errands*
l'église (f.)	*church*
l'endroit	*place*
entre	*between*
le feu (rouge)	*traffic light*
le/la fleuriste	*flower shop*
l'hôpital (m.)	*hospital*
la librairie-papeterie	*book and stationery store*
le marché	*open air market*
la pharmacie	*pharmacy*
le plan	*map*
le pont	*bridge*
la poste	*post office*
la rue	*street*
le salon de coiffure	*hairdresser*
la station de métro	*subway station*
le ticket	*ticket*
à pied	*on foot*
à vélo	*by bicycle*
en bus	*by bus*
en métro	*by subway*
en taxi/en voiture	*by taxi/by car*
après	*after*
derrière	*behind*
devant	*in front of*
d'abord	*first*
ensuite	*then*
et puis	*and then*
loin de	*far from*
près de	*near*
Et je dois passer…	*And, I need to go by . . .*
finalement	*finally*
On y va…	*One can go there . . .*

To ask for and give directions .... *see p. 297*

Résumé: Vocabulaire 2

To ask for information

l'argent (m.)	*money*
avoir mal à la gorge/ à la tête	*to have a sore throat / a headache*
le billet	*bill/banknote*
la cabine téléphonique	*phone booth*
la carte bancaire/ téléphonique	*bank card/phone card*
la carte postale	*postcard*
le code postal	*zip code*
le colis	*package*
le comprimé	*pill*
le courrier	*mail*
déposer	*to deposit*
le distributeur de billets/ d'argent	*ATM*
l'employé(e) (m.,f.)	*employee*
l'enveloppe (f.)	*envelope*
le facteur	*mail carrier*
la lettre	*letter*
un médicament	*medicine*
le pansement	*bandage*
le/la pharmacien(ne)	*pharmacist*
la pièce	*coin*
retirer	*to withdraw*
un rhume/une toux	*a cold/a cough*
le sirop	*syrup*
le timbre	*stamp*
tousser	*to cough*
C'est combien pour envoyer…?	*How much is it to send . . .?*
Dites-moi, est-ce que vous acceptez les cartes de crédit?	*Tell me, do you accept credit cards?*
Est-ce que vous pouvez me dire…?	*Can you tell me . . .?*
Savez-vous…?	*Do you know . . .?*
À quelle heure ouvre/ferme…?	*At what time does . . . open/close?*

To make a request .... *see p. 309*

Révisions cumulatives

1 Indique la photo qui correspond à chaque conversation.

a.

b.

c.

d.

2 Regarde l'annonce et réponds aux questions suivantes.

PHARMACIE DU GARDET

Mehdi Akrout, Docteur en pharmacie, est heureux de vous accueillir avec son équipe. En collaboration avec votre médecin, votre pharmacien est là pour vous fournir les médicaments et vous conseiller sur leur utilisation. Si vous avez une question au sujet de : votre santé au quotidien, vaccins, préparation d'un voyage, ou effets secondaires d'un médicament, n'hésitez jamais à lui demander conseil.

Horaire :	**Du lundi au vendredi**	**Samedi**
	9h00 à 12h30	9h00 à 12h30
	14h00 à 20h00	14h00 à 19h00

162 rue Aimé Ramond 11000 Carcassonne Tél : 04 68 24 39 71 Fax : 04 68 29 04 64

1. Où se trouve cette pharmacie?
2. Quel est le numéro de téléphone de la pharmacie?
3. Comment s'appelle le pharmacien/la pharmacienne? C'est un homme ou une femme?
4. À quelle heure la pharmacie ouvre-t-elle le matin? À quelle heure ferme-t-elle le soir?
5. Est-ce que le pharmacien/la pharmacienne sait quelles vaccinations sont nécessaires si on veut voyager à l'étranger *(foreign country)*?
6. Qu'est-ce que le pharmacien/la pharmacienne peut expliquer, d'après l'annonce?

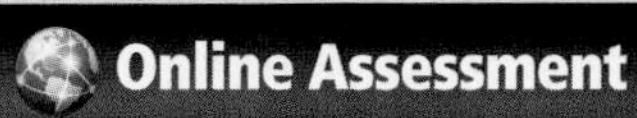

my.hrw.com
Cumulative Self-test

3 Tes amis et toi, vous voulez dîner au restaurant. Avec des camarades de classe, décidez où vous allez manger. Puis, dites à un(e) de vos ami(e)s comment arriver au restaurant.

4 Regarde cette peinture de van Gogh. Où se passe cette scène? Que font les personnes que tu vois? Où sont ces personnes? Est-ce que tu voudrais aller dans cette ville? Pourquoi ou pourquoi pas?

La Maison jaune **de Vincent van Gogh**

5 Ton/Ta correspondant(e) français(e) vient te rendre visite. Écris un e-mail pour expliquer comment arriver de l'aéroport à chez toi. Mentionne les bâtiments *(buildings)* importants qu'il/elle va voir entre l'aéroport et ta maison/ton appartement.

6 À ton tour

Ma ville Your local chamber of commerce has asked your French club to write some materials for French visitors about your town. Write a brief description of your town. List buildings tourists might be interested in (hotels, banks, historical sites, etc.) and tell where they are located in relation to each other. You might want to refer to street names, bridges, and rivers as part of your directions.

chapitre 10

Enfin les vacances!

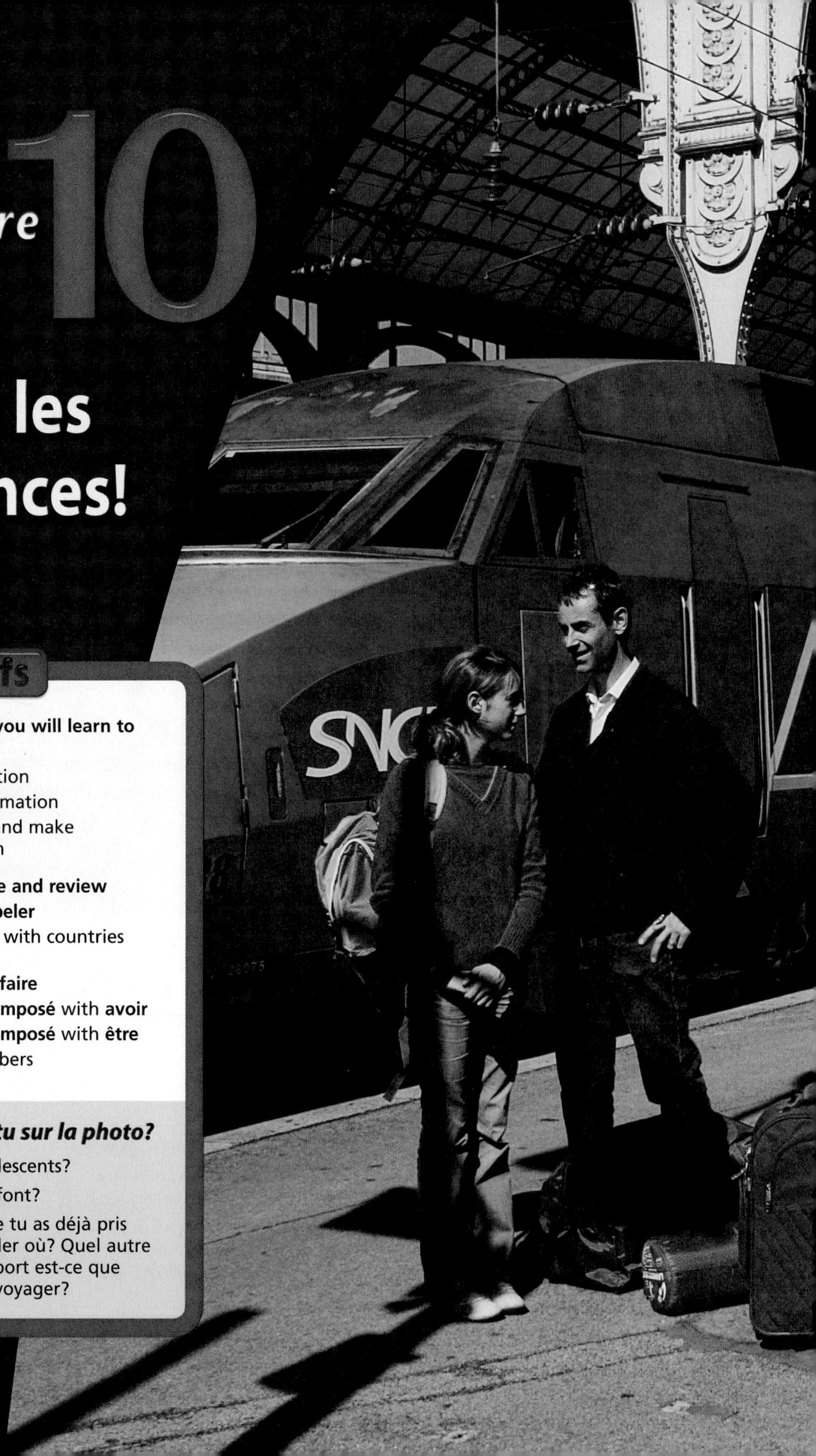

Objectifs

In this chapter, you will learn to

- give advice
- get information
- ask for information
- buy tickets and make a transaction

And you will use and review

- the verb **appeler**
- prepositions with countries and cities
- Idioms with **faire**
- the **passé composé** with **avoir**
- the **passé composé** with **être**
- ordinal numbers

Que vois-tu sur la photo?

Où sont ces adolescents?

Qu'est-ce qu'ils font?

Et toi, est-ce que tu as déjà pris le train? Pour aller où? Quel autre moyen de transport est-ce que tu prends pour voyager?

MODES OF COMMUNICATION

INTERPRETIVE	INTERPERSONAL	PRESENTATIONAL
Listen to someone give vacation advice.	Discuss travel plans with a friend.	Act out a conversation about a trip to France.
Read a departure/arrival board at an airport.	Write a postcard to your French class about your vacation.	Write a journal entry about a trip abroad.

La gare de Nice

Objectifs
- to give advice
- to get information

Vocabulaire à l'œuvre 1

DVD

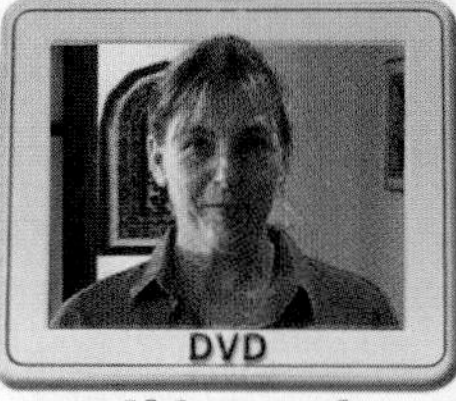

Télé-vocab

À l'hôtel Negresco, à Nice

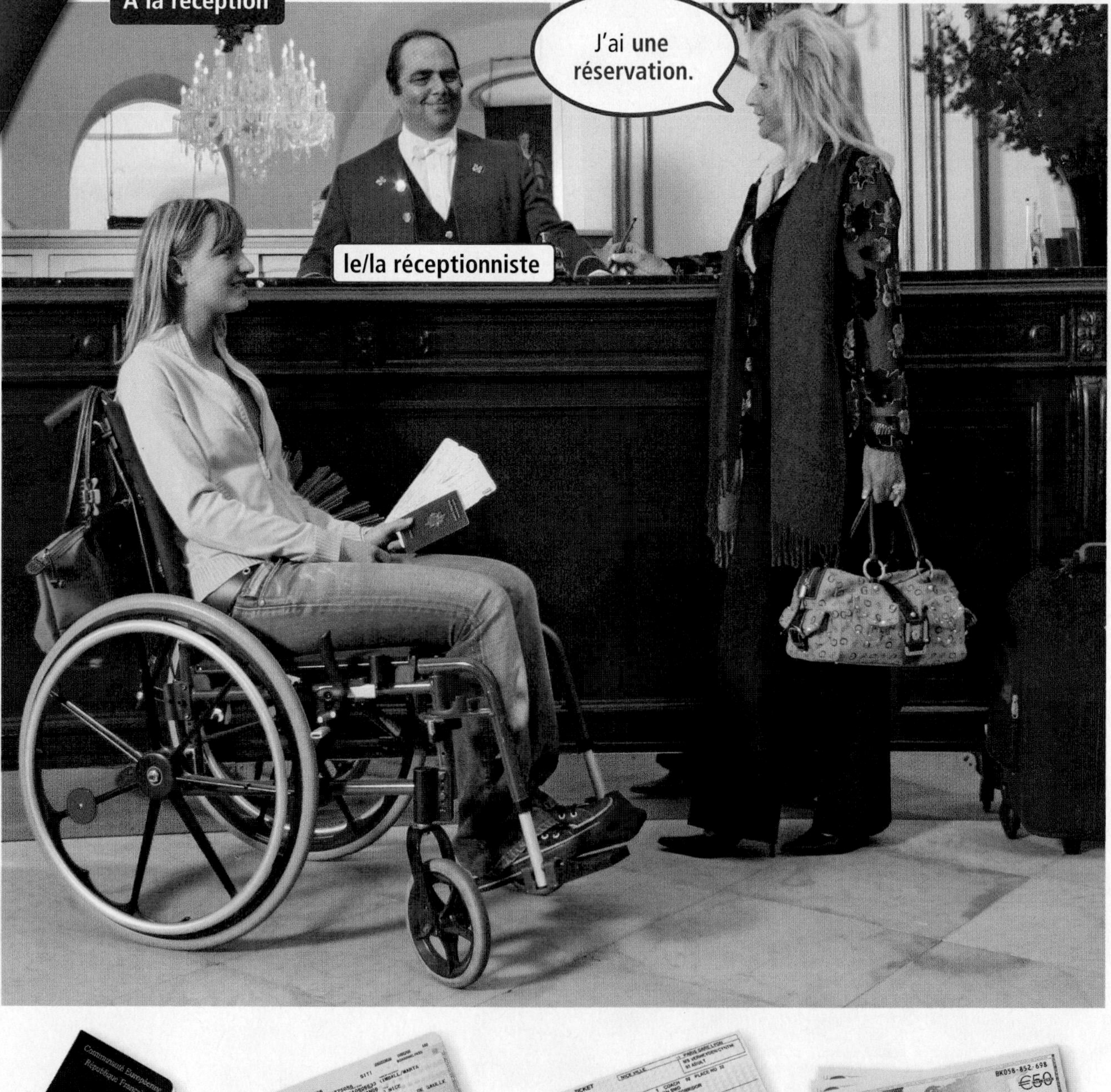

À la réception
J'ai une réservation.
le/la réceptionniste

PASSEPORT

le passeport

le billet d'avion

le billet de train

les chèques (m.) de voyage

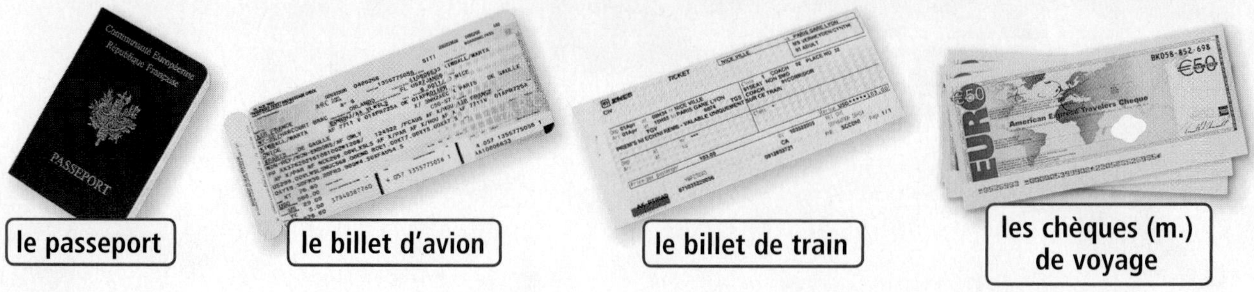

my.hrw.com
Vocabulaire 1 practice

Je monte vos bagages?

l'accès (m.) handicapé

la trousse de toilette

Vocabulaire 1

D'autres mots utiles

la climatisation	*air conditioning*	**l'ascenseur (m.)**	*elevator*
le lit simple/double	*single/double bed*	**la clé**	*key*
la chambre non-fumeur	*non-smoking room*	**le parking**	*parking lot*
la chambre avec vue	*room with a view*	**le visa**	*travel visa*

Exprimons-nous!

To give advice

N'oublie pas tes clés! *Don't forget . . . !*

Tu ne peux pas partir sans ton parapluie. *You can't leave without . . .*

Tu devrais/Vous devriez faire une réservation. *You should . . .*

Je te conseille de prendre un sac de voyage. *I advise you to . . .*

Tu as intérêt à emporter des chèques de voyage. *You'd better take along . . .*

Vocabulaire et grammaire, *pp. 109–111*

Flash culture

A **gîte** is a French holiday home that is available for rent. **Gîtes** are often traditional homes, located in the countryside. They are furnished and have a fully-equipped kitchen. **Gîtes** are privately owned and the owner must live close by to provide assistance to the renters. For a home to qualify as a **gîte,** it must be listed with the **Fédération Nationale des Gîtes de France** and comply with certain regulations. A **chambre d'hôte** (B&B) is a type of **gîte** where breakfast is included with board.

Are there any vacation homes in your area?

1 Écoutons

Gabrielle donne des conseils à ses copains qui vont partir en vacances. Choisis l'image qui correspond à chaque conseil.

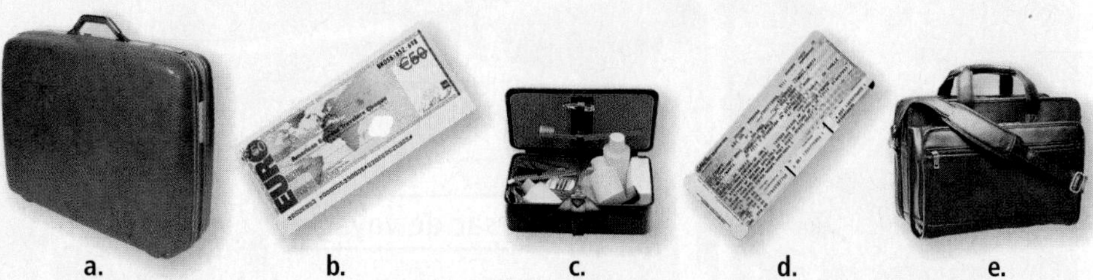

a. b. c. d. e.

2 Qu'est-ce que je fais?

Parlons Martin va passer un an à voyager. Quel conseil est-ce que tu peux lui donner pour chaque chose qu'il dit?

a. N'oublie pas ton passeport!
b. Alors, tu devrais emporter un bagage à main.
c. Tu ne peux pas partir sans ton parapluie!
d. Tu as intérêt à acheter ton billet sur Internet.

1. Je vais prendre le train de Paris à Cannes.
2. Le mois prochain, je vais aller à Tokyo.
3. Je ne prends pas beaucoup de vêtements.
4. Il pleut beaucoup en France au mois d'octobre.

3 Nouvelles de Nice!

Lisons Stéphanie est en vacances à Nice. Complète sa carte postale à son amie Eva.

Salut,

Nice, c'est super comme ville! L'hôtel, par contre, n'est pas terrible. Il fait très chaud et l'hôtel n'a pas de __1__. *J'ai fait une* __2__ *pour une chambre avec* __3__, *mais je ne peux pas voir la mer. Et puis, ma chambre est au dixième étage, et il n'y a pas d'* __4__. *Il faut monter par l'escalier. Je vais aller tout de suite à la* __5__ *pour demander une autre chambre.*

Grosses bises, Stéphanie

Eva Menton
5, rue Anatole
51100 Reims

Exprimons-nous!

To get information

Est-ce que vous avez une chambre **disponible pour** le 7 mai? *. . . available for . . .*	Désolé(e), **c'est complet.** *. . . , it's full.*
Je voudrais réserver une chambre du 9 **au** 15 juin, s'il vous plaît. *I'd like to reserve a room from . . . to . . .*	Très bien. **À quel nom?** *. . . Under what name?*
Est-ce que vous faites pension complète? *Are all meals included with the room?*	**Non, nous ne faisons que demi-pension.** *No, we only offer breakfast and one other meal.*
Jusqu'à quelle heure est-ce que la réception est ouverte? *Until what time . . . ?*	**Toute la nuit.** *All night long.*

Vocabulaire et grammaire, *pp. 109–111* Online Workbooks

4 À l'auberge de jeunesse

Écrivons Tu fais une réservation à l'auberge de jeunesse de Nice. Complète ta conversation avec le réceptionniste.

— ______________________________________ ?

— Du 21 au 22 juillet? Absolument. À quel nom?

— __________________ . __________________ ?

— Non, nous ne faisons que demi-pension. Et qu'est-ce que vous voudriez comme chambre?

— ______________________________________ .

— Je regrette. Nous n'avons plus de chambres à deux lits.

— ______________________________________ .

— Très bien. Toutes nos chambres sont non-fumeurs.

— ______________________________________ ?

— Toute la nuit.

Digital performance space

Communication

5 Scénario

Parlons Tu essaies de réserver une chambre pour deux nuits à St.-Tropez. Tu veux une chambre pour deux, non-fumeur, avec salle de bain, vue et climatisation. Le réceptionniste de l'hôtel ne te comprend pas. Joue cette scène avec un(e) camarade.

MODÈLE —**Je voudrais réserver une chambre du 14 au 15 mai.**
—**Très bien. Une chambre du 4 au 5 mai?**

Objectifs

- the verb *appeler*
- prepositions with countries and cities

Grammavision

The verb *appeler*

1 The verb **appeler** *(to call)* has a spelling change in some of its forms. Notice that the consonant is doubled in some forms.

j' appe**ll**e	nous appelons
tu appe**ll**es	vous appelez
il/elle/on appe**ll**e	ils/elles appe**ll**ent

The past participle of appeler is **appelé**.

Est-ce que tu **appelles** l'hôtel pour réserver une chambre?

Nous **avons appelé** la gare pour vérifier l'heure du départ.

2 Do you remember what **Je m'appelle** means? The **m'** before the verb is a reflexive pronoun. You'll learn more about these pronouns next year. For now, just remember that **Je m'appelle** literally means *I call myself,* while **J'appelle** means *I call (someone else).*

Verbs like **appeler:**

jeter	*to throw (away)*
épeler	*to spell*
rappeler	*to call back*

Vocabulaire et grammaire, *pp. 112–113*
Cahier d'activités, *pp. 91–93*

Flash culture

French hotels are rated on a 5 **étoiles** *(star)* scale according to specific criteria. In a 1-star hotel, a room will cost little, but may have a shared bathroom on each floor rather than a private bath. A 2- or 3-star hotel will offer a private bath in each room and should be quite comfortable. In a 4- or 5-star hotel, you will find a **chambre de luxe.** In hotels in France, you're likely to find a TV and phone in every room, but amenities like a pool or air conditioning are less common than in the U.S.

How are hotels in the U.S. rated?

Hôtel Negresco

6 Les deux font la paire

Lisons Trouve la fin de chaque phrase de la colonne de gauche dans la colonne de droite.

1. Comment est-ce qu'on…
2. Nous…
3. Tu sais comment ils…
4. Ce soir, vous…
5. C'est mon passeport. Regardez! Je…
6. Est-ce que tu…

a. jetons nos vieux billets de train.
b. m'appelle Yves Rivière.
c. jettes toujours ton sac de voyage comme ça?
d. épelle «Avignon»?
e. rappelez la réception de l'hôtel?
f. appellent ce monument?

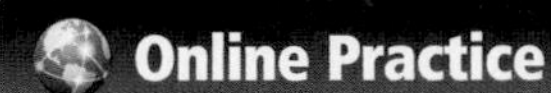

my.hrw.com
Grammaire 1 practice

Grammaire 1

7 Projets de vacances

Parlons Utilise les éléments donnés pour faire des phrases complètes.

1. le réceptionniste / appeler / la chambre de M. Bourdain
2. Martin et Gilles / épeler / leurs noms / pour le professeur
3. nous / appeler / nos parents / à l'hôtel
4. je / jeter / l'adresse de cet hôtel
5. vous / rappeler / une table / le restaurant / pour réserver
6. M. Duchesne / épeler / son nom / pour le réceptionniste

8 Que font-ils?

Parlons/Écrivons Décris ces illustrations. Utilise les sujets donnés.

MODÈLE **Salim appelle la réceptionniste.**

Salim

1. mes frères

2. l'employée

3. nous

4. vous

5. M. Fourget

6. tu

Communication

9 Scénario

Parlons Imagine que tu as passé un an en France. Tu vas dans une agence de voyages pour acheter ton billet pour rentrer aux États-Unis. L'agent ne comprend pas ton nom et tu dois l'épeler pour lui. Donne-lui toutes les informations importantes (nom, date du voyage, etc.). Joue cette scène avec un(e) camarade.

MODÈLE **—Bonjour. Je voudrais faire une réservation pour un billet d'avion pour…, s'il vous plaît.**

Prepositions with countries and cities

1 In French, most countries that end with **-e** are feminine. Countries that end in letters other than **-e** are generally masculine. There are exceptions like **le Mexique.**

la Chine	les États-Unis (m.)	l'Espagne (f.)
la Russie	l'Angleterre (f.)	l'Italie (f.)
le Canada	l'Australie (f.)	la Tunisie
le Japon	l'Allemagne (f.)	les Pays-Bas (m.)
le Maroc	l'Égypte (f.)	le Brésil

Déjà vu!

Do you remember what happens to the preposition à and de before the articles le, la, l', and les?

À and de contract with le and les,

Nous allons au café.

Je parle des élèves.

but not with la or l'.

Je vais à la piscine.

Elle revient de la gare.

2 To say *in* or *to* a country, use the following prepositions: **au** with **masculine countries, en** with **feminine countries, aux** with **countries that have plural names.**

3 To say *from* a country, use the following prepositions: **du** with **masculine countries, de** with **feminine countries, des** with **countries that have plural names.**

Nous allons **aux** États-Unis. Brigitte revient **de** Chine.

4 To say *in* or *to* most cities, use **à**. To say *from* most cities, use **de.**

Je pars **de** Chicago **à** 11h et j'arrive **à** Boston à 14h.

Vocabulaire et grammaire, *pp. 112–113*
Cahier d'activités, *pp. 91–93*
Online Workbooks

10 Écoutons

Écoute les messages sur ton répondeur *(answering machine)* et dis si tes amis **a) vont dans** ou **b) reviennent d'**un pays ou d'une ville.

11 Mon journal

Lisons/Écrivons Julien écrit dans son journal de voyage. Complète ses phrases avec les prépositions de la boîte.

à l'	au	de	à la	à	en	aux

Je suis parti __1__ Seattle jeudi matin et maintenant, je suis __2__ France. Je passe la semaine __3__ Paris avec mes parents. Hier, on est allés __4__ la Tour Eiffel et aujourd'hui on va __5__ Musée d'Orsay. On dort __6__ hôtel Rivière, __7__ Invalides. J'adore Paris! La semaine prochaine, on va prendre l'avion pour revenir __8__ États-Unis.

12 Les nouveaux correspondants

Écrivons Tu as plusieurs nouveaux correspondants. Regarde les photos et explique de quel pays ils sont et dans quelle ville ils travaillent.

Yoko

MODÈLE **Yoko est du Japon. Elle travaille à Tokyo.**

Pise	Sydney	Québec	Paris	New York	Alexandrie

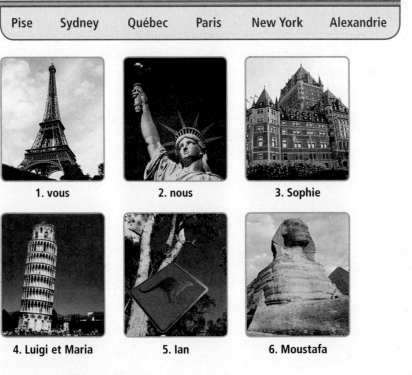

1. vous
2. nous
3. Sophie
4. Luigi et Maria
5. Ian
6. Moustafa

13 Ma carte postale

Écrivons Imagine que tu es en vacances. Écris une carte postale à ta classe de français. Dis où tu es et ce que tu fais.

MODÈLE **Salut les copains! Je suis en vacances à... Je suis parti(e) de... Je vais aller...**

Communication

14 Opinions personnelles

Parlons Tes camarades et toi, vous avez gagné un voyage d'une semaine dans un pays francophone de votre choix. En groupes de quatre, essayez de choisir un pays et une ville. Ensuite, parlez de ce que vous voulez faire et voir là-bas et préparez un itinéraire.

MODÈLE **—Moi, je voudrais bien aller...**
—Moi aussi! Tu veux aller à... ?
—Pas moi. Moi, je veux aller...
—Bon, d'accord. Qu'est-ce qu'on va voir... ?

Synthèse
- Vocabulaire 1
- Grammaire 1

Application 1

15 Le voyage de mes rêves!

Écrivons Imagine que tu peux faire le voyage de tes rêves pendant un mois. Dans quel pays est-ce que tu vas aller? Quelles villes est-ce que tu vas visiter? Pourquoi? Écris un paragraphe pour décrire ce voyage de rêve.

MODÈLE **D'abord, je vais aller au Sénégal parce que j'ai envie de... Ensuite, je vais aller...**

Un peu plus

Idioms with *faire*

You've already learned some expressions with **faire,** like activities and weather expressions. Here are some others:

faire escale (à)	*to have a layover (at)*
faire les valises	*to pack (suitcases)*
faire la queue	*to stand in line*
faire un voyage	*to take a trip*
faire (la France)	*to visit (France)*

Vocabulaire et grammaire, *p. 114*
Cahier d'activités, *pp. 91–93*

16 Écoutons

Célia va partir en voyage le mois prochain. Écoute le message de sa mère et indique les préparatifs qu'elle mentionne dans la liste suivante.

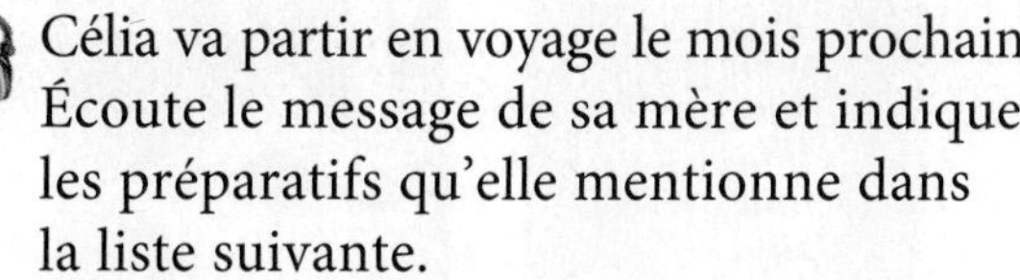

a. faire escale
b. faire ses valises
c. acheter son billet d'avion
d. faire une réservation de billet de train
e. aller à l'ambassade pour le visa
f. prendre des chèques de voyage
g. faire des réservations d'hôtel

17 On fait quoi?

Parlons Utilise les sujets donnés et des expressions avec **faire** pour créer une phrase complète.

1. mes copains

2. vous

3. nous

4. tu

my.hrw.com
Application 1 practice

18 Les préparatifs de mon cousin

Écrivons Ton cousin va bientôt partir en vacances. Écris-lui un e-mail pour lui donner des conseils. Utilise autant d'expressions avec **faire** que possible.

MODÈLE **Salut Max! Alors, tu fais un voyage en...? Quand est-ce que tu pars? N'oublie pas de prendre...**

Communication

19 Scénario

Parlons Ton/Ta camarade et toi, vous voulez faire un voyage. Lisez la brochure de l'agence de voyages et discutez du vol, de l'hôtel et des activités proposées. Parlez aussi des préparatifs que vous devez faire avant de *(before)* partir.

MODÈLE **—Ça te dit de faire un voyage à Tozeur, en Tunisie?**
—Qu'est-ce qu'on peut faire là-bas?
—On peut...

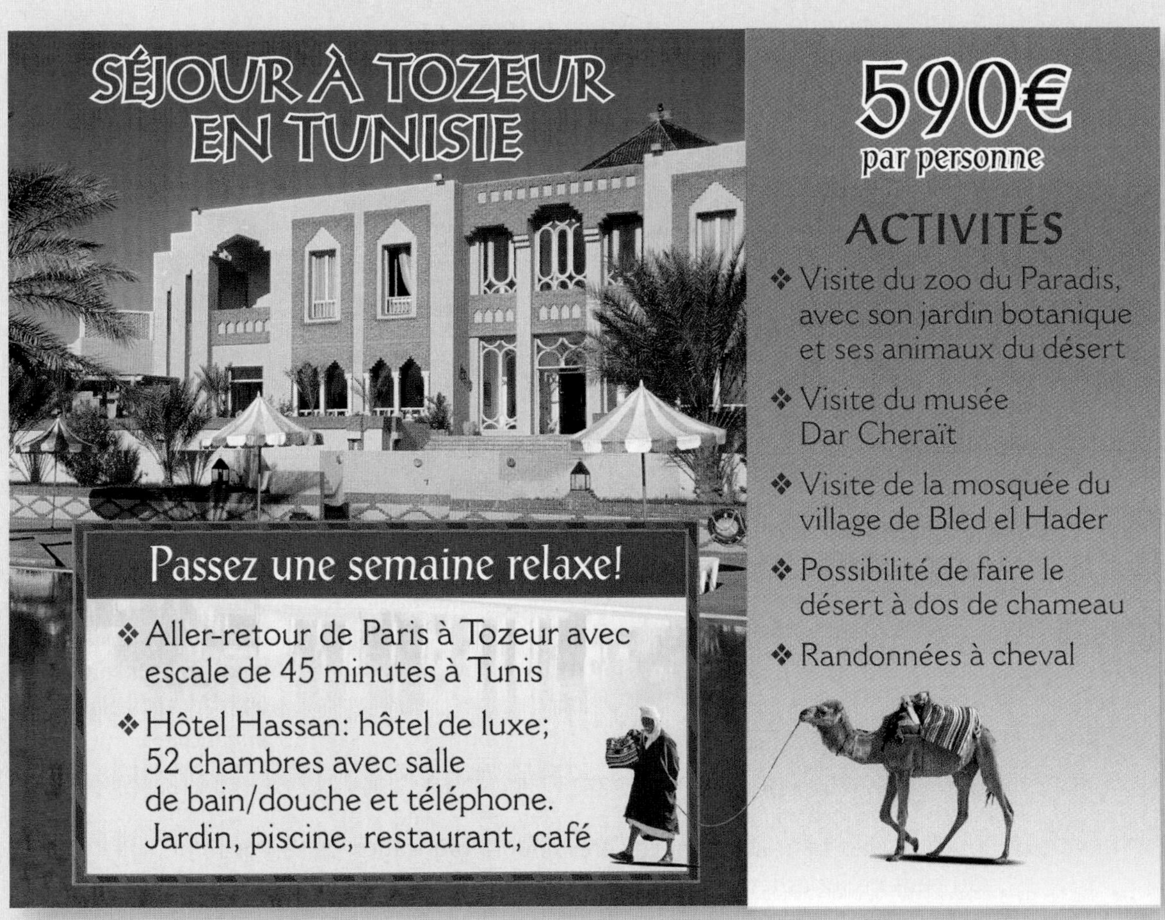

SÉJOUR À TOZEUR EN TUNISIE
590€
par personne
ACTIVITÉS
❖ Visite du zoo du Paradis, avec son jardin botanique et ses animaux du désert
❖ Visite du musée Dar Cheraït
❖ Visite de la mosquée du village de Bled el Hader
❖ Possibilité de faire le désert à dos de chameau
❖ Randonnées à cheval
Passez une semaine relaxe!
❖ Aller-retour de Paris à Tozeur avec escale de 45 minutes à Tunis
❖ Hôtel Hassan: hôtel de luxe; 52 chambres avec salle de bain/douche et téléphone. Jardin, piscine, restaurant, café

Culture

L'atelier d'une fabrique de santons

Culture appliquée

Les santons

Les santons sont des statuettes en terre cuite[1]. Le mot **santon** veut dire «petit saint». Les premiers santons ont été créés au 18e siècle par un moine[2] de Marseille qui s'appelait Jean-Louis Langel. Aujourd'hui, les santons représentent souvent des métiers[3] dont les plus populaires sont le boulanger[4], le cuisinier, et le fromager[5].

1. clay **2.** monk **3.** professions **4.** baker **5.** cheese maker

Santons en pâte à modeler

Materials:

- tempera paint
- paintbrush
- modeling tools (toothpicks, craft sticks, pencils)
- modeling clay

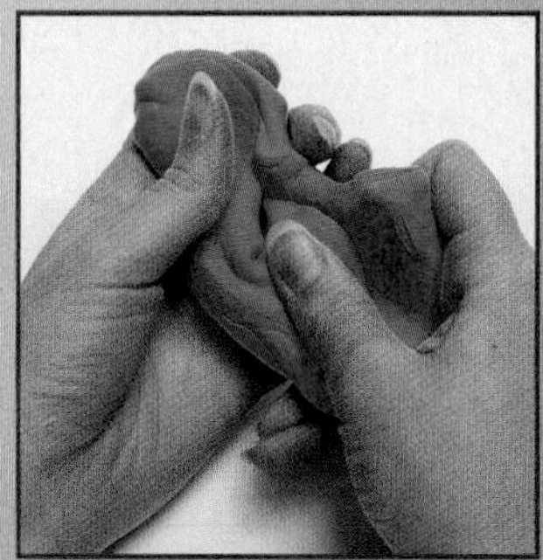

Step 1 Look at the images of **santons** provided on this page or on the Internet for inspiration. Choose a profession you would like to portray. Knead the dough for 1–2 minutes.

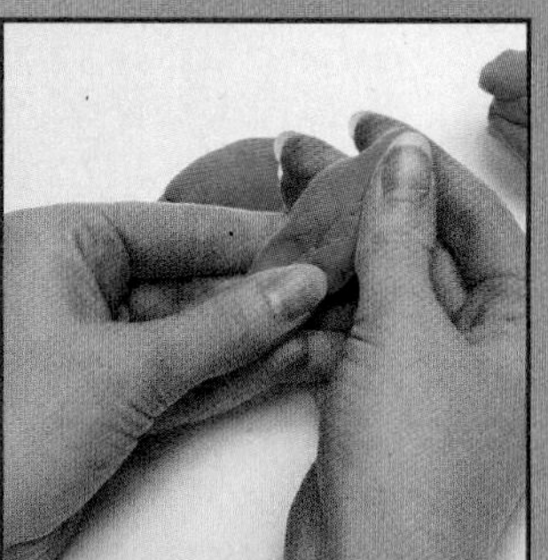

Step 2 Shape your **santon**. Your figurine should not be more than 4–6 inches high. Add details and props.

Step 3 Once you have modeled your **santon,** let it dry and paint it in bright colors.

Quelles villes françaises sont célèbres pour la fabrication de santons? Où peut-on les acheter? Combien coûtent-ils?

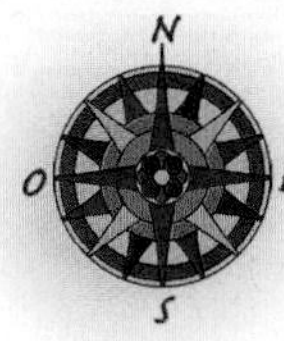

Comparaisons

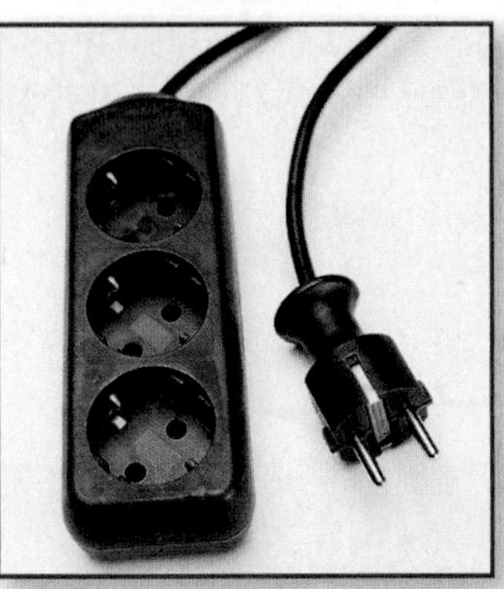
Une prise électrique française

L'électricité

Ton amie Lisa va passer une année à Nice. Elle veut emporter son sèche-cheveux[1] et un ordinateur portable. Qu'est-ce que tu lui conseilles?

- **a.** Pas de problème. Le système électrique en France est le même qu'aux États-Unis.
- **b.** N'oublie pas de prendre des adaptateurs de prises[2] et un transformateur.
- **c.** Tu ne peux pas emporter d'appareils électriques en France.

Most countries in Europe have electric systems that operate on 220 and 240 volts. In Japan and in most of the Americas the voltage is between 100 and 127 volts. To use U.S. appliances in France, you first need adapters that have two round prongs. They allow a dual-voltage appliance to be plugged into the wall outlet. If your appliances are not dual-voltage, then you will also need a voltage transformer or a converter. Most laptop battery chargers and AC adapters are dual voltage so they can be used in France with only an adapter.

ET TOI?

1. Do you own any dual-voltage appliances? How do you know that they are dual-voltage?
2. If you visited a friend in Québec, would you need electrical adapters and voltage converters?

Communauté

Souvenirs

Santons are souvenirs typical of southern France. What souvenirs do tourists buy when they visit your city or state? What images represent your community to visitors? Go to a local souvenir shop and find out what image is most emblematic of your city or state. Is it a monument or landmark or a concept? If a French friend wanted a souvenir from your hometown, what would you recommend?

Un magasin de souvenirs

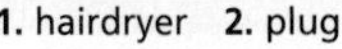
1. hairdryer **2.** plug

Objectifs
- to ask for information
- to buy tickets and make a transaction

Vocabulaire à l'œuvre 2

Télé-vocab

Bon voyage!

À la gare

le distributeur de billets (de train)

le wagon-restaurant

le compartiment

▶ **Vocabulaire supplémentaire—Les pays et les villes, pp. R11–12**

Online Practice

my.hrw.com

Vocabulaire 2 practice

À l'aéroport

le terminal

le tableau d'affichage

la porte d'embarquement

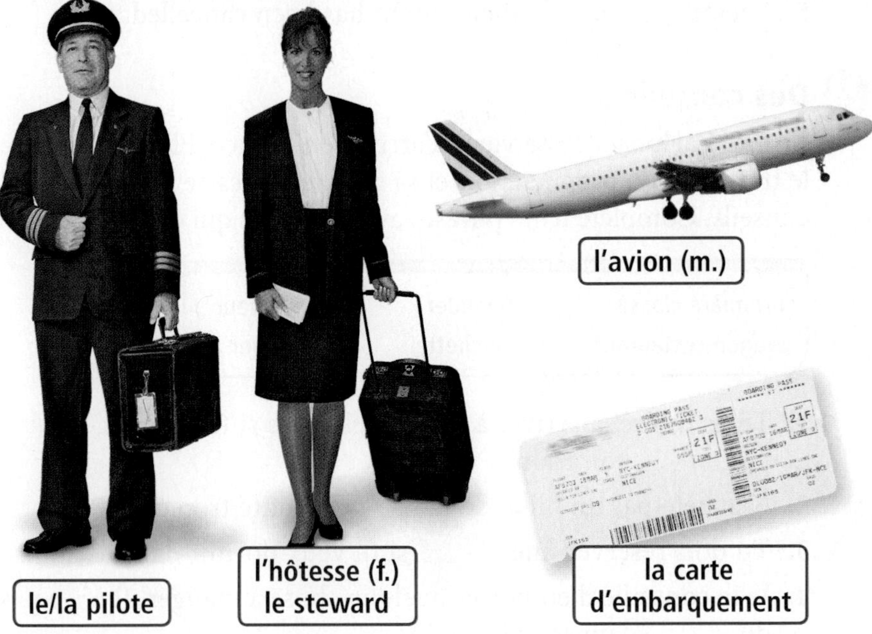

le/la pilote

l'hôtesse (f.)
le steward

l'avion (m.)

la carte d'embarquement

le bureau de change

Exprimons-nous!

To ask for information

Où est-ce qu'on peut composter les billets?
Where can we punch the tickets?

Avez-vous les horaires des trains **entre** Paris **et** Lyon?
Do you have the . . . schedules between . . . and . . . ?

Est-ce que je dois enregistrer mon sac?
Should I check in . . . ?

Quand part l'avion **à destination de** Nice?
When does the . . . for . . . leave?

À quelle heure arrive le train **en provenance de...** ?
At what time does the . . . from . . . arrive?

Est-ce qu'il y a un vol direct pour Strasbourg?
Is there a direct flight to . . . ?

Vocabulaire et grammaire, *pp. 115–117*

D'autres mots utiles

en avance	*early*
à l'heure	*on time*
en retard	*late*
l'arrivée (f.)/ le départ	*arrival/ departure*
la correspondance	*connection*
annuler	*to cancel*
manquer/rater	*to miss*
la première/ deuxième classe	*first/second class*
la consigne	*locker*

20 Écoutons

Thierry travaille comme agent à l'aéroport de Montpellier. Il est chargé de la formation *(training)* des nouveaux employés. Qu'est-ce que chaque employé lui demande?

1. Robert	**a.** when a plane is leaving.
2. Michel	**b.** when a plane is arriving.
3. Patrice	**c.** whether or not a flight has a layover.
4. Claire	**d.** whether or not passengers have to check their bags.
5. Victor	**e.** whether a flight has been cancelled.

Entre copains

Grouille-toi!	*Hurry!*
louper	*to miss*
être à la bourre	*to be late*
à l'heure pile	*exactly on time*

21 Des conseils

Lisons/Parlons Alyssa vient d'arriver en France. Elle va prendre le train pour la première fois et sa famille française lui donne des conseils. Complète leurs phrases avec les mots qui conviennent.

première classe	manquer	contrôleur
wagon-restaurant	couchette	passager

1. Tu as intérêt à arriver à l'heure à la gare si tu ne veux pas ______ ton train.
2. N'achète pas un billet de ______. Ça coûte trop cher!
3. Tu dois réserver une ______ si tu veux dormir dans le train.
4. Je te conseille d'emporter quelque chose à manger. Il n'y a pas de ______ dans tous les trains.
5. N'oublie pas de composter ton billet. Le ______ peut demander à voir ton billet.

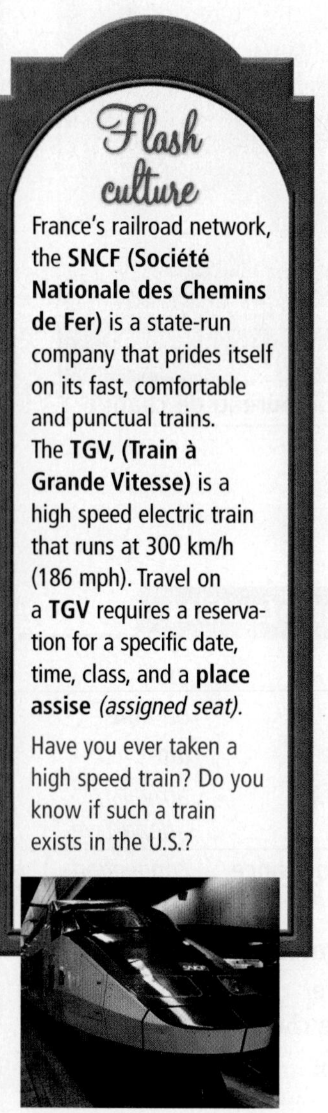

Flash culture

France's railroad network, the **SNCF (Société Nationale des Chemins de Fer)** is a state-run company that prides itself on its fast, comfortable and punctual trains. The **TGV, (Train à Grande Vitesse)** is a high speed electric train that runs at 300 km/h (186 mph). Travel on a **TGV** requires a reservation for a specific date, time, class, and a **place assise** *(assigned seat)*.

Have you ever taken a high speed train? Do you know if such a train exists in the U.S.?

22 À l'aéroport

Lisons/Érivons Jérémie fait escale à Paris. Il essaie de dormir, mais il entend des bouts de conversations autour de lui. Complète les parties qu'il n'entend pas d'une façon logique.

1. Nous sommes en retard! Nous allons rater notre ______!
2. Je ne vais pas avoir besoin de ces euros à Chicago! Allons au ______ de change.
3. Votre carte d'______, s'il vous plaît.
4. À ton avis, est-ce que je dois ______ ce sac?
5. Regarde maman! Les ______ sont arrivées. Elles sont belles!
6. Attention! Le vol Air India numéro 378 arrive dix minutes en ______ à la ______ B27.
7. Quand part l'avion ______ Marrakesh?
8. Le vol est en retard? Regardons le ______.

Exprimons-nous!

To buy tickets and make a transaction

Combien coûte un **aller simple/aller-retour pour** Paris?
. . . one way/round trip to . . . ?

Je voudrais un billet de train **tarif réduit,** s'il vous plaît.
. . . reduced fare . . .

Est-ce que je peux **changer** des dollars **en** euros ici?
. . . exchange . . . for . . .

Est-ce que je peux **payer par chèque/avec une carte/en liquide?**
. . . pay by check/credit card/cash?

Vocabulaire et grammaire, *pp. 115–117*

23 De petites scènes

Parlons/Écrivons Qu'est-ce que ces personnes disent? Crée une question et une réponse pour chaque image.

1.

2.

3.

4.

5.

6.

Communication

24 Scénario

Parlons Tu es à la gare de Nice et tu veux acheter un billet pour aller à Paris par TGV. Pose des questions à l'agent. Joue cette scène avec un(e) camarade.

MODÈLE **—Bonjour! Est-ce que vous avez les horaires...?**
—Oui, bien sûr. Voilà...
—Combien coûte...?

Vocabulaire 2

Objectifs

- review of the *passé composé* with *avoir*
- review of the *passé composé* with *être*

Grammavision

Révisions The *passé composé* with *avoir*

1 To conjugate most French verbs in the **passé composé,** use the helping verb **avoir** and add the past participle of the main verb. To form the past participle of regular verbs, drop **-er, -ir,** or **-re** and add these endings: **parlé, fini,** and **attendu.**

Nous **avons trouvé** un bel hôtel à Toulouse.

2 Some verbs have irregular past participles that you have to memorize:

avoir → **eu**	écrire → **écrit**	pouvoir → **pu**
boire → **bu**	être → **été**	prendre → **pris**
connaître → **connu**	faire → **fait**	savoir → **su**
devoir → **dû**	lire → **lu**	voir → **vu**
dire → **dit**	mettre → **mis**	vouloir → **voulu**

3 To make a sentence in the **passé composé** negative, put **ne... pas** around the helping verb.

Je **n'ai pas fait** mon lit ce matin.

Vocabulaire et grammaire, *pp. 118–119*
Cahier d'activités, *pp. 95–97*
Online Workbooks

En anglais

In English, regular verbs form their past by adding **-ed** to the infinitive.

Can you think of English verbs that have irregular past participle forms?

In French too, regular verbs follow a pattern for their past participles depending on whether they end in **-er, -ir,** or **-re.**

25 Écoutons

Écoute chaque phrase et dis si on parle **a) du présent** ou **b) du passé.**

26 Tu as fait bon voyage?

Lisons/Écrivons Nathalie vient d'arriver à Boston. Complète sa conversation avec son amie avec un verbe au passé composé.

avoir	être	prendre
faire	manger	oublier

—Alors, tu ___1___ des problèmes pendant le voyage?

—Non, l'avion ___2___ un peu en retard, mais pas trop.

—Tu ___3___ un vol direct?

—Non, nous ___4___ escale à Lausanne.

—Et vous ___5___ dans l'avion?

—Oui, des sandwichs. Oh zut! J'___6___ mon baladeur dans l'avion!

my.hrw.com
Grammaire 2 practice

27 À la gare

Lisons/Parlons Fais des phrases pour dire ce que ces gens ont fait à la gare. Utilise un élément de chaque boîte et le passé composé.

Je	chercher	le tableau d'affichage
Toi, tu	prendre	le quai
Mme Panin	dire	les billets
Nous	voir	la voie B
Vous	demander où se trouvait *(was located)*	le train
Les enfants	attendre	au revoir à sa fille

28 Hier, à l'aéroport

Parlons Décris ce qui s'est passé à l'aéroport hier.

MODÈLE **Emmanuelle a acheté des bracelets.**

Emmanuelle

1. les pilotes

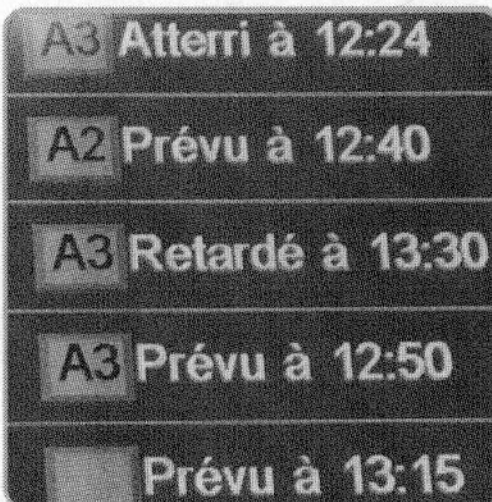

A3 Atterri à 12:24
A2 Prévu à 12:40
A3 Retardé à 13:30
A3 Prévu à 12:50
Prévu à 13:15

2. le vol de 13h30

3. M. Corriveau

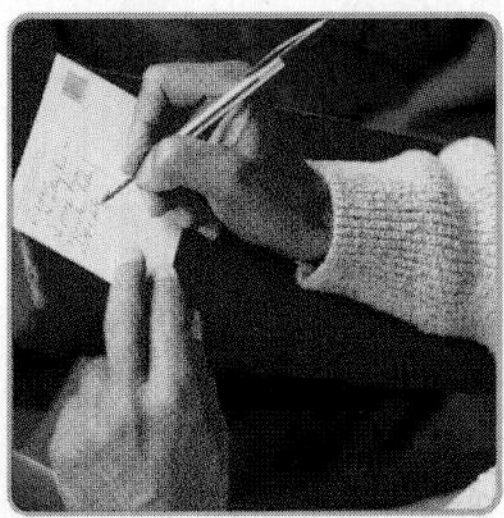
4. vous

Communication

Digital performance space

29 Scénario

Parlons Ta famille vient de faire un horrible voyage en avion. Raconte quatre problèmes que vous avez eus à ton/ta camarade. Tu peux t'inspirer des verbes de la boîte. Puis, échangez les rôles.

attendre	être en retard	oublier	prendre
devoir	rater	perdre	faire

MODÈLE **—On a fait un très mauvais voyage.**
—Ah oui? Pourquoi?
—D'abord, ... Ensuite, ...

Révisions: The *passé composé* with *être*

1. These are some verbs conjugated with **être** in the **passé composé**: **aller, arriver, descendre, devenir, entrer, monter, mourir, naître, partir, rentrer, rester, retourner, revenir, sortir, tomber,** and **venir.**

2. To form the **passé composé** of these verbs, use the present tense form of **être** and add the past participle of the main verb. Remember that the past participle will agree in number and gender with the subject.

Pauline **est arrivée** à la gare à deux heures et demie.

Jean-Pierre et Alain **sont entrés** dans la maison.

Vocabulaire et grammaire, *pp. 118–119*
Cahier d'activités, *pp. 95–97*

30 Des questions

Lisons/Parlons Choisis la forme du participe passé qui convient pour compléter les questions suivantes.

1. Vanessa est ______ dans la voie F?
   a. descendu **b.** descendue **c.** descendues
2. Les parents des Gauthier sont ______ dans un accident de train, non?
   a. mort **b.** mortes **c.** morts
3. Où est-ce que tes amies sont ______ en vacances?
   a. allées **b.** allé **c.** allés
4. Pierre est ______ à la gare en retard, n'est-ce pas?
   a. arrivée **b.** arrivé **c.** arrivés
5. Géraldine est ______ à Biarritz, non?
   a. née **b.** né **c.** nées
6. Vos cousines ne sont pas ______ en train?
   a. venu **b.** venue **c.** venues

31 Un voyage

Lisons/Écrivons La classe de M. Lefèvre a fait un petit voyage en train à la fin de l'année. Utilise les éléments donnés pour raconter ce voyage. Fais tous les changements nécessaires.

1. Deux élèves / arriver / en retard / gare
2. Les filles / monter / dans le compartiment
3. Myriam / venir / gare / avec son copain
4. Le professeur / partir / maison / 10h
5. La femme du professeur / aller / voir / les horaires des trains
6. Les garçons / descendre du train / pour acheter / sandwichs

Flash culture

Before boarding a train, you must punch or validate your ticket **(composter)** by putting it in the slot in one of the orange or yellow machines usually placed at the entrance to the platform. There is a fine **(une amende)** if you don't validate your ticket. A **contrôleur** will check your ticket on board the train. If you should forget to punch your ticket, you should find the **contrôleur** as soon as you board the train to validate it and avoid paying a fine.

Have you ever travelled by train in the U.S.? Where?

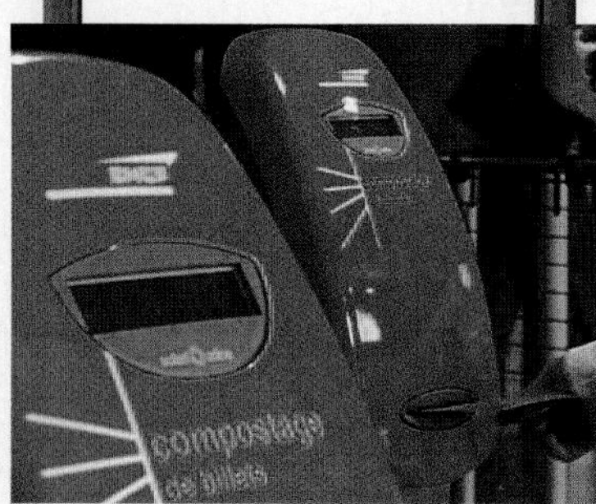

32 À la gare d'Avignon

Écrivons Décris les actions des personnes dans cette image. Utilise le passé composé.

MODÈLE **Un homme est resté sur le quai.**

À la francophone

Circumlocution is a useful tool in a foreign language. It means substituting words you know to explain what you mean. Some phrases you can use are: **l'endroit où** *(the place where),* **la personne qui/que** *(the person who/whom)* or **le truc qui/que** *(the thing that).*

Grammaire 2

33 Une excursion

Écrivons Raconte une excursion intéressante que ta famille a faite récemment.

MODÈLE **Avec ma famille, nous sommes allés à... le mois dernier. Nous sommes partis en voiture à... Quand on est arrivés là-bas...**

Digital performance space

Communication

34 Scénario

Parlons Ton/Ta cousin(e) revient de France où il/elle a passé ses vacances avec sa famille. Tu vas chercher ton/ta cousin(e) à l'aéroport. Demande-lui comment s'est passé son voyage et ses vacances. Joue cette scène avec un(e) camarade.

MODÈLE **—Bonjour, Laura. Tu as passé de bonnes vacances?**
—Oui, merci.
—À quelle heure est-ce que ton avion est parti?...

Application 2

35 On rappe!

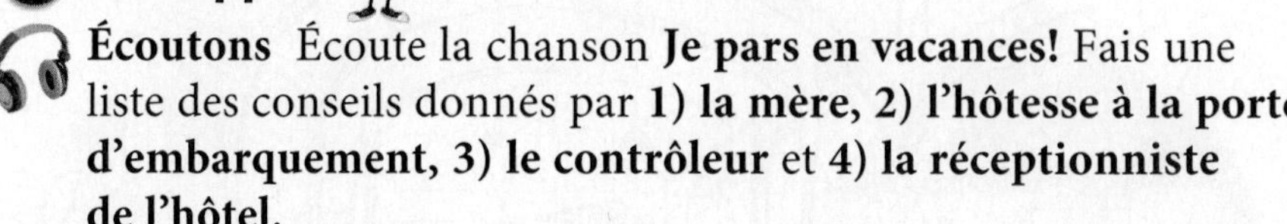

Écoutons Écoute la chanson **Je pars en vacances!** Fais une liste des conseils donnés par **1) la mère, 2) l'hôtesse à la porte d'embarquement, 3) le contrôleur** et **4) la réceptionniste de l'hôtel.**

36 Mon journal

Écrivons Imagine que tu as passé la journée dans une grande ville avec tes camarades de la classe de français. Dans ton journal, raconte où vous êtes allés et ce que vous avez fait.

Souviens-toi! Les endroits, pp. 162, 294–295

Un peu plus

Ordinal numbers

Ordinal numbers are used to say *first, second, third, etc.* You've already used some of these to talk about your house or apartment. The word for *first* in French is **premier (première).** To form the rest of the ordinal numbers, just add **-ième** to the end of the number **(deuxième).** Ordinal numbers larger than **premier** do not agree in gender with the noun that follows.

The other rules to remember are:

- if the number ends in an **-e,** drop the **-e** before adding **-ième: quatrième**
- if the number ends in an **-f,** change **-f** to **-v** before adding **-ième: neuvième**
- and if the number ends in **-q,** add **-u** before **-ième: cinquième**

Vocabulaire et grammaire, *p. 120*
Cahier d'activités, *pp. 95–97*

37 Les deux font la paire

Lisons Pour chaque terme anglais, choisis son équivalent français.

1. third	**a.** neuvième
2. fourteenth	**b.** onzième
3. ninth	**c.** vingt-cinquième
4. first	**d.** quarantième
5. eleventh	**e.** premier
6. thirty-fourth	**f.** troisième
7. twenty-fifth	**g.** trente-quatrième
8. fortieth	**h.** quatorzième

38 Les vols d'aujourd'hui

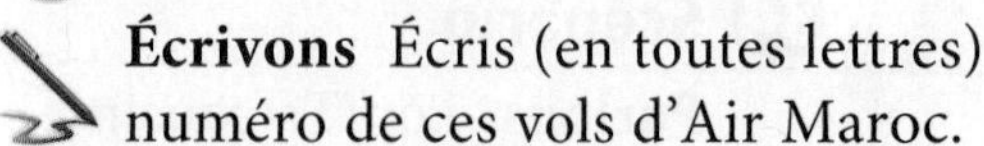

Écrivons Écris (en toutes lettres) le numéro de ces vols d'Air Maroc.

MODÈLE Vol 21
vingt et un

1. Vol 84	**4.** Vol 80
2. Vol 48	**5.** Vol 22
3. Vol 378	**6.** Vol 200

Application 2

39 À quel étage?

Parlons Explique où se trouvent les endroits suivants, d'après la liste des bureaux *(offices)* d'Air Canada.

MODÈLE Parking: **Le parking est au premier étage.**

Bureaux	9	Réservations	25
Cargaison	33	Cafétéria	18
Parking	1	Salle du personnel	45
Renseignements	12	Salle de conférences	16

40 Attention au décollage

Écrivons Regarde les heures de départ de ces avions et dis dans quel ordre ils vont partir.

MODÈLE **L'avion pour Atlanta va être le quatrième avion.**

Atlanta	16h20	Abidjan	17h30
Paris	11h45	Tunis	22h10
Milan	14h25	Montréal	18h20
Genève	8h55	Dakar	20h17

Communication

41 En vacances

Parlons Imagine que ton/ta camarade et toi, vous êtes à la gare à Paris. L'un(e) de vous va demander des renseignements et l'autre va jouer le rôle de l'employé(e) de la gare. Lisez les questions ci-dessous et répondez-y de manière logique. Ensuite, échangez les rôles.

— **Je voudrais un billet de train et une chambre d'hôtel pour Nice, s'il vous plaît.**

—

— **À quelle heure part le train pour Nice?**

—

— **Combien côute un aller-retour en deuxième classe?**

—

— **Je voudrais une chambre du 3 mai au 5 mai.**

—

— **Claude Moneau. Est-ce que l'hôtel fait pension complète?**

—

Que le meilleur gagne!

Épisode 10

STRATÉGIE

Summarizing Before you watch the final episode of **Que le meilleur gagne!**, go back and summarize what happened in the previous nine episodes. Pick only the most important moments that you think will help you understand the final episode. Write one or two sentences summarizing what happened in each episode. Do you see a pattern in your summary? Which characters appear the most often? Does summarizing help you predict what might happen at the end?

Mlle N'Guyen retrouve les trois amis au lycée...

1

Mlle N'Guyen J'ai une très bonne nouvelle! Birago Diop est bien le nom du lycée sénégalais que vous deviez trouver et donc... vous êtes les gagnants du concours!

2

Adrien C'est super!

Laurie Merci beaucoup, mademoiselle.

Quelques semaines plus tard, chez Adrien...

3

Mme Ortiz Tu veux prendre la valise ou le sac de voyage?

Adrien Euh... Je préfère la valise.

4

Adrien Dis, maman, qu'est-ce que je prends comme vêtements, à ton avis?

Mme Ortiz Surtout des shorts et des tee-shirts. Et prends aussi un ou deux pantalons et une chemise.

5

Adrien Et comme chaussures, des baskets.

Visit Us Online
my.hrw.com
Online Edition

6

Mme Ortiz Tu as ton billet d'avion?
Adrien Oui, là, sur mon bureau. Et mon passeport aussi.

7

Yasmina Salut, le grand voyageur! Tu es prêt?
Adrien Presque, oui. J'ai mes chèques de voyage…

8

Adrien Dites, au fait, vous savez ce qui est arrivé à l'équipe de Kevin?

9

Yasmina Mademoiselle N'Guyen nous a dit qu'ils ont fait le tour de toute la ville! Et tout ça pour rien!

AS-TU COMPRIS?

1. Qui a gagné le concours?
2. Qu'est-ce que Mme Ortiz conseille à Adrien de prendre pour son voyage?
3. Qu'est-ce qu'Adrien prend comme chaussures?
4. De quels documents les voyageurs ont besoin pour aller au Sénégal?
5. Qu'est-ce qui est arrivé à l'équipe de Kevin?

Lecture et écriture

STRATÉGIE

Improving comprehension To improve your comprehension of a story, stop after each paragraph and ask yourself the **who, what, where, when,** and **why** of the story. Focusing on these key concepts improves your comprehension.

A Avant la lecture

Est-ce que tu connais le roman de Jules Verne, *Le Tour du monde en 80 jours?* Quelle est l'histoire? Si tu ne sais pas, devine de quoi ça pourrait *(could)* parler.

Le Tour du monde en 80 jours

« Le tour du monde[1], murmura-t-il.

— En quatre-vingts jours, répondit Mr. Fogg. Ainsi, nous n'avons pas un instant à perdre.

— Mais les malles[2] ?... » dit Passepartout, qui balançait inconsciemment sa tête[3] de droite et de gauche.

« Pas de malles. Un sac de nuit seulement. Dedans deux chemises de laine, trois paires de bas[4]. Autant pour vous. Nous achèterons en route. Vous descendrez mon mackintosh[5] et ma couverture[6] de voyage. Ayez de bonnes chaussures. D'ailleurs, nous marcherons peu ou pas. Allez. » Passepartout avait voulu répondre. Il ne put[7]. Il quitta la chambre de Mr. Fogg, monta dans la sienne[8], tomba sur une chaise, et employant une phrase assez vulgaire de son pays :

« Ah bien, se dit-il, elle est forte, celle-là[9] ! Moi qui voulais rester tranquille !... » Et, machinalement, il fit[10] ses préparatifs de départ. Le tour du monde en quatre-vingts jours ! Avait-il affaire à un fou[11] ? Non... C'était une plaisanterie[12] ? [...]

À huit heures, Passepartout avait préparé le modeste sac qui contenait sa garde-robe[13] et celle de son maître ; puis, l'esprit[14] encore troublé, il quitta sa chambre, dont il ferma soigneusement[15] la porte, et il rejoignit Mr. Fogg. Mr. Fogg était prêt[16]. [...]

« Vous n'avez rien oublié ? demanda-t-il.

— Rien, monsieur.

— Mon mackintosh et ma couverture ?

— Les voici.

— Bien, prenez ce sac. »

Mr. Fogg remit le sac à Passepartout.

1. Around the world **2.** trunks **3.** unconciously shaking his head **4.** stockings **5.** raincoat **6.** cloak **7.** He could not. **8.** his (room) **9.** it's a bummer! **10.** made **11.** madman **12.** joke **13.** clothes **14.** his mind **15.** carefully **16.** was ready

B Compréhension

Réponds aux questions suivantes.

1. Qu'est-ce que Phileas Fogg et Passepartout vont faire?
2. Combien de temps va durer leur voyage?
3. Qu'est-ce que Passepartout doit préparer?
4. Qu'est-ce que Passepartout pense?
5. Qu'est-ce que Passepartout fait avant de retrouver Mr. Fogg?

C Après la lecture

What do you think Phileas Fogg and Passepartout are like? Which words and phrases give you clues about their personality? What can you infer "Passepartout" means? What is their relationship like? Explain. What are some other famous duos in literature that have the same sort of relationship?

Espace écriture

D'abord... → Ensuite, j'ai fait... → Après je suis allé...

STRATÉGIE pour écrire

When narrating a series of events, it is helpful to **create a timeline** with the events listed in chronological order. Then use transitional phrases, such as **d'abord, ensuite, après** and **finalement** to link the events. This can help organize and give coherence to your writing.

Un voyage à l'étranger

Imagine you're taking a trip abroad. Write an entry in your journal telling what you did to prepare for your trip and what happened while you traveled. Narrate the events in the order that they occurred.

1 Plan

Create a timeline of the actions or events you will report. Then, brainstorm words and phrases that will link them together logically **(d'abord, ensuite, après, finalement).**

2 Rédaction

Using the **passé composé** with **avoir** and **être,** tell what you did to get ready for your trip—the reservations you made, tickets you bought, what you packed, etc. Then tell about the trip itself and what happened. Tell what happened during your flight or trip. Work in linking words like **et, mais, parce que…**

3 Correction

Exchange journals with a classmate. Read each other's journals, checking for a logical order of events and appropriate use of transitions. Check use of grammar, spelling, and punctuation.

4 Application

Post your journal entry on the bulletin board. Can you guess where your classmates went? Who would make a good traveling companion for you?

Chapitre 10

Prépare-toi pour l'examen

@HOMETUTOR

1 Vocabulaire 1
- to give advice
- to get information

pp. 328–331

1 Rappelle à ton ami(e) de prendre les objets suivants.

2 Grammaire 1
- the verb *appeler*
- prepositions with countries and cities

Un peu plus
- idioms with *faire*

pp. 332–335

2 Complète la lettre avec la forme du verbe ou la préposition appropriée.

Chère Magali,

En juillet, ma famille et moi, nous allons faire un voyage super! Le dix-huit juillet, nous allons ___1___ Italie. Nous commençons le voyage ___2___ Rome. Puis, on prend le train pour aller ___3___ Florence et ___4___ Venise. Après ça, on va ___5___ Suisse. Mon oncle André habite ___6___ Zurich. Nous ___7___ (appeler) oncle André et il va venir nous chercher à l'aéroport. Le premier août, on prend l'avion pour aller ___8___ Allemagne. On va passer quelques jours ___9___ Munich, avant de renter ___10___ France. Je t'envoie une carte postale ___11___ Florence. Je sais que tu adores l'Italie. Je vais envoyer une carte à Léo aussi. Comment est-ce qu'on ___12___ (épeler) son nom de famille?

Bisous,
Amélie

3 Vocabulaire 2
- to ask for information
- to buy tickets and make a transaction

pp. 340–343

3 Complète les phrases suivantes avec les mots appropriés.

1. On attend le train sur le ______.
2. Dans le train, on mange dans le ______.
3. ______ fait voler *(flies)* l'avion.
4. Pour monter dans un avion, on passe par ______.
5. Si on veut savoir à quelle heure un train part, on doit regarder ______.
6. On peut payer par ______, avec une ______ ou en ______.

Online Assessment

my.hrw.com
Chapter Self-test

4 Hector et Gilles parlent de ce qu'ils ont fait le week-end dernier. Complète la conversation en mettant le verbe au passé composé.

HECTOR Qu'est-ce que tu __1__ (faire) samedi dernier?

GILLES Ma famille et moi, nous __2__ (prendre) le train pour Versailles. Nous __3__ (visiter) le château. Le soir, mes parents __4__ (aller) voir une pièce de théâtre, et moi, je __5__ (rester) à la maison. Et toi?

HECTOR Samedi, Martine et moi, nous __6__ (boire) un chocolat chaud au café. Dimanche, je/j' __7__ (finir) mes devoirs de maths.

4 Grammaire 2
- *passé composé* with *avoir*
- *passé composé* with *être*

Un peu plus
- ordinal numbers

pp. 344–347

5 Answer the following questions.

1. What is a **gîte?**
2. What do you need to use American appliances in France?
3. What is a **TGV?** Do you need reservations to travel on a **TGV?**

5 Culture
- **Comparaisons** **p. 339**
- **Flash culture** **pp. 330, 332, 342, 346**

6 Écoute cette conversation entre Alex et Dina et puis indique si chaque phrase est **a) vraie** ou **b) fausse.**

1. Le père de Dina est pilote.
2. Alex est allé en Italie.
3. Alex a eu une chambre avec vue.
4. Dina a oublié son parapluie.

7 Tu parles avec un(e) camarade de tes vacances en France. D'abord, lisez les instructions pour chaque réplique *(exchange)*. Ensuite, créez votre dialogue en utilisant des expressions de ce chapitre et des autres chapitres.

Élève A:	Annonce tes vacances dans un pays francophone.
Élève B:	Demande comment ton/ta camarade va y aller.
Élève A:	Réponds et dis dans quelle(s) ville(s) tu vas aller.
Élève B:	Demande des détails sur l'itinéraire.
Élève A:	Donne les détails de ton itinéraire.
Élève B:	Conseille ton/ta camarade sur les choses importantes à ne pas oublier.
Élève A:	Parle d'autres choses que tu vas emporter.
Élève B:	Exprime un souhait *(wish)* à ton/ta camarade.

> **Grammaire 1**
> - The verb *appeler*
> - Prepositions with countries and cities
>
> **Un peu plus**
> - idioms with *faire*
>
> **pp. 332–335**

Résumé: Grammaire 1

Here are the forms of the verb **appeler:**

j' appe**ll**e	nous appelons
tu appe**ll**es	vous appelez
il/elle/on appe**ll**e	ils/elles appe**ll**ent

Verbs that follow the same pattern are **jeter, épeler,** and **rappeler.**

Use the preposition à to say *to, at,* or *in* most cities. Use **de** to say *from* most cities. To say *to/in* or *from* a country, use **en** or **de** with feminine countries, au or du with masculine countries and **aux** or **des** before countries with plural names.

The verb **faire** is irregular: je **fais,** tu **fais,** il/elle **fait,** nous **faisons,** vous **faites,** ils/elles **font.** For expressions using **faire,** see p. 336.

> **Grammaire 2**
> - Review of the *passé composé* with *avoir*
> - Review of the *passé composé* with *être*
>
> **Un peu plus**
> - ordinal numbers
>
> **pp. 344–347**

Résumé: Grammaire 2

To form the **passé composé,** you use a present tense form of **avoir** or **être** followed by the **past participle of the main verb.** The past participles of regular **-er, -ir,** and **-re** verbs follow this pattern:

regard**er** → j'**ai** regard**é** fin**ir** → il **a** fin**i** vend**re** → tu **as** vend**u**

The past participles of verbs conjugated with **être** agree in number and gender with the subject.

To say *first* in French, use **premier (première).** You form all other ordinal numbers by adding **-ième** to the number.

- if the number ends in an **-e**, drop the **-e** before adding **-ième**
- if the number ends in an **-f**, change **-f** to **-v** before adding **-ième**
- if the number ends in **-q**, add **-u** before adding **-ième**

Lettres et sons

The combinations th and gn

To pronounce the combination **th,** just ignore the letter **h** and pronounce the **t**. You can hear this sound in the following words: **théâtre, mathématiques,** and **athlète.**

The pronunciation of the combination **gn** is similar to the English sound /ny/, as in the word *onion.* This sound is heard in the words: **Espagne, montagne** and **consigne.**

Jeux de langue

Une bête noire se baigne dans une baignoire noire.

Dictée

Écris les phrases de la dictée.

Résumé: Vocabulaire 1

PRACTICE FRENCH WITH HOLT MCDOUGAL APPS!

To give advice

l'accès (m.) handicapé	*handicapped access*
(r)appeler	*to call (back)*
l'ascenseur (m.)	*elevator*
le bagage (à main)	*(carry-on) luggage*
le billet d'avion/de train	*plane/train ticket*
la chambre avec vue/ non-fumeur	*room with a view/non-smoking*
les chèques de voyage (m.)	*traveler's checks*
la climatisation	*air conditioning*
épeler	*to spell*
l'hôtel (m.)	*hotel*
jeter	*throw (away)*
le lit simple/double	*single/double bed*
le parking	*parking lot*
le passeport/le visa	*passport/visa*
la réception	*reception*
le/la réceptionniste	*receptionist*
le sac de voyage	*traveling bag*
la trousse de toilette	*toiletry bag*
la valise	*suitcase*
Je te conseille de/d'...	*I advise you to . . .*
N'oublie pas...	*Don't forget . . .*
Tu as intérêt à emporter...	*You'd better take along . . .*
Tu devrais/Vous devriez...	*You should . . .*
Tu ne peux pas partir sans...	*You can't leave without . . .*

To get information

À quel nom?	*Under what name?*
C'est complet.	*It's booked.*
demi-pension	*breakfast and one other meal*
disponible (pour)	*available (for)*
Est-ce que vous faites pension complète?	*Are all meals included with the room?*
Je voudrais réserver une chambre du... au...	*I would like to book a room from . . . to . . .*
Jusqu'à quelle heure...?	*Until what time . . . ?*

Résumé: Vocabulaire 2

To ask for information

à l'heure	*on time*
l'aéroport (m.)	*airport*
annuler	*to cancel*
l'arrivée (f.)/le départ	*arrival/departure*
l'avion (m.)/le vol	*plane/flight*
le bureau de change	*currency exchange office*
la carte d'embarquement	*boarding pass*
le compartiment	*compartment*
la consigne	*baggage locker*
le contrôleur/la contrôleuse	*ticket collector*
la correspondance	*connecting flight / connection*
la couchette	*built-in bunk*
le distributeur de billets de train	*ticket machine*
en avance/en retard	*early/late*
la gare	*train station*
l'hôtesse (f.)/le steward	*flight attendant*
manquer/rater	*to miss*
le passager/la passagère	*passenger*
le/la pilote	*pilot*
la place assise	*seat*
le porte-bagages	*luggage carrier/rack*
la porte d'embarquement	*boarding gate*
la première/deuxième classe	*first/second class*
le quai/la voie	*platform/track*
le tableau d'affichage	*information board*
le terminal	*terminal*
le train/le wagon	*train/car (in a train)*
le wagon-restaurant	*buffet car*
Quand part... à destination de...?	*When does the . . . for . . . leave?*
À quelle heure arrive... en provenance de...?	*At what time does the . . . from . . . arrive?*
Est-ce qu'il y a un vol direct pour...?	*Is there a direct flight to . . . ?*
Avez-vous les horaires... entre... et...?	*Do you have the schedules . . . between . . . and . . . ?*
Est-ce que je dois enregistrer...?	*Should I check in . . . ?*
Où est-ce qu'on peut composter les billets?	*Where can I validate the tickets?*

To buy tickets and make a transaction....*see p. 343*

Prépare-toi pour l'examen

Révisions cumulatives

1 Choisis la photo qui correspond à chaque conversation.

a.

b.

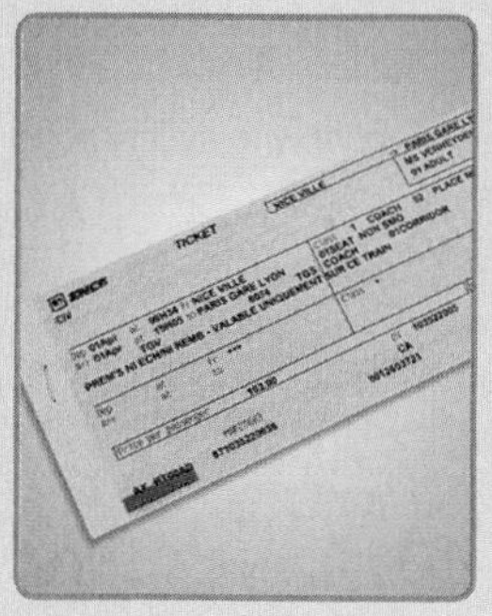

c.

d.

2 Aide ces gens à trouver les informations sur ce tableau d'affichage à l'aéroport de Paris.

DÉPARTS INTERNATIONAUX

HEURE	LIGNE AERIENNE	VOL	DESTINATION	PORTE
08H55	BRITISH AIRWAYS	434	LONDRES	B12
10H20	DELTA	927	MONTREAL	C5
12H05	AIR FRANCE	336	LOS ANGELES	B4

ARRIVÉES INTERNATIONALES

HEURE	LIGNE AERIENNE	VOL	ORIGINE	PORTE
09H20	AIR FRANCE	278	NEW YORK	B17
11H40	DELTA	724	FORT DE FRANCE	B3
13H05	AIR FRANCE	129	TUNIS	C8

1. Sandrine veut savoir le numéro du vol de sa mère qui arrive de Fort-de-France.
2. Véronique va retrouver son ami qui vient de Tunis. Elle doit aller à quelle porte?
3. Martin va aux États-Unis. Son vol part à quelle heure?
4. Le vol numéro 278 arrive d'où?
5. Où va le vol numéro 927?
6. À quelle heure part le vol pour Londres?

my.hrw.com
Cumulative Self-test

3 Tes cousins viennent de rentrer de leurs vacances en France. Pose-leur des questions au sujet de leur voyage. Qu'est-ce qu'ils ont fait? Où est-ce qu'ils sont allés? Avec des camarades de classe, présentez cette conversation à la classe.

4 Regarde ce poster de Daniel Lordey. Où est-ce que cette scène se passe? Où vont ces gens? Écris trois petites conversations entre différentes personnes dans ce tableau.

***La gare* de Daniel Lordey**

5 Ton amie Gabrielle n'a jamais voyagé. La semaine prochaine elle part en voyage à Montréal. Écris un e-mail dans lequel *(in which)* tu dis à Gabrielle quels vêtements, documents etc. elle doit prendre. Explique ce qu'elle doit faire à l'aéroport et ce qu'elle doit faire quand elle va arriver à Montréal. Demande qu'elle t'envoie une carte postale!

6 À ton tour

Où aller? Set up two travel agencies in your classroom. Make posters for several destinations. Then, take turns playing the roles of travel agents and customers. Ask and answer questions about what there is to see and do at various destinations, as well as about prices, transportation and lodging, and necessary travel documents.

Variations littéraires

Visit Us Online

my.hrw.com
Online Edition

L'Île-de-France

Le château de Versailles

Just outside of Paris, in Versailles, is one of the most famous palaces in France. It is where France's most famous artists worked and where angry mobs came to drag away Louis XVI and Marie-Antoinette during the early days of the French Revolution. While you read the guide that follows, decide which parts of Versailles you would like to visit.

STRATÉGIE

When you don't recognize words in a reading, look for **visual clues** to understand what the passage is about.

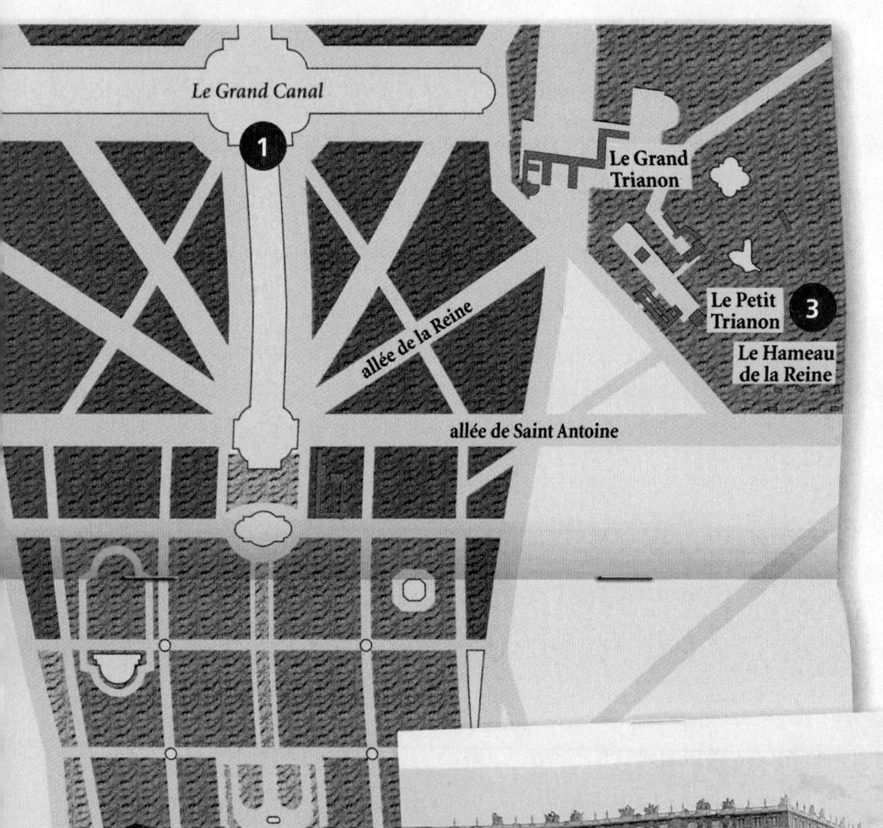

Le château de Versailles devient[1] la résidence royale de Louis XIV en 1682. Jusqu'à 20.000 courtisans[2] habitent au château. Le château devient le centre du pouvoir[3] politique.

Quelques chiffres

Le château de Versailles a 700 pièces[4]. 800 personnes travaillent au château. 70 % des visiteurs sont des étrangers[5].

Louis XIV est surnommé[6] le Roi Soleil[7]. Le soleil est le motif principal de la décoration du château.

1. becomes **2.** attendants at the royal court **3.** power **4.** rooms **5.** foreigners **6.** nicknamed **7.** Sun King

Le Grand Canal ❶

Il y a 50 bassins[1] : le plus grand est le Grand Canal. On compte 620 jets d'eau[2] et 35 km de canalisations.

L'Orangerie ❷

André Le Nôtre et Jules Hardouin Mansart créent l'Orangerie, un jardin composé de 2.000 orangers.

Le Petit Trianon ❸

En 1768, Louis XV fait construire[3] le « Petit Trianon » qui sert de[4] refuge contre les intrigues de la cour.

La galerie des Batailles[5] ❹

Longue de 120 m, la galerie des Batailles est la plus vaste[6] salle du château. Il y a 33 tableaux de batailles victorieuses pour l'armée française dans cette salle.

HORAIRES
avril–octobre : 9h–18h30
novembre–mars : 9h–17h30

TARIFS
Visite du château
18 ans et plus : 7,50 euros
moins de 18 ans : gratuit[7]

INFORMATIONS (01.39.50.36.22)
http://www.chateauversailles.fr/

APRÈS la lecture

1. Who is the **Roi Soleil?**
2. What symbol was chosen as the main decorative motif?
3. Who was André Le Nôtre?
4. How many fountains are there at Versailles?
5. How much would a 16 year old pay to visit Versailles?

1. ornamental pools 2. fountains 3. orders the construction of 4. that is used as 5. battles 6. largest 7. free

L'Île-de-France

Le Parc Astérix

Parc Astérix®, a theme park 30 kilometers north of Paris, is dedicated to Asterix the Gaul and his universe. This comic book hero was created in 1959 by René Goscinny and Albert Uderzo. Thanks to the magic potion brewed by the village druid, the villagers get supernatural strength and can overcome the Roman army.

STRATÉGIE

Context Use context and background knowledge to infer the meaning of words you don't know.

Astérix est le héros. C'est un guerrier[1] intelligent.

Obélix est le meilleur ami d'Astérix. Son plat préféré est le sanglier[2] rôti.

Panoramix le druide, prépare une potion magique qui rend[3] invincible.

LES SPECTACLES Les Gaulois, les gladiateurs et les Romains proposent de multiples spectacles toute la journée[4]. Au théâtre de Poséidon, les dauphins et les otaries[5] font un ballet aquatique. Dans la cité Médiévale, 18 rapaces[6] volent juste au-dessus de[7] vos têtes.

1. warrior **2.** wild boar **3.** makes **4.** all day long **5.** sea-lions **6.** birds of prey **7.** above

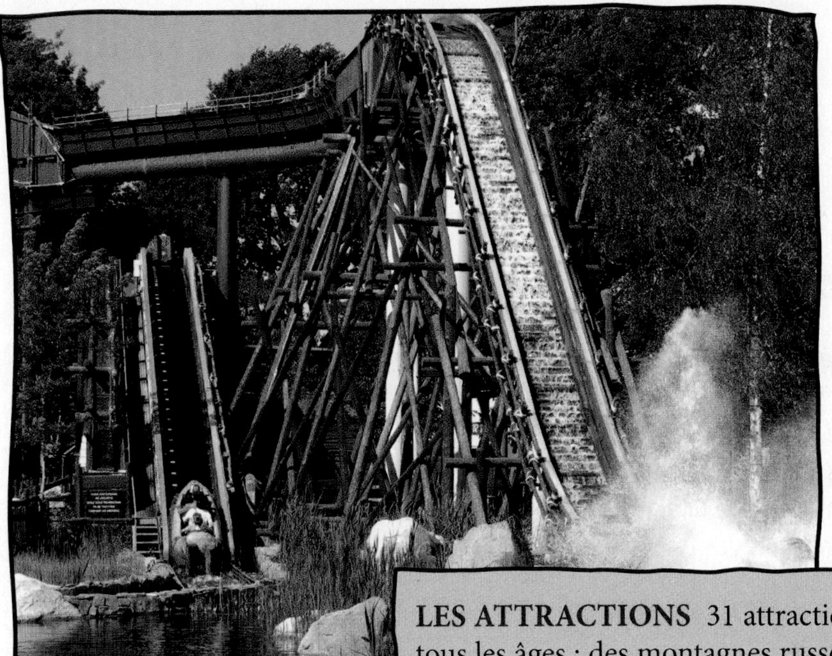

LES ATTRACTIONS 31 attractions sont proposées pour tous les âges : des montagnes russes[1], comme le « Tonnerre de Zeus » qui est la plus grande montagne russe en bois d'Europe, le Menhir Express et d'autres attractions aquatiques. « La forêt des druides », pleine d'arbres-toboggans[2] ou de champignons[3] géants, est pour les petits[4].

J'AI FAIM ! Dans les 15 restaurants du village, le hamburger au sanglier et la tarte romaine sont des spécialités.

HORAIRES
juillet–août,
de 9h30 à 19h

autres mois,
de 10h à 18h

Fermé[5] de novembre à mars

PRIX
adulte 33€
enfant 23€

APRÈS la lecture

1. Who is **Astérix?**
2. What is the **Tonnerre de Zeus?**
3. What kind of shows can you see?
4. What can you eat at the park?
5. When is **Parc Astérix** open? When is it closed?
6. In "Les Spectacles", using background knowledge and context, can you infer the meaning of **volent?**

1. roller-coasters 2. tree-slides 3. mushrooms 4. young children 5. closed

La province de Québec

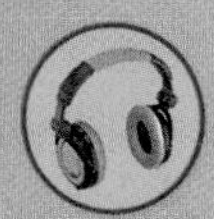

Le Cirque du Soleil

You've probably heard of the ***Cirque du Soleil***. You may have even seen one of its performances live or on television. This modern circus troupe, which performs regularly in cities around the world, is based in Quebec Province. While you read, decide in what ways the ***Cirque du Soleil*** is a traditional circus and in which respects it is a new kind of circus.

STRATÉGIE

Paraphrasing is saying something in your own words. While you're reading the selection that follows, pause after each paragraph to restate in your own words what you read in French.

Créé en 1984, le ***Cirque du Soleil*** présente des spectacles[1] uniques et inoubliables[2]. On compte parmi[3] les artistes du ***Cirque du Soleil*** des jongleurs, des clowns, des mimes, des contorsionnistes, des acrobates, des danseurs et des chanteurs. Mais, contrairement aux cirques traditionnels, le ***Cirque du Soleil*** n'a pas d'animaux.

***LE CIRQUE DU SOLEIL* EN BREF**
Siège social[4] international : Montréal

- 19 spectacles différents
- 4.000 employés, représentant 50 pays et parlant 25 langues
- 155 millions de spectateurs depuis 1984

1. shows **2.** unforgettable **3.** among
4. headquarters

« *O*® » est un spectacle aquatique. Un bassin d'eau[1] sert de scène[2]. Des acrobates survolent[3] l'eau sur des balançoires[4] en forme de bateaux[5] pendant que des équipes de natation synchronisée dansent sous l'eau.

Un Allemand nommé Otto Feick a inventé la *roue allemande*[6] en 1925. Les acrobates des spectacles « *Quidam*® » et « *La Nouba*™ » maîtrisent[7] l'art de cette roue géante.

Avec « *Alegría*® », les spectateurs peuvent[8] apprécier l'art de la contorsion. « *Varekai*™ » et « *Saltimbanco*® » sont des spectacles qui privilégient[9] l'acrobatie.

APRÈS la lecture

1. When did the ***Cirque du Soleil*** begin?
2. Name one thing that distinguishes the ***Cirque du Soleil*** from a traditional circus.
3. What type of stage do the artists perform on in *"O®"*?
4. Where are the ***Cirque du Soleil's*** world headquarters?
5. Which show would you like to see?

1. water 2. stage 3. fly over 4. swings 5. shaped like boats 6. German wheel 7. master 8. can 9. focus

La province de Québec

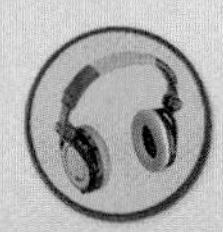

Les romans de Michel Tremblay

The following passage is from a book by Michel Tremblay, *Le Premier quartier de la lune*. The passage describes the way the students felt as they were about to take the geography final exam.

STRATÉGIE

One way to understand a story is to **compare and contrast** the experiences of the characters with your own. While you read the story on the next page, compare the experience of these students with your own.

Michel Tremblay est né[1] à Montréal en 1942. Il a passé son enfance dans le Plateau Mont-Royal, un quartier ouvrier[2] de Montréal. Dans ses écrits, il aime décrire la vie difficile de la classe ouvrière montréalaise pendant[3] les années 50. Il utilise aussi le joual, un dialecte québécois, dans ses romans. Il a aussi écrit, entre autres, *Bonbons assortis* (2002).

1. was born 2. working-class neighborhood 3. during

Le Premier quartier de la lune

Le Premier quartier de la lune est paru en 1999. L'histoire se passe dans le Montréal des années 50. Dans le livre, l'auteur nous fait partager[1] ses souvenirs d'école.

La géographie avait beau être plus facile que le français, une mauvaise note, surtout à la fin de l'année, était catastrophique. Tous, ils commencèrent mentalement à se réciter les dix capitales des dix provinces du Canada (ç'avait été la grande primeur[2] de l'année, avec les richesses naturelles de chacune des provinces, leur superficie[3] et surtout, quelle horreur ! leur *emplacement* à l'intérieur du pays). Des fronts se plissèrent, des sourcils se tricotèrent serré[4]… Des puzzles du Canada se formèrent, se déformèrent, prenant des allures bouffonnes frisant l'absurde[5]. Bon, c'est quoi la province en forme de poisson[6] juste à côté du Québec ? Pis[7] ensuite, là, les trois plates oùsque y'a rien[8] que du Corn Flake qui pousse[9] ? Pis celle à l'autre bout du monde avec des montagnes comme ça se peut pus ? La Colomb-Britannique[10] ? Ceux qui trouvaient[11] avaient pendant un court instant le visage illuminé du thaumaturge[12] en plein miracle, les autres baissaient la tête[13] et auraient donné cher[14] pour avoir dans leur pupitre le manuel de géographie qu'ils avaient pourtant tellement haï[15] durant toute l'année.

APRÈS la lecture

1. When and where did Tremblay spend his childhood?
2. Students don't want to get a bad grade in geography at the end of the year. Why?
3. How do the students react to the questions on the geography exam?
4. What is the main subject of the geography exams?
5. What do you think school was like in the 50s?

1. share 2. the big new thing 3. area 4. Foreheads wrinkled, eyebrows knitted together 5. so grotesque as to be absurd 6. fish 7. Then *(Joual pronunciation of **puis**)* 8. where nothing *(Joual for **plateaux où il n'y a rien**)* 9. grows 10. British Columbia *(Joual pronunciation of **Colombie-Britannique**)* 11. The ones that found the answer 12. performer of miracles 13. lowered their heads 14. would have given everything 15. hated

L'Ouest de la France

Les légendes bretonnes

The region of Brittany has long been associated with romantic legends and folklore such as the legends of King Arthur, Merlin the Magician, and **Tristan et Iseult.** Many Breton legends go back to ancient times, when the Celts (a people that lived in the British Isles as well) inhabited the northwest region of France. The tale on these pages involves characters of traditional Breton legends: the **korrigans,** creatures that resemble elves.

STRATÉGIE

One of the ways that we understand a story is by **anticipating** what it might be about. The reader needs to think about what might happen next.

Les korrigans

Il existe dans les forêts de Bretagne un petit peuple[1] de la nuit, les korrigans. C'est un peuple du monde souterrain[2].

Odin, un des grands dieux[3] celtes, leur aurait ôté[4] leurs dons divins et magiques parce qu'il n'aimait pas du tout les nombreuses plaisanteries[5] que les korrigans faisaient aux humains. Malheureusement, ils continuèrent et continuent encore de nos jours à jouer des mauvais tours[6] aux gens qui habitent trop près[7] de leur territoire.

1. people **2.** underground world **3.** gods **4.** had taken away **5.** jokes **6.** tricks **7.** live too close

N'avez-vous jamais remarqué[1] que des petits objets que vous adorez disparaissent par magie ?

C'est en fait l'œuvre[2] de l'un de ces petits korrigans qui se balladait[3] par là. Vous ayant entendu parler de cet objet préféré, il a décidé de vous l'emprunter[4] pour rigoler. Le problème, c'est que les korrigans sont assez distraits et bien souvent, ils oublient[5] à qui appartiennent[6] les choses qu'ils ont volées[7]. En conséquence, vous retrouvez rarement les objets chéris.

Mais il y a un moyen d'éviter[8] que les korrigans vous jouent l'un de leurs petits tours de mauvais goût[9]. Ils ont un autre grand défaut[10] : ils sont très curieux. Il vous suffit donc de verser[11] un sac de graines sur le seuil[12] de votre porte. Le pauvre korrigan sera tellement obsédé par son envie de connaître[13] le nombre de graines qu'il y passera toute la nuit, vous serez alors tranquille.

APRÈS la lecture

1. What very famous legends came from Brittany?
2. What is a **korrigan?**
3. Why did the **korrigans** lose their magic power?
4. What do **korrigans** like to do?
5. What is a **korrigan's** greatest weakness?
6. How can you trick a **korrigan?**

1. have you ever noticed **2.** It's the doing **3.** was wandering by **4.** borrow **5.** forget **6.** belong to **7.** stolen **8.** one way to avoid **9.** poor taste **10.** weakness **11.** to pour **12.** threshold **13.** to know

L'Ouest de la France

Les crêpes bretonnes

Crêpes have long been associated with Brittany. These very thin, light pancakes can be eaten with fillings, and might be compared to rice wrappers in Asian cuisine or tortillas in Mexican cuisine.

STRATÉGIE

If you're struggling to understand some words in French, consider the **context** of what you're reading.

En France, les crêpes sont associées à la Bretagne. Autrefois, les Bretonnes faisaient cuire[1] les crêpes sur le *billig*, ou plaque chaude[2]. Aujourd'hui, on trouve des restaurants spécialisés appelés « crêperies » un peu partout[3] en France. Les crêperies servent des galettes en plat salé[4] et des crêpes en dessert. On peut aussi trouver des marchands[5] de crêpes et de gaufres[6] dans les rues des grandes villes.

La chandeleur

Le 2 février de chaque année, c'est la chandeleur, ou la *fête des chandelles*[7]. Cette fête remonte[8] aux temps des Romains et des Celtes qui célébraient l'arrivée du printemps. De nos jours, on prépare des crêpes le jour de la chandeleur. Selon une vieille superstition, réussir à faire sauter[9] les crêpes de la main droite tout en tenant dans la main gauche une pièce de monnaie garantit la prospérité toute l'année.

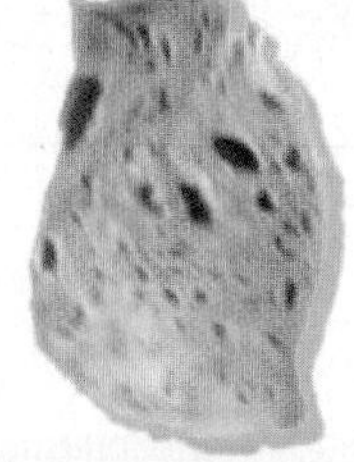

1. cook **2.** hot griddle
3. everywhere **4.** salty **5.** vendors
6. waffles **7.** candles **8.** dates back
9. flip

Pâte à crêpes

Ingrédients
500 ml de lait
125 g de sucre
250 g de farine
une pincée de sel
1 œuf

Préparation
Verser[1] la farine dans un grand bol. Ajouter[2] le sucre, le sel et l'œuf. Mélanger[3] le tout en incorporant le lait petit à petit pour obtenir une pâte homogène. Laisser reposer[4] au moins deux heures.

Cuisson
Faire chauffer la poêle[5]. Y faire fondre[6] une noix de beurre. Verser une louche[7] de pâte et répartir dans la poêle. Laisser cuire une ou deux minutes. Retourner la crêpe et laisser cuire encore pendant une minute. Servir.

Suggestions de garnitures[8] sucrées : chocolat fondu, crème chantilly, confiture, sucre en poudre, glace…

Suggestions de garnitures salées : jambon, fromage râpé, œuf sur le plat[9], champignons sautés, tomates…

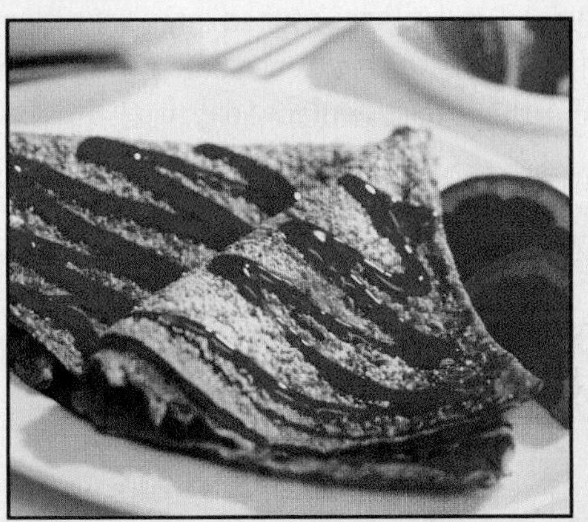

Trucs et astuces[10]

- Acheter de bons ustensiles : une poêle à crêpe, un répartiteur[11] et une spatule. Le répartiteur sert à étaler la pâte, la spatule sert à détacher et retourner la crêpe.
- Attendre que les bords[12] de la crêpe se détachent de la poêle avant de la retourner.
- Ne pas paniquer si la première crêpe n'est pas bonne car c'est souvent le cas.

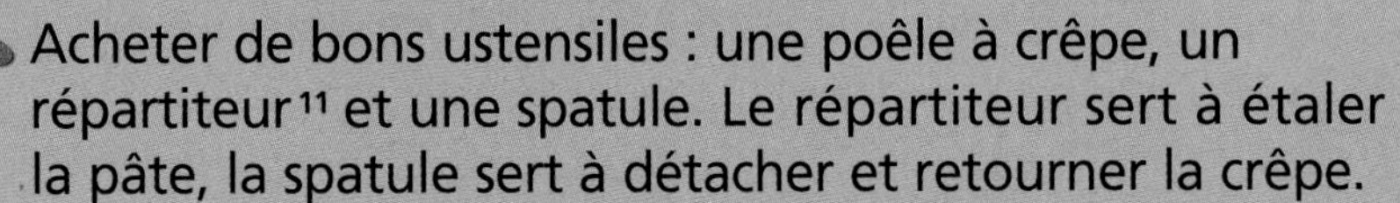

APRÈS la lecture

1. Avec quelle région de la France associe-t-on les crêpes?
2. Qu'est-ce qu'on fête le 2 février en France?
3. Comment est-ce qu'on doit retourner les crêpes le jour de la chandeleur?
4. Quels sont les ingrédients nécessaires pour faire des crêpes?
5. Qu'est-ce qu'on peut mettre dans les crêpes?
6. D'après toi, quel est le truc le plus important à savoir?

1. pour 2. Add 3. Mix 4. Let (the batter) sit 5. skillet 6. melt 7. ladle 8. fillings 9. fried egg 10. tips 11. spreader 12. edges

Le Sénégal

Youssou N'Dour

La musique sénégalaise

Senegalese music is one of the most popular types of world music. Senegalese music has inspired musicians from other African countries. Some famous Senegalese artists are Youssou N'Dour, Ismaël Lô, and Positive Black Soul.

STRATÉGIE

Summarizing is restating the main events or ideas of a text, with only a few words. It helps readers understand and remember what they have read.

Musicien sénégalais jouant du balafon

De la musique traditionnelle...

La musique traditionnelle sénégalaise est véhiculée[1] par les griots. Les griots sont des poètes, chanteurs et musiciens ambulants[2] qui transmettent les traditions orales. Ils utilisent les instruments de musique traditionnels comme le sabar, la cora, le djembé ou le balafon.

Le griot le plus connu[3] est sans doute Youssou N'Dour, une des superstars sénégalaises les plus connues dans le monde. Dans les années 60, Youssou N'Dour a décidé de mélanger les rythmes de la musique cubaine et de la musique sénégalaise et surtout de chanter en wolof[4]. Un nouveau style de musique était né[5] : le mbalax (prononcé mbalar).

... à la musique moderne

Le mbalax mélange[6] les rythmes et les instruments traditionnels aux instruments et aux rythmes modernes, comme la pop, le rock, le jazz... Le mbalax est en perpétuelle évolution. Les musiciens sénégalais savent[7] l'adapter à la musique en vogue. De nombreux chanteurs comme Fallou Dieng ou Alioune Mbaye Nder ont suivi[8] l'exemple de Youssou N'Dour.

1. conveyed 2. traveling 3. most famous 4. language of Senegal 5. was born 6. mixes 7. know 8. have followed

Une femme sénégalaise dansant aux rythmes des tam-tam

Carlou D

Le rap explose !

Le rap a envahi[1] le Sénégal. Le rap sénégalais a fait ses débuts dans les écoles dans les années 80. Les jeunes venaient[2] le mercredi ou le week-end répéter leur composition. Les matchs de basket-ball de l'école était entrecoupés[3] par des spectacles de rap. Petit à petit, le mouvement rap a pris de l'ampleur[4] grâce à un groupe né dans les quartiers résidentiels de Dakar : le Positive Black Soul (PBS). Leur rap se distingue[5] par l'introduction d'instruments traditionnels et de paroles[6] en wolof en plus de l'anglais et du français. Le rap sénégalais veut être le représentant d'une nouvelle idéologie : la raptitude, hymne[7] à la solidarité et à la fraternité. À l'exemple de PBS, de nombreux jeunes se lancent dans[8] le rap pour espérer s'en sortir[9]. Ainsi, une organisation a recensé 3.000 groupes de rap au Sénégal. Les autres groupes célèbres sont Daara j, Black Mboolo, Mc Lida, etc.

Baaba Maal

1. has invaded 2. came 3. interspersed 4. has grown
5. differentiated by 6. lyrics 7. hymn 8. embark 9. hope to succeed

APRÈS la lecture

1. Qu'est-ce que c'est un griot?
2. Qui est Youssou N'Dour?
3. Qu'est-ce que c'est le mbalax?
4. Quel genre de musique est populaire au Sénégal?
5. Est-ce que tu as déjà écouté un des artistes nommés?
6. Est-ce qu'il y a beaucoup de différences entre la musique sénégalaise et la musique que vous écoutez?

Le Sénégal

Un conte sénégalais

The tale **Mésaventure** is from the Baol region in Senegal, to the East of Dakar. Most people in that area speak Wolof. The stories told by the inhabitants of the Baol region are usually about everyday life. They are about food, their fears, and relationships. In the following story, a man, who is fond of food, is visiting his fiancée.

STRATÉGIE

You make an **inference** when you combine information in the text with what you already know in order to understand words that are unfamiliar.

Mésaventure

C'est l'histoire d'un jeune homme qui va voir sa fiancée. Elle le fait entrer, le reçoit gentiment dans sa case[1], et lui dit de s'asseoir[2] sur la chaise la plus belle et la plus confortable. Elle lui offre ensuite à boire et lui présente une calebasse[3] pleine de lait caillé[4]. Mais, quand on est poli, la coutume est de ne pas boire et de ne pas manger quand on est chez ses beaux-parents ; l'étranger[5] s'excuse donc de ne pas pouvoir boire de ce bon lait. Sa bien-aimée insiste et lui en offre plusieurs fois, mais il refuse d'en prendre une seule goutte[6]. La calebasse est donc replacée[7] sur l'étagère et la conversation reprend. Un moment après, la fille sort de la case.

1. hut **2.** sit **3.** a bowl **4.** yogurt-like beverage **5.** stranger (used here to mean *guest*) **6.** a drop **7.** put back

Alors, pendant l'absence de sa bien-aimée, l'étranger, qui est très gourmand et qui a très envie de goûter[1] à ce bon lait, se lève et va vers l'étagère où la calebasse est. Mais, dans sa précipitation, il fait tomber la calebasse, et le lait inonde[2] son boubou. Surpris, il attend le retour de sa fiancée. Il est très embarrassé. Heureusement, elle ne revient pas, mais envoie[3] son petit frère chercher[4] la calebasse de lait posée sur l'étagère.

L'enfant entre dans la chambre et voit l'étranger très gêné[5] dans un coin[6], le boubou plein de lait. Il comprend ce qui s'est passé. Le jeune garçon pousse alors un soupir[7], et dit :

—Aïe, je prenais la calebasse, mais elle est tombée et elle s'est renversée[8] sur le boubou de l'étranger !

La sœur, qui entend son petit frère, arrive en courant, fond en larmes[9], et s'excuse auprès de son fiancé pour la maladresse[10] de son petit frère.

Ainsi, l'homme quitte le village pour rentrer chez lui ; il gardera toujours un excellent souvenir de l'enfant qui l'a sauvé.

APRÈS la lecture

1. Qu'est-ce que la fiancée offre au jeune homme?
2. Quelle est la coutume quand on est chez ses beaux-parents?
3. Qu'est-ce que fait le fiancé quand sa fiancée sort?
4. Qui accepte le blâme?
5. Pourquoi est-ce que l'étranger va avoir «un excellent souvenir du petit frère»?

1. to taste **2.** soaks **3.** sends **4.** to get **5.** embarrassed **6.** corner **7.** sigh **8.** spilled **9.** bursts into tears **10.** clumsiness

Le Midi

Les romans de Marcel Pagnol

The following passage is taken from Marcel Pagnol's autobiographical account of his childhood in Provence, ***La Gloire de mon père***. It describes a surprising event that happened one day when he was very young—too young to be enrolled in school. He had learned to read by the age of four. While you read the story, think about why the adults react the way they do.

STRATÉGIE

When you read a story, you don't have to understand all the words to understand the **main idea.** Keep in mind that you can still understand the storyline just by recognizing most of the words.

Marcel Pagnol est né à Aubagne en 1895. Il était le fils d'un instituteur[1] et savait lire dès l'âge de quatre ans. Plus tard, il a raconté son enfance en Provence dans la série *Souvenirs d'enfance,* dont *La Gloire de mon père* (1957) est le premier volume. Marcel Pagnol était aussi poète, dramaturge[2], cinéaste, historien, professeur, homme d'affaires[3] brillant et inventeur. Il est mort à Paris en 1974.

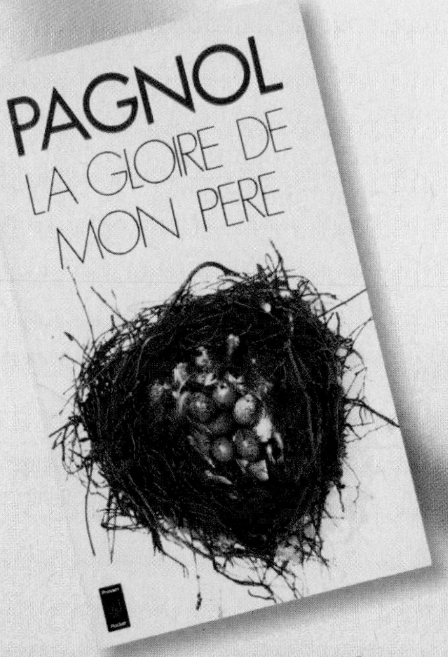

Il a aussi écrit:
- *Le Château de ma mère*
- *Le Temps des secrets*
- *Le Temps des amours*
- *Topaze*

Au cinéma, il a réalisé:
- *La femme du boulanger*
- *Topaze*
- *Le curé de Cucugnan*

1. teacher **2.** playwright **3.** businessman

La Gloire de mon père

Lorsqu'elle allait au marché, elle me laissait au passage dans la classe de mon père, qui apprenait à lire à des gamins de six ou sept ans. J'étais assis, bien sage[1], au premier rang[2] et j'admirais la toute-puissance paternelle. Il tenait à la main une baguette de bambou[3] : elle lui servait à montrer les lettres et les mots qu'il écrivait au tableau noir, et quelquefois à frapper sur les doigts d'un cancre inattentif[4].

Un beau matin, ma mère me déposa à ma place, et sortit sans mot dire, pendant qu'il écrivait magnifiquement au tableau : « La maman a puni[5] son petit garcon qui n'était pas sage. »

Tandis qu'il arrondissait un admirable point final, je criai : « Non ! Ce n'est pas vrai ! »

Mon père se retourna soudain, me regarda stupéfait[6], et s'écria « Qu'est-ce que tu dis ? »

— Maman ne m'a pas puni ! Tu n'as pas bien écrit !

Il s'avança vers moi :

— Qui t'a dit qu'on t'avait puni ?

— C'est écrit.

La surprise lui coupa la parole[7] un moment.

— Voyons, voyons, dit-il enfin, est-ce que tu sais lire ?

— Oui.

— Voyons, voyons… répétait-il.

Il dirigea la pointe du bambou vers le tableau noir.

— Eh bien, lis.

Je lus[8] la phrase à haute voix[9].

Alors, il alla prendre un abécédaire[10], et je lus sans difficulté plusieurs pages… Je crois qu'il eut ce jour-là la plus grande joie, la plus grande fierté[11] de sa vie.

APRÈS la lecture

1. À quel âge est-ce que Marcel Pagnol a su lire?
2. Quelles autres professions est-ce que Marcel Pagnol a exercées?
3. Comment est-ce que le petit garçon se fait remarquer dans l'histoire?
4. Quelle est la réaction de son père?
5. Est-ce que l'auteur est modeste dans la description de cet épisode de sa vie?

1. well-behaved **2.** in the front row **3.** bamboo stick **4.** an inattentive dunce **5.** punished **6.** stupefied, stunned **7.** left him speechless **8.** read **9.** aloud **10.** from a-b-c-d-aire, a reader book for small children **11.** pride

Le Midi

Le canal du Midi

In the southern part of France, you can visit an engineering feat that dates from the 17th century: the **canal du Midi.** The **canal du Midi** connects the Atlantic Ocean to the Mediterranean Sea across France. These days, the canal is used primarily by tourists for enjoyment.

STRATÉGIE

A good way to understand what you're reading is to ask yourself questions about it. While you read the passage that follows, ask yourself the **five "W" questions:** *Who* built the canal? *What* is it like? *When* was it built? *Where* is it located? *Why* was it built?

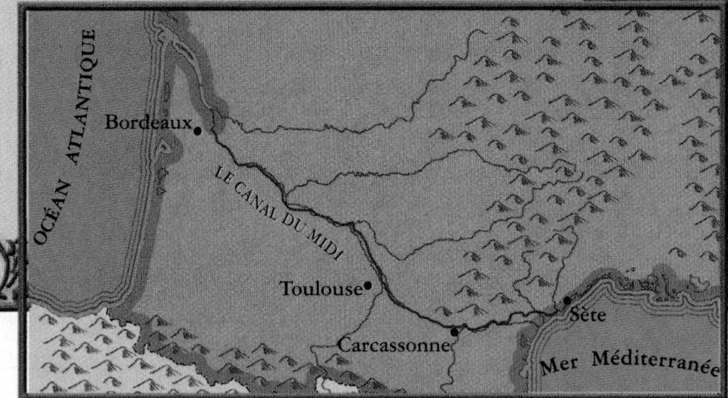

Un peu d'histoire

Depuis l'Antiquité, on rêvait de construire un canal qui relie[1] la mer Méditerranée à l'océan Atlantique pour faciliter le transport des marchandises. En 1662, un ingénieur audacieux, Pierre-Paul Riquet, a proposé un projet au roi Louis XIV : Riquet investirait sa propre[2] fortune pour construire une partie du canal. En 1666, le roi a approuvé le projet, les travaux ont commencé et on a appelé le nouveau canal, le Canal Royal. Riquet est mort ruiné[3] en 1680, un an avant que le canal ne soit terminé. À la Révolution, le canal a été rebaptisé le canal du Midi.

Des efforts d'ingénierie[4] particuliers ont dû être développés pour la construction du canal. Ainsi on trouve un système étonnant d'écluses[5] pour passer les collines, dont les huit écluses de Fontsérannes, à Béziers et des ponts-canaux[6] pour passer les cours d'eau[7].

1. links **2.** own **3.** ruined (financially) **4.** engineering **5.** locks, an enclosed section of a canal whose gates can be opened or closed to change the water level **6.** canal on a bridge **7.** water ways

Une des écluses du canal

Des promeneurs au bord du canal

Un pont-canal à Béziers

Informations pratiques

Il est fortement recommandé de faire le tour du canal en plusieurs étapes[1]. Prévoyez 5 à 7 jours pour une découverte tranquille et faites des réservations à l'avance. Des maisons d'hôte se trouvent dans les villages qui bordent[2] le parcours. Plusieurs formules de découverte sont possibles :

En croisière : Les adultes en possession d'un permis de conduire A[3] peuvent louer des bateaux habitables. D'anciennes péniches[4] transformées en hôtels accueillent des groupes de 6 à 8 passagers.

À vélo : On compte 65 km de pistes cyclables le long du canal. Les vélos de course sont déconseillés : les VTT sont à préférer.

À pied ou en rollers : Il vaut mieux rechercher des pistes goudronnées[5] dans un guide du canal.

De nombreux guides et cartes du canal sont disponibles dans les offices de tourisme de Carcassonne et de Béziers. Pour des informations générales, visitez le site Web du Comité Régional du Tourisme de Languedoc-Roussillon.

1. stages **2.** along **3.** boating permit A **4.** barges **5.** paved roads

APRÈS la lecture

1. Quelles mers est-ce que le canal relie?
2. Qui a construit le canal du Midi?
3. Quels efforts ont dû être développés pour construire le canal?
4. De quelle manière pouvez-vous visiter le canal?
5. Y a-t-il quelque chose de ce genre à visiter dans votre région?

Références

La France

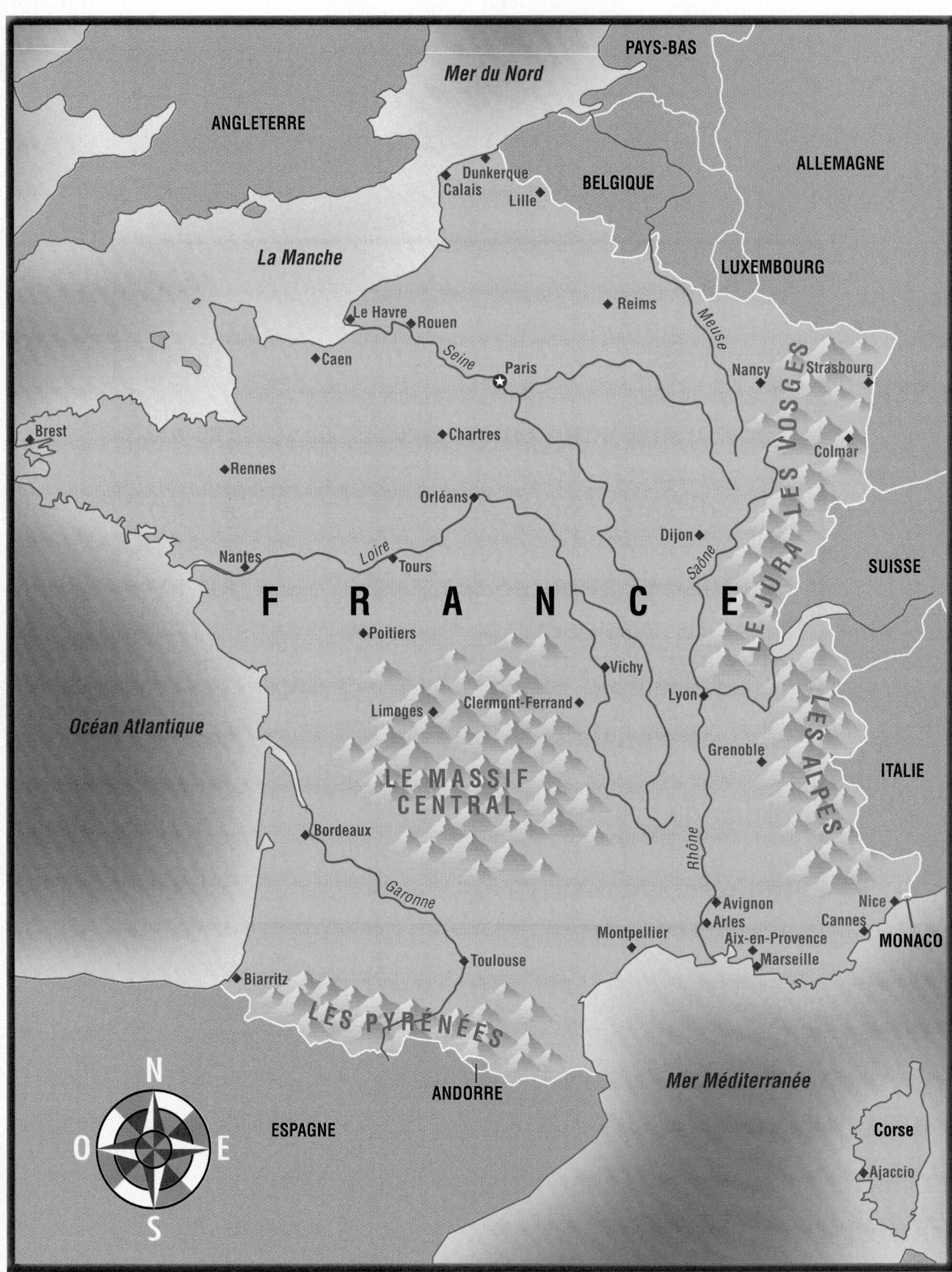

PAYS-BAS
Mer du Nord
ANGLETERRE
ALLEMAGNE
Dunkerque
Calais
Lille
BELGIQUE
La Manche
LUXEMBOURG
Reims
Le Havre
Rouen
Meuse
Seine
Caen
Paris
Nancy
Strasbourg
Brest
Chartres
Colmar
LES VOSGES
Rennes
Orléans
Dijon
Nantes
Loire
Tours
Saône
SUISSE
LE JURA
FRANCE
Poitiers
Vichy
Lyon
Océan Atlantique
Limoges
Clermont-Ferrand
Grenoble
LES ALPES
ITALIE
LE MASSIF CENTRAL
Bordeaux
Rhône
Garonne
Avignon
Nice
Arles
Cannes
Montpellier
Aix-en-Provence
MONACO
Marseille
Toulouse
Biarritz
LES PYRÉNÉES
N
ANDORRE
Mer Méditerranée
ESPAGNE
Corse
O
E
Ajaccio
S

L'Europe francophone

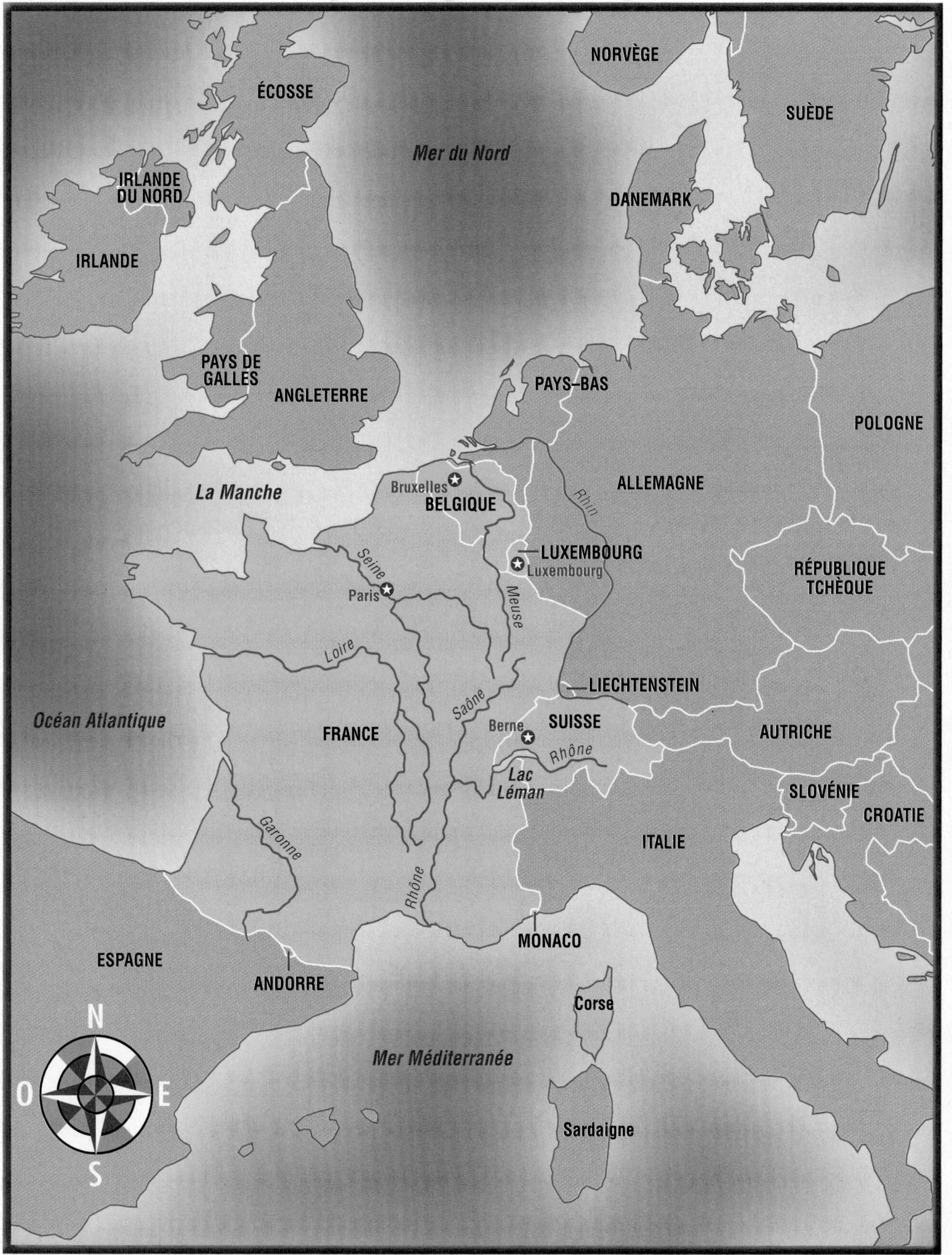

NORVÈGE
ÉCOSSE
SUÈDE
Mer du Nord
IRLANDE DU NORD
DANEMARK
IRLANDE
PAYS DE GALLES
ANGLETERRE
PAYS-BAS
POLOGNE
Bruxelles
BELGIQUE
La Manche
ALLEMAGNE
Rhin
LUXEMBOURG
Luxembourg
Seine
Paris
RÉPUBLIQUE TCHÈQUE
Meuse
Loire
LIECHTENSTEIN
Saône
Océan Atlantique
FRANCE
Berne
SUISSE
AUTRICHE
Rhône
Lac Léman
SLOVÉNIE
CROATIE
Garonne
ITALIE
Rhône
MONACO
ESPAGNE
ANDORRE
Corse
Mer Méditerranée
Sardaigne
N
O
E
S

L'Afrique francophone

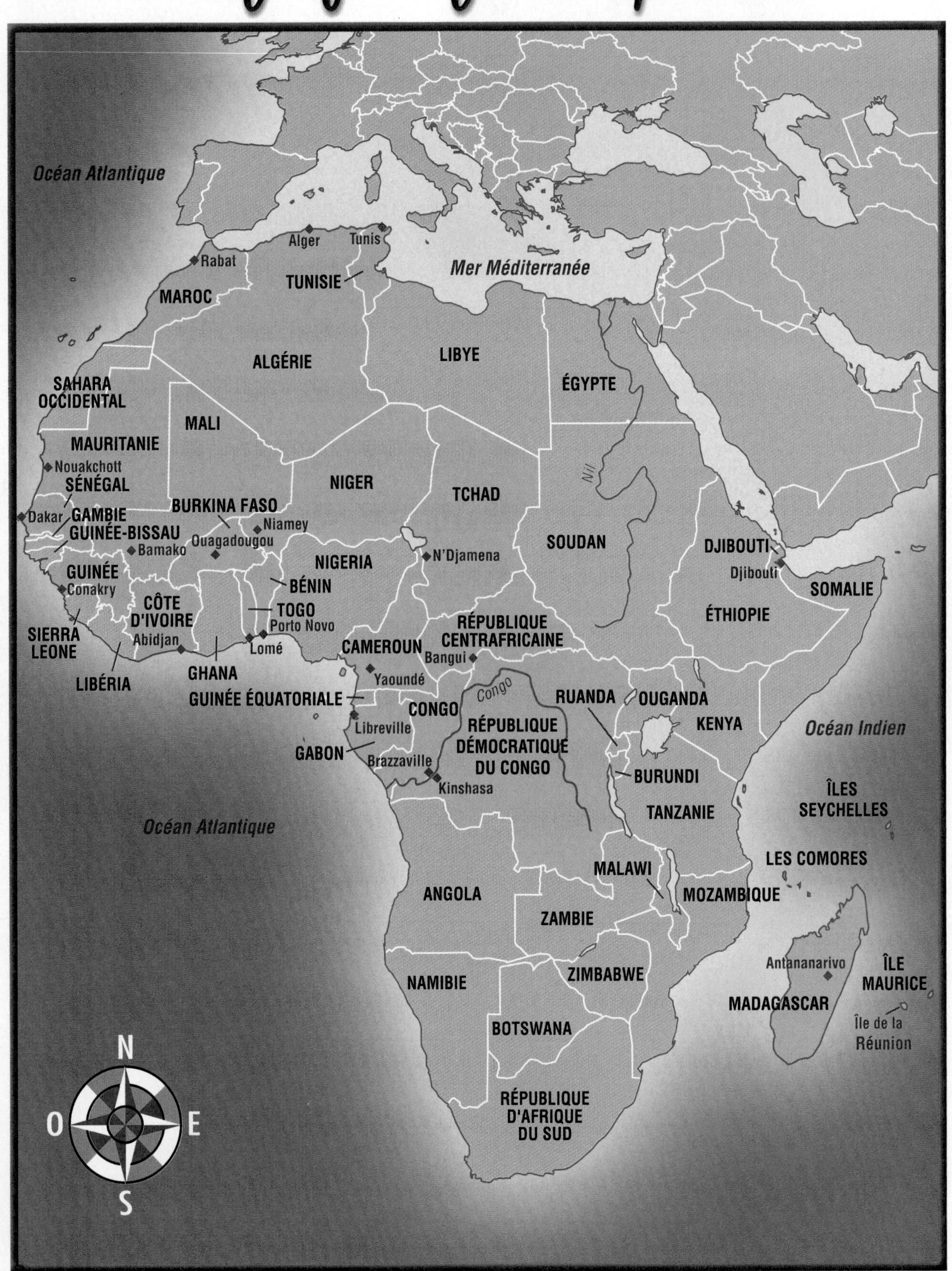

L'Amérique francophone

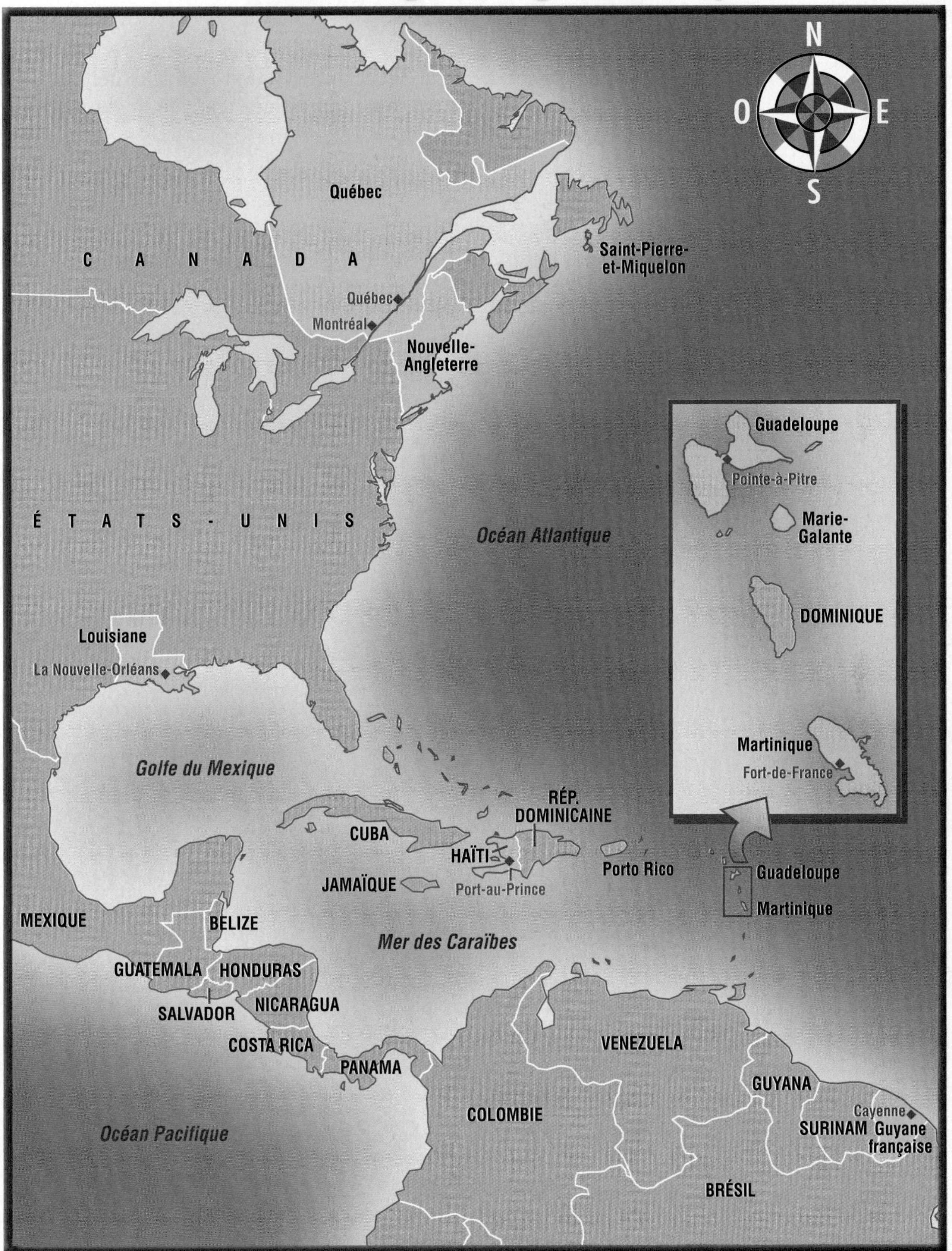
N
O
E
S
Québec
C A N A D A
Saint-Pierre-
et-Miquelon
Québec
Montréal
Nouvelle-
Angleterre
É T A T S - U N I S
Océan Atlantique
Guadeloupe
Pointe-à-Pitre
Marie-
Galante
DOMINIQUE
Martinique
Fort-de-France
Louisiane
La Nouvelle-Orléans
Golfe du Mexique
RÉP.
DOMINICAINE
CUBA
HAÏTI
Porto Rico
Guadeloupe
Martinique
JAMAÏQUE
Port-au-Prince
MEXIQUE
BELIZE
Mer des Caraïbes
GUATEMALA
HONDURAS
SALVADOR
NICARAGUA
COSTA RICA
PANAMA
VENEZUELA
GUYANA
COLOMBIE
Cayenne
SURINAM
Guyane
française
Océan Pacifique
BRÉSIL

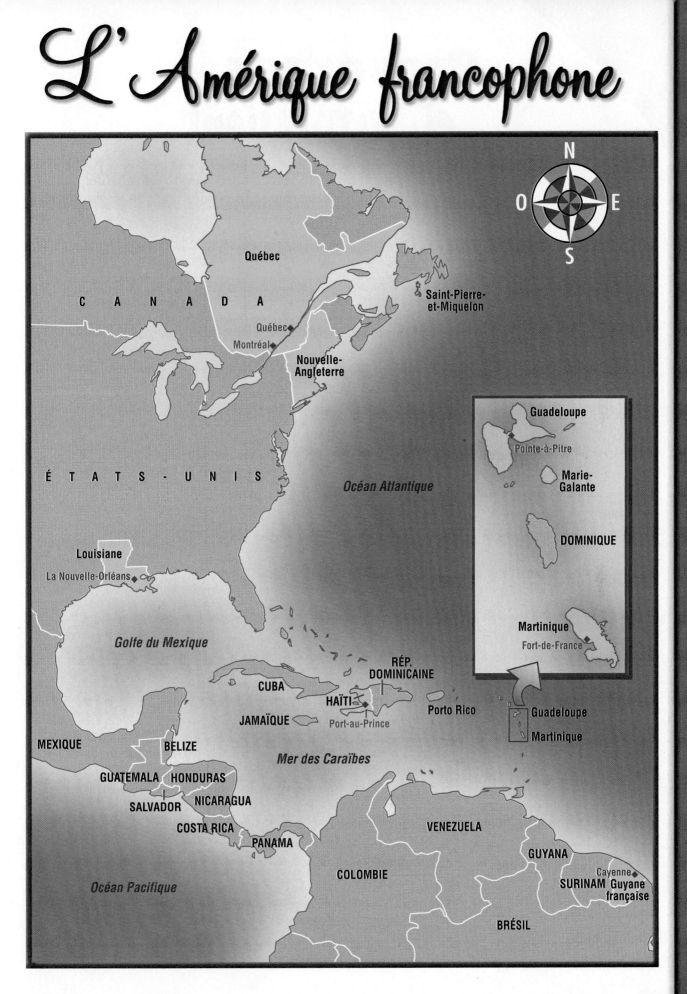

Proverbes et expressions

Like English speakers, the French often use proverbs in their everyday speech. Here are some expressions that you might want to use in your conversations.

Chapitre 1

Simple comme bonjour

When you want to say that something is really easy, you could say: **C'est simple comme bonjour.**

De A à Z

When you want to convey the idea that you're referring to absolutely everything, you use this expression.

Chapitre 2

Jouer cartes sur table

This expression means that one talks about or does something in an honest and straightforward manner.

Chacun ses goûts

To explain that differences in opinion are natural and should be expected, you might say: **Chacun ses goûts.**

Chapitre 3

Être comme chien et chat

This expression can be used to describe people who don't get along at all with one another.

Tel père, tel fils

When two relatives closely resemble each other or share very similar characteristics and attitudes, you can describe them using this expression.

mardi	mercredi	jeudi	jeudi	jeudi	jeudi
		1	2	3	4
5	6	7	8	9	10
11	12	13	14	15	16

Chapitre 4

la semaine des quatre jeudis

When somebody tells you that something is going to happen **la semaine des quatre jeudis,** it means that it will *never* happen.

Chercher midi à quatorze heures

When someone makes something much more complicated than it needs to be, you would say: **Il/Elle cherche midi à quatorze heures.**

Chapitre 5

Après la pluie, le beau temps

To say that after rough times, things usually get better, French speakers use this proverb.

Une hirondelle ne fait pas le printemps

Use this expression to warn against jumping to conclusions.

Chapitre 6

Avoir une faim de loup
When you are really hungry, you could say: **J'ai une faim de loup.**

Compter pour du beurre
If you feel that you are being ignored, or that your opinion doesn't matter, you might say: **Je compte pour du beurre.**

Chapitre 7

Vider son sac
To describe someone who tells you everything that's in their heart, you may say: **Il/Elle vide son sac.**

Aller comme un gant
If an item of clothing, like a dress, fits someone perfectly, you could compliment them by saying: **Elle te va comme un gant.**

Chapitre 8

Faire table rase
If you start something over from scratch, setting aside work already done, you can say: **Je fais table rase.**

Laver son linge sale en famille
This expression means to tackle a problem or an issue by discussing it only among the concerned parties and not involving others not related to it.

Chapitre 9

Jeter l'argent par les fenêtres
Use this expression to describe someone who spends money in a careless or wasteful manner.

Passer comme une lettre à la poste
If you're trying to do something that you think might be difficult and it turns out to be really easy, you can say **C'est passé comme une lettre à la poste.**

Chapitre 10

Prendre le train en marche
If you want to say that you started working on a project while it was already in progress, you can say **J'ai pris le train en marche.**

Attention, un train peut en cacher un autre
Use this expression when you want to say that something you perceive as a problem or a danger, can often hide something which could be far worse.

APRÈS la lecture

1. Can you think of English equivalents for some of these proverbs and expressions?
2. Pick a proverb that is not illustrated and work in groups of three to create an illustration to explain it.
3. Research the Internet or at the library to find additional proverbs that use vocabulary and themes you've learned.
4. Work in small groups to create a mini-skit in which you use one or more of these proverbs in context.

Vocabulaire supplémentaire

This list includes additional vocabulary that you may want to use to personalize activities. If you can't find a word you need here, try the French-English and English-French vocabulary sections, beginning on page R28.

Les animaux domestiques *(Pets)*

le cheval	*horse*
le cochon d'Inde	*guinea pig*
la grenouille	*frog*
le hamster	*hamster*
le lapin	*rabbit*
l'oiseau (m.)	*bird*
le serpent	*snake*
la souris	*mouse*
la tortue	*turtle*

Les commerces *(Stores and businesses)*

la boulangerie	*bakery*
le disquaire	*music store*
l'épicerie (f.)	*grocery store*
le magasin de cadeaux	*gift store*
le magasin d'électronique	*electronics store*
le magasin de jouets	*toy store*
l'opticien (m.)	*optician*
le pressing/le teinturier	*dry cleaner*
la quincaillerie	*hardware store*
le rabais	*discount store*
le supermarché	*supermarket*

Le corps humain *(The human body)*

la bouche	*mouth*
le corps	*body*
le cou	*neck*
le coude	*elbow*
le doigt	*finger*
le dos	*back*
l'épaule (f.)	*shoulder*
l'estomac (m.)	*stomach*
le genou	*knee*
la jambe	*leg*
le menton	*chin*
le nez	*nose*
le pied	*foot*
le visage	*face*

Les corvées *(Chores)*

enlever à la pelle	*to shovel*
faire sécher	*to dry*
plier le linge	*to fold laundry*
repasser	*to iron*
ratisser	*to rake*

À l'école *(At school)*

le bureau du proviseur	*principal's office*
la cantine	*cafeteria*
le casier	*locker*
la cour de récréation	*recreation area*
la craie	*piece of chalk*
le foyer des élèves	*study room*
la salle des professeurs	*staff room*
le secrétariat	*secretary's office*
le tableau d'affichage	*bulletin board*

Les états *(States)*

l'Alabama (m.)	*Alabama*
l'Alaska (m.)	*Alaska*
l'Arizona (m.)	*Arizona*
l'Arkansas(m.)	*Arkansas*
la Californie	*California*
la Caroline du Nord/ du Sud	*North/South Carolina*
le Colorado	*Colorado*

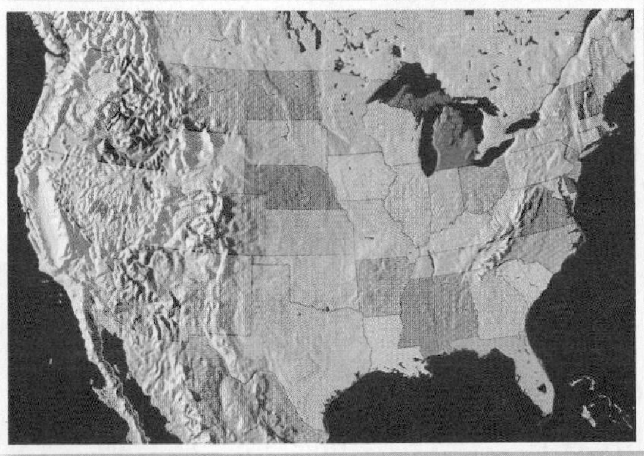

le district fédéral de Columbia	*Washington D.C.*
le Connecticut	*Connecticut*
le Dakota du Nord/ du Sud	*North/South Dakota*
le Delaware	*Delaware*
la Floride	*Florida*
la Géorgie	*Georgia*
l'État (m.) d'Hawaii	*Hawaii*
l'Idaho (m.)	*Idaho*
l'Illinois (m.)	*Illinois*
l'Indiana (m.)	*Indiana*
l'Iowa (m.)	*Iowa*
le Kansas	*Kansas*
le Kentucky	*Kentucky*
la Louisiane	*Louisiana*
le Maine	*Maine*
le Maryland	*Maryland*
le Massachusetts	*Massachussetts*
le Michigan	*Michigan*
le Minnesota	*Minnesota*
le Mississippi	*Mississippi*
le Missouri	*Missouri*
le Montana	*Montana*
le Nebraska	*Nebraska*
le Nevada	*Nevada*
le New Hampshire	*New Hampshire*
le New Jersey	*New Jersey*
l'État (m.) de New York	*New York*
le Nouveau-Mexique	*New Mexico*
l'Ohio (m.)	*Ohio*
l'Oklahoma (m.)	*Oklahoma*
l'Oregon (m.)	*Oregon*
la Pennsylvanie	*Pennsylvania*
le Rhode Island	*Rhode Island*
le Tennessee	*Tennessee*
le Texas	*Texas*
l'Utah (m.)	*Utah*
le Vermont	*Vermont*
la Virginie (Occidentale)	*(West) Virginia*
l'État (m.) de Washington	*Washington*
le Wisconsin	*Wisconsin*
le Wyoming	*Wyoming*

La famille *(Family)*

adopté(e)	*adopted*
l'arrière-grand-mère (f.)	*great grandmother*
l'arrière-grand-père (m.)	*great grandfather*
l'arrière-petite-fille (f.)	*great granddaughter*
l'arrière-petit-fils (m.)	*great grandson*
le beau-frère	*brother-in-law*
le beau-père	*father-in-law*
la belle-mère	*mother-in-law*
la belle-sœur	*sister-in-law*
célibataire	*single*
le fiancé/la fiancée	*fiancé(e)*
la marraine	*godmother*
le parrain	*godfather*
veuf	*widower*
veuve	*widow*

Les fournitures scolaires *(School supplies)*

l'agrafe (f.)	*staple*
l'agrafeuse (f.)	*stapler*
le calendrier	*calendar*
les ciseaux (m.)	*scissors*
la colle	*glue*
l'élastique (m.)	*rubber band*
le feutre	*marker*
le liquide correcteur	*correction fluid*
le ruban adhésif	*transparent tape*
la tenue de gymnastique	*gym uniform*

Les fruits et les légumes *(Fruits and vegetables)*

l'ananas (m.)	*pineapple*
l'asperge (f.)	*asparagus*
l'aubergine (f.)	*eggplant*
l'avocat (m.)	*avocado*
le céleri	*celery*
la cerise	*cherries*
le champignon	*mushroom*
le chou	*cabbage*
le chou-fleur	*cauliflower*
le concombre	*cucumber*
la courgette	*zucchini*
épicé(e)	*spicy*
les épinards (m.)	*spinach*
fade	*bland*
les haricots verts (m.)	*green beans*
la laitue	*lettuce*
la mangue	*mango*
la papaye	*papaya*
la pastèque	*watermelon*
la patate douce	*sweet potato*
la pêche	*peach*
les petits pois (m.)	*peas*
le piment	*hot pepper*
la poire	*pear*
le poivron	*bell pepper*
la prune	*plum*

Les instruments de musique *(Musical instruments)*

l'accordéon (m.)	*accordion*
la basse	*bass guitar*
la clarinette	*clarinet*
la flûte	*flute*
la harpe	*harp*
l'orgue (m.)	*organ*
le saxophone	*saxophone*
le synthétiseur	*synthesizer*
la trompette	*trumpet*
le violon	*violin*
le violoncelle	*cello*

À la maison *(At home)*

la baignoire	*bathtub*
la cave	*basement*
la cheminée	*fireplace*
le congélateur	*freezer*
la cuisinière	*stove*
la douche	*shower*
l'évier (m.)	*kitchen sink*
le four	*oven*
le four à mirco-ondes	*microwave oven*
le grenier	*attic*
le lavabo	*bathroom sink*
le lave-linge	*clothes washer*
le réfrigérateur	*fridge*
le sèche-linge	*clothes dryer*
la terrasse	*patio*

Les matières à l'école *(School subjects)*

l'algèbre (f.)	*algebra*
l'arabe (m.)	*Arabic*
l'art (m.) dramatique	*drama*
l'audiovisuel (m.)	*audiovisual*
le chinois	*Chinese*
la comptabilité	*accounting*
la géométrie	*geometry*
l'histoire (f.) de l'art	*art history*
le japonais	*Japanese*
le latin	*Latin*
la littérature	*literature*
le russe	*Russian*

La météorologie *(The weather)*

l'arc-en-ciel (m.)	*rainbow*
l'averse (f.)	*shower*
le brouillard	*fog*
bruiner	*to drizzle*
la brume	*mist*
la canicule	*heat wave*
le cyclone	*cyclone*

l'éclair (m.)	*lightning*
grêler	*to hail*
Il fait frais.	*It is cool.*
l'incendie de forêt (f.)	*forest fire*
le nuage	*cloud*
l'ouragan (m.)	*hurricane*
la tempête (neige)	*(snow)storm*
la tornade	*tornado*
le verglas	*ice (on the road)*
le tonnerre	*thunder*

Les motifs *(Patterns)*

à carreaux	*checked*
à fleurs	*flowered*
à motifs	*patterned*
à rayures	*striped*
à pois	*polka-dotted*

Les mots descriptifs *(Descriptive words)*

aimable	*likeable*
la barbe	*beard*
bavard(e)	*talkative*
bien élevé(e)	*well-mannered*
le bouc	*goatee*
branché(e)	*in, with 'it'*
chauve	*bald*
la cicatrice	*scar*
débrouillard(e)	*resourceful*
égoïste	*selfish*
des lentilles (f.) de contact	*contact lenses*
des lunettes (f.) de vue	*eyeglasses*
mal élevé(e)	*ill-mannered*
la moustache	*mustache*
des pattes (f.)	*sideburns*
des piercings (m.)	*piercings*
sage	*well-behaved*
des taches (f.) de rousseur	*freckles*
têtu(e)	*stubborn*
travailleur/travailleuse	*hard-working*

La nourriture *(Food)*

l'agneau (m.)	*lamb*
le canard	*duck*
la côte	*chop*
la dinde	*turkey*
les œufs (m.) brouillés	*scrambled eggs*
les œufs (m.) sur le plat	*fried eggs*
les épices (f.)	*spices*
la margarine	*margarine*
la mayonnaise	*mayonnaise*
le miel	*honey*
la moutarde	*mustard*
le rôti	*roast*
la saucisse	*sausage*
le saumon	*salmon*
le sirop d'érable	*maple syrup*
la soupe	*soup*
le sucre	*sugar*
le thon	*tuna*
végétarien(ne)	*vegetarian*
la viande (hachée)	*(ground) meat*
le vinaigre	*vinegar*

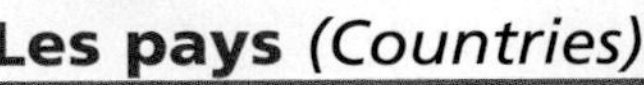

Les pays *(Countries)*

l'Algérie (f.)	*Algeria*
l'Argentine (f.)	*Argentina*
l'Autriche (f.)	*Austria*
la Belgique	*Belgium*
la Colombie	*Columbia*
l'Écosse (f.)	*Scotland*
la Grèce	*Greece*
l'Inde (f.)	*India*
l'Irlande (f.)	*Ireland*
l'état (m.) d'Israël	*Israel*
l'Italie (f.)	*Italy*
la Jamaïque	*Jamaica*
le Japon	*Japan*
le Liban	*Lebanon*
le Luxembourg	*Luxembourg*
Monaco	*Monaco*
les Pays-Bas (m.)	*Netherlands*
le Pérou	*Peru*
la Pologne	*Poland*
la (République de) Côte d'Ivoire	*Ivory Coast*
la Suisse	*Switzerland*
la Thaïlande	*Thailand*
le Viêtnam	*Vietnam*

Les sports et les passe-temps *(Sports and leisure activities)*

l'alpinisme (m.)	*mountain climbing*
les arts (m.) martiaux	*martial arts*
l'astronomie (f.)	*astronomy*
le babyfoot	*foosball*
le billard	*pool, billiards*
la boxe	*boxing*
les fléchettes (f.)	*darts*
l'haltérophilie (f.)	*weightlifting*
le jeu de société	*board game*
jouer dans un groupe	*to play in a band*
la menuiserie	*woodworking*
la motoneige	*snowmobile*
le patinage artistique	*figure skating*
peindre	*to paint*
la plongée sous-marine	*scuba diving*
le plongeon	*diving*
le roller	*roller blading*
le scooter des mers	*jet ski*
la spéléologie	*spelunking*
le surf des neiges	*snowboarding*
le tennis de table	*table tennis*

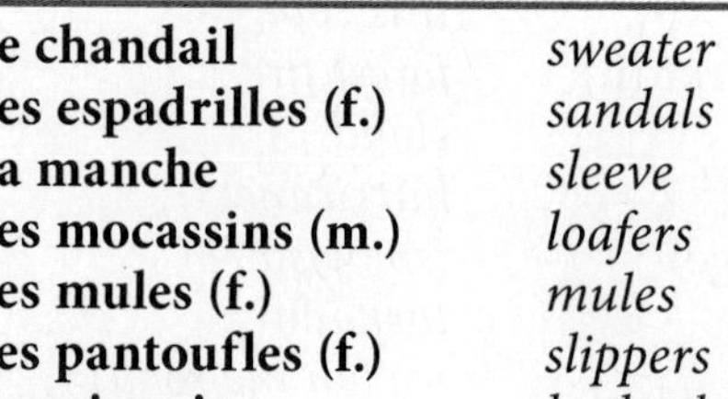

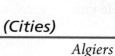

Les vacances en plein air *(Vacationing outdoors)*

le bois	*woods*
la chute d'eau	*waterfall*
le circuit	*tour*
la colline	*hill*
le désert	*desert*
la falaise	*cliff*
le fleuve	*river*
le parc national	*national park*
la source	*spring*
les vacances (f.) vertes	*ecotourism*
la vallée	*valley*
le volcan	*volcano*

Les vêtements et les accessoires *(Clothing and accessories)*

le chandail	*sweater*
les espadrilles (f.)	*sandals*
la manche	*sleeve*
les mocassins (m.)	*loafers*
les mules (f.)	*mules*
les pantoufles (f.)	*slippers*
le peignoir	*bathrobe*
le pyjama	*pajamas*
les tongs (f.)	*flip-flops*
le velours	*velvet*
le gilet	*vest*

En ville *(In town)*

l'arrondissement (m.)	*district*
la banlieue	*suburb*
la caserne de pompiers	*fire station*
le commissariat	*police station*
le gratte-ciel	*skyscraper*
l'hôtel de ville (m.)	*city hall*
la mosquée	*mosque*
le palais de justice	*courthouse*
le palais des congrès	*convention center*
le passage pour piétons	*pedestrian crossing*
le quartier des affaires	*business district*
la salle de spectacles	*concert hall*
la station-service	*gas station*
la synagogue	*synagogue*
le trottoir	*sidewalk*

Les villes *(Cities)*

Alger	*Algiers*
Amsterdam	*Amsterdam*
Beijing	*Beijing*
Berlin	*Berlin*
Bruxelles	*Brussels*
Genève	*Geneva*
Lisbonne	*Lisbon*
Londres	*London*
Montréal	*Montreal*
Moscou	*Moscow*
La Nouvelle-Orléans	*New Orleans*
Québec	*Quebec City*
Tanger	*Tangier*
Venise	*Venice*
Vienne	*Vienna*

Liste d'expressions

Functions are the ways in which you use a language for particular purposes. In specific situations, such as in a restaurant, in a grocery store, or at school, you will want to communicate with those around you. In order to do that, you have to "function" in French: you place an order, make a purchase, or talk about your class schedule.

Here is a list of the functions presented in this book along with the French expressions you'll need to communicate in a wide range of situations. Following each function is the chapter and page number from the book where it is introduced.

Commands

Giving classroom commands
Ch.1, p. 20
Asseyez-vous!
Silence!
Écoutez!
Répétez!
Allez au tableau!
Regardez (la carte)!
Retournez à vos places!
Ouvrez vos livres à la page...
Fermez vos cahiers.

Exchanging Information

Asking and giving names
Ch. 1, p. 6
Comment tu t'appelles?
Je m'appelle...
Comment il/elle s'appelle?
Il/Elle s'appelle...

Asking about things in a classroom
Ch. 1, p. 18
Il y a... dans la salle de classe?
Oui, il y a...
Non, il n'y a pas de...
Il n'y en a pas.
Combien d'élèves il y a dans la classe?
Il y en a...

Asking the teacher something
Ch.1, p. 20
Monsieur/Madame/Mademoiselle,...
Je ne comprends pas.
Répétez, s'il vous plaît?
Comment dit-on... en français?
Qu'est-ce que ça veut dire... ?

Asking how words are spelled
Ch. 1, p. 22
Comment ça s'écrit,...
Comment tu épelles...
Ça s'écrit...

Giving e-mail addresses
Ch. 1, p. 22
Quelle est ton adresse e-mail?
C'est... arobase... point...

Asking and saying how often
Ch. 2, p. 53
Tu aimes... régulièrement?
Oui, souvent.
De temps en temps.
Non, rarement.
Non, jamais.

Describing people
Ch. 3, p. 79
Comment est... ?
Il/Elle est comment,... ?
Il/Elle est très...
Il/Elle n'est ni... ni...
Mon ami(e) est...
Il/Elle a les cheveux...
Il/Elle a les yeux...
Comment sont... ?
Ils/Elles sont comment,... ?
Ils/Elles sont assez...

Identifying family members
Ch. 3, p. 91
Qui c'est, ça?
Ça, c'est...
Ça, ce sont...

Asking and telling about someone's family
Ch. 3, p. 93

Tu as des frères et des soeurs?
J'ai… et…
Non, je suis fils/fille unique.
Je n'ai pas de… mais…
Tu as combien de… ?
J'en ai…
Vous êtes combien dans ta famille?
Nous sommes…

Talking about classes
Ch. 4, p. 113

Quel jour est-ce que tu as… ?
J'ai… lundi.
Quand est-ce que tu as… ?
… le lundi, le mercredi et le vendredi.
À quelle heure tu as… ?
Tu as quel cours… ?
J'ai… à…
Quelle heure est-il?
Il est…

Asking others what they need and telling what you need
Ch. 4, p. 125

De quoi tu as besoin?
J'ai besoin de…
Qu'est-ce qu'il te faut pour… ?
Il me faut…
Tu pourrais me prêter… ?
Tiens.
Tu as… à me prêter?
Voilà.

Inquiring about and buying something
Ch. 4, p. 126

Je cherche…
De quelle couleur?
…, c'est combien?
C'est…
Merci,…
À votre service.
Je vous en prie.

Talking about one's interests
Ch. 5, p. 151

Qu'est-ce que tu fais comme sport?
Je joue…
Qu'est-ce que tu fais pour t'amuser?
Je fais…
Est-ce que tu fais du sport?
Non, je ne fais pas de sport.
Est-ce que tu joues… ?
Non, je ne joue pas…
Qu'est-ce que tu fais… ?
Je ne fais rien.
En hiver j'aime…
Au printemps, j'aime…
En été, nous aimons…
En automne, j'aime…

Telling when and how often
Ch. 5, p. 153

Quand est-ce que… ?
En quelle saison… ?
… pendant quels mois?
… en…
… régulièrement… ?
… rarement…

Making plans
Ch. 5, p. 165

Qu'est-ce que tu vas faire s'il… ?
Je vais…
Avec qui… ?
Avec…
Où ça?/Où est-ce qu'on se retrouve?
À la/Au/À l'…
Qu'est-ce qu'on fait… ?
On pourrait…
Tu vas faire quoi… ?
Pas grand-chose.
Rien de spécial.

Offering, accepting and refusing food
Ch. 6, p. 185

Qu'est-ce que tu veux manger/boire?
J'aimerais…
Tu veux/Vous voulez… ?
Oui, je veux bien.
Encore/Tu reprends… ?
Oui, s'il te/vous plaît.
Non, merci./Non, ça va.
Non, je n'ai plus faim/soif.

Inquiring about food and ordering
Ch. 6, p. 197

La carte s'il vous plaît!
Un moment, s'il vous plaît.
Qu'est-ce que vous me conseillez?
Je vous recommande...
Qu'est-ce que vous avez comme boissons?
On a...
Je voudrais/vais prendre...
Donnez-moi...
Vous avez choisi?
Vous désirez autre chose?

Asking how much and paying the check
Ch. 6, p. 198

C'est combien,... ?
C'est...
Ça fait combien?
Ça fait...
L'addition, s'il vous plaît.
Oui, tout de suite.
Le service est compris?
Oui, bien entendu.

Inquiring about prices
Ch. 7, p. 235

Il/Elle coûte combien,... ?
Il/Elle coûte...
... en solde,... ?
... ils/elles sont soldé(e)s à...
Ça fait combien en tout?
Alors,... ça fait...

Making a decision
Ch. 7, p. 237

Vous avez décidé?
Je ne sais pas quoi choisir.
Je n'arrive pas à me décider.
Je peux vous montrer... ?
... un peu trop...
... bon marché!
... c'est une bonne affaire!

Asking for permission
Ch. 8, p. 257

Tu es d'accord si... ?
D'accord, si tu...
Est-ce que je peux... ?
Bien sûr, mais il faut d'abord...
Pas question!
Non, tu dois...

Telling how often you do things
Ch. 8, p. 259

... tous les...
D'habitude,...
C'est toujours... qui...
... fois par...
... ne... jamais...

Describing a house
Ch. 8, p. 269

J'habite dans une maison/un appartement.
C'est un immeuble de...
Il y a...
Là, c'est...
Dans... , il y a...

Asking where something is
Ch. 8, p. 271

Où se trouve... ?
... au premier/deuxième/troisième étage.
... en bas/en haut.
... à gauche/à droite de...
... au fond du/de la...
... en face de...
Où est... ?
... sur/sous...
... à côté de...

Planning your day
Ch. 9, p. 295

D'abord,...
Ensuite,...
Après/Et puis,...
Finalement,...
Et je dois aussi passer...

Asking for and giving directions
Ch. 9, p. 297

Excusez-moi... , je cherche...
Est-ce que vous pouvez me dire où il y a... ?
C'est tout de suite sur votre...
Continuez/Allez tout droit jusqu'à...
Pardon... , savez-vous où est... ?
Prenez...
Tournez... prochain...
Traversez...

Asking for information
Ch. 9, p. 307

À quelle heure ouvre/ferme... ?
Savez-vous... ?
Est-ce que vous pouvez me dire... ?
Dites-moi,...
C'est combien pour... ?

Expressing needs
Ch. 9, p. 309
Avez-vous de la monnaie sur… ?
Oui, bien sûr.
Non, je regrette.
Je voudrais retirer/déposer/changer…
Pour prendre de l'argent, s'il vous plaît?
Adressez-vous…

Getting information about hotel reservations
Ch. 10, p. 331
… disponible pour… ?
… c'est complet.
Je voudrais réserver une chambre du… au…
À quel nom?
Est-ce que vous faites pension complète?
Nous ne faisons que demi-pension.
Jusqu'à quelle heure… ?
Toute la nuit.

Asking for information about travel
Ch. 10, p. 341
Où est-ce qu'on peut composter les billets?
Avez-vous les horaires… entre… et… ?
Est-ce que je dois enregistrer… ?
Quand part… à destination de… ?
À quelle heure arrive… en provenance de… ?
Est-ce qu'il y a un vol direct pour… ?
Est-ce que l'avion fait escale à… ?

Buying tickets and making a transaction
Ch. 10, p. 343
… un aller simple/aller-retour pour… ?
… tarif réduit,…
… changer… en… ?
… payer par chèque/avec une carte/en liquide?

Expressing Attitudes and Opinions

Talking about likes and dislikes
Ch. 2, p. 41
Tu aimes… ?
Oui, j'aime…
Non, je n'aime pas/Je déteste…
J'aime mieux/Je préfère…
Qu'est-ce que tu aimes faire?
J'aime bien/J'adore…

Agreeing and disagreeing
Ch. 2, p. 42
Moi, j'aime… Et toi?
Moi aussi.
Pas moi.
Moi, je n'aime pas…
Moi, si.
Moi non plus.

Telling how well you do something
Ch. 2, p. 55
Tu… bien… ?
Oui, je… assez bien/bien/très bien…
Non, je… mal/très mal…

Talking about preferences
Ch. 2, p. 55
Tu préfères… ou… ?
… mais…
Quelles sont tes activités préférées?
… et…

Giving an opinion
Ch. 3, p. 80
Comment tu trouves… ?
Je le/la trouve…
Qu'est-ce que tu penses de/d'… ?
À mon avis,…
Comment c'est,… ?
D'après moi, c'est…

Giving an opinion about classes
Ch. 4, p. 114
Comment est ton cours de…?
… difficile/facile.
Comment c'est,… ?
C'est intéressant/fascinant/ennuyeux.
D'après moi, c'est…
Ça te plaît,… ?
Je trouve ça…

Commenting on food
Ch. 6, p. 187
Il/Elle est bon(ne),… ?
… il/elle est vraiment mauvais(e).
… délicieux/délicieuse!
Il/Elle est comment,… ?
Excellent(e)!/Pas mauvais(e).
Comment tu trouves… ?
Pas bon/bonne du tout!

Giving opinions about clothing
Ch. 7, p. 224
Qu'est-ce que tu penses de… ?
C'est tout à fait toi!
Il/Elle est joli(e)/élégant(e)/horrible.
Il/Elle te plaît,… ?
Franchement, il/elle est un peu tape-à-l'œil.
Il/Elle me va,… ?
… il/elle te va très bien.
… il/elle ne te vas pas du tout.

Persuading

Offering and asking for help in a store
Ch. 7, p. 223
Je peux vous aider?
Je voudrais quelque chose pour…
Je cherche… pour mettre avec…
Je peux essayer… ?
Vous avez… en… ?
Non, merci, je regarde.
Quelle taille/pointure faites-vous?
Je fais du…

Giving advice
Ch. 10, p. 329
N'oublie pas…
Tu ne peux pas partir sans…
Tu devrais/Vous devriez…
Je te conseille de…
Tu as intérêt à…

Socializing

Greeting someone
Ch.1, p. 6
Salut!
Bonjour, Monsieur/Madame/Mademoiselle…
Bonsoir.

To say goodbye
Ch.1, p. 6
À bientôt./À demain.
À plus tard./À tout à l'heure.
Au revoir.

Asking how someone is
Ch. 1, p. 8
Ça va?/Comment ça va?
Comment allez-vous?
Et toi?
Et vous?
Oui, ça va. Merci.
Bien./Très bien.
Pas mal./Plus ou moins.
Non, pas très bien.

Introducing someone
Ch. 1, p. 11
Je te/vous présente…
Ça, c'est… . C'est un ami/une amie.
Bonjour./Salut!
Enchanté(e)!

Asking and saying how old someone is
Ch. 1, p. 11
Tu as quel âge?
J'ai… ans.
Il/Elle a quel âge?
Il/Elle a… ans.

Extending, accepting and refusing an invitation
Ch. 5 p. 163
On fait… ?
D'accord./Bonne idée!/Pourquoi pas?
On va… ?
Si tu veux/vous voulez.
Tu as envie de… ?
Ça te/vous dit de… ?
… ça ne me dit rien.
Tu viens… ?
Désolé(e), je n'ai pas le temps.
J'ai trop de choses à faire.
Je suis très occupé(e).

Synthèse de grammaire

ADJECTIVES

Adjective Agreement

Adjectives are words that describe nouns. They agree in gender (masculine or feminine) and number (singular or plural) with the nouns they modify. Adjectives that end in an unaccented **-e**, only change to agree in number. To make most adjectives plural, add an -**s** to the singular form, unless it already ends in an -**s** or -**x.**

		MASCULINE	**FEMININE**
Regular adjectives	**SINGULAR** **PLURAL**	intelligent intelligents	intelligente intelligentes
Adjectives ending in unaccented **-e**	**SINGULAR** **PLURAL**	jeune jeunes	jeune jeunes
Adjectives ending in **-s**	**SINGULAR** **PLURAL**	gris gris	grise grises

Adjectives ending in *-eux*

If the masculine singular form of the adjective ends in -**eux**, change the -**x** to -**se** to make it feminine.

heureux → heureuse

Adjectives ending in *-if*

If the masculine singular form of the adjective ends in -**if**, change the -**f** to -**ve** to create the feminine form.

sportif → sportive

Adjectives with Irregular Feminine Forms

MASCULINE	**FEMININE**
blanc bon gentil	blanche bonne gentille

MASCULINE	**FEMININE**
gros mignon long	grosse mignonne longue

Some adjectives, like **cool, chic, orange,** and **marron,** are invariable

Solange a acheté des calculatrices **orange.**

Position of Adjectives

Most adjectives in French follow the noun. Some adjectives, like **bon, grand, petit,** and **jeune,** always come before the noun. The article **des** becomes **de** when it is used with adjectives that come before the noun.

Michèle est une fille **intelligente.** Il y a **de jeunes** professeurs dans mon école.

The Adjectives *beau, nouveau,* and *vieux*

The adjectives **beau** (*beautiful*), **nouveau** (*new*), and **vieux** (*old*) have special forms and they come before the nouns they describe.

MASCULINE SINGULAR (before a consonant)	MASCULINE SINGULAR (before a vowel)	MASCULINE PLURAL	FEMININE SINGULAR	FEMININE PLURAL
beau	bel	beaux	belle	belles
nouveau	nouvel	nouveaux	nouvelle	nouvelles
vieux	vieil	vieux	vieille	vieilles

Demonstrative Adjectives

	MASCULINE	FEMININE
SINGULAR	ce pull *(starting with a consonant)* cet imperméable *(starting with a vowel)*	cette chemise
PLURAL	ces pulls ces imperméables	ces chemises

To distinguish *this* from *that* and *these* from *those*, add **-ci** and **-là** to the end of the noun.

J'aime **ces** bottes-**ci**, mais je n'aime pas **ces** bottes-**là**.
*I like **these** boots, but I don't like **those** boots.*

Possessive Adjectives

These words also modify nouns and show ownership. In French, the possessive adjective agrees in number and gender with the object possessed and not the owner.

	MASCULINE SINGULAR	FEMININE SINGULAR (beginning with a consonant)	FEMININE SINGULAR (beginning with a vowel)	MASCULINE AND FEMININE PLURAL
my	mon père	ma mère	mon école	mes amies
your (tu)	ton livre	ta famille	ton amie	tes cours
his/her/its	son chat	sa cousine	son écharpe	ses cahiers
our	notre frère	notre maison	notre idée	nos professeurs
your (vous)	votre chien	votre ordinateur	votre eau minérale	vos étudiants
their	leur ami	leur classe	leur omelette	leurs devoirs

In English, possession can be shown by using **'s**. In French, the preposition **de/d'** is used to show possession.

Le livre **de** Marie est sur la commode.

ADVERBS

Formation of Adverbs

Adverbs modify a verb, an adjective, or another adverb. To form most adverbs in French, take the feminine form of the adjective and add **-ment.**

heureux → heureuse → **heureusement**

The following are two irregular adverbs.

bon → **bien** (*well*) mauvais → **mal** (*badly*)

Some common adverbs of frequency are: **souvent, de temps en temps, rarement,** and **régulièrement.**

Placement of Adverbs

While adverbs are generally placed near their verbs, they can take other positions in the sentence. Here is a general overview that might help when deciding where to place French adverbs.

TYPE OF ADVERB	EXAMPLES	PLACEMENT IN THE SENTENCE
how much, how often, or how well something is done	**rarement, souvent, bien, mal**	after the verb
adverbs of time	**hier, maintenant, demain**	the beginning or the end of the sentence

INTERROGATIVES

There are several ways to ask yes-no questions. One way is to raise the pitch of your voice. Another way is to add **Est-ce que** before a statement and raise your voice at the very end.

Tu aimes sortir?
You like to go out?

Est-ce qu'ils aiment nager?
Do they like to swim?

Inversion

Another way to ask yes-no questions is to use inversion. Reverse the subject pronoun and verb and add a hyphen between them. If the subject pronoun is **il, elle,** or **on** and the verb ends in a vowel, add **-t-** between the subject and verb. If the verb is in the **passé composé,** reverse the subject and helping verb.

Vous faites du ski. → **Faites-vous** du ski?
Elle a deux sœurs. → **A-t-elle** deux sœurs?
Il y a des stylos dans le sac. → **Y a-t-il** des stylos dans le sac?
Tu as trouvé un plan de la ville. → **As-tu** trouvé un plan de la ville?

Question Words

To ask for information, use a question word followed by either **est-ce que** plus a subject and verb or an inverted subject and verb.

Quand?	*When?*	**Comment?**	*How?*
Pourquoi?	*Why?*	**Qui?***	*Who?*
Que (Qu')?	*What?*	**Avec qui?**	*With whom?*
Où?	*Where?*		

Quand est-ce qu'il arrive? **Comment fait-on** du ski?

Don't use **est-ce que** or inversion with question words followed by **être.**

Où est ton frère? *Where is your brother?*

***Qui** is usually the subject of a sentence, so it's often followed by a verb.

Qui joue de la guitare? *Who plays the guitar?*

Interrogative Adjectives

Quel means *which* or *what.* It has four forms.

	Masculine	Feminine
Singular	**Quel** chemisier?	**Quelle** jupe?
Plural	**Quels** chemisiers?	**Quelles** jupes?

Quel can also be used as an exclamation.

Quel joli pull! *What a pretty pullover!*

NEGATIVE EXPRESSIONS

Negative Expressions

To make a sentence negative in the present tense, add **ne... pas** around the verb. In the **passé composé,** add **ne... pas** around the helping verb.

Ça **ne** va **pas.** Anne **n'**a **pas** fait ses devoirs.

Negative Expression		Example
ne... pas encore	*not yet*	Ils **n'**ont **pas encore** fini leurs devoirs.
ne... plus	*no longer*	Elle **ne** travaille **plus** au café Magnolia.
ne... ni... ni	*neither nor*	Je **n'**aime **ni** les bananes **ni** les pommes.
ne... jamais	*never*	Tu **ne** viens **jamais** au parc avec nous.
ne... personne	*no one*	Danièle **n'**entend **personne** au téléphone.
ne... rien	*nothing*	Nous **ne** faisons **rien** ce soir.
ne... que	*only*	Je **n'**aime **que** le chocolat suisse.

If **rien** and **personne** are subjects, put **ne** directly before the conjugated verb.

Personne n'a téléphoné. **Rien n'**est facile.

NOUNS AND ARTICLES

Nouns

In French, all nouns have a gender: masculine or feminine. You must learn a noun's gender when you learn its meaning.

FORMATION OF PLURAL NOUNS

	Add **-s** to most nouns	No change to nouns that end in **-s** or **-x**	No change to nouns that are abbreviations	Add **-x** to nouns that end in **-eau** or **-eu**	Replace **-al** with **-aux** in nouns that end in **-al**
Singular	magazine	bus fax	DVD	tableau jeu	journal
Plural	magazines	bus fax	DVD	tableaux jeux	journaux

Indefinite Articles

Indefinite articles are used with nouns to signal their gender and number. In French, there are three indefinite articles: **un, une,** (*a* or *an*) and **des** (*some*).

	Masculine	**Feminine**
Singular	un livre	une fenêtre
Plural	des livres	des fenêtres

Definite Articles

Definite articles also signal gender and number. There are four in French, **le, la, l',** and **les** (*the*).

	Masculine (beginning with a consonant)	**Feminine (beginning with a consonant)**	**Masculine or Feminine (beginning with a vowel)**
Singular	le livre	la fenêtre	l'ami / l'école
Plural	les livres	les fenêtres	les amis / les écoles

Use **le** before a day of the week to say you do something regularly on that particular day.

J'ai anglais **le** vendredi. *I have English class on Fridays.*

Partitive Articles

To say that you want *part* or *some of* an item, use a partitive article.

Masculine Singular	Feminine Singular	Singular Noun (beginning with a vowel)	Plural
du beurre	**de la** confiture	**de l'**omelette	**des** céréales

Tu veux **du** bacon? *Do you want some bacon?*

To say that you want a whole item (or several whole items), use the indefinite articles **un, une,** and **des.**

Je veux **un** croissant et **des** œufs. *I want a croissant and eggs.*

Negation and the Articles

Indefinite and partitive articles change to **de** or **d'** in a negative sentence. Definite articles remain the same.

Il y a **une** carte dans la classe. → Il n'y a pas **de** carte dans la classe.

Il y a **des** fenêtres. → Il n'y a pas **de** fenêtre.

Je veux **du** bacon. → Je ne veux pas **de** bacon.

PREPOSITIONS

Contractions with *à* and *de*

The preposition **à** usually means *to* or *at.* The preposition **de** usually means *from* or *of.* It can also be used to show possession: **J'aime bien le frère d'André** (*I like André's brother.*) When **à** and **de** are used with the definite articles **le** and **les,** they form contractions.

à + le = **au**	à + la = **à la**	à + l' = **à l'**	à + les = **aux**
de + le = **du**	de + la = **de la**	de + l' = **de l'**	de + les = **des**

Prepositions with Countries and Cities

To say that you are *in* or going *to* a country or city, use a form of the preposition **à** or the preposition **en.** To say that you are *from* or coming *from* a country or city, use a form of the preposition **de.**

Cities	Masculine Countries	Feminine Countries or Masculine Countries Beginning With a Vowel	Plural Countries
à Paris	**au** Sénégal	**en** France **en** Egypte	**aux** États-Unis
de Paris	**du** Sénégal	**de** France **d'**Egypte	**des** États-Unis

PRONOUNS

Subject Pronouns

je (j')	*I*	**nous**	*we*
tu	*you* (familiar)	**vous**	*you* (plural or formal)
il	*he / it*	**ils**	*they*
elle	*she / it*	**elles**	*they*
on	*they* (people in general)		

C'est versus *Il/Elle est*

C'est	Il/Elle est
with a person's name **C'est Norbert.**	with an adjective by itself **Elle est blonde.**
with an article plus a noun **C'est une élève.** **C'est mon père.**	
with an article, plus a noun, plus an adjective **C'est un homme intelligent.**	

VERBS

Present Tense of Regular Verbs

In French, we use a formula to conjugate regular verbs. The endings change in each person, but the stem of the verb remains the same.

Infinitive		**aimer**	**attendre**	**finir**
Present	je/j'	aim**e**	attend**s**	fin**is**
	tu	aim**es**	attend**s**	fin**is**
	il/elle/on	aim**e**	attend	fin**it**
	nous	aim**ons**	attend**ons**	fin**issons**
	vous	aim**ez**	attend**ez**	fin**issez**
	ils/elles	aim**ent**	attend**ent**	fin**issent**

The Verbs *dormir, sortir,* and *partir*

Infinitive		**dormir**	**sortir**	**partir**
Present	je/j'	dors	sors	pars
	tu	dors	sors	pars
	il/elle/on	dor**t**	sor**t**	par**t**
	nous	dorm**ons**	sort**ons**	part**ons**
	vous	dorm**ez**	sort**ez**	part**ez**
	ils/elles	dorm**ent**	sort**ent**	part**ent**

Verbs with Stem and Spelling Changes

These verbs are not irregular, but they do have stem and spelling changes.

INFINITIVE		manger	commencer	préférer	acheter	appeler	nettoyer
PRESENT	je (j')	mange	commence	préfère	achète	appelle	nettoie
	tu	manges	commences	préfères	achètes	appelles	nettoies
	il/elle/on	mange	commence	préfère	achète	appelle	nettoie
	nous	mangeons	commençons	préférons	achetons	appelons	nettoyons
	vous	mangez	commencez	préférez	achetez	appelez	nettoyez
	ils/elles	mangent	commencent	préfèrent	achètent	appellent	nettoient

Verbs like **manger: changer, échanger, corriger, déranger, encourager, voyager.**

Verbs like **commencer: placer, prononcer, remplacer, avancer, lancer.**

Verbs like **préférer: espérer, répéter.**

Verbs like **acheter: amener, emmener, lever, promener.**

Verbs like **appeler: épeler, jeter, rappeler.**

Verbs like **nettoyer: balayer, envoyer, essayer, payer.**

Verbs with Irregular Forms

INFINITIVE		aller	avoir	être	faire
PRESENT	je/j'	vais	ai	suis	fais
	tu	vas	as	es	fais
	il/elle/on	va	a	est	fait
	nous	allons	avons	sommes	faisons
	vous	allez	avez	êtes	faites
	ils/elles	vont	ont	sont	font

INFINITIVE		devoir	pouvoir	vouloir	venir
PRESENT	je/j'	dois	peux	veux	viens
	tu	dois	peux	veux	viens
	il/elle/on	doit	peut	veut	vient
	nous	devons	pouvons	voulons	venons
	vous	devez	pouvez	voulez	venez
	ils/elles	doivent	peuvent	veulent	viennent

INFINITIVE		prendre	voir	boire	mettre
PRESENT	je/j'	prends	vois	bois	mets
	tu	prends	vois	bois	mets
	il/elle/on	prend	voit	boit	met
	nous	prenons	voyons	buvons	mettons
	vous	prenez	voyez	buvez	mettez
	ils/elles	prennent	voient	boivent	mettent

Verbs like **prendre: apprendre, comprendre, reprendre.**

Savoir and *connaître*

Savoir and **connaître** both mean *to know.* **Savoir** means to know information or how to do something. **Connaître** means to know or be familiar with a person, place, etc.

INFINITIVE		savoir	connaître
PRESENT	je/j'	sais	connais
	tu	sais	connais
	il/elle/on	sait	connaît
	nous	savons	connaissons
	vous	savez	connaissez
	ils/elles	savent	connaissent

Nous **connaissons** le père de Julie.

Je ne **sais** pas jouer au hockey.

The *futur proche*

You can use a form of **aller** plus an infinitive to talk about something that is going to happen in the near future.

Nous **allons étudier** le géo. *We're going to study geography.*

The *passé récent*

You can use a form of **venir** plus **de** and an infinitive to talk about something that just happened.

Je **viens de téléphoner** à Ali. *I just phoned Ali.*

The Imperative

To form the imperative, or commands, use the **tu, vous,** or **nous** form of the present tense of the verb, without the subject. For **-er** verbs and **aller,** drop the final **-s** in the **tu** form.

écouter	finir	attendre	faire	aller
Écoute!	Finis!	Attends!	Fais!	Va!
Écoutez!	Finissez!	Attendez!	Faites...!	Allez!
Écoutons!	Finissons!	Attendons!	Faisons...!	Allons!

To make a command negative, put **ne** before the verb and **pas** after it.

N'allez **pas** au cinéma demain!

N'attendons **pas** le bus!

The *passé composé* with *avoir*

The passé composé of most verbs consists of two parts: a form of the helping verb **avoir** and a past participle.

INFINITIVE	chercher	choisir	perdre
PAST PARTICIPLE	cherché	choisi	perdu
je/j'	ai cherché	ai choisi	ai perdu
tu	as cherché	as choisi	as perdu
il/elle/on	a cherché	a choisi	a perdu
nous	avons cherché	avons choisi	avons perdu
vous	avez cherché	avez choisi	avez perdu
ils/elles	ont cherché	ont choisi	ont perdu

To say what didn't happen, place **ne... pas** around the helping verb.

Je **n'**ai **pas** trouvé de chemise à ma taille.
I didn't find a shirt in my size.

The following verbs use **avoir** as the helping verb in the **passé composé,** but have irregular past participles.

avoir → **eu**
boire → **bu**
connaître → **connu**
devoir → **dû**
dire → **dit**
écrire → **écrit**
être → **été**
faire → **fait**
lire → **lu**
mettre → **mis**
pleuvoir → **plu**
pouvoir → **pu**
prendre → **pris**
savoir → **su**
voir → **vu**
vouloir → **voulu**

The *passé composé* with *être*

Some verbs, mainly verbs of motion like **aller,** use **être** instead of **avoir** as the helping verb in the **passé composé.** For these verbs, the past participle agrees with the subject.

aller			
je	suis **allé(e)**	nous	sommes **allé(e)s**
tu	es **allé(e)**	vous	êtes **allé(e)(s)**
il	est **allé**	ils	sont **allés**
elle	est **allée**	elles	sont **allées**
on	est **allé(e)(s)**		

The following are verbs conjugated with **être** in the **passé composé.**

arriver → **arrivé**
descendre → **descendu**
devenir → **devenu**
(r)entrer → **(r)entré**
monter → **monté**
mourir → **mort**
naître → **né**
partir → **parti**
rester → **resté**
retourner → **retourné**
revenir → **revenu**
sortir → **sorti**
tomber → **tombé**
venir → **venu**

Glossaire français–anglais

This vocabulary includes almost all of the words presented in the textbook, both active (for production) and passive (for recognition only). An entry in **boldface** type indicates that the word or phrase is active. Active words and phrases are practiced in the chapter and are listed in the **Résumé** pages at the end of each chapter. You are expected to know and be able to use active vocabulary.

All other words are for recognition only. These words are found in activities, in optional and visual material, in the **Géoculture, Comparaisons, Lecture et écriture, Télé-roman,** and **Variations littéraires**. Many words have more than one definition; the definitions given here correspond to the way the words are used in *Bien dit!*

The number after each entry refers to the chapter or the page number of the section where the word or phrase first appears or becomes active vocabulary.

à *to, at,* 2; *to/at + city,* 10
À bientôt. See you soon., 1
à côté de next to, 8
À demain. See you tomorrow., 1
à destination de heading for, 10
à droite de to the right of, 8
a fait connaître *made known,* 7
à gauche de *to the left of,* 8
à haute voix *aloud,* 9
à la carte *individually,* 5
à la fin *at the end,* 369
à la main *by hand,* 9
à la réflexion *if you really think about it,* 4
à l'avance *in advance,* 381
à l'heure *on time,* 10
à mon avis *in my opinion,* 3
à partir de *from (a certain time),* 6
à pied *by foot,* 9
À plus tard. *See you later.,* 1
à point *medium,* 6
à propos de *about,* 9
À quel nom? *Under what name?,* 9
à quelle heure *at what time,* 4
À quelle heure tu as...? *At what time do you have...?,* 4
À saisir! *Great deal!,* 8
À table! *Dinner is served!,* 6
À toute à l'heure. *See you later.,* 1
à vélo *by bicycle,* 9
À votre service. *You're welcome.,* 4
l' abbaye (f.) *monastery,* 5
l' abécédaire (m.) *a reader for small children,* 379
abondant(e) *plentiful,* 376
abriter *to shelter,* 5
l' absence (f.) *absence,* 377
Absolument. *Absolutely.,* 9
absurde *absurd,* 369
l' accès handicapé (m.) *handicapped access,* 10
les accessoires (m.) *accessories,* 7
accompagné de *accompanied by,* 6
accorder *to grant,* 6
accueillir *to welcome,* 381
acheter *to buy,* 4, 9
l' acrobate (m./f.) *acrobat,* 366
l' acrobatie (f.) *acrobatics,* 367
l' activité (f.) *activity,* 2
actuel(le) *of the present time,* 375
l' adaptateur (m.) *adapter,* 10
adapter *to adapt,* 375
l' addition (f.) *bill,* 6
admirable *admirable,* 379
adorer *to love, to adore,* 2
les ados (m./f.) *teens,* 2
l' adresse e-mail (f.) *e-mail address,* 1
s' adresser *to address,* 9
Adressez-vous... *Ask...,* 9
l' adversaire (m.) *adversary,* 7
l' aérobic (f.) *aerobics,* 5
l' aéroport (m.) *airport,* 10
africain(e) *African,* 8
l' âge (m.) *age,* 1
âgé(e) *elderly,* 3
l' agence (f.) immobilière *real estate agency,* 8
agréable *pleasant,* 8
aider *to help,* 7
aimer *to like, to love,* 2; **aimer bien** *to quite like,* 2; **aimer mieux** *to like better, to prefer,* 2
ainsi *thus,* 10
ainsi que *as well as,* 9
ajouter *to add,* 373
l' alerte (f.) *alarm,* 6
allemand *German,* 4
l' Allemagne (m.) *Germany,* 10
aller *to go,* 2
l' aller simple (m.) *one way,* 10
l' aller-retour (m.) *round-trip,* 10
Allez au tableau! *Go to the board!,* 1
Allez tout droit jusqu'à... *Go straight until...,* 9
l' allure *shape,* 369
alors *so, well,* 7
Alors,... ça fait... *Let's see,... your total is...,* 7
l' alpinisme (m.) *mountain climbing,* 5
les amandes (f.) *almonds,* 6
ambulant *traveling, wandering,* 374
amener *to bring someone/a pet along,* 4
américain *American,* 6
l' ami(e) *friend,* 1
l' ampleur (f.) *abundance,* 375

amuser (s') *to have fun,* 5
ancien(ne) *old,* 8
anglais *English,* 2
l' Angleterre (m.) *England,* 10
l' animal/les animaux (m.) *animal(s),* 2
l' animal domestique *pet,* 3
l' année (f.) *year,* 7
annuler *to cancel,* 10
l' anorak (m.) *winter jacket,* 7
l' Antiquité *ancient times,* 380
l' août (m.) *August,* 5
l' appareil (m.) *appliance,* 10
l' appareil photo (numérique) (m.) *(digital) camera,* 5
l' appartement (m.) *apartment,* 8
appartenir *to belong to,* 371
appeler *to call,* 10
appeler (s') *to be named,* 1
apprécié(e) *valued,* 5
apprécier *to appreciate,* 370
apprendre *to learn,* 6
apprendre (quelque chose) à quelqu'un *to teach,* 379
approuver *to approve,* 380
l' aqueduc (m.) *aqueduct,* 9
l' arbre-toboggan (m.) *tree-slide,* 365
après *after,* 9
l' après-midi (m.) *afternoon,* 4
les arachides (f.) *peanuts,* 7
l' arbre (m.) frutier *fruit tree,* 8
l' argent (m.) *silver,* 7; *money,* 9
l' armée (f.) *army,* 1
l' armoire (f.) *wardrobe,* 8
l' arrêt (de bus) (m.) *(bus) stop,* 9
l' arrivée (f.) *arrival,* 10
arrondir *to make round,* 379
arroser *to water,* 8
artisanal(e) *crafting,* 7
l' artiste (m./f.) *artist,* 7
les arts (m.) **plastiques** *visual arts,* 4
l' ascenseur (m.) *elevator,* 10
l' aspect (m.) *aspect,* 9
l' aspirateur (m.) *vacuum cleaner,* 8
l' aspirine (f.) *aspirin,* 9
asseoir (s') *to sit down,* 376
Asseyez-vous! *Sit down!,* 1
assez *quite,* 3
assez bien *pretty well,* 2
assiéger *to lay siege to,* 6
l' assiette (f.) *plate,* 6
assis(e) *seated,* 379
associer *to associate,* 7
les astuces (f.) *tips,* 373
l' atelier (m.) *workshop,* 1
l' athlétisme (m.) *track and field,* 5
atteindre *to reach, to attain,* 5
attendre *to wait,* 4
attirer *to attract,* 9
attraper *to catch,* 3
au *to /at the,* 2; *to / at + masculine country,* 10
au début *at the beginning,* 6
au-dessus de *above,* 9
au fond de *at the end of,* 8
au moins *at least,* 373
Au revoir. *Goodbye.,* 1
au sud de *to the south of,* 8
audacieux (-ieuse) *daring,* 380
aujourd'hui *today,* 4
auraient donné *(they) would have given,* 369
auraient ôté *had taken away,* 370
aurait reçu *would have received,* 6
les aurores (f.) boréales *Northern Lights,* 3
aussi *also,* 1, 2
l' Australie (f.) *Australia,* 10
autre *other,* 369
autrefois *formerly,* 372
autant *as much,* 2
l' automne (m.) *fall,* 5
aux *to/at the,* 2
avaient *(they) had,* 369
avaient haï *(they) had hated,* 369
avait beau être *was in vain,* 369
avait-il affaire à *was he dealing with,* 10
avant *before,* 1
avant J.-C. *B.C.,* 5
avec *with,* 2
avec qui *with whom,* 5
avec vue *with a view,* 10
Avez-vous de la monnaie? *Do you have change?,* 9
l' avion (m.) *plane,* 10
avoir *to have,* 1
avoir besoin de *to need,* 4
avoir chaud *to be hot,* 5
avoir envie de *to feel like,* 5
avoir faim *to be hungry,* 5
avoir froid *to be cold,* 5
avoir intérêt à *to be in one's best interest,* 10
avoir le temps de *to have time to,* 5
avoir les cheveux... *to have... hair,* 3
avoir les yeux... *to have... eyes,* 3
avoir lieu *to take place,* 5
avoir mal à *to hurt,* 9
avoir soif *to be thirsty,* 5
avoir sommeil *to be sleepy,* 5
l' avril *April,* 5

le bacon *bacon,* 6
les bagages (m.) **(à main)** *(carry-on) luggage,* 10
la bague *ring,* 7
la baguette *loaf of French bread,* 6; *teacher's stick,* 379
la baie *bay,* 5
la baignoire *bath tub,* 8
baisser *to lower,* 369
se balader *to wander by,* 371
le baladeur (MP3) *walkman (MP3 player),* 2
le balafon *traditional Senegalese musical instrument,* 7
balançait sa tête de droite et de gauche *shaking his head from left to right,* 10
la balançoire *swing,* 367
balayer *to sweep,* 8
le balcon *balcony,* 8
la balle *ball,* 2
le ballet *ballet,* 9
le ballon *(inflatable) ball,* 2
bambou *bamboo,* 379
la banane *banana,* 6
la bande dessinée (BD) *comic strip,* 2
la banque *bank,* 9
le baobab *tree found in Africa,* 7
bas *low,* 8
le bas *stocking,* 10
le base-ball *baseball,* 2
le basket(ball) *basketball,* 5
les baskets (f.) *tennis shoes,* 4
le bassin *ornamental pool,* 363
la bataille *battle,* 1
le bateau *boat,* 367
le batik *batik (technique used to create patterns on fabric using hot wax and dyes),* 7
la batte *bat,* 2
la batterie *drums,* 5
beau/belle *handsome, beautiful,* 3
beaucoup *a lot,* 4
le beau-père *step-father,* 3
les beaux-arts (m.) *fine arts,* 1
les beaux-parents (m.) *inlaws,* 376
la belle-mère *step mother,* 3
la bête *beast, animal,* 9
le beurre *butter,* 6
la bibliothèque *library,* 2
bien *well,* 1
la bien-aimée *beloved,* 376
bien cuit *well-done,* 6
bien entendu *of course,* 6
bien sûr *of course,* 9
Bien sûr, mais il faut d'abord... *Of course, but first you must...,* 8
la bijouterie *jewelry,* 7
le billet *bill (money), ticket,* 9
le billet d'avion *plane ticket,* 10
le billet de train *train ticket,* 10
blanc(he) *white,* 3
le blason familial *coat-of-arms,* 3
bleu(e) *blue,* 3

Glossaire français–anglais

blond(e) *blond(e),* 3
bloqué(e) *stuck,* 9
le bodyboard *bodyboard, 5*
boire *to drink,* 6
le bois *wood,* 8
la boisson *drink,* 6
le bol *bowl,* 6
bon/bonne *good,* 3
Bon appétit! *Enjoy your meal!,* 6
bon marché *inexpensive,* 7
Bonjour. *Hello., Good morning.,* 1
Bonne idée! *Good idea!,* 5
Bonsoir. *Hello., Good evening.,* 1
le bord *edge,* 373
border *to border,* 381
les bottes (f.) *boots,* 7
le boubou *embroidered tunic worn in Africa,* 7
la bouche *mouth,* 3
les boucles (f.) **d'oreilles** *earrings,* 7
bouffon(-ne) *comical,* 369
bouger *to move,* 9
la bouillabaisse *fish soup,* 9
le boulanger (la boulangère) *baker,* 10
la boule *steel ball used in pétanque,* 5
le bouquet de fleurs *bouquet of flowers,* 9
la bourrée *traditional French dance,* 2
le bout *end, tip,* 4
la boutique *shop,* 9
le bracelet *bracelet,* 7
le Brésil *Brazil,* 10
le brie *type of soft cheese,* 1
brillant *brilliant,* 378
la brique *brick,* 8
brodé(e) *embroidered,* 7
le bruit *noise,* 6
brûlé(e) *burned,* 3
brun(e) *brown(-haired),* 3
le bureau *desk,* 1; *office,* 5
le bureau de change currency exchange office, 10
le bus bus, 9
le but *goal,* 7

Ç'avait été *it would have been,* 369
ça *this, that,* 3
Ça, c'est... *This is...,* 1
Ça, ce sont... *These are...,* 3
Ça fait combien? *How much is it?,* 6; **Ça fait...** It's... 6
Ça fait combien en tout? How much is it total?, 7
Ça me plaît beaucoup. *I like it a lot.,* 4
Ça s'écrit... *It is written/spelled...,* 1
Ça te/vous dit de...? *Do you feel like...?,* 5
Ça te plaît,...? *Do you like...?,* 4
Ça va? *How are you? (informal),* 1
la cabine téléphonique *telephone booth,* 9
le café *coffee house,* 2; *coffee,* 6
le café au lait coffee with milk, 6
le cafetier *coffee-house keeper,* 6
le cahier *notebook,* 1
cahoter *to jolt,* 9
calcaire *limestone* 5
la calculatrice *calculator,* 4
la calebasse *calabash (a gourd whose shell is used as a utensil),* 376
le camembert *a French cheese,* 5
le caméscope *video camera,* 5
le camion *truck,* 7
la campagne *countryside,* 5
le Canada *Canada,* 10
le canal *canal,* 1
la canalisation *system of pipes,* 1
le cancre *dunce,* 379
la canne à pêche *fishing pole,* 7
le canoë *canoeing,* 5
le canyon *canyon,* 9
la capitale *capital,* 7
car *because,* 370
la caractéristique *characteristic,* 8
la carapace *turtle shell,* 9
le carnaval *carnival, festival,* 3
le carrefour *intersection,* 9
la carte *map,* 1; *card,* 2; *menu,* 6; *post card,* 9
la carte bancaire bank card, 9
la carte d'embarquement *boarding pass,* 10
la carte postale *post card,* 9
la carte téléphonique *calling card,* 9
le cas *case,* 373
la case *hut,* 8
le casque *helmet,* 5
la casquette *cap,* 7
les casse-croûtes (m.) *snacks,* 7
catastrophique *catastrophic,* 369
la catégorie *category,* 7
le CD *CD,* 1
ce *this,* 7
la ceinture *belt,* 7
célébré(e) *celebrated,* 9
célébrer *to celebrate,* 372
celte *Celtic,* 370
cent *one hundred,* 4
cent un *one hundred and one,* 4
le centimètre *centimeter,* 9
le centre *center,* 7
le centre commercial *mall,* 2
le centre-ville *downtown,* 9
cependant *however,* 7
les céréales (f.) *cereal,* 6
le cerf-volant *kite,* 7
certain(e) *certain,* 6
ces *these,* 7
C'est... *It's...,* 6
C'est... arobase... point... *It's... @... dot...,* 1
C'est combien pour...? *How much is it...?,* 9
C'est combien,...? *How much is the...?,* 4
C'est complet. *It's booked.,* 10
C'est ennuyeux. *It's boring.,* 4
C'est fascinant. *It's fascinating.,* 4
C'est intéressant. *It's interesting.,* 4
C'est toujours... *It's always...,* 8
C'est tout à fait toi. *It's totally you.,* 7
C'est tout de suite sur votre... *It's immediately to your...,* 9
C'est un ami / une amie. *He / She is a friend.,* 1
C'est un immeuble de... *It's a building with...,* 8
C'est une bonne affaire! *It's a good deal!,* 7
cet *this,* 7
cette *this,* 7
ceux-ci *they (these ones),* 370
chacun (chacune) *each one,* 369
la chaîne *chain,* 7
la chaîne-stéréo *stereo system,* 8
la chaise *chair,* 1
le chalet *cottage,* 8
la chambre *bedroom,* 8; *room,* 377
la chambre avec vue *room with a view,* 10
le champignon *mushroom,* 2
la chandelle *candle,* 372
changer *to change,* 4; **changer (en)** *to change (into),* 10
la chanson *song,* 9
chanter *to sing,* 2
le chanteur/la chanteuse *singer,* 9
le chapeau *hat,* 7
chaque *each,* 5
le char *float,* 9
charmant(e) *charming,* 8
le chat *cat,* 3
châtain(s) *light brown(-haired),* 3
le château *château, castle,* 1
chaud *hot,* 5
le chauffage au gaz *gas heating,* 8
chauffer *to heat,* 373
le chaume *thatch,* 8
les chaussettes (f.) *socks,* 7
les chaussures (f.) *shoes,* 7
les chaussures (f.) **de randonnée** *hiking shoes,* 7
le chemin *way,* 9
la cheminée *fireplace,* 8
la chemise *man's shirt,* 7
le chemisier *woman's blouse,* 7
le chèque *check,* 10
le chèque de voyage *traveler's check,* 10

cher/chère *expensive,* 7
chercher *to look for,* 4
chéri(e) *beloved,* 371
le cheval *horse,* 9
les cheveux (m.) *hair,* 3
chez moi *at (my) home,* 8
le chien *dog,* 3
les chiens (m.) de traîneaux *dog-sledding,* 5
la chimie *chemistry,* 4
le chimpanzé *chimpanzee,* 7
la Chine *China,* 10
le chocolat *chocolate,* 2
le chocolat chaud *hot chocolate,* 6
la chose *thing,* 371
choisir *to choose,* 6
le choix *choice,* 7
la chose *thing,* 6
le cimetière *cemetery,* 5
le cinéaste (la cinéaste) *film-maker,* 378
le cinéma *movie theatre,* 2
cinq *five,* 1
cinquante *fifty,* 4
la cipâte de bleuets *special blueberry pie made in Quebec,* 3
circulaire *circular,* 8
le cirque *circus,* 366
la cité *city, ancient center of town,* 9
le citron *lemon,* 7
clair *light (color),* 4
la classe *class, classroom,* 1
le classeur *binder,* 4
classique *classical,* 2
la clé *key,* 9
la climatisation *air conditioning,* 10
climatisé(e) *air-conditioned,* 8
le clown *clown,* 366
le club (de tennis, de foot) *(sports) club,* 5
le coca *soda,* 6
le cochonnet *wooden ball used in pétanque,* 5
le code postal *zip code,* 9
la coiffure *hairdo,* 9
le coin *corner,* 377
le colis *package,* 9
le collier *necklace,* 7
la colline *hill,* 380
la colonie de vacances *summer camp,* 5
coloré(e) *brightly colored,* 7
combien *how much, how many,* 1
Combien d'élèves il y a dans la classe? *How many students are there in the class?,* 1
la comité *committee,* 381
comme *as, like,* 4
commencer *to begin,* 4
comment *how,* 1
Comment allez-vous? *How are you? (formal),* 1
Comment ça s'écrit? *How do you write that?,* 1
Comment ça va? *How are you? (informal),* 1
Comment c'est,...? *How is...?,* 3
Comment dit-on... en français? *How do you say... in French?,* 1
Comment est...? *How is...?,* 3
Comment est ton cours de...? *How is your... class?,* 4
Comment il / elle s'appelle? *What's his / her name?,* 1
Comment sont...? *How are...?,* 3
Comment tu épelles...? *How do you spell...?,* 1
Comment tu t'appelles? *What is your name ?,* 1
Comment tu trouves...? *What do you think of...?,* 3
les commerces (f.) *businesses,* 8
la commode *chest of drawers,* 8
le compartiment *compartment,* 10
complet *booked, full,* 10
complètement *completely,* 9
composé(e) *composed,* 5
composter *to punch (a ticket),* 10
la composition *composition,* 375
comprendre *to understand,* 1
le comprimé *pill,* 9
compter *to count,* 1
concerner *to relate to,* 376
le concert *concert,* 9
conduire *to drive,* 381
confisqué(s) à *confiscated from,* 6
la confiture *jam,* 6
confortable *comfortable,* 376
conjuguer *to conjugate,* 4
connaître *to know,* 9
connu(e) *well-known,* 6
le conseil de classe *student council,* 4
conseiller *to advise,* 6
la consigne *baggage locker,* 10
consister *to consist,* 6
le consommateur *consumer,* 2
la construction *construction,* 8
construire *to construct, build,* 5
le conte *story,* 5
contenir *to contain,* 10
le continent *continent,* 7
continuer *to continue,* 9
Continuez jusqu'à... *Continue until...,* 9
le contorsionniste (la contorsionniste) *contortionist,* 366
contrairement *in opposition,* 366
contre *against,* 1
le contrôleur *ticket collector,* 10
le coquillage *shellfish,* 5
le copain *friend,* 2
la cora *traditional Senegalese musical instrument,* 374
la correspondance *connecting flight, connection,* 10
correspondre *to correspond, to communicate,* 1
corriger *to correct,* 4
la corvée *chore,* 8
le costume *suit,* 7
la côte *coast,* 5
le coton *cotton,* 7
la couchette *built-in bunk (train),* 10
la couleur *color,* 4
le coupe-vent *windbreaker,* 7
couper la parole *to leave speechless,* 379
la cour *(royal) court,* 1; *courtyard,* 9
le courage *courage,* 6
courir *to run,* 377
le courrier *mail,* 1
le cours *class(es),* 4; *flow (of water),* 380
la course *race,* 5
court(e) *short (length),* 3
le courtisan *person who is part of the royal court,* 362
le cousin/la cousine *cousin,* 3
le couteau *knife,* 6
coûter *to cost,* 7
la coutume *custom,* 376
le couturier *fashion designer,* 7
le couvert *table setting,* 6
la couverture *cloak,* 10
le crabe *crab,* 5
crachoter *to crackle,* 9
la cravate *tie,* 7
le crayon *pencil,* 4; **le crayon de couleur** *colored pencil,* 2
créatif(-ive) *creative,* 3
la crèche *manger,* 10
créer *to create,* 9
la crème *cream,* 9
la crème Chantilly *whipped cream,* 373
la crêpe *thin, light pancake,* 372
la crêperie *restaurant that serves crêpes,* 372
creusant *digging,* 6
la crevette *shrimp,* 5
crier *to shout,* 379
croire *to think, believe,* 7
la croisière *cruise,* 381
le croissant *croissant,* 6
le croissant de lune *crescent moon,* 6
le croque-monsieur *toasted ham and cheese sandwich,* 6
le crustacé *Crustacean,* 5
cubain(e) *Cuban,* 374
la cuillère *spoon,* 6
le cuir *leather,* 7
cuire *to cook,* 372
la cuisine *cooking, kitchen,* 8

le cuisinier/la cuisinère *cook,* 10
la cuisson *cooking,* 373
cuit(e) *cooked,* 7
cuit(e) au four *baked,* 6
cultiver *to cultivate,* 5
le curé *parish priest,* 378
curieux(-euse) *curious,* 371
le cybercafé *Internet café,* 5

d'abord *first,* 9
D'accord. *Okay.,* 5
D'accord, si tu... *It's okay if you...,* 8
d'ailleurs *moreover,* 10
dans *in,* 1
danser *to dance,* 2
le danseur/la danseuse *dancer,* 366
d'après moi *according to me,* 3
le dauphin *dolphin,* 2
de *of/from + city, feminine country,* 10
de l' *of the,* 6; **de la** *of the,* 6
De quelle couleur? In what color?, 4
de nos jours *these days,* 370
De quoi tu as besoin? *What do you need?,* 4
de récupération *salvaged,* 7
de temps en temps *from time to time,* 2
le débarquement *landing,* 5
débarrasser (la table) *to clear (the table),* 8
le début *debut,* 375
décembre *December,* 5
décider *to decide,* 6
déconseillé(e) *advised against,* 381
la décoration *decoration,* 6
décoratif(-ve) *decorative,* 5
décorer *decorate,* 10
découvert(e) *discovered,* 5
la découverte *discovery,* 381
décrire *to describe,* 9
dedans *inside,* 6
le défaut *character flaw,* 371
défensif(-ve) *defensive,* 5
le défilé *parade,* 9
se déformer *to lose shape,* 369
le déjeuner *lunch,* 6
le délégué de classe *student representative,* 4
Délicieux!/ Délicieuse! *Delicious!,* 6
le deltaplane *hang-gliding,* 5
demain *tomorrow,* 4
demander *to ask, demand,* 4
demi(e) *half,* 4
le demi-frère *half-brother,* 3
la demi-pension *half-board,* 10
la demi-sœur *half-sister,* 3
le départ *departure,* 10
les dépendances (f.) *out-buildings,* 8
déposer *to deposit,* 9
depuis *since,* 5
déranger *to disturb,* 4
dernier(-ère) *last,* 7
se dérouler *to take place,* 9
derrière *behind,* 9
des *some,* 1; *of the,* 6
descendre to come down, 8
désigner *to name, to designate,* 375
le désinfectant *disinfectant,* 9
désirer *to want,* 6
désolé(e) *sorry,* 5
Désolé(e), je n'ai pas le temps. *Sorry, I don't have the time.,* 5
le dessert *dessert,* 6
le dessin *drawing,* 2
le dessinateur *drawer,* 9
dessiner *to draw,* 2
la destination *destination,* 10
détacher *to detach,* 373
détester *to hate,* 2
deux *two,* 1
deux cent un *two hundred and one,* 4
deux cents *two hundred,* 4
deuxième *second,* 10
la deuxième classe *second class,* 10
devant *in front (of),* 9
développer *to develop,* 380
devenir *to become,* 8
deviner *to guess,* 6
devoir *to have to,* 8
le devoir *homework,* 4; *to have to,* 8
d'habitude *usually,* 8
le diamètre *diameter,* 7
le dictionnaire *dictionary,* 4
les dieux (m.) *gods,* 370
difficile *difficult,* 4
la difficulté *difficulty,* 379
le dimanche *Sunday,* 4
le dîner *diner,* 6
discret (discrète) *discrete,* 8
dire *to say,* 1; *to tell,* 9; **Dites-moi...** *Tell me...,* 9; se dit-il *he says to himself,* 10
diriger vers *to aim at,* 379
discuter (avec des amis) *to talk (with friends),* 2
disparaître *disappear,* 370
disponible (pour) *available (for),* 10
se distinguer *to gain distinction,* 375
distrait *absent-minded,* 371
le distributeur d'argent *cash machine,* 9
le distributeur de billets *ticket machine,* 10
divin(e) *divine,* 370
divorcer *to divorce,* 3
dix *ten,* 1
dix-huit *eighteen,* 1
dix-neuf *nineteen,* 1
dix-sept *seventeen,* 1
le djembé *traditional Senegalese musical instrument,* 374
le doigt *finger,* 379
doit *owes,* 7
le domaine *domain,* 9
le don *talent,* 370
donc *then,* 371
donner *to give,* 6
Donnez-moi... *Give me...,* 6
dont *of which,* 10
dormir *to sleep,* 2
le dos *back,* 7
la douche *shower,* 8
douze *twelve,* 1
le dramaturge *playwright,* 378
dresser *to erect,* 5
la droite *right,* 8
le druide *druid,* 2
du *of the,* 6
du... au *from the... to the...,* 10
durable *durable,* 9
durant *during,* 369
durer *to last,* 5
le DVD *DVD,* 1

l' eau (f.) **minérale** *mineral water,* 6
l' écharpe (f.) *winter scarf,* 7
les échecs (m.) *chess,* 2
l' éclair *French pastry,* 1
les écluses (f.) *(canal) locks,* 380
l' école (f.) *school,* 2
écouter *to listen,* 1
écouter de la musique *to listen to music,* 2; **Écoutez!** *Listen!,* 1
les écouteurs (m.) *headphones,* 2
s'écrier *to exclaim,* 379
écrire *to write,* 1
les écrits (m.) *writings,* 368
l' écrivain (m.) *writer, author,* 9
l' édition (f.) *edit (computer),* 1
l' éducation (f.) **musicale** *music education,* 4
également *also,* 381
l' église (f.) *church,* 9
l' Égypte (m.) *Egypt,* 10
électrique *electrical,* 10

l' élégance (f.) *elegance,* 7
élégant(e) *elegant,* 7
l' élément (m.) *element,* 5
l' élève (m./f.) *student,* 1
élevé(e) *high, elevated,* 7
élever *to raise,* 5
elle *she,* 1
Elle est comment,...? *How is...?,* 6
Elle est forte, celle-là! *It's a bummer!,* 10
Elle s'appelle... *Her name is...,* 1
elles *they (female),* 1
l' e-mail (m.) *e-mail,* 1
embarrassé(e) *embarrassed,* 377
embêtant(e) *annoying,* 3
l' emblème (m.) *emblem, symbol,* 7
l' emplacement (m.) *place, location,* 369
l' employé(e) *employee,* 9
emporter *to take something (with),* 10
emprunter *to borrow,* 371
en *to/at (a feminine country),* 10;
en argent *(of) silver,* 7
en avance *early,* 10
en bas *downstairs,* 8
en bois *wooden,* 2
en bref *in a few words,* 366
en bus *by bus,* 9
en conséquence *accordingly,* 371
en coton *cotton,* 7
en courant *running,* 377
en diamant *made of diamond,* 7
en face de *across from,* 8
en fait *in fact,* 371
en forme de *in the shape of,* 6
en général *in general,* 376
en haut *upstairs,* 8
en incorporant *adding,* 373
en jean *denim,* 7
en laine *woollen* 7
en lin *linen,* 7
en métro *by subway,* 9
ennuyeuse, ennuyeux *boring,* 4
en or *(of) gold,* 7
en osier *of willow, wicker,* 7
en pleine nature *in the great outdoors,* 5
en possession de *in possession of,* 381
en provenance de *from,* 10
En quelle saison...? *In which season...?,* 5
en récompense de *as a reward for,* 6
en retard *late,* 10
en route *on the way,* 10
en soie *silk,* 7
en solde *on sale,* 7
en solitaire *solo,* 5
en taxi *by taxi,* 9
en tenant *while holding,* 372
en vogue *in style,* 375
en voiture *by car,* 9
Enchanté(e)! *Delighted!,* 1
encore *more,* 6; *still,* 7; *yet, again,* 8
encourager to encourage, 4
l' endroit (m.) *place,* 9
l' endurance (f.) *endurance,* 5
l' enfance (f.) *childhood,* 368
l' enfant (m./f.) *child,* 3
enfilé(e) par la tête *slipped on over the head,* 7
enfin *finally,* 379
l' ennemi(e) *enemy,* 6
ennuyeux *boring,* 4
énorme *enormous,* 7
enregistrer *to check in,* 10
ensemble *together,* 2
ensuite *then, next,* 9
entendre *to hear,* 4
s'entêter *to persist,* 9
entier(-ère) *entire,* 5
entièrement *completely,* 8
entre *between,* 10
entre-coupé *interspersed with,* 375
l' entrée (f.) *appetizer,* 6; *entry-way,* 8
entrer *to enter,* 8
envahir *to invade,* 375
l' enveloppe (f.) *envelope,* 9
l' envie (f.) *desire,* 371
l' environnement (m.) *environment,* 7
envoyer (des e-mails) *to send (e-mails),* 2
s'envoyer *to send each other,* 2
l' épaule (f.) *shoulder,* 7
épeler *to spell,* 10
l' épicerie (f.) *grocery store,* 9
les épices (f.) *spices,* 9
l' épisode (m.) *episode,* 379
l' EPS (éducation (f.) physique et sportive) *Physical education (P.E.),* 4
l' équipe (f.) *team,* 367
équipé(e) *equipped,* 8
l' équitation (f.) *horseback riding,* 5
l' équivalent (m.) *equivalent,* 9
l' escalade (f.) *rock-climbing,* 5
l' escale (f.) *stopover, layover,* 10
l' escalier (m.) *staircase,* 8
les escargots (m.) *snails,* 1
l' espace (m.) *space,* 1
l' Espagne (f.) *Spain,* 10
l' espagnol (m.) *Spanish,* 4
espérer *to hope,* 4
l' esprit (m.) *mind,* 10
essayer *to try on,* 7; *to try,* 8
l' est (m.) *east,* 5
Est-ce que je peux...? *Can I...?,* 8
Est-ce que tu aimes... régulièrement? *Do you like... regularly?,* 2
Est-ce que tu fais du sport? *Do you play sports?,* 5
Est-ce que tu joues à...? *Do you play...?,* 5
Est-ce que vous faites pension complète? *Are all meals included with the room?,* 10
Est-ce que vous pouvez me dire...? *Can you tell me...?,* 9
et *and,* 2
les États-Unis (m.) *United States,* 10
Et toi? *How about you? (informal),* 1
Et vous? *How about you? (formal),* 1
l' étage (m.) *floor,* 8
l' étagère (f.) *bookshelf,* 8
était *was,* 10
étaler *to spread,* 373
l' étape *stage (of a trip or race),* 381
l' état (m.) *condition,* 8
l' été (m.) *summer,* 5
l' été (m.) des indiens *Indian summer,* 3
ethnique *ethnic,* 7
étonnant(e) *surprising,* 380
l' étranger(-ère) *foreigner,* 376
être *to be,* 3
être dans les nuages *to daydream,* 4
être en train de *to be in the process of (doing something),* 7
étroit(e) *tight,* 7
étudier *to study,* 2
eut *had (literary form of* **avoir***),* 379
éviter *to avoid,* 371
l' évolution (f.) *evolution,* 375
exact(e) *exact, correct,* 4
Excellent(e)! *Excellent!,* 6
exceptionnel(le) *exceptional,* 8
excessivement *excessively,* 4
s'excuser (auprès de) *to excuse one's self,* 376; *to apologize,* 377
Excusez-moi, je cherche... *Excuse-me, I am looking for...,* 9
l' exemple (m.) *example,* 9
exercer *to practice (profession),* 379
exister *to exist,* 370
exotique *exotic,* 8
expliquer *to explain,* 6
l' extérieur (m.) *outside of,* 8
l' extinction (f.) *extinction,* 7

la fabrication *manufacture,* 10
fabriquer *to make,* 7
face à *(when) faced with,* 376
facile *easy,* 4
faciliter *to facilitate,* 380
le facteur *mail carrier,* 9
faire *to do, to make,* 2; se fait remarquer *make him/herself noticed,* 379; se font *are made,* 6
faire (la France) to visit (France), 10
faire du sport to play sports, 2
faire escale à to make a stopover, layover, 10
faire la cuisine to cook, 8
faire la fête to party, 2
faire la gymnastique *to do gymnastics,* 3
faire la lessive *to do the laundry,* 8
faire la queue *to stand in line,* 10
faire la vaisselle *to do the dishes,* 8
faire le tour *to look around,* 381
faire les magasins *to go shopping,* 2
faire les valises *to pack the bags,* 10
faire partie de *to be a member of, to be part of,* 1
faire sauter *to flip,* 372
faire son lit *to make one's bed,* 8
faire sur mesure *to custom fit,* 7
faire un pique-nique *to go on a picnic,* 2
faire un voyage *to take a trip,* 10
fait construire *orders the construction of,* 1
la famille *family,* 3
la famille d'accueil *host family,* 8
le far breton *traditional Breton cake,* 5
la farine *flour,* 373
fascinant(e) *fascinating,* 4
le fauteuil *armchair,* 8
faux/fausse *false,* 4
les favoris (m.) *favorites (computer),* 1
la femme *wife,* 3; *woman,* 7
la fenêtre window, 1
la ferme *farm,* 8
fermer *to close,* 1
Fermez vos cahiers. *Close your notebooks.,* 1
le festival *festival,* 3
la fête *party,* 2
le feu *traffic light,* 9
la feuille de papier *sheet of paper,* 4
février *February,* 5
la fierté *pride,* 379
la figurine *figurine,* 9
la fille *girl,* 1; *daughter,* 3
la fille unique only daughter, 3
le film film, movie, 2
le fils son, 3
le fils unique only son, 3
la fin *end,* 369
finalement *finally,* 9
finir *to finish,* 6
le flamant rose *flamingo,* 9
fleuri(e) *flowered,* 8
le fleuriste *flower shop,* 9
le fleuve *river,* 7
la fois *time,* 8
fois par... *times per...,* 8
foncé(e) *dark,* 4
fond en larmes *burst into tears,* 377
fondre *to melt,* 373
la fontaine *fountain,* 1
le football *soccer,* 2; **le football américain** *American football,* 2
la forêt *forest,* 2
la forme *shape,* 6
se former *to take shape,* 369
la formule *schedule,* 5
fort(e) *stout, strong,* 3
fortement *strongly,* 381
fortifié(e) *fortified,* 5
la fortune *fortune,* 380
le fou *madman,* 10
le foulard *scarf,* 7
la fourchette *fork,* 6
les fournitures (f.) **scolaires** *school supplies,* 4
le français *French,* 2
franchement *honestly,* 7
Franchement, il/elle est un peu tape-à-l'œil. *Honestly, it's a bit gaudy.,* 7
frapper *to hit,* 379
la fraternité *brotherhood,* 375
le frère *brother,* 3
friser *to border on,* 369
les frites (f.) *fries,* 2
le froid *cold,* 5
le fromage *cheese,* 6
le fromager (la fromagère) *cheese maker,* 10
le front *forehead,* 369
les fruits (m.) de mer *seafood,* 5
fulminant(e) *bursting with,* 378

le gadget *gadget,* 2
gagner *to win,* 7
la galerie *gallery,* 1
la galette *cake,* 372
le gamin *kid,* 379
les gants (m.) *gloves,* 7
le garage *garage,* 8
garantir *to guarantee,* 372
le garçon *boy,* 1
la garde-robe *wardrobe,* 10
garder *to keep,* 377
le gardien *door-keeper,* 8
la gare *train station,* 10
la garniture *filling,* 6
la gastronomie *culinary custom or style,* 1
le gâteau *cake,* 9
la gauche *left,* 8
la gaufre *waffle,* 372
le gaz *gas,* 8
géant(e) *gigantic,* 2
gêné *embarrassed,* 377
général *general,* 8
généreux(-euse) *generous,* 3
génial(e) *great,* 3
le genre *kind, sort,* 7
les gens (m.) *people,* 370
gentil(-le) *sweet,* 3
gentiment *nicely,* 376
la géographie *geography,* 4
le geste *gesture,* 1
le gestionnaire *managing company,* 381
la glace *ice cream,* 2; *mirror,* 1
la glacière ice cooler, 7
le gladiateur *gladiator,* 2
la gloire *glory, pride,* 378
le golf *golf,* 5
la gomme *eraser,* 4
la gorge *throat,* 9; *gorge,* 9
goudronné(e) *paved,* 381
gourmand(e) *greedy,* 376
goût *taste,* 371
le goûter *afternoon snack,* 6
goûter *to taste,* 376
la goutte *drop,* 376
grâce à *thanks to,* 375
la graine *seed,* 371
grand(e) *big, tall,* 3
la grande surface *superstore,* 7
grandir *to grow (up),* 6
la grand-mère *grandmother,* 3
le grand-parent *grandparent,* 3
le grand-père *grandfather,* 3
le granit *granite,* 5
gratuit(e) *free,* 1
la grenadine *pomegranate drink,* 6
grillé(e) *grilled,* 7
les griots (m.) *traveling poets/singers (Senegal),* 374
gris(e) *gray,* 4
gros(se) *fat,* 3
grossir *to gain weight,* 6
la guerre *war,* 5
le guerrier *warrior,* 2

le guichet *window, counter, ticket office,* 9
la guitare *guitar,* 5

habiller (s') *to dress,* 7
habitable *habitable,* 381
les habitant(e)s *inhabitants,* 5
l' habitation (f.) *residence, dwelling,* 8
habiter *to live,* 8
l' habitude (f.) *habits, customs,* 2
haïr *to hate,* 369
le hall (m.) *lobby,* 10
haut *high,* 8
hein *(at beginning of sentence) hey, what?,* 4
le héros *hero,* 6
l' heure (f.) *hour,* 4
heureusement *fortunately,* 5
heureux (-euse) *happy,* 5
hier *yesterday,* 7
l' histoire (f.) *history,* 4; *story,* 10
l' historien (m.) *historian,* 378
historique *historical,* 7
l' hiver (m.) *winter,* 5
le hockey *hockey,* 5
l' homme (m.) *man,* 7
l' homme (m.) d'affaires *businessman,* 378
homogène *homogeneous,* 373
l' hôpital (m.) *hospital,* 9
hoqueter *to hiccough,* 9
l' horaire (m.) *schedule,* 10
l' horreur (f.) *horror,* 369
horrible *horrible,* 7
les hors d'œuvre (m.) *dishes served at beginning of meal,* 6
hors-saison *off-season,* 5
l' hôte (m.) *steward,* 10
l' hôtel (m.) *hotel,* 10
l' hôtesse (f.) *stewardess,* 10
huit *eight,* 1
les humains (m.) *humans,* 370
l' hymne (f.) *hymn,* 375

ici *here,* 5
l' idée (f.) *idea,* 6
l' idéologie (f.) *ideology,* 375
il *he,* 1; **Il/Elle coûte combien,...?** *How much does... cost?,* 7; **Il/Elle coûte...** *It costs...,* 7; **Il/Elle est brun(e)** *He/She has brown hair.,* 3; **Il/Elle est comment...?** *How is...?,* 3; **Il/Elle est horrible.** *It's horrible.,* 7; **Il/Elle est très...** *He/She is very...,* 3; **Il/Elle me va,...?** *How does... fit me?,* 7; **Il/Elle n'est ni... ni...** *He/She is neither... nor...,* 3; **Il/Elle s'appelle...** *His/Her name is...,* 1; **Il /Elle te plaît,...?** *Do you like...?,* 7
Il est bon/Elle est bonne,...? Is the... good?, 6
Il est deux heures dix. It is ten past two., 4; **Il est deux heures et demie.** *It is two thirty.,* 4; **Il est deux heures et quart.** *It is a quarter past two.,* 4; **Il est deux heures.** *It is two o'clock.,* 4; **Il est midi.** *It is noon.,* 4; **Il est minuit.** *It is midnight.,* 4; **Il est trois heures moins le quart.** *It is quarter till three.,* 4; **Il est trois heures moins vingt.** *It is twenty till three.,* 4; **Il est une heure.** *It is one o'clock.,* 4
Il fait beau. It's nice outside., 5
Il fait chaud. It's hot., 5
Il fait froid. It's cold., 5
Il fait mauvais. It's bad weather., 5
il faut it is necessary, 8
Il me faut... I need..., 4
il fit *he made,* 10
Il ne put. *He couldn't.,* 10
Il neige. *It's snowing.,* 5
Il n'y en a pas. *There aren't any.,* 1
Il pleut. *It's raining.,* 5
il suffit de *it is enough to,* 371
il vaut mieux *it is better,* 381
il y a *there is/are,* 6
Il y a des nuages. *It's cloudy.,* 5
Il y a du soleil. *It's sunny.,* 5
Il y a du vent. *It's windy.,* 5
Il y a... dans la salle de classe? *Is there... in the classroom?,* 1
Il y en a... *There are... of them.,* 1
Il/Elle ne te va pas du tout. *It doesn't suit you at all.,* 7
l' île (f.) *island,* 1
illuminé(e) *illuminated,* 369
ils *they (masc.),* 1
Ils/Elles sont comment,...? *What are... like?,* 3
Ils/elles sont soldé(e)s à... *They are on sale for...,* 7
l' image (f.) *picture,* 9
l' immeuble (m.) *apartment complex,* 8
l' imperméable (m.) *raincoat,* 7
important(e) *important,* 7
importer *to import,* 9
imprimer *to print,* 1
inattentif(-tive) *inattentive,* 379
inconsciemment *unconsciously,* 10
incorporer *to incorporate, to add,* 373
incroyable *incredible,* 8
l' indépendance (f.) *independence,* 5
indiquer *to point out,* 8
l' ingénierie (f.) *engineering,* 380
l' ingénieur (m.) *engineer,* 380
l' ingrédient (m.) *ingredient,* 373
l' instituteur (-trice) *teacher,* 378
l' instrument (m.) *instrument,* 7
l' industrie (f.) alimentaire *food industry,* 10
l' informatique (f.) *computer science,* 4
inonder *to soak,* 377
inoubliable *unforgettable,* 366
insister *to insist,* 376
insolite *novel, unusual,* 366
inspirer *to inspire,* 5
l' instant (m.) *moment,* 10
intégrer *to integrate,* 375
intelligent(e) *intelligent, smart,* 3
intéressant(e) *interesting,* 4
l' intérêt (m.) *interest,* 10
l' intérieur (m.) *interior,* 369
international(e) *international,* 3
l' Internet (m.) *Internet,* 2
l' intrigue (f.) *intrigue,* 1
intrigué(e) *intrigued,* 6
l' introduction (f.) *introduction,* 375
introduit(e) *introduced,* 6
l' invasion *invasion,* 5
inventer *to invent,* 9
l' inventeur (-trice) *inventor,* 378
investir *to invest,* 380
invincible *invincible,* 2
invité(e) *invited,* 6
l' Italie (f.) *Italy,* 10

J'adore... *I love...,* 2
J'aime bien... *I like...,* 2
J'aime mieux... *I like... better.,* 2
J'ai besoin de... *I need...,* 4
J'ai... ans. *I am... years old.,* 1
J'ai... et... *I have... and...,* 3
J'aimerais... *I would like...,* 6
jamais *never,* 2
le jambon *ham,* 6
janvier *January,* 5

Glossaire français–anglais

le Japon (m.) *Japan,* 10
le jardin *yard, garden,* 8
le jardin à la française *classic French-style garden characterized by flowerbeds in geometric patterns,* 5
jaune *yellow,* 4
le jazz *jazz,* 3
je *I,* 1
Je cherche... *I'm looking for...,* 4
Je fais du... *I wear a size...,* 7
Je fais... *I do...,* 5
Je joue... *I play...,* 5
Je le/la trouve... *I think he/she is...,* 3
Je m'appelle... *My name is...,* 1
Je monte vos bagages? *Shall I take your luggage up?,* 10
Je n'ai pas de... mais... *I don't have any... but...,* 3
Je n'arrive pas à me décider. *I can't decide.,* 7
Je ne comprends pas. *I don't understand.,* 1
Je ne fais rien. *I'm not doing anything.,* 5
Je ne joue pas... *I don't play...,* 5
Je ne sais pas quoi choisir. *I don't know what to choose/pick.,* 7
Je peux essayer...? *May I try on...?,* 7
Je peux vous aider? *May I help you?,* 7
Je peux vous montrer...? *May I show you...?,* 7
Je préfère... *I prefer...,* 2
Je te/vous présente... *Let me introduce you to...,* 1
Je te conseille de... *I advise you to...,* 10
Je trouve ça... *I think it's...,* 4
Je vais prendre... *I will have...,* 6
Je vais... *I am going to...,* 5
Je voudrais quelque chose pour... *I would like something for...,* 7
Je voudrais... *I would like...,* 6
Je vous recommande... *I recommend...,* 6
le jean *jeans,* 7
J'en ai... *I have... of them.,* 3
le jet d'eau *water jet,* 1
jeter *to throw,* 10
le jeu *game,* 2
le jeu vidéo *video game,* 5
le jeudi *Thursday,* 4
jeune *young,* 3
les jeunes *young people,* 375
J'habite dans un appartement. *I live in an apartment.,* 8
J'habite dans une maison. *I live in a house.,* 8
la joie *joy,* 379
le jogging *jogging,* 5
le jongleur *juggler,* 366
jouer *to play,* 2
jouer à des jeux vidéo *to play video games,* 5
jouer au base-ball *to play baseball,* 2
jouer au football *to play soccer,* 2
jouer aux cartes *to play cards,* 2
jouer aux échecs *to play chess,* 2
le jour *day,* 4
le jour de fête *holiday,* 7
le journal *newspaper,* 2
juillet *July,* 5
juin *June,* 5
les jumelles (f.) *binoculars,* 7
la jupe *skirt,* 7
le jus *juice,* 6
le jus de pomme *apple juice,* 6
le jus d'orange *orange juice,* 6
jusqu'à *until,* 9
Jusqu'à quelle heure...? *Until what time...?,* 10
juste *just,* 2

le kayak *kayaking,* 5
kitesurf, 5
la kora *traditional musical instrument of Senegal,* 7

là *here/there,* 8
la (l') *the,* 2
Là, c'est... *Here is...,* 8
le lac *lake,* 5
la laine *wool,* 7
laisser *to allow, to let,* 373
le lait *milk,* 6
le lait caillé *curdled milk,* 376
la lampe *lamp,* 8
lancer (se) *to throw (one's self),* 4
la langoustine *prawn,* 5
la langue *language,* 366
large *loose,* 7
les larmes (f.) *tears,* 377
le lavabo *sink,* 8
la lavande *lavender,* 9
laver *to wash,* 8
laver la voiture *to wash the car,* 8
le lave-vaisselle *dishwasher,* 8
le (l') *the,* 2
le long de *all along,* 381
le lecteur de CD/DVD *CD/DVD player,* 1
la lecture *reading,* 1
la légende *legend,* 6
le légume *vegetable,* 6
les *the,* 2
la lessive *laundry,* 8
la lettre *letter,* 9
leur *their,* 3
leurs *their,* 3
lever *to raise,* 4
se lever *to get up,* 377
libérer *to liberate,* 5
la librairie *bookstore,* 9
libre *free,* 5
la limonade *lemon-lime soda,* 6
le lin *linen,* 7
le liquide *cash,* 10
lire *to read,* 2
le lit *bed,* 8
le lit double *double bed,* 10
le lit simple *single bed,* 10
le livre *book,* 1
loin de *far from,* 9
les loisirs (m.) *leisure activities,* 1
long(ue) *long,* 3
lorsque *when,* 379
la louche *ladle,* 373
louer *to rent,* 8
le lundi *Monday,* 4
la lune *moon,* 368
les lunettes (f.) (de soleil) *(sun) glasses,* 7
la lutte *wrestling,* 7
le lycée *high school,* 2

ma *my,* 3
machinalement *mechanically, automatically,* 10
le mackintosh *raincoat,* 10
madame (mme) *Mrs.,* 1
mademoiselle (mlle) *Miss,* 1
le magasin *shop, store,* 2
le magazine *magazine,* 2
magique *magic,* 2
magnifique *magnificent,* 5
mai *May,* 5
maigrir *to lose weight,* 6
le maillot de bain *swimsuit,* 7
la main *hand,* 372
maintenant *now,* 4
mais *but,* 2
la maison *house,* 8
la maison de couture *fashion house,* 7

la Maison des jeunes et de la culture (MJC) *recreation center,* 2
la maison d'hôte *bed and breakfast,* 381
la maison troglodyte *house built into a rock,* 5
le maître *master,* 10
mal *badly,* 2
la maladresse *clumsiness,* 377
malheureusement *unfortunately,* 370
la malle *trunk,* 10
le mandat *money order,* 9
manger *to eat,* 2
la mangrove *swamp,* 7
manquer *to miss,* 10
le manteau *coat,* 7
le manuel *textbook,* 369
le marchand *merchant,* 372
la marchandise *merchandise,* 380
le marché *open air market,* 9
marcher *to walk,* 10
le mardi *Tuesday,* 4
les marées (f.) *tides,* 5
le mari *husband,* 3
marin(e) *marine,* 5
mariné(e) *marinated,* 7
le Maroc (m.) *Morocco,* 10
la maroquinerie *leather goods,* 7
marrant(e) *funny,* 3
marron *brown(-eyed),* 3
mars *March,* 5
le masque de plongée *diving mask,* 7
le match *game,* 1
le matériel *material,* 8
les mathématiques (maths) (f.) *mathematics (math),* 2
la matière *school subject,* 4
le matin *morning,* 4
mauvais *bad,* 5
le mauvais goût *bad taste,* 371
les mauvais tours (m.) *bad tricks,* 370
le mbalax *style of Senegalese music,* 374
méchant(e) *mean,* 3
mécontent(e) *displeased,* 4
le médicament *medicine,* 9
médecine *medicine,* 9
médiéval(e) *Medieval,* 9
meilleur(e) *better,* 7; *best,* 9
mélanger to mix, blend, 7
mêler to mix, 376
même even, 9
menacé(e) threatened, 7
mentalement mentally, 369
la menthe *mint,* 6
mentionné(e) *mentioned,* 9
le menu à prix fixe *fixed-price menu,* 6
la mer *sea,* 5
Merci. *Thank you.,* 1
le mercredi *Wednesday,* 4
la mère *mother,* 3
mes *my,* 3
le métier *trade, profession,* 10
le métro *subway,* 9
mettre *to set,* 6; *to put (on), to wear,* 7
mettre la table to set the table, 8
mettre le couvert to set the table, 6
meublé(e) *furnished,* 8
le micro-organisme *micro-organism,* 7
midi *noon,* 4
mignon(ne) *cute,* 3
la migration *migration,* 7
le mille-feuille *layered French pastry,* 1
le millimètre *millimeter,* 9
le mime *mime,* 366
mince *thin,* 3
minuit *midnight,* 4
le miracle *miracle,* 369
mis par dessus *worn over,* 7
le mobile *cell phone,* 4
la mode *fashion,* 7
moderne *modern,* 2
modeste *modest,* 10
moi *me,* 2
Moi aussi. *Me, too.,* 2
Moi non plus. *Me neither.,* 2
Moi si. *I do.,* 2
Moi, j'aime... Et toi? *I like... And you?,* 2
Moi, je n'aime pas... *I don't like...,* 2
le moine *monk,* 10
moins *minus,* 4
le mois *month,* 5; **le mois dernier** *last month,* 7
mon *my,* 3
le monde *world,* 10
la monnaie *change (coins),* 9
monsieur (m.) *Mr.,* 1
la montagne *mountain(s),* 5
la montagne russe *roller coaster,* 2
monter *to go up,* 8
la montgolfière *hot air balloon,* 3
la montre *watch,* 7
montrer *to point to,* 379
le morceau *piece,* 7
la mort *death,* 376
mort(e) *died,* 378
la mosquée *mosque,* 7
le mot *word,* 10
le motif *theme,* 1
la moto *motor bike,* 7
mourir *to die,* 8
le moussor *traditional scarf worn on the head in Africa,* 7
le mouvement *movement,* 375
le moyen *means, way,* 371
le Moyen Âge *Middle Ages,* 5
le MP3 *MP3,* 2
municipal *municipal, of the local government,* 1
murmurer *to murmur, whisper,* 10
le musée *museum,* 5
la musique *music,* 2
mystérieux (-se) *mysterious,* 5

nager *to swim,* 2
naître *to be born,* 8
la nappe *table cloth,* 6
le narrateur *narrator,* 9
la natation synchronisée *synchronized swimming,* 367
national(e) *national,* 7
nature *natural, plain,* 6
né(e) *born,* 6
ne... jamais *never,* 8
ne... pas *not,* 1
ne... pas encore *not yet,* 8
ne... personne *no one,* 8
ne... plus *no longer,* 8
ne... que *only,* 8, 10
ne... rien *nothing,* 8
négociable *negotiable,* 8
la neige *snow,* 5
neiger *to snow,* 5
nettoyer *to clean,* 8
neuf *nine,* 1; *new,* 8
le neveu *nephew,* 3
le nez *nose,* 3
la nièce *niece,* 3
la noix de beurre *pat of butter,* 373
le Noël *Christmas,* 10
noir(e) *black,* 3
le nom *name,* 7
nombreux (nombreuse) *numerous,* 7
non *no,* 2
Non, ça ne me dit rien. *No, I don't feel like it.,* 5
Non, ça va. *No, I am fine.,* 6
Non, il est mauvais. *No, it's bad.,* 6
Non, il n'y a pas de... *No, there is no...,* 1
Non, je déteste... *No, I hate...,* 2
Non, je n'ai plus faim/soif. *No, I'm not hungry/thirsty any more.,* 6
Non, je n'aime pas... *No, I don't like...,* 2
Non, je ne fais pas de sport. *No, I don't play sports.,* 5

Glossaire français–anglais

Non, je regrette. *No, I'm sorry.,* 9
Non, je suis fils/fille unique. *No, I'm an only child.,* 3
Non, merci, je regarde. *No thank you, I'm just looking.,* 7
Non, merci. *No, thank you.,* 6
Non, pas très bien. *No, not too well.,* 1
Non, tu dois... *No, you have to...,* 8
non-fumeur *non-smoking,* 10
le nord *North,* 3
normand(e) *from Normandy,* 5
nos *our,* 3
la note *grade,* 369
notre *our,* 3
N'oublie pas... *Don't forget...,* 10
la nourriture *food,* 376
nous *we,* 1
Nous sommes... *There are... of us.,* 3; *Today is...,* 4
nouveau/nouvelle new, 3
novembre November, 5
le nuage *cloud,* 5
la nuit *night,* 10
le numéro *number,* 4
le numéro de téléphone *phone number,* 4

l' objet (m.) *object,* 7
obsédé(e) *obsessed,* 371
obtenir *to obtain,* 7
occidental(e) *western,* 7
octobre *October,* 5
l' œuf (m.) *egg,* 6
l' œuf (m.) (sur le plat) *fried egg,* 373
l' œuvre (m.) *(artist's) work,* 9
offrir *to offer,* 5
l' oignon (m.) *onion,* 6
l' oiseau (m.) *bird,* 5
l' omelette (f.) *omelet,* 6
on *one/we,* 1
On a... *We have...,* 6
On fait...? *Shall we do...?,* 5
On pourrait... *We could...,* 5
On va...? *How about going to...?,* 5
l' oncle (m.) *uncle,* 3
l' onomatopée (f.) *onomatopoeia,* 9
onze *eleven,* 1
l' opéra (m.) *opera,* 5
l' or (m.) *gold,* 7
orale *oral,* 374
orange *orange,* 4
l' orange (f.) *orange,* 6
l' oranger (m.) *orange tree,* 1
l' ordinateur (m.) *computer,* 1
l' oreille (f.) *ear,* 3
organiser *to organize,* 5
l' origine (f.) *origin,* 6
ornithologique *ornithological,* 7
l' osier (m.) *willow, wicker,* 7
ôter *to remove, take away,* 370
l' otarie (f.) *sea-lion,* 2
ou *or,* 2
où *where,* 5
Où ça? *Where?,* 5
Où est...? *Where is...?,* 8
Où se trouve...? *Where is...?,* 8
oublier *to forget,* 10
l' ouest *west,* 7
oui *yes,* 1
Oui, ça va. Merci. *Yes, fine. Thank you.,* 1
Oui, il/elle te va très bien. *Yes, it fits you very well.,* 7
Oui, il y a... *Yes, there is/are...,* 1
Oui, j'aime... *Yes, I like...,* 2
Oui, je veux bien. *Yes, I would indeed.,* 6
Oui, s'il te plaît. *Yes, please.,* 6
Oui, s'il vous plaît. *Yes, please.,* 6
les outils (m.) *tools (computer),* 1
Ouvrez vos livres à la page... *Open your books to page...,* 1
ouvert(e) *open,* 5
ouvrier(-ière) *working (class),* 368
ouvrir *to open,* 1

la page *page,* 1
le pagne *traditional African cloth worn as a garment,* 7
la paille *straw,* 8
le pain *bread,* 6
les pains (m.) du singe *fruit of the baobab tree,* 7
le palais *palace,* 9
les palmes (f.) *flippers,* 7
le pamplemousse *grapefruit,* 6
paniquer *to panic,* 373
le pansement *bandage,* 9
le pantalon *pair of pants,* 7
la panthère *panther,* 7
le pape *Pope,* 9
la papeterie *stationary store,* 9
le papier *paper,* 4
par *by,* 10
le parachutisme *parachuting,* 5
le parapente *paragliding,* 5
le parapluie *umbrella,* 7
le parc *park,* 2
le parcours *route, journey,* 381
par-dessus *over,* 7
pardon *excuse-me,* 9
Pardon, savez-vous où est...? *Excuse-me, do you know where... is?,* 9
le pare-chocs *bumper,* 9
le parent *parent,* 3
paresseux(-euse) *lazy,* 3
parfait(e) *perfect,* 8
la parfumerie *perfumery,* 9
le parking *parking,* 10
parler *to speak,* 2
parmi *among,* 9
la parole *words, lyrics,* 9
partager *to share,* 8
participer *to participate,* 7
le particulier *owner,* 8
particulier (-ière) *special,* 380
la partie *part,* 380
partir *to leave,* 8
partir à pied *to go for a walk,* 3
partout *everywhere,* 9
paru *appeared,* 369
Pas bon(ne) du tout ! *Not good at all!,* 6
pas du tout *not at all,* 7
pas encore *not yet,* 8
Pas grand-chose. *Not much.,* 5
Pas mal. *Not bad.,* 1
Pas mauvais. *Not bad.,* 6
Pas moi. *Not me., I don't.,* 2
Pas question! *Out of the question!,* 8
pas tant de manières *don't put on airs,* 4
le passager *passenger,* 10
le passeport *passport,* 10
passer (à un endroit) *to stop by, to pass,* 9; *to spend (time),* 368
passer l'aspirateur to vacuum, 8
se passer *to take place,* 369
le passe-temps *pastime,* 5
la pâte *crust,* 6; *dough,* 373
paternel(le) *paternal, fatherly,* 379
les pâtes (f.) *pasta,* 6
le patin à glace *ice-skating,* 5
la patinoire *ice-skating rink,* 5
les pâtisseries (f.) *pastries,* 1
pauvre *poor,* 371
pauvre ami(e) *poor thing,* 4
payer *to pay,* 8
payer avec une carte *to pay with a credit card,* 10
payer en liquide *to pay cash,* 10
payer par chèque *to pay by check,* 10
le pays *country,* 375
les Pays-Bas (m.) *Netherlands,* 10
le paysage *landscape, scenery,* 5
la pêche *fishing,* 7
la pêche blanche *Inuit/Amerindian*

sport of fishing on frozen rivers and lakes, 3
le pêcheur *fisherman,* 7
pédestre *on foot,* 5
peint *painted,* 9
le peintre *painter,* 9
la peinture *painting,* 7
le pèlerin *pilgrim,* 7
la pelouse *lawn,* 8
pendant *during,* 2
pénible *tiresome, difficult,* 3
la péniche *barge,* 381
penser *to think,* 3
la pension complète *full-board,* 10
perdre *to lose,* 4
le père *father,* 3
le permis de conduire *driver's license,* 381
le permis de conduire A *boating permit,* 381
le personnage *character (in a film, book, or play),* 10
Personne (ne) *no one,* 8
la pétanque *a type of game popular in France,* 5
petit à petit *little by little,* 373
le petit-déjeuner *breakfast,* 6
petit(e) *small,* 3
la petite-fille *granddaughter,* 3
le petit-enfant *grandchild,* 3
le petit-fils *grandson,* 3
peu *little,* 372
le peuple *people,* 370
la peur *fear,* 376
peut-être *maybe,* 4
la pharmacie *pharmacy,* 9
le pharmacien/la pharmacienne *pharmacist,* 9
la photo *photo,* 5
la phrase *sentence,* 4
la physique *physics,* 4; *physical,* 5
le piano piano, 5
la pièce room, 8; *coin,* 9
la pièce de théâtre *play (theatrical),* 9
le pied *foot,* 9
la pierre *stone,* 5
le pilote/la pilote *pilot,* 10
la pincée *pinch,* 373
le pique-nique *picnic,* 2
la pirogue *dug-out canoe,* 7
la piscine *swimming pool,* 2
les pistes (f.) cyclable *bike paths/ lanes,* 381
la pizza *pizza,* 6
le placard *closet, cabinet,* 8
la place *seat,* 1
la place assise *seat,* 10
placer *to place,* 4
la plage *beach,* 5
la plaisanterie *joke,* 10
le plan *map,* 9
la planche à voile *windsurfing,* 7
la planche de surf *surfboard,* 7
le planeur *glider,* 5
la plantation *plantation,* 7
la plante *plant,* 8
la plaque *griddle,* 372
le plat *dish,* 6
le plat principal *main course,* 6
le plateau *tray,* 5
plein (de) *complete,* 369; *full of,* 377
le plein air *open air, outdoors,* 7
pleuvoir *to rain,* 5
se plisser *to be creased, wrinkled,* 369
la plongée *diving,* 5
la plupart *most,* 6
plus *more,* 5; *most,* 7
Plus ou moins. *More or less.,* 1
plus tard *later,* 2
plusieurs *several,* 8
la poêle *skillet,* 373
le poème *poem,* 9
le poète *poet,* 374
le point *point,* 7
le point final *period,* 379
la pointure *shoe size,* 7
le poisson *fish,* 6
le poivre *pepper,* 6
poli(e) *polite,* 376
politique *political,* 362
la pomme *apple,* 6
le pont *bridge,* 9
le pont à haubans *suspension bridge,* 5
les ponts-canaux *canals built on bridges,* 380
le pont-l'évêque *a French cheese,* 5
populaire *popular,* 6
la population *population,* 376
le porc *pork,* 6
le portable *cell phone/laptop,* 4
la porte *door,* 1
la porte d'embarquement *boarding gate,* 10
le porte-bagages *luggage carrier, rack,* 10
le portefeuille *wallet,* 7
le porte-monnaie *change purse,* 7
porter *to wear,* 7
poser *to place,* 377
la poste *post office,* 9
le poster *poster,* 1
la potion magique *magic potion,* 2
la poubelle *trash,* 8
le poulet *chicken,* 6
le poulet yassa *traditional dish of Senegal,* 7
pour *for,* 5
le pourboire *tip,* 6
pour mettre *to wear with,* 7
Pour prendre de l'argent, s'il vous plaît? *Where do I go to withdraw money?,* 9
pourquoi *why,* 5
Pourquoi pas ? *Why not?,* 5
pourtant *however,* 6
pousser *to grow,* 369; *to utter,* 377
pouvoir can, to be able, 3
le pouvoir *power,* 362
pratiquer *to practice,* 2
précédent *back (computer),* 1
préféré(e) *favorite,* 2
préférer *to prefer,* 2
premier(-ière) *first,* 10
le premier étage *second floor,* 8
la première classe *first class,* 10
prendre *to take,* 6
Prenez... *Take...,* 9
les préoccupations (f.) *concerns,* 7
les préparatifs (m.) *preparations,* 10
la préparation *preparation,* 373
près de *near,* 9
Présent(e) *Present!, Here!,* 4
présenter *to introduce, to present,* 1
prêt(e) *ready,* 10
prêter *to lend,* 4
prévoir *to plan, allow for,* 381
la primeur *new thing,* 369
principal(e) *principal, most important,* 5
le printemps *spring,* 5
la prise *plug,* 10
privilègent *focus,* 367
les privilèges (m.) *privileges,* 6
le prix *price,* 7
prochain(e) *next,* 9
le produit *product,* 9
le prof(esseur), la professeur *teacher,* 1
profiter *to take advantage of,* 1
profondeur *depth,* 9
promener *to take for a walk,* 4
promener le chien *to walk the dog,* 8
prononcer *to pronounce,* 4
proposer *to propose, to suggest,* 5
propre *own,* 8
la prospérité *prosperity,* 372
la protection *protection,* 7
provenir (de) *to originate (from),* 376
la province *province,* 369
la proximité de *near,* 8
le pruneau *plum,* 5
puis *then,* 9
le pull *pull-over,* 7
punir *to punish,* 379
le pupitre *student desk,* 369

le quai *platform,* 10
quand *when,* 4
Quand est-ce que tu as...? *When*

do you have…?, 4
Quand est-ce que...? *When…?,* 5
quant à *as for,* 7
quarante *forty,* 4
le quart *quarter,* 4
le quartier (ouvrier) *(working-class) neighborhood,* 368
quatorze *fourteen,* 1
quatre *four,* 1
quatre-vingt-dix *ninety,* 4
quatre-vingt-onze *ninety one,* 4
quatre-vingts *eighty,* 4
quatre-vingt-un *eighty one,* 4
que *what,* 5
quel(le) *which,* 4. 7
Quel jour sommes-nous? *What day is today?,* 4
Quel temps fait-il? *What is the weather like?,* 5
Quelle est ton adresse (e-mail) mail? *What is your (e-mail) address?,* 1
Quelle heure est-il? *What time is it?,* 4
Quelle horreur! *What horror!,* 369
Quelle pointure faites-vous? *What shoe size do you wear?,* 7
Quelle taille faites-vous? *What size do you wear?,* 7
Quelles sont tes activités préférées? *What are you favorite activities?,* 2
quelque *some, a few,* 376
Qu'est-ce que tu aimes faire? *What do you like to do?,* 2
Qu'est-ce que tu fais comme sport? *What sports do you play?,* 5
Qu'est-ce que tu fais...? *What are you doing on…?,* 5
Qu'est-ce que tu penses de...? *What do you think of…?,* 7
Qu'est-ce que vous me conseillez? *What do you recommend?,* 6
Qu'est-ce que ça veut dire...? *What does…mean?,* 1
Qu'est-ce que tu fais pour t'amuser? *What do you do for fun?,* 5
Qu'est-ce que tu penses de...? *What do you think of…?,* 3
Qu'est-ce que tu vas faire s'il...? *What are you going to do if…?,* 5
Qu'est-ce que tu veux...? *What do you want…?,* 6
Qu'est-ce que vous avez comme... *What type of… do you have?,* 6
Qu'est-ce qui se passe? *What's happening?,* 4
Qu'est-ce qu'il te faut pour...? *What do you need for…?,* 4
Qu'est-ce qu'on fait...? *What are we doing…?,* 5
la question *question,* 4
la queue *line,* 10
qui *who,* 3
Qui c'est, ça? *Who is that?,* 3
la quiche *quiche,* 6
quinze *fifteen,* 1
quitter *to leave,* 10
quotidien(-ne) *daily,* 7
Quoi? *What?,* 4

raconter *to tell,* 6
la radio *radio,* 2
la raffinerie *refinery,* 7
le rafting *rafting,* 5
le raisin sec *raisin,* 5
la raison *reason,* 5
la randonnée *hike,* 7
le rang *row,* 379
ranger *to put away, to tidy,* 8
ranger sa chambre *to pick up one's bedroom,* 8
le rapace *bird of prey,* 2
râpé *grated,* 373
rappeler *to call back,* 10
la raptitude *ideology of Senegalese rap music,* 375
la raquette *racket,* 5
les raquettes (f.) à neige *snow-shoeing,* 5
rare *uncommon, exceptional,* 8
rarement *rarely,* 2
la ratatouille *typical dish of the south of France,* 9
rater *to miss,* 10
le rayon *department,* 7
le rayon bijouterie *jewelry department,* 7
le rayon maroquinerie *leather department,* 7
le rayon plein air *outdoor goods department,* 7
rebaptisé *renamed,* 380
récemment *recently,* 9
recenser *to count (to inventory),* 375
la réception *reception,* 10
réceptionniste *receptionist,* 10
recevoir *to receive,* 9
rechercher *search (computer),* 1
se réciter *to recite to themselves,* 369
recommander *to recommend,* 6
récompensé(e) *awarded,* 9
la récréation *break,* 4
reçu *received,* 6
refléter *to reflect,* 5
le refuge *refuge,* 1
refuser *to refuse,* 376
regarder *to look at,* 1; *to watch,* 2
regarder la télé *to watch TV,* 2
Regardez (la carte)! *Look (at the map)!,* 1
la région *region,* 7
la règle *ruler,* 4
regretter *to be sorry,* 9
régulièrement *regularly,* 5
rejoignit *rejoins,* 10
les relations *connections,* 376
relier *to connect,* 7
religieux(-se) *religious,* 7
remarier *to remarry,* 3
remarquer *to notice,* 370
remercier *to thank,* 6
remis(e) *presented,* 9
remonter *to date back to,* 372
les remparts (m.) *ramparts,* 5
remplacer *to replace,* 4
rendre *to give back,* 4; *to make,* 2
les renseignements (m.) *information,* 5
renverser *to spill,* 377
répartir *to distribute,* 373
la répartiteur *spreader,* 373
le repas *meal,* 6
répéter (se) *to repeat (itself),* 1; to rehearse, 375
Répétez! Repeat!, 1
Répétez, s'il vous plaît? Could you *please repeat that?,* 1
la répétition *rehearsal,* 1
replacer *to put back,* 376
répondre (à) *to answer,* 4
reposer *to rest, to sit,* 373
reprendre *to take/have more,* 6; *to take up again,* 376
représenter *to represent,* 10
repris(e) *taken up again,* 7
réputé(e) *well-known,* 9
la réservation *reservation,* 10
la réserve naturelle *game preserve,* 5
réserver *to reserve,* 10
la résidence *residence,* 362
résidenciel *residential,* 375
la ressource *resource,* 7
restaurer *to restore,* 9
rester *to stay,* 8
retirer *to withdraw,* 9
le retour *return,* 377
retourner *to return,* 1; *to turn over,* 373
retourner (se) *to turn around,* 379

Retournez à vos places! *Go back to your seats!*, 1
retrouver (se) *to get together* 2
retrouver *find again*, 371
réussir (à) *to pass, to succeed*, 6
réveiller (se) *to wake up*, 3
la révolution *revolution*, 1
le rez-de-chaussée *first floor*, 8
le rhume *cold*, 9
la richesse *wealth*, 369
les richesses (f.) naturelles *natural resources*, 369
rien *nothing*, 5
Rien de spécial. *Nothing special.*, 5
rigoler *to have fun*, 371
le riz *rice*, 6
la robe *dress*, 7
le rocher *rock*, 3
le roi *king*, 1
le rôle *role*, 9
le roller *roller-blading*, 5
le roman *novel*, 2
le romancier (-ière) *novelist*, 378
rose *pink*, 4
rôti *roasted*, 2
rouge *red*, 4
roux/rousse *red-head(ed)*, 3
royal(e) *royal*, 362
la rue *street*, 9
ruiné(e) *ruined*, 380
la Russie *Russia*, 10
le rythme *rhythm*, 7

sa *his/her*, 3
le sabar *traditional Senegalese musical instrument*, 374
le sac *bag*, 6
le sac (à dos) *backpack*, 4
le sac (à main) *purse*, 7
le sac de voyage *traveling bag*, 10
sage *well-behaved*, 379
saignant *rare*, 6
saisir *seize*, 8
la saison *season*, 5
la salade *salad*, 6
salé *salty*, 372
la salle *room*, 8
la salle à manger *dining room*, 8
la salle de bain *bathroom*, 8
la salle de classe *classroom*, 1
la salle d'eau *showers*, 8
le salon *living room*, 8
Salut. *Hi., Goodbye.*, 1
le samedi *Saturday*, 4
les sandales (f.) *sandals*, 7
le sandwich *sandwich*, 6
le sanglier *wild boar*, 364
sans *without*, 10
sans doute *without a doubt*, 374
le santon *small clay statues that decorate nativity scenes*, 10
le saucisson *salami*, 6
sauf *except (for)*, 6
sauté *sauteed*, 373
sauter *jump, flip*, 372
sauvage *wild*, 9
sauver *to save*, 6
Savais-tu que...? *Did you know...?*, 1
Savez-vous...? *Do you know...?*, 9
savoir *to know (facts), to know how*, 9
la scène *scene*, 7; *stage*, 367
scolaire *scholastic*, 4
se dit-il *he says to himself*, 10
se fait remarquer *make him/herself noticed*, 379
se font *are made*, 6
le sèche-cheveux *hair-dryer*, 10
le secret *secret*, 378
seize *sixteen*, 1
le séjour *stay*, 5; *lounge*, 8
le sel *salt*, 6
selon *according to*, 372
la semaine *week*, 4
la semaine dernière *last week*, 7
le sentiment *feeling*, 9
sentir (se) *to feel*, 10
séparé(e) *separated*, 8
sept *seven*, 1
septembre *September*, 5
sera (il/elle/on) *will be*, 371
serez (vous) *will be*, 371
la série *series*, 378
sérieux(-euse) *serious*, 3
serré(e) *tight*, 7
sert *serves*, 8
le service *service*, 6; Le service est compris? *Is the tip included?*, 6
la serviette *napkin*, 6
servir *to serve*, 6
ses *his/her*, 3
le seuil *threshold*, 371
seul(e) *only one*, 6
seulement *only*, 6
le short *a pair of shorts*, 4
si l'on en croit *if one believes*, 6
Si tu veux. *If you want.*, 5
Si vous voulez. *If you want.*, 5
le siècle *century*, 10
le siège *siege*, 6
le siège social international *headquarters*, 366
s'il te plaît *please*, 6
s'il vous plaît *please*, 1, 6
Silence! *Quiet!*, 1
simple *simple*, 6
le sirop *syrup*, 6
le sirop d'érable *maple syrup*, 3
le sirop de menthe *mint syrup*, 6
situé(e) *situated*, 8
six *six*, 1
le skate(board) *skateboarding*, 5
le ski/les skis *skiing, skis*, 5
le ski de randonnée *cross-country skiing*, 5
le SMS *instant message*, 2
le snowboard *snowboarding*, 5
la sœur *sister*, 3
le sofa *couch*, 8
la soie *silk*, 7
soigneusement *carefully*, 10
le soir *evening*, 4
soixante *sixty*, 4
soixante et onze *seventy-one*, 4
soixante-dix *seventy*, 4
soixante-douze *seventy-two*, 4
le solde *sale*, 7
le soleil *sun*, 5
la solidarité *solidarity*, 375
son *his/her*, 3
la sortie *dismissal*, 4
sortir *to go out*, 2; **sortir la poubelle** *to take out the trash*, 8
soudain *suddenly*, 379
souhaiter *to wish*, 5
le soupir *sigh, gasp*, 377
le sourcil *eyebrow*, 369
sous *under*, 8
sous-terre *underground*, 6
le souterrain *underground passage*, 6
souterrain(e) *underground*, 370
le souvenir *memory*, 369
souvent *often*, 2
les souwères *Senegalese paintings under glass*, 7
la spatule *spatula*, 373
spécialisé *specialized*, 372
le spectacle *performance*, 9
le spectateur *spectator*, 366
le sport *sports*, 2
sportif(-ive) *athletic*, 3
le stade *stadium*, 2
le stage *camp*, 5
la station de métro *subway station*, 9
la station touristique *tourist resort*, 8
la statuette *small statue*, 10
le steak *steak*, 6
stopper *to stop*, 9
stupéfait *stunned*, 379
le styliste *stylist, designer*, 7
le stylo *pen*, 4
su *knew (past participle of* **savoir**), 379
le sucre *sugar*, 373
le sucre en poudre *powdered sugar*, 373

Glossaire français–anglais

sucré(e) *sweet,* 373
le sud *south,* 7
Suffit. *Enough.,* 4
suivant *forward (computer),* 1
suivi *followed,* 375
la superficie *surface area,* 369
le supermarché *supermarket,* 9
la superstition *superstition,* 372
sur *on,* 8
le surf *snowboarding, surfing,* 5
la surface habitable *living space,* 8
surfer *to surf,* 2
surfer sur Internet *surf the Net,* 2
surnommé(e) *nicknamed,* 1
supris(e) *surprised,* 377
sursautant *starting, jumping,* 4
surtout *above all,* 6
survoler *to fly over,* 367
le sweat-shirt *sweat-shirt,* 4
le symbole *symbol,* 6
sympathique *nice,* 3
le système *system,* 10

ta *your (informal),* 3
la table *table,* 1
la table basse *coffee table,* 8
la table de nuit *night stand,* 8
le tableau *board,* 1; *painting,* 8
le tableau d'affichage information board, 10
le tableau noir *blackboard,* 379
la taille *clothing size,* 7
le taille-crayon *pencil sharpener,* 4
le tailleur *woman's suit, tailor,* 7
tandis que *while,* 379
la tante *aunt,* 3
tape-à-l'œil *gaudy,* 7
le tapis *rug,* 8
la tapisserie *tapestry,* 5
le tarif *fee,* 10
le tarif réduit *reduced rate, discount,* 10
la tarte *pie,* 6
la tarte aux fruits *fruit tart/pie,* 6
la tarte tatin *upside-down apple tart,* 6
la tarte tropézienne *cream cake from Saint-Tropez,* 9
la tartine *bread with butter or jam,* 6
la tasse *cup,* 6
le taureau *bull,* 9
le taxi *taxi,* 9
le technicien *technician,* 9
la technique *technique,* 7
la technologie *technology,* 2
le tee-shirt *T-shirt,* 4
la télé(vision) *television,* 1
le téléphone *telephone,* 4
téléphoner (à des amis) *to call (friends),* 2; téléphoner (se) *to call each other,* 2
tellement *so (much),* 369
le temps *time,* 5; *weather,* 5
le temps libre free time, 5
tenir *to hold,* 372
le tennis *tennis,* 5
la tente *tent,* 7
tenir *to hold,* 379
la terminal *terminal,* 10
terminer (se) *to end,* 5
le terrain de jeux *playing field,* 7
la terrasse *terrace,* 8
la terre *earth, land,* 5; *ground,* 7
la terre cuite clay, 10
le territoire territory, 370
tes *your (informal),* 3
la tête *head,* 3
têtu(e) *stubborn,* 9
le texto *instant message,* 2
le thaumaturge *worker of miracles,* 369
le théâtre *drama,* 5; *theater,* 5
le thème *theme,* 376
le ticket *ticket,* 9
la tieboudienne *traditional dish of Senegal,* 7
Tiens. *Here.,* 4
le timbre *stamp,* 9
timide *shy,* 3
la tintamarre *racket, noise,* 9
le tissu *fabric,* 7
le titre *title,* 6
le toast *toast,* 6
toi *you,* 2
les toilettes (f.) *restroom,* 8
le toit *roof,* 8
la tomate *tomato,* 373
tomber *to fall,* 8
ton *your (informal),* 3
tondre (la pelouse) *to mow (the lawn),* 8
la tonnerre *thunder,* 2
la tortue *tortoise,* 9
toucher *to touch,* 7
toujours *always,* 7
la tour *tower,* 1
le tour *trick,* 371
le tour du monde *around the world,* 10
le tourisme *tourism,* 381
le touriste (la touriste) *tourist,* 9
tourner *to turn,* 9
Tournez au/à la prochain(e)... *Turn at the next…,* 9
le tournoi *tournament,* 1
la tourtière *minced meat pie that is a Quebec specialty,* 3
tous les jours *every day,* 8
toussoter *cough,* 9
tout(e) *all, whole,* 3
tout à fait *totally, absolutely,* 7
tout de suite *right away,* 6
tout droit *straight ahead,* 9
tout le monde *everyone,* 4
toute la journée *all day,* 2
toute la nuit *all night,* 10
la toute-puissance *omnipotence,* 379
la toux *cough,* 9
la tradition *tradition,* 374
traditionnel(le) *traditional,* 7
le train *train,* 10
le train fantôme *ghost train,* 2
le traîneaux à chiens *dog-sledding,* 3
tranquille *quiet, tranquil,* 10
transformé(e) *transformed,* 381
le transformateur *transformer,* 10
transmettre *to transmit,* 374
travailler *to work,* 2
traverser *to cross,* 9
Traversez... *Cross…,* 9
treize *thirteen,* 1
trente *thirty,* 1
trente et un *thirty-one,* 4
très *very,* 1
Très bien. *Very well.,* 1
très mal *very badly,* 2
tricoter *to knit,* 369; se tricotèrent serré *to knit together,* 369
trois *three,* 1
troisième *third (largest),* 7
le tronc *trunk,* 7
trop *too,* 370
troublé(e) *troubled,* 10
la trousse *pencil case,* 4
la trousse de toilette *vanity case,* 10
trouver *to find, to think,* 3
trouver (se) *to be located,* 8
le truc *thing,* 1; *trick,* 373
tu *you,* 1
Tu aimes...? *Do you like…?,* 2
Tu as combien de...? *How many… do you have?,* 3
Tu as des frères et des sœurs? *Do you have brothers and sisters?,* 3
Tu as envie de...? *Do you feel like…?,* 5
Tu as intérêt à... *You'd better…,* 10
Tu as quel âge ? *How old are you?,* 1
Tu as quel cours...? *What class do you have…?,* 4
Tu as... à me prêter? *Do you have… to lend me?,* 4

Tu... bien? *Do you... well?*, 2
Tu devrais... *You should...*, 10
Tu es d'accord si...? *Is it all right with you if...?*, 8
Tu ne peux pas partir sans... *You can't leave without...*, 10
la Tunisie *Tunisia*, 10
Tu pourrais me prêter...? *Could you lend me...?*, 4
Tu préfères... ou...? *Do you prefer... or...?*, 2
Tu reprends...? *Do you want more...?*, 6
Tu vas faire quoi...? *What are you going to do...?*, 5
Tu veux...? *Do you want to...?*, 5; *Do you want...?*, 6
Tu viens...? Do you want to come to...?, 5
le tuba *snorkel*, 7
la tunique *tunic*, 7
le turc *Turk*, 6
typique *typical*, 7
typiquement *typically*, 6

un/une *one*, 1
un peu trop... *a little bit too...*, 7
unique *only*, 3; *unique*, 5
l' ustensil (m.) *utensil*, 373
utiliser *to use*, 8

les vacances (f.) *vacation*, 2
la vache *cow*, 5
vaincu(e)(s) *defeated*, 6
valeureux *brave, valiant*, 6
la vaisselle *dishes*, 8
la valise *suitcase*, 10
la vallée *valley*, 5
valoir mieux *to be better*, 381
la vannerie *artistic technique using wicker*, 7
la variante *variant*, 6
la variété *variety*, 5
vaste *large*, 1
vaut mieux *is better*, 381
véhiculé *carried*, 374
le vélo *biking, bike*, 5
le vélo de course *racing bike*, 381
le vélo tout terrain (VTT) *mountain bike*, 7
vendre *to sell*, 4
le vendredi *Friday*, 4
venir *to come*, 5
venir de *to have just done something*, 5
le vent *wind*, 5
le verbe *verb*, 4
le verre *glass*, 6
vers *towards*, 377
verser *to pour*, 371
vert(e) *green*, 3
la veste *jacket*, 7
les vêtements (m.) *clothes*, 7
le viaduc *viaduct*, 9
victorieux(-se) *victorious*, 1
la vidéo amateur *amateur film-making*, 5
vider (le lave-vaisselle) *to empty (the dish-washer)*, 8
la vie *life*, 7
viennois(e) *from Vienna*, 6
vieux/vieille *old*, 3
le village *village*, 8
le village perché *perched village, village set on a hill*, 9
les villageois(-oises) *villagers*, 376
la ville *city*, 9
vingt *twenty*, 1
vingt et un/vingt et une *twenty-one*, 1
vingt-cinq *twenty-five*, 1
vingt-deux *twenty-two*, 1
vingt-huit *twenty-eight*, 1
vingt-neuf *twenty-nine*, 1
vingt-quatre *twenty-four*, 1
vingt-sept *twenty-seven*, 1
vingt-six *twenty-six*, 1
vingt-trois *twenty-three*, 1
violet(te) *purple*, 4
le visa *visa*, 10
le visage *face*, 369
le visiteur *visitor*, 1
vite *quickly*, 1
la vitesse *speed*, 5
Vive...! *Long live...!*, 5
vivre *to live*, 7
la voie *track*, 10
voilà *here is...*, 3; *Here.*, 4
la voile *sailing*, 5
le voilier *sailboat*, 5
voir *to see*, 9
la voiture (de sport) *(sports) car*, 2
la voix *voice*, 9
le vol *flight*, 10
voler *to fly*, 2; *to steal*, 371
le volet *shutter*, 3
le volley *volleyball*, 5
vos *your*, 3
votre *your*, 3
vouloir *to want*, 6
vouloir dire *to mean*, 10
vous *you*, 1
Vous avez décidé? *Have you decided?*, 7
Vous avez... en...? *Do you have... in...?*, 7
Vous désirez autre chose? *Would you like anything else?*, 6
Vous devriez... *You should...*, 10
Vous êtes combien dans ta famille? *How many are you in your family?*, 3
vous n'y êtes pas *you aren't serious*, 4
Vous voulez...? *Do you want...?*, 6
le voyage *trip*, 10
voyager *to travel*, 4
vrai(e) *true*, 4
la vue *view*, 10

le wagon *car (in a train)*, 10
le wagon-restaurant *buffet car*, 10
le week-end *weekend*, 4
le wolof *Wolof (language spoken in Senegal)*, 7

y *there*, 6; **Il y a** *There is/There are*, **Il n'y a pas de** *There is not a/ aren't any...*, 1; **Il y en a...** *There are...of them*, 1; **Il n'y en a pas.** *There aren't any (of them).*, 1
les yeux (m.) *eyes*, 3

zéro *zero*, 1
le zoo *zoo*, 5

Glossaire anglais–français

This vocabulary includes all of the words presented into the **Vocabulaire** sections of the chapters. These words are considered active—you are expected to know them and be able to use them. French nouns are listed with the definite article and the plural forms if it is irregular, Expressions are listed under the English word you would most likely to look up. The number after each entry refers to the chapter in which the word or phrase is introduced.

To be sure you are using French words and phrases in their correct context, refer to the chapters listed. You may also want to look up French phrases in the Liste d'expressions, pages R13–R17.

a *un, une,* 1
about; how about you *Et, toi?* Et, vous?, 1
a little bit too... *un peu trop...,* 7
a lot *beaucoup,* 4; **I like it a lot** *Ça me plaît beaucoup.,* 4
access *l'accès* (m.), 10
accessory *l'accessoire* (m.), 7
according to me *d'après moi,* 3
across from *en face de,* 8
activity *l'activité* (f.), 2
to address *s'adresser,* 9
to advise *conseiller,* 6; **I advise you to...** *Je te conseille de...,* 10
aerobics *l'aérobic* (f.), 5
after *après,* 9
afternoon *l'après-midi* (m.), 4
age *l'âge* (m.), 1
air conditioning *la climatisation,* 10
airport *l'aéroport* (m.), 10
all night *toute la nuit,* 10
always *toujours,* 8
amateur film-making *la vidéo amateur,* 5
American *américain,* 6
and *et,* 2
animal(s) *l'animal,* les animaux (m.), 2
to answer *répondre (à),* 4
apartment *l'appartement* (m.), 8;
apple *la pomme,* 6; **apple juice** *le jus de pomme,* 6
April *avril* (m.), 5
armchair *le fauteuil,* 8
arrival *l'arrivée* (f.), 10
to ask (for) *demander,* 1; **Ask...** *Adressez-vous...,* 9
athletic *sportif, sportive,* 3
ATM *le distributeur d'argent/* de billets, 9
August *août* (m.), 5
aunt *la tante,* 3
available (for) *disponible (pour),* 10

backpack *le sac (à dos),* 4
bacon *le bacon,* 6
bad *mauvais, mauvaise,* 5; **badly** *mal,* 2
baggage locker la consigne, 10
balcony le balcon, 8
ball la balle, 2; **ball (inflatable)** *le ballon,* 2
banana *la banane,* 6
bandage *le pansement,* 9
bank *la banque,* 9
bank card *la carte bancaire,* 9
baseball *le base-ball,* 2
basketball *le basket(ball),* 5
bat *la batte,* 2
bathroom *la salle de bain,* 8
to be *être,* 3; **be able** *pouvoir,* 8; **be born** *naître,* 8; **be cold** *avoir froid,* 5; **be hot** *avoir chaud,* 5; **be hungry** *avoir faim,* 5; **be in one's best interest** *avoir intérêt à,* 10; **be located** *trouver (se),* 8; **be named** *appeler (s'),* 1; **be sorry** *regretter,* 9; **be thirsty** *avoir soif,* 5
beach *la plage,* 5
beautiful *beau, belle,* 3
because *parce que,* 4
to become *devenir,* 8
bed *le lit,* 8; **single bed** *le lit simple,* 10; **double bed** *le lit double,* 10
bedroom *la chambre,* 8
to begin *commencer,* 4
behind *derrière,* 9
belt *la ceinture,* 7
between *entre,* 9;
big *grand, grande,* 3
bike *le vélo,* 5; **by bicycle** *à vélo,* 9
bill *l'addition* (f.), 6; **bill (money)** *le billet,* 9
binder *le classeur,* 4
binoculars *les jumelles* (f.), 7
black *noir, noire,* 3
blond *blond, blonde,* 3
blue *bleu, bleue,* 3
board *le tableau,* 1
boarding gate *la porte d'embarquement,* 10; **boarding pass** *la carte d'embarquement,* 10
book *le livre,* 1; **bookshelf** *l'étagère* (f.), 8; **bookstore** *la librairie,* 9
booked, *complet,* 10
boots *bottes,* 7
boring *ennuyeux, ennuyeuse,* 4
bowl *le bol,* 6
boy *le garçon,* 1
bouquet *le bouquet,* 9
bracelet *le bracelet,* 7
bread *le pain,* 6; **bread with butter and jam** *la tartine,* 6
break la récréation, 4
breakfast *le petit-déjeuner,* 6
bridge *le pont,* 9
to bring someone along *amener,* 4
brother *le frère,* 3; **step brother** *le demi-frère,* 3; **half brother** *le demi-frère,* 3
brown(-eyed) *marron,* 3; **brown(-haired)** *brun, brune,* 3; **light brown(-haired)** *châtain(s),* 3
buffet car le wagon-restaurant, 10

building l'immeuble (m.), 8
bus *le bus,* 9; **bus stop** *l'arrêt de bus* (m.), 9; **by bus** *en bus,* 9
busy *occupé(e), 5;* **I'm too busy.** Je suis trop occupé(e), 5
but mais, 2
butter le beurre, 6
to buy *acheter,* 4
by *par,* 9

cabinet *le placard,* 8
café *le café,* 2
calculator *la calculatrice,* 4
to call (oneself) *appeler (s'),* 10
to call (friends) *téléphoner (à des amis),* 2; **calling card** *la carte téléphonique,* 9
camera (digital) *l'appareil photo (numérique)* (m.), 5
can, be able to *pouvoir,* 8; **Can I...?** *Est-ce que je peux...?,* 8; **Can you tell me...?** *Est-ce que vous pouvez me dire...?,* 9
to cancel *annuler,* 10
cap *la casquette,* 7
car *la voiture,* 2; **sports car** *la voiture de sport,* 2; **by car** *en voiture,* 9
car (in a train) le wagon, 10
card(s) la carte, 2; **credit card** *la carte de crédit,* 9
cash le liquide, 10; **cash machine** *le distributeur d'argent,* 9
cat *le chat,* 3
CD *le CD,* 1; **CD player** *le lecteur de CD,* 1
cell phone *le mobile, le portable,* 4
cereal *les céréales,* 6
chain *la chaîne,* 7
chair *la chaise,* 1
to change *changer,* 4; *changer de l'argent,* 9; **to change (in)** *changer (en),* 10
change (coins) *la monnaie,* 9; **change purse** *le porte-monnaie,* 7; **Do you have change?** *Avez-vous de la monnaie?,* 9
check *le chèque,* 10; **traveler's checks** *les chèques de voyage,* 10
to check in *enregistrer,* 10
cheese *le fromage,* 6
chemistry *la chimie,* 4
chess *les échecs,* 2
chest of drawers *la commode,* 8
chicken *le poulet,* 6
child *l'enfant* (m.), 3
chocolate *le chocolat,* 2; **hot chocolate** *le chocolat chaud,* 6
to choose *choisir,* 6; **I don't know what to choose.** *Je ne sais pas quoi choisir.,* 7
chore *la corvée,* 8
church *l'église* (m.), 9
city *la ville, 9*
class, classroom *la classe, la salle de classe,* 1; **class** *le cours,* 4; **What class do you have...?** *Tu as quel cours...?,* 4
classical classique, 2
to clean *nettoyer,* 8
to clear the table *débarrasser la table,* 8
to close *fermer,* 1; **Close your notebooks.** *Fermez vos cahiers.,* 1
closet *le placard,* 8
clothes *les vêtements,* 7
clothing size *la taille,* 7
cloud *le nuage,* 5; **It's cloudy.** *Il y a des nuages.,* 5
club *le club (de tennis, de foot),* 5
coat *le manteau,* 7
coffee *le café,* 6; **coffeehouse** *le café,* 2; **coffee table** *la table basse,* 8; **coffee with milk** *le café au lait,* 6
coin *la pièce,* 9
cold *froid,* 5; *le rhume,* 9; **to be cold** *avoir froid,* 5; **It's cold.** *Il fait froid.* 5; **to have a cold** *avoir un rhume,* 5
color *la couleur,* 4
to come *venir,* 5; **to come down, to go down** *descendre,* 8
comic strip *la bande dessinée (BD),* 2
compartment *le compartiment,* 10
computer *l'ordinateur* (m.), 1
computer science *l'informatique (m.),* 4
connecting flight, connection *la correspondance,* 10
to continue *continuer,* 9
Continue until... *Continuez jusqu'à...,* 9
to cook *faire la cuisine,* 8
to correct *corriger,* 4
to cost *coûter,* 7
cotton *le coton,* 7
couch *le sofa,* 8
cough *la toux,* 9
counter *le guichet,* 9
countryside *la campagne,* 5
cousin *le cousin, la cousine,* 3
creative *créatif, créative,* 3
croissant *le croissant,* 6
to cross *traverser,* 9; **Cross...** *Traversez...,* 9
cup *la tasse,* 6
currency exchange office *bureau de change,* 10
cute *mignon, mignonne,* 3

to dance *danser,* 2
dark *foncé, foncée,* 4
daughter *la fille,* 3; **only daughter** *la fille unique,* 3; **granddaughter** *la petite-fille,* 3
day *le jour,* 4; **What day is today?** *Quel jour sommes-nous?,* 4
to decide *to decide,* 7; **Have you decided?** *Vous avez choisi?/ Vous avez décidé?,* 6, 7; **I can't decide.** *Je n'arrive pas à me décider.,* 7
December *décembre,* 5
delicious *Délicieux!, Délicieuse!,* 6
Delighted! *Enchanté(e)!, Enchantée!,* 1
denim *en jean,* 7
department *le rayon,* 7
departure *le départ,* 10
to deposit *déposer,* 9
desk *le bureau,* 1
destination *la destination,* 10
diamond *le diamant,* 8; **out of diamond** en diamant, 8
dictionary le dictionnaire, 4
to die *mourir,* 8
difficult *difficile,* 4
dining room *la salle à manger,* 8
dishes *la vaisselle,* 8
dishwasher *le lave-vaisselle,* 8
dismissal *la sortie,* 4
to disturb *déranger,* 4
diving mask *le masque de plongée,* 7
to divorce *divorcer,* 3
to do, to make *faire,* 2; **to do the dishes** *faire la vaisselle,* 8; **to do the laundry** *faire la lessive,* 8; **I'm not doing anything.** *Je ne fais rien.,* 5; **What are we doing...?** *Qu'est-ce qu'on fait...?* 5; **What are you going to do if...?** *Qu'est-ce que tu vas faire s'il...?,* 5; **What are you going to do...?** *Tu vas faire quoi...?,* 5; **What do you do for fun?** *Qu'est-ce que tu fais pour t'amuser?,* 5
dog *le chien,* 3
door *la porte,* 1
double bed *le lit double,* 10
downstairs *en bas,* 8
downtown *le centre-ville,* 9
drama *le théâtre,* 5
to draw *dessiner,* 2
drawing *le dessin,* 2
dress *la robe,* 7
to drink *boire,* 6; **drink** *la boisson,* 6
drums *la batterie,* 5; **to play drums** *jouer de la batterie,* 5;
DVD *le DVD,* 1; **DVD player** *le lecteur de DVD,* 1

Glossaire anglais–français

ear *l'oreille (f.),* 3
early *en avance ,* 10
earrings *les boucles d'oreilles,* 7
easy *facile,* 4
to eat *manger,* 2
egg *l'œuf* (m.), 6
eight *huit,* 1
eighteen *dix-huit,* 1
eighty *quatre-vingts,* 4; **eighty-one** *quatre-vingt-un,* 4
elderly *âgé(e),* 3
elegant *élégant, élégante,* 7
elevator *l'ascenseur* (m.), 10
eleven *onze* (m.), 1
e-mail *l'e-mail* (m.), 1; **e-mail address** *l'adresse e-mail* (f.), 1; **What is your e-mail address?** *Quelle est ton addresse e-mail?,* 1; **It's...@...** *C'est... arobase...point...,* 1
employee *l'employé* (m.), *l'employée* (f.), 9
to empty *vider,* 8; **to empty the dish-washer** *vider le lave-vaisselle,* 8
to encourage *encourager,* 4
end *la fin,* 8; **at the end of** *au fond de,* 8
to enter *entrer,* 8
English *l'anglais,* 2
Enjoy your meal *Bon appétit!,* 6
envelope *l'enveloppe* (f.), 9
eraser *la gomme,* 4
evening *le soir,* 4
every day *tous les jours,* 8
Excellent! *Excellent(e)!,* 6
excuse-me *pardon,* 9; **Excuse-me, do you know where... is?** *Pardon, savez-vous où est...?,* 9; **Excuse-me, I am looking for...** *Excusez-moi, je cherche...,* 9
expensive *cher, chère,* 7
eyes *les yeux,* 3

fall *l'automne* (m.), 5
to fall *tomber,* 8
family *la famille,* 3
far from *loin de,* 9
fascinating *fascinant, fascinante,* 4; **It's fascinating.** *C'est fascinant.,* 4
fat *gros, grosse,* 3
father *le père,* 3
favorite *préféré, préférée,* 2
February *février,* 5
fee *le tarif,* 10
to feel like *avoir envie de,* 5; **Do you feel like...?** *Ça te/vous dit de...?,* 5; **Do you feel like...?** *Tu as envie de...?,* 5
fifteen *quinze,* 1
fifty *cinquante,* 4
film, movie *le film,* 2
finally *finalement,* 9
to find, to think *trouver,* 3
to finish *finir,* 6
first *d'abord,* 9; **first** *premier, première,* 10; **first class** *la première classe,* 10; **first floor** *le rez-de-chaussée,* 8
fish *le poisson,* 6; **fishing pole** *la canne à pêche,* 7
five *cinq,* 1
flight *le vol,* 10
flight attendant *l'hôte (m.), l'hôtesse* (f.), 10
flippers *les palmes,* 7
floor *l'étage* (m.), 8
flower *la fleur,* 9;
flower vendor *le fleuriste,* la fleuriste, 9
foot *le pied,* 9; **by foot** *à pied,* 9
to forget *oublier,* 10; **Don't forget...** *N'oublie pas...,* 10
fork *la fourchette,* 6
fortunately *heureusement,* 5
forty *quarante,* 4
four *quatre,* 1
fourteen *quatorze,* 1
free *libre,* 5; **free time** *le temps libre,* 5
French *le français,* 2
Friday *vendredi,* 4
friend *l'ami* (m.), *l'amie* (f.), 1; *le copain, la copine,* 2; **He, She is a friend.** *C'est un ami, une amie.,* 1
fries *les frites,* 2
from *en provenance de,* 10; **from the... to the...** *du... au,* 10
from time to time *de temps en temps,* 2
funny *marrant, marrante,* 3

to gain weight *grossir,* 6
game *le jeu,* 2
garage *le garage,* 8
gaudy *tape-à-l'œil,* 7
generous *généreux, généreuse,* 3
geography *la géographie,* 4
German *l'allemand,* 4
girl *la fille,* 1
to give *donner,* 6; **to give back** *rendre,* 4; **Give me...** *Donnez-moi...,* 6
glass *le verre,* 6
glasses *les lunettes,* 7
gloves *les gants,* 7
to go *aller,* 2; **Go back to your seats!** *Retournez à vos places!,* 1; **to go down** *descendre,* 8; **to go forward** *avancer,* 4; **to go on a picnic** *faire un pique-nique,* 2; **to go out** *sortir,* 2, 8; **to go shopping** *faire les magasins,* 2; **Go straight until...** *Allez tout droit jusqu'à...,* 9; **Go to the board!** *Allez au tableau!,* 1; **to go up** *monter,* 8
gold *or,* **out of gold** *en or,* 7
good *bon, bonne,* 3; **Good idea!** *Bonne idée !,* 5
Goodbye. *Au revoir./Salut.,* 1
grandchild *le petit-enfant,* 3; **granddaughter** *la petite-fille,* 3; **grandfather** *le grand-père,* 3; **grandmother** *la grand-mère,* 3; **grandparent** *le grand-parent,* 3; **grandson** *le petit-fils,* 3
grapefruit *le pamplemousse,* 6
gray *gris, grise,* 4
great *génial, géniale,* 3
green *vert, verte,* 3
to grow (up) *grandir,* 6
guitar *la guitare,* 5; **to play the guitar** *jouer de la guitare,* 5

hair *les cheveux,* 3; **He, She has brown hair.** *Il, Elle est brun(e).,* 3
hair salon *le salon de coiffure,* 9
half *demi, demie,* 4; **half-brother** *le demi-frère,* 3; **half-sister** *la demi-sœur,* 3
ham *le jambon,* 6
handicapped access *l'accès handicapé* (m.), 10
handsome *beau, belle,* 3
happy *heureux, heureuse,* 5
hat *le chapeau,* 7
to hate *détester,* 2
to have *avoir,* 1; **to have dinner** *dîner,* 6; **have... eyes** *avoir les yeux...,* 3; **to have fun** *s'amuser,* 5; **to have... hair** *avoir les cheveux...,* 3; **to have just...** *venir de...,* 5; **to have more** *reprendre,* 6; **to have time** *avoir le temps de,* 5
he *il,* 1
head *la tête,* 3
headphones *les écouteurs,* 2
heading for *à destination de,* 10
to hear *entendre,* 4

Hello (in the evening) *Bonsoir.,* 1; (in the morning) *Bonjour.,* 1
helmet *le casque,* 5
to **help** *aider,* 7; **May I help you?** *Je peux vous aider?,* 7
Here it is. *Voilà/Tiens.* 3, 4; **Here is...** *Là, c'est...,* 8; **here** *là,* 8
Hi. *Salut.,* 1
high *haut,* 8
high school *le lycée,* 2
hike *la randonnée,* 7; **hiking shoes** *les chaussures de randonnée,* 7
his, her *son, sa, ses* 3
history *l'histoire* (f.), 4
hockey *le hockey,* 5
home *la maison,* 8; **at (my) home** *chez moi,* 8
homework *les devoirs,* 4
honestly *franchement,* 7; **Honestly, it's a bit gaudy.** *Franchement, il/elle est un peu tape-à-l'œil.,* 7
to **hope** *espérer,* 4
horrible *horrible,* 7; **It's horrible.** *Il/Elle est horrible.,* 7
hospital *l'hôpital* (m.), 9
hot *chaud,* 5; **be hot,** *avoir chaud,* 5; **hot chocolate** *le chocolat chaud,* 6; **It's hot.** *Il fait chaud.,* 5
hotel *l'hôtel* (m.), 10
hour *l'heure* (f.), 4
house *la maison,* 8
how *comment, combien* 1; **How is...?** *Comment c'est,...? Comment est...?,* **How are** *Comment sont...?,* 3; **How about going to...?** *On va...?,* 5; **How about you?** *Et vous?* (formal), *Et toi?* (informal), 1; **How are you?** *Comment allez-vous?* (formal), *Ça va? Comment ça va?* (informal), 1; **How do you say... in French?** *Comment dit-on... en français?,* 1; **How do you spell...?** *Comment tu épelles...?,* 1; **How do you write that?** *Comment ça s'écrit?,* 1; **How does... fit me?** *Il/Elle me va...?,* 7; **How is your... class?** *Comment est ton cours de...?,* 4; **How many are you in your family?** *Vous êtes combien dans ta famille?,* 3; **How many students are there in the class?** *Combien d'élèves il y a dans la classe?,* 1; **How many... do you have?** *Tu as combien de...?,* 3; **How much does... cost?** *Il/Elle coûte combien,...?,* 7; **How much is it total?** *Ça fait combien en tout?,* 7; **How much is it?** *Ça fait combien?,* 6; **How much is...?** *C'est combien pour...?,* 9; **How old are you?** *Tu as quel âge?,* 1
hurt *avoir mal à,* 9
husband *le mari,* 3

I *je,* 1
ice cooler *la glacière,* 7
ice cream *la glace,* 2
ice-skating *le patin à glace,* 5; **ice-skating rink** *la patinoire,* 5
in *dans, en* 8
in front (of) *devant,* 9
in my opinion *à mon avis,* 3
In what color? *De quelle couleur?,* 4
In which season...? *En quelle saison...?,* 5
In..., there is... *Dans..., il y a...,* 8
inexpensive *bon marché, bon marchée,* 7
information board *le tableau d'affichage,* 10
intelligent, smart *intelligent, intelligente,* 3
interest *l'intérêt* (m.), 10; **interesting** *intéressant, intéressante,* 4; **It's interesting.** *C'est intéressant.,* 4
Internet *Internet,* 2; **Internet café** *le cybercafé,* 5
intersection *le carrefour,* 9
to **introduce** *présenter,* 1; **Let me introduce you to...** *Je te/vous présente...,* 1

jacket *la veste,* 7
jam *la confiture,* 6
January *janvier,* 5
jeans *le jean,* 7
jewelry *la bijouterie,* 7; **jewelery department** *le rayon bijouterie,* 7;
jogging *le jogging,* 5
juice *le jus,* 6
July *juillet,* 5
June *juin,* 5

kitchen *la cuisine,* 8
kite *le cerf-volant,* 7
knife *le couteau,* 6
to **know** *connaître/savoir,* 9

lake *le lac,* 5
lamp *la lampe,* 8
laptop *le portable,* 4
last *dernier, dernière,* 7
late *en retard,* 10
laundry *la lessive,* 8
lawn *la pelouse,* 8
layover *l'escale* (f.), 10; **to have a layover at** *faire escale à,* 10
lazy *paresseux, paresseuse,* 3
to **learn** *apprendre,* 6
leather *le cuir,* 7; **leather department** *le rayon maroquinerie,* 7; **leather goods** *la maroquinerie,* 7
to **leave** *partir,* 8
left *gauche,* 8
lemon-lime soda *la limonade,* 6
to **lend** *prêter,* 4; **Could you lend me...?** *Tu pourrais me prêter...?,* 4; **Do you have... to lend me?** *Tu as... à me prêter?,* 4
letter *la lettre,* 9
library *la bibliothèque,* 2
light *clair,* 4
to **like** *aimer,* 2; **I like... better.** *J'aime mieux...,* 4; **I really like it.** *Ça me plaît beaucoup.,* 4; **Do you like...?** *Il, Elle te plaît,...?,* 7
line *la queue,* 10
linen *le lin;* **out of linen** *en lin,* 7
to **listen** *écouter,* 1; **Listen!** *Écoutez!,* 1
to live habiter, 8
living room *le salon,* 8
loaf of French bread *la baguette,* 6
long *long, longue,* 3
to **look at** *regarder,* 1; **Look (at the map)!** *Regardez (la carte)!,* 1; **No thank you, I'm just looking.** *Non, merci, je regarde.,* 7; **to look for** *chercher,* 4
loose *large,* 7
to **lose** *perdre,* 4; **to lose weight** *maigrir,* 6
to love aimer, adorer, 2

low *bas,* 8
luggage (carry-on) *les bagages (à main),* 10; **luggage carrier, rack** *le porte-bagage,* 10
lunch le déjeuner, 6

magazine *le magazine,* 2
mail *le courrier,* 9
mail carrier *le facteur,* 9
to make *faire,* 2; **to make one's bed** *faire son lit,* 8
mall *le centre commercial,* 2
man's shirt *la chemise,* 7
map *la carte,* 1; **map** *le plan,* 9
March *mars,* 5
mathematics *les mathématiques (maths),* 2
May *mai,* 5
me moi, 2; **Me neither.** *Moi non plus.* 2; **Me, too.** *Moi aussi.* 2
meal *le repas,* 6; **Are all meals included with the room?** *Est-ce que vous faites pension complète?,* 10
mean *méchant, méchante,* 3
medicine *le médicament,* 9
medium *à point,* 6
menu *la carte,* 6
message *le message,* 2; **instant text message** *le SMS, le texto,* 2
midnight *minuit,* 4
milk *le lait,* 6
mint *la menthe,* 6; **mint syrup** *le sirop de menthe,* 6
minus *moins,* 4
Miss *mademoiselle,* 1
to miss *manquer/rater,* 10
modern *moderne,* 2
Monday *lundi,* 4
money *l'argent* (m.), 9
month *le mois,* 5 ; **which month** *pendant quel mois,* 5
more *encore,* 6; **more or less** *plus ou moins,* 1
morning *le matin,* 4
mother *la mère,* 3
mountain *la montagne,* 5; **mountain bike** *le vélo tout terrain, le VTT,* 7
mouth *la bouche,* 3
movie theatre *le cinéma,* 2
to mow *tondre,* 8; **mow the lawn** *tondre la pelouse,* 8
MP3 *le MP3,* 2
Mr. *monsieur,* 1
Mrs. *madame,* 1
museum *le musée,* 5
music *la musique,* 2; **music class** *l'éducation musicale* (f.), 4
my *ma, mon, mes,* 3

name *le nom,* 10; **What is your name?** *Comment tu t'appelles?,* 1; **My name is…** *Je m'appelle...,* 1; **His, Her name is…** *Il/Elle s'appelle...,* 1; **Under what name?** *À quel nom?,* 9
napkin *la serviette,* 6
near *près de,* 9
necklace *le collier,* 7
to need *avoir besoin de,* 4; **What do you need for…?** *Qu'est-ce qu'il te faut pour...?,* 4; **What do you need?** *De quoi tu as besoin?,* 4; **I need…** *J'ai besoin de...,* 4; **I need…** *Il me faut...,* 4
He, She is neither… nor… *Il, Elle n'est ni… ni…,* 3
nephew *le neveu,* 3
never *jamais,* 2; *ne... jamais,* 8
new *nouveau, nouvelle,* 3
newspaper *le journal,* 2
next *prochain, prochaine,* 9; **next to** *à côté de,* 8; *près de,* 9
nice *sympathique,* 3
niece *la nièce,* 3
night *la nuit,* 10; **night stand** *la table de nuit,* 8
nine *neuf,* 1
nineteen *dix-neuf,* 1
ninety *quatre-vingt-dix,* 4; **ninety-one** *quatre-vingt-onze,* 4
no *non,* 2; **no longer** *ne... plus,* 8; **no one** *ne... personne, personne,* 8
non-smoking *non-fumeur,* 10
noon *midi,* 4
nose *le nez,* 3
not *ne... pas,* 1; **not at all** *pas du tout,* 7; **Not bad.** *Pas mal.,* 1; *Pas mauvais.,* 6; **Not good at all!** *Pas bon du tout!,* 6; **Not me.** *Pas moi.,* 2; **Not much.** *Pas grand-chose.,* 5; **not yet** *ne... pas encore,* 8
notebook *le cahier,* 1
nothing *rien,* 5; *ne... rien,* 8; **Nothing special.** *Rien de spécial.,* 5
novel *le roman,* 2
November *novembre,* 5
now *maintenant,* 4
number *le numéro,* 4

October *octobre,* 5
of, from + city, feminine country *de,* 10
of course *bien entendu,* 6, bien sûr, 9; **Of course, but first you must…** *Bien sûr, mais il faut d'abord...,* 8
of the *de l', de la, des, du,* 6
often *souvent,* 2
Okay. *D'accord.,* 5
old *vieux, vieille,* 3; **I am…years old.** *J'ai... ans.,* 1
omelet *l'omelette* (f.), 6
on *sur,* 8; **on sale** *en solde,* 7; **on time** *à l'heure,* 10
one un, une, 1 **one hundred** *cent,* 4; **one hundred and one** *cent un,* 4; **one way** *aller simple,* 10; **one (we)** *on,* 1
only *unique,* 3
open *ouvrir,* 1; **Open your books to page…** *Ouvrez vos livres à la page...,* 1; **open air, outdoors** *plein air,* 7; **open air market** *le marché,* 9
opera *l'opéra* (m.), 5
or *ou,* 2
orange *orange (fruit),* 6; *orange color,* 4; **orange juice** *jus d'orange,* 6
our nos; *notre,* 3
Out of the question! *Pas question!,* 8
outdoor goods department *le rayon plein air,* 7

pack the bags *faire les valises,* 10
package *le colis,* 9
page *la page,* 1
painting *le tableau,* 8
pants *le pantalon,* 7
paper *le papier,* 4
parent *le parent,* 3

park *le parc,* 2
parking *le parking,* 10
to party *faire la fête,* 2; **party** *la fête,* 2
to pass *réussir (à),* 6; **to pass by** *passer (à un endroit),* 9
passenger *le passager,* 10
passport *le passeport,* 10
pasta *les pâtes,* 6
to pay *payer,* 8; **to pay by check** *payer par chèque,* 10; **to pay cash** *payer en liquide,* 10; **to pay with a credit card** *payer avec une carte,* 10
pen *le stylo,* 4
pencil *le crayon,* 4; **(colored) pencil** *le crayon (de couleur),* 2; **pencil case** *la trousse,* 4; **pencil sharpener** *le taille-crayon,* 4
pepper *le poivre,* 6
pharmacist *le pharmacien,* la pharmacienne, 9
pharmacy *la pharmacie,* 9
phone number *le numéro* de téléphone, 4
photo *la photo,* 5
Physical education (P.E.) *l'EPS (éducation physique* et sportive) (f.), 4
physics *la physique,* 4
piano *le piano,* 5; **to play the piano** *jouer du piano,* 5;
to pick up one's bedroom *ranger* sa chambre, 8
picnic *le pique-nique,* 2
pie *la tarte,* 6
piece of paper *la feuille de papier,* 4
pilot *le pilote,* 10
pill *le comprimé,* 9
pink *rose,* 4
pizza *la pizza,* 6
to place *placer,* 4
plane *l'avion* (m.), 10; **plane ticket** *le billet d'avion,* 10
plant *la plante,* 8
plate *l'assiette* (f.), 6
platform *le quai,* 10
to play *jouer,* 2; **to play baseball** *jouer au base-ball,* 2; **to play cards** *jouer aux cartes,* 2; **to play chess** *jouer aux échecs,* 2; **to play soccer** *jouer au football,* 2; **to play sports** *faire du sport,* 2; **to play video games** *jouer à des jeux vidéo,* 5; **Do you play sports?** *Est-ce que tu fais du sport?,* 5; **Do you play...?** *Est-ce que tu joues...?,* 5
please *s'il te plaît, s'il vous plaît,* 1
pomegranate drink *la grenadine,* 6
pool *la piscine,* 2
pork *le porc,* 6
post card *la carte postale,* 9; **post office** *la poste,* 9
poster *le poster,* 1
to prefer *préférer,* 2
pretty *joli(e),* 7
pretty well *assez bien,* 2
to pronounce *prononcer,* 4
pull-over sweater *le pull,* 7
to punch (a ticket) *composter,* 10
purple *violet, violette,* 4
purse *le sac (à main),* 7
to put on *mettre,* 7
to put away, to tidy *ranger,* 8

quarter *quart,* 4
quiche *la quiche,* 6
Quiet! *Silence!,* 1
quite, rather *assez,* 3

racket *la raquette,* 5
radio *la radio,* 2
to rain *pleuvoir,* 5
raincoat *l'imperméable (m.),* 7
to raise *lever,* 4
rare *saignant,* 6
rarely *rarement,* 2
to read *lire,* 2
reception *la réception,* 10; **receptionist** *le réceptionniste, la réceptionniste,* 10
to recommend *recommander,* 6; **What do you recommend?** *Qu'est-ce que vous me conseillez?,* 6
recreation center *La Maison des jeunes et de la culture, la MJC,* 2
red *rouge,* 4; **red-head** *roux* (m.), *rousse* (f.), 3
reduced rate le tarif réduit, 10
regularly régulièrement, 5
to remarry *remarier,* 3
to remember *rappeler,* 10
to repeat *répéter,* 1; **Repeat!** *Répétez!,* 1; **Could you please repeat that?** *Répétez, s'il vous plaît?,* 1
to replace *remplacer,* 4
to reserve *réserver,* 10; **reservation** *réservation,* 10
restroom *les toilettes,* 8
to return *retourner,* 1
rice *le riz,* 6
right *droite,* 8
right away *tout de suite,* 6
ring *la bague,* 7
room *la pièce,* 8
room *la salle,* 8; **bedroom** *la chambre,* 8
room with a view *la chambre* avec vue, 10
round-trip *aller-retour,* 10
rug *le tapis,* 8
ruler *la règle,* 4

salad *la salade,* 6
salami *le saucisson,* 6
sales *les soldes,* 7; **They are on sale for...** *Ils/Elles sont soldé(e)s à...,* 7; **on sale** *en solde,* 7
salt *le sel,* 6
sandals *les sandales,* 7
sandwich *le sandwich,* 6
Saturday *samedi,* 4
to say *dire,* 1
scarf *le foulard,* 7
schedule *l'horaire* (m.), 10
scholastic *scolaire,* 4
school *l'école* (m.), 2; **high school** *le lycée,* 2; **school subject** *la matière,* 4; **school supplies** *les fournitures scolaires,* 4
sea *la mer,* 5
season *la saison,* 5
seat (classroom) *la place,* 1; **seat (train)** *la place assise,* 10
second *deuxième,* 10; **second class** *la deuxième classe,* 10; **second floor** *le premier étage,* 8
to see *voir,* 9; **See you later.** *À plus tard. À toute à l'heure.,* 1; **See you soon.** *À bientôt.,* 1; **See you tomorrow.** *À demain.,* 1
to sell vendre, 4
to send envoyer, 2; **to send e-mails** *envoyer des e-mails,* 2
September *septembre,* 5
serious *sérieux, sérieuse,* 3
service *service,* 6; **Is the tip included?** *Le service* est *compris?,* 6
to set *mettre* 6; **to set the table** *mettre le couvert,* 6; *mettre la table,* 8
seven *sept,* 1
seventeen *dix-sept,* 1
seventy *soixante-dix,* 4; **seventy-**

Glossaire anglais–français

one *soixante et onze,* 4; **seventy-two** *soixante-douze,* 4
Shall we do…? *On fait…?,* 5
she *elle,* 1
sheet (of paper) *la feuille (de papier),* 4
shirt *la chemise,* 7
shoes *les chaussures,* 7; **shoe size** *la pointure,* 7
shop *le magasin,* 2; *la boutique,* 9
short (length) court, courte, 3
shorts *le short,* 4
shy *timide,* 3
silk *soie,* 7; **made of silk** *en soie,* 7
silver *argent,* 7; **made of silver** *en argent,* 7
to sing *chanter,* 2
single bed *le lit simple,* 10
sister *la sœur,* 3; **half sister** *la demi-sœur,* 3; **step sister** *la demi-sœur,* 3
Sit down! *Asseyez-vous!,* 1
six *six,* 1
sixteen *seize,* 1
sixty *soixante,* 4
skateboard *le skate(board),* 5
skis *les skis (m.),* 5; **skiing** *faire* du ski (m.), 5
skirt la jupe, 7
to sleep *dormir,* 2; **sleeping car (in a train)** *la couchette,* 10
small *petit, petite,* 3
sneakers *les baskets,* 4
snorkel *le tuba,* 7
to snow *neiger,* 5; **snow** *la neige,* 5
so (well) *alors,* 7
soccer *le football,* 2
socks *les chaussettes,* 7
soda *le soda,* 6; **Coke** *le coca,* 6
some *des,* 1
something *quelque chose,* 7
son *le fils,* 3; **only son** *le fils unique,* 3
sorry *désolé(e),* 5; **Sorry, I don't have the time.** *Désolé(e), je n'ai pas le temps.* 5
Spanish *espagnol,* 4
to speak *parler,* 2
to spell *épeler,* 10; **How is… spelled?** *Comment tu épelles…?,* 1; **It is spelled/written…** *Ça s'écrit...,* 1
spoon *la cuillère,* 6
sports *le sport,* 2
spring *le printemps,* 5
stadium *le stade,* 2
staircase *l'escalier* (m.), 8
stamp *le timbre,* 9
to stand in line *faire la queue,* 10
to start *commencer (à),* 4
stationery store *la papeterie,* 9
to stay *rester,* 8
steak *le steak,* 6
step father *le beau-père,* 3; **step mother** *la belle-mère,* 3
stereo system *la chaîne-stéréo,* 8
stop *l'arrêt* (m.), 9
to stopover at *faire l'escale à,* 10
store *magasin,* 2
straight ahead *tout droit,* 9
street *la rue,* 9
strong *fort, forte,* 3
student *l'élève* (m. or f.), 1
to study *étudier,* 2
subway *le métro,* 9; **subway station** *la station de métro,* 9; **by subway** *en métro,* 9
suit *le costume,* 7
suitcase *la valise,* 10
summer *l'été* (m.), 5
sun *le soleil,* 5; **sunglasses** *les lunettes de soleil,* 7; **It's sunny.** *Il y a du soleil.,* 5
Sunday *dimanche,* 4
superstore *la grande surface,* 7
supplies *les fournitures,* 4
to surf *surfer,* 2; **to surf the Net** *surfer sur Internet,* 2; **surfboard** *la planche de surf,* 7
sweat shirt *le sweat-shirt,* 4
to sweep *balayer,* 8
sweet *gentil, gentille,* 3
to swim *nager,* 2; **swimming pool** *la piscine,* 2; **swimsuit** *le maillot de bain,* 7
syrup *le sirop,* 6; **syrup (medicine)** le *sirop,* 9

table *la table,* 1; **table cloth** *la nappe,* 6; **table setting** *le couvert,* 6
to take *prendre,* 6; **to take something (with)** *emporter,* 10; **to take a trip** *faire un voyage,* 10; **to take the dog for a walk** *promener/sortir le chien,* 4; **to take more** *reprendre,* 6; **Do you want more…?** *Tu reprends...?/ Encore...,* 6; **to take out** *sortir,* 8; **to take out the trash** *sortir la poubelle,* 8; **Take…** *Prenez...* 9; **I don't know what to take.** *Je ne sais pas quoi prendre.,* 7
to talk (with friends) *discuter (avec des amis),* 2
taxi *le taxi,* 9; **by taxi** *en taxi,* 9
teacher *le prof(esseur),* la professeur, 1
telephone *le téléphone,* 4; **telephone booth** *la cabine téléphonique,* 9; **telephone card** *la carte téléphonique,* 9
television *la télé(vision),* 1
tell me *dites-moi,* 9
ten *dix,* 1
tennis *le tennis,* 5
tent *la tente,* 7
terminal *le terminal,* 10
that *ça,* 3
Thank you. *Merci.,* 1
the *l', le, la, les,* 2
theater *le théâtre,* 5
their *leur, leurs,* 3
then *puis, ensuite,* 9
there is, there are *il y a…* 1; **There are… of them.** *Il y en a...,* 1; **There are… of us.** *Nous sommes...,* 3; **There aren't any.** *Il n'y en a pas.,* 1
these *ces,* 7; **These are…** *Ça, ce sont...,* 3
they *elles, ils,* 1
thin *mince,* 3
thing *la chose,* 6
to think *penser,* 3; **What do you think of…?** *Comment tu trouves...?,* 3; **I think he/she…** *Je le/la trouve,* 3; **I think it's…** *Je trouve ça...,* 4
thirteen *treize,* 1
thirty *trente,* 1; **thirty-one** *trente et un,* 4
this *ce, cet, cette,* 7; *ça,* 3; **This is…** *Ça, c'est...,* 1
three *trois,* 1
throat *la gorge,* 9
to throw *lancer,* 4; *jeter,* 10
Thursday *jeudi,* 4
ticket *le ticket,* **ticket counter** *le guichet,* 9; **ticket collector** *le contrôleur,* 10; **ticket machine** *le distributeur de billets,* 10
tie *la cravate,* 7
tight *étroit, étroite,* 7; *serré, serrée,* 7
time le temps, 5; **at what time** *à quelle heure,* 4; **At what time do you have…?** *À quelle heure tu as...?,* 4; **What time is it ?** *Quelle heure est-il ?,* 4; **time** *fois,* 8; **times per…** *…fois par...,* 8; **on time** *à l'heure,* 10
tip *le pourboire,* 6
tiresome, difficult *pénible,* 3
to, at *à,* 2; **to, at + city** *à,* 10; **to, at + feminine country** *en,* 10; **to, at + masculine country** *au,* 10; **to, at the** *au,* 2; **to, at the** *aux,* 2
toast *le toast,* 6
toasted ham and cheese

sandwich *le croque-monsieur,* 6
today *aujourd'hui,* 4; **Today is...** *Nous sommes...,* 4
tomorrow *demain,* 4
too much/many *trop de,* 5
totally *tout à fait,* 7
track *la voie,* 10
track and field *l'athlétisme* (m.), 5
traffic light *le feu,* 9
train *le train,* 10; **train station** *la gare,* 10; **train ticket** *le billet de train,* 10
trash *la poubelle,* 8
to travel *voyager,* 4; **traveler's checks** *le chèque de voyage,* 10; **traveling bag** *le sac de voyage,* 10
trip *le voyage,* 10
to try *essayer,* 7
T-shirt *le tee-shirt,* 4
Tuesday *mardi,* 4
to turn *tourner,* 9; **Turn at the next...** *Tournez au, à la prochain(e)...,* 9
twelve *douze,* 1
twenty *vingt,* 1; **twenty-eight** *vingt-huit,* 1; **twenty-five** *vingt-cinq,* 1; **twenty-four** *vingt-quatre,* 1; **twenty-nine** *vingt-neuf,* 1; **twenty-one** *vingt et un, vingt et une,* 1; **twenty-seven** *vingt-sept,* 1; **twenty-six** *vingt-six,* 1; **twenty-three** *vingt-trois,* 1; **twenty-two** *vingt-deux,* 1
two *deux,* 1; **two hundred** *deux cents,* 4; **two hundred and one** *deux cent un,* 4

umbrella *le parapluie,* 7
uncle *l'oncle* (m.), 3
under *sous,* 8
to understand *comprendre,* 1; **I don't understand.** *Je ne comprends pas.,* 1
Until what time...? *Jusqu'à quelle heure...?,* 10
upstairs *en haut,* 8
usually *d'habitude,* 8

V

vacation *les vacances,* 2
to vacuum *passer l'aspirateur,* 8
vacuum cleaner *l'aspirateur (m.),* 8
vanity case *la trousse de* toilette, 10
vegetable *le légume,* 6
very *très,* 1; **very badly** *très mal,* 2; **very well** *très bien,* 1, 2
video camera *le caméscope,* 5
video game *le jeu vidéo,* 5
view *la vue,* 10
visa *le visa,* 10
to visit (France) *faire (la France),* 10
visual arts *les arts (m.) plastiques,* 4
volleyball *le volley,* 5

to wait (for) *attendre,* 4
to walk the dog *promener le chien,* 8
walkman *le baladeur,* 2
wallet *le portefeuille,* 7
to want *vouloir/désirer,* 6; **If you want.** *Si vous voulez. (formal), Si tu veux. (informal),* 5; **Do you want...?** *Tu veux...?/Vous voulez...?,* 6
wardrobe *l'armoire* (f.), 8
to wash *laver,* 8; **to wash the car** *laver la voiture,* 8
to watch *regarder,* 2; **to watch TV** *regarder la télé,* 2
watch *la montre,* 7
to water *arroser,* 8; **to water the plants** *arroser les plantes,* 8
water *l'eau* (f.), 6; **mineral water** *l'eau minérale* (f.), 6
we *nous,* 1; **We could...** *On pourrait...,* 5; **We have...** *On a...,* 6
to wear *porter,* 7; **I wear a size...** *Je fais du...,* 7
weather *le temps,* 5; **What is the weather like?** *Quel temps fait-il?,* 5
Wednesday *mercredi,* 4
week *la semaine,* 4
weekend *le week-end,* 4
well *bien,* 1; **well-done** *bien cuit,* 6; **Do you...well?** *Tu... bien?,* 2
what *que,* 5
when *quand,* 4
where *où,* 5; **Where?** *Où ça?,* 5; **Where is...?** *Où est...?,* 8; **Where are we meeting?** *Où est-ce qu'on se retrouve...?,* 5
which *quel, quelle, quels, quelles,* 4
white *blanc, blanche,* 3
who *qui,* 3; **Who is that?** *Qui c'est, ça?,* 3
why *pourquoi,* 5; **Why not?** *Pourquoi pas?,* 5
wife *la femme,* 3
wind *le vent,* 5; It's windy. *Il y a du vent,* 5
windbreaker *le coupe-vent,* 7
window *la fenêtre,* 1; **teller/ticket window** *le guichet,* 9
winter *hiver,* 5; **winter jacket** *anorak,* 7; **winter scarf** *écharpe,* 7
with *avec,* 2; **with a view** *avec vue,* 10; **With whom...?** *Avec qui...?,* 5
to withdraw *retirer,* 9; **Where do I go to withdraw money?** *Pour prendre de l'argent, s'il vous plaît?,* 9
without *sans,* 10
woman's blouse *le chemisier,* 7
woman's suit *le tailleur,* 7
wool *la laine,* 7; **out of wool** *en laine,* 7
to work *travailler,* 2
Would you like anything else? *Vous désirez autre chose?,* 6
to write *écrire,* 1

yard, garden *le jardin,* 8
yellow *jaune,* 4
yes *oui,* 1; **Yes, fine. Thank you.** *Oui, ça va. Merci.,* 1
yesterday *hier,* 7
yet, again *encore,* 8
you *tu, vous, toi,* 1
young *jeune,* 3
your *ta, ton tes, votre, vos,* 3
You're welcome. *Je vous en prie./* À votre service., 4

zero *zéro,* 1
zip code *le code postal,* 9
zoo *le zoo,* 5

Index de grammaire

Page numbers in boldface type refer to the first presentation of the topic. Other page numbers refer to the grammar structures presented in ***Bien dit!*** features, subsequent references to the topic, or review in the **Résumé de grammaire.**

Remerciements

ACKNOWLEDGMENTS

For permission to reprint copyrighted material, grateful acknowledgment is made to the following sources:

From Le premier quartier de la lune Michel Tremblay. Text copyright © 1989 by LEMÉAC. All rights reserved. Reprinted by permission of **Leméac Editeur Inc.**

"L'accent grave" from Paroles by Jacques Prévert. Text copyright © 1980 by **Editions Gallimard.** Reprinted by permission of Éditions Gallimard and electronic format by permission of **Fatras.**

"Toute la famille" by B. François and Pierre Lozère from Papa Clown Web site, accessed at http://www.papaclown.com. Text copyright ©1983 by Editions MARYPIERRE. Reprinted by permission of **Pierre Lozère.**

Map from Guide historique de Nice by Paule and Jean Trouillot. Copyright 2002 by Trouillot. Reprinted by permission of **Jean Trouillot.**

Excerpt from "J'aime Paris au mois de mai" by Charles Aznavour. Text copyright © by Charles Aznavour. Reprinted by permission of **France Music Corp.**

L'Embouteillage" from La ville enchantée by Jacques Charpentreau. Text copyright © 1976 by Jacques Charpentreau. Reprinted by permission of the author.

"Mésaventure" from Contes wolof du baol, edited by Jean Copans and Philippe Couty. Text copyright © 1976 by Union Générale d'Éditions and 1988 by Karthala. Reprinted by permission of **Éditions Karthala.**

Excerpt from "Souvenirs d'enfance" from La gloire de mon père by Marcel Pagnol. Text copyright © 1957 by Marcel Pagnol. Reprinted by permission of **Éditions de Fallois.**

PHOTOGRAPHY CREDITS

Abbreviations used: c-center, b-bottom, t-top, l-left, r-right, bkgd-background.

FRONT COVER: (bl) Richard Cummins/Corbis.

AUTHORS: Page iii (DeMado) courtesy John DeMado; (Champeney) Victoria Smith/HRW; (M. Ponterio) courtesy Marie Ponterio; (R. Ponterio) courtesy Robert Ponterio.

TABLE OF CONTENTS: Page vi (t) Royalty-Free/Corbis; vii (tl) PhotoDisc/Getty Images; (tr) Royalty-Free/Corbis; viii (t) Royalty-Free/Corbis; ix (tl) Sam Dudgeon/HRW; (tr) Brand X Pictures; x (t) Medioimages; xi (tl) Goodshoot; (tr) Victoria Smith/HRW; xii (t) Sam Dudgeon/HRW; xiii (tl, tr) Sam Dudgeon/HRW; xiv (tl) PhotoDisc/Getty Images; (tr) Image Source; xv (tl,tr) Image Source.

MODES OF COMMUNICATION: Page xvii (tl) ©eddie linssen/Alamy, (cr) ©Victora Smith/Houghton Mifflin Harcourt, (bl) ©laflor/iStockPhoto.com/Getty Images.

ALPHABET: Page xx (A, B, E, G, H, L, M, U) Royalty-Free/Corbis; (C) Comstock; (D) John White/The Neis Group; (F, I, J, K, O, P, T, V, W, X, Y, Z) PhotoDisc/Getty Images; (N, R, S) Brand X Pictures; (Q) Stockbyte.

COMMON NAMES: Page xxi (t, b) Sam Dudgeon/HRW; (c) Victoria Smith/HRW.

INSTRUCTIONS: Page xxii (b) Sam Dudgeon/HRW; xxiii (bl) Victoria Smith/HRW; (tl) Sam Dudgeon/HRW; (tr) Stockbyte.

FRANCOPHONE WORLD: Page xviii (bl) David Sanger/Alamy; (cl) © Barry Lewis/Alamy; (tl) Marty Granger/HRW; (tr) Victoria Smith/HRW; xix; (cl)/HRW; (cr) Glen Allison/PhotoDisc/Getty Images; (tl) Ed George/National Geographic/Getty Images; (tr) Gavin Hellier/Robert Harding World Imagery/Getty Images.

CHAPITRE 1 All photos by Victoria Smith/HRW except: Page xxiv (b) Owen Franken; (br) Pierre WITT/Gamma-Rapho via Getty Images; (c) Jose Fuste Raga/Corbis; (cl) Art Resource/Erich Lessing; (t) Alain Choisnet/Getty Images; 1 (b) Adam Woolfitt/Corbis; (br) Nik Wheeler/Corbis; (tl) Yann Arthus-Bertrand/Corbis; (tr) Royalty-Free/Corbis; 2 (b) ©2012 Artists Rights Society (ARS)/Derek Croucher/Corbis Cusp/Alamy; (bl,inset) ClassicStock/Masterfile Alamy Photos; (cr) Francis G. Mayer/Corbis; (tc, tl, tr) Sam Dudgeon/HRW; (tr) Owen Franken/Corbis; 3 (br) Inge Yspeert/Corbis; (br) Bettmann/Corbis; (c) Peter Turnley/Corbis; (c) Jacques Langevin/Corbis Sygma; (tl) Réunion des Musées Nationaux/Art Resource; (tr) Giraudon/Art Resource; 10 (t) ImageState; 12 (b) Marty Granger/HRW; 13 (cl) 2008 PhotoAlto; (cr) Marty Granger/HRW; (bl) Artville/Getty Images; (br) PhotoDisc/Getty Images; 14 (bc) PhotoDisc/Getty Images; (bc) Royalty-Free/Corbis; (bl) Image Source; (br) Barbara Penoyar/Getty Images; 16 (t) Christian Liewig/Corbis; 17 (b) Royalty-Free/Corbis; (t) Sam Dudgeon/HRW; 30 (br) PhotoDisc/Getty Images; (cr) Sam Dudgeon/HRW; 36 (b) ImageState; (cr) Don Couch/HRW; (tl) Royalty-Free/Corbis; (tr) PhotoDisc/Getty Images; 37 Fine Art Photographic Library, London/Art Resource.

CHAPITRE 2 All photos by Victoria Smith/HRW except: Page 40 (cl) Ingram Publishing; 41 (bc) Sam Dudgeon/HRW; (br) PhotoDisc/Getty Images; (tc) Lucidio Studio/Corbis; (tl) Royalty-Free/Corbis; (tr) Reed Kaestner/Corbis; 42 (tl) PhotoDisc/Getty Images; (tc) D. Hurst/Alamy; (cr, tr) Royalty-Free/Corbis; 45 (bc) Index Stock; (br) William Koechling/HRW; (tc) ImageState; (tl) PhotoDisc/Getty Images; 47 (tr) ©Schedivy Pictures Inc./Digital Vision/Getty Images, (tl) ©PhotoDisc/Getty Images, (br) ©Royalty Free/CORBIS, (bc) split right©Monkey Business images/Shutterstock, (bl) split left ©Ljupco Smokovski/Shutterstock; 50 (c) EyeWire; (t) Sam Dudgeon/HRW; 51 (b) © Kevin Fleming/Corbis; 53 (bl) Randy Faris/Corbis; (tl) PhotoDisc/Getty Images; (tr) Alvaro Ortiz/HRW Photo/Houghton Mifflin Harcourt 55 (1, 2, 3) PhotoDisc/Getty Images; (4) Sam Dudgeon/HRW; 57 (bc) ©AntonioDiaz/Shutterstock; (bl, tc, tr) PhotoDisc/Getty Images; (tl) Royalty-Free/Corbis; 61 (c) Rubberball Productions; (l) Royalty-Free/Corbis; (r) Brand X Pictures; 64 (b,c,t) PhotoDisc/Getty Images; 66 (bc, bl) PhotoDisc/Getty Images; (tc) Schedivy Pictures Inc./DIgital VIsion/Getty Images; (bl) Peter Van Steen/HRW; 70 (tc) Peter Van Steen/HRW Photo; (tc) image100; (tl) Dennis Fagen/HRW; (tr) Don Couch/HRW; 71 Erich Lessing/Art Resource.

CHAPITRE 3 All photos by Sam Dudgeon/HRW except: Page 72 (c) Altrendo Panoramic/Getty Images; (t) Look BMBH/eStock Photo; 73 (b) © Sorin Papuc/Alamy; (cr) Connie Coleman/Getty Images; (tl) Charles Sleicher/Danita Delimont Stock Photography; (tr) Mike Macri/Masterfile; 74 (br) Staffan Widstran/Corbis; (c) Jean-Pierre Huard/Alamy; (cl) Scott Barrow/SuperStock; (tc, tl) Andy Christiansen/HRW; (tr) Megapress/Alamy; (tr inset) Julie Deshaies; 75 (bc) Hulton Archive/Getty Images; (br) Bettmann/Corbis; (cl) Christopher B./Demotix/Demotix/Corbis; (cr) Tessier/Megapress/Fraser Photos; (t) Dennis McColeman/Getty Images; 78 (all) Victoria Smith/HRW; 79 (blancs) Image Source/Alamy; (bleus) Royalty-Free/Corbis; (chatain) Don Couch/HRW; (courts,longs,marron) PhotoDisc/Getty Images; (noirs) RubberBall/Alamy Photos; (verts) Corbis; 80 (bc, bl, br, tl, tr) PhotoDisc/Getty Images; (tc) Cleo Photography/PhotoEdit; 86 (l) Michel Daunais; 88 (t) Carl & Ann Purcell/Corbis; 89 (t) © Eric Farrelly/Alamy; 90 (bl) Artville/Getty Images; (cl) Royalty-Free/Corbis; 92 (l) Richard Nowitz/Corbis; 93 (b) John Henley/Corbis; (bc) Dynamic Graphics/Jupiterimages/Getty Images (bl) Royalty-Free/Corbis; 97 (bc, bl, c, cr) PhotoDisc/Getty Images; (bc) Dynamic Graphics/Jupiterimages/Getty Images; (br) Comstock; (cl) Victoria Smith/HRW; (tr) Royalty-Free/Corbis; 99 (all) "Caillou"™ and all related and associated trademarks are owned by Les Éditions Chouette and used under license from Cookie

Jar Entertainment Inc. © 2008 Cookie Jar Entertainment Inc. All Rights Reserved.; 104 (a, b, c) Royalty-Free/Corbis; (d) PhotoDisc/Getty Images; 108 (bl) ImageState; (br) Royalty-Free/ Corbis; (tl, tr) Don Couch/HRW; 109 Patrick Altman/Musée National des beaux-arts du Québec.

CHAPITRE 4 All photos by Sam Dudgeon/HRW except: Page 112 (géographie, la physique, les arts) PhotoDisc/Getty Images; (l'allemand) Stephanie Friedman/HRW; (l'espagnol) Jim Zuckerman/Corbis; (l'historie, les mathématiques) Royalty-Free/Corbis; (la biologie) Comstock; Bruce Laurance/ Getty Images; 113 (tl) Stephanie Friedman/HRW; 114 (all) Stephanie Friedman/HRW; 117 (1l) John Langford/HRW; (1r, 5) PhotoDisc/Getty Images; (6) Royalty-Free/Corbis; (tc) Tetra Images/Alamy; (3) Andy Christiansen/HRW; (4) Stephanie Friedman/HRW; 119 (1, 3, 6) Royalty-Free/Corbis; (2) ImageState; (4) Stewart Cohen/Getty Images; (5) Victoria Smith/HRW; 122 (tl) Snark/Art Resource; 123 (b) Digital Vision/Getty Images; (t) Paul Cooper; 125 (t) Stephanie Friedman/HRW; 126 (c, l, r) Stephanie Friedman/HRW; 127 (c) Victoria Smith/HRW; 128 (l) PhotoDisc/Getty Images; 129 (1) Stephanie Friedman/HRW; (3) Digital Vision/Getty Images; (4) Brand X Pictures; 131 (l, r) Stephanie Friedman/ HRW; (r) Victoria Smith/HRW; 138 (1) PhotoDisc/Getty Images; (2, 3, 4, 6) Stephanie Friedman/HRW; (5) Victoria Smith/HRW; 143 © Masterpics/Alamy.

CHAPITRE 5 All photos by Victoria Smith/HRW except: Page 144 (cl) Joe Cornish/Stone; (cr) Image Bank/Getty Images; (t) Ruth Tomlinson/Robert Harding World Imagery/Getty Images; 145 (b) Royalty-Free/Corbis; (br) Jose Fuste Raga/ Corbis; (cr) James Hardy/Getty Images; (tl) blickwinkel/ Lenz/Alamy; (tr) Alain Le Bot/Photononstop; 146 (b) Roger Rozenwajg/Photononstop; (cl) Richard Klune/Corbis; (cr) John Elk III/Lonely Planet Images/Getty Images; (tl) Bridgeman Art Library/Getty Images; (tr) Bettman/Corbis; 147 (bl) V. Michel/Corbis; (br) ©Eric Travers/Gamma/Getty Images; (tc) Don Couch/HRW; (tl, tr) Sam Dudgeon/HRW; 150 (bcl) Peter Sterling/Getty Images; (bcr) Scott Tysick/Masterfile; (bl) John Terence Turner/Getty Images; (br, tr) Royalty-Free/Corbis; (tcl) A. Inden/zefa/Corbis; (tcr) FogStock/Index Stock Imagery; (tl) Ull Wiesmeler/zefa/Corbis; 151 (1) Royalty-Free/Corbis; (2) Comstock; (8) Lai Leng Yiap/Cutcaster; (3, 4, 6, 7, 9, tl) PhotoDisc/Getty Images; (3) Troy and Mary Parlee/Alamy; (5) Creatas; 152 (1, 4, 5) PhotoDisc/Getty Images; (2) Sam Dudgeon/HRW; (3) Stephanie Friedman/HRW; (6) Royalty-Free/Corbis; (7) Ingram Publishing; 153 (1, 3, 5) PhotoDisc/ Getty Images; (4) Masterfile; (6) Index Stock; 154 (l) Ingram Publishing; 155 (1) iStockphoto; (2) Royalty-Free/Imagestate; (3,4,t) PhotoDisc/Getty Images; (5) Royalty-Free/Corbis; 158 (1) Stephanie Friedman/HRW; (2, 4) Artville/Getty Images; (3) Comstock; (5) PhotoDisc/Getty Images; 159 (b) Index Stock; (br) keith morris/Alamy; (t) PhotoDisc/Getty Images; (tr) Creatas; 160 (bc,br) Andy Christiansen/HRW; (c) Sam Dudgeon/HRW; (tl) Michael St. Maur Shell/Corbis; 161 (b) George Shelly/Corbis; (t) Creatas; 162 (cl,tl) PhotoDisc/Getty Images; (cr) Richard Bickel/Corbis; (bl) David Page/Alamy; (tr) Richard Cummins/Corbis; 164 (1, 4) PhotoDisc/Getty Images; (2, 5, 6) Royalty-Free/Corbis; (3, l) Brand X Pictures/ Getty Images; 167 (1, 3) Don Couch/HRW Photo; (2) Gertjan Hooijer; (6) Tim Pannell/Corbis/Houghton Mifflin Harcourt; 171 (1) Leah-Anne Thompson; (2) Corbis Flirt/Alamy; (3) Peter Van Steen/HRW; (4) Stockbyte; 174 (br, l, tr) PhotoDisc/ Getty Images; (cl) Royalty-Free/Corbis; 176 (a, c) Royalty-Free/Corbis; (b) Don Couch/HRW; (d) PhotoDisc/Getty Images; 180 (bot) Jonathan Blair/Corbis; (c) Comstock; (b, d) PhotoDisc/Getty Images; 181 Erich Lessing/Art Resource.

CHAPITRE 6 All photos by Victoria Smith/HRW except: Page 185 (bl) Sam Dudgeon/HRW; (le nappe) Stephanie Friedman/ HRW; 186 (a, b, c, d, e) Sam Dudgeon/HRW; 189 (cr) Sam Dudgeon/HRW; 190 (l) PhotoDisc/Getty Images; (bc) Lisa Romerein/Getty Images; (br) Sam Dudgeon/HRW; (tc, tl) Jupiterimages; (tr) Sam Dudgeon/HRW; 192 (a) Sam Dudgeon/ HRW; (b) Don Couch/HRW; 194 (b, t) PhotoDisc/Getty Images; (bc, bl, br, cl, cr) Sam Dudgeon/HRW; 196 (all food items) Sam Dudgeon/HRW; 197 (la salade, le pain, le poulet, le riz, le steak) PhotoDisc/Getty Images; (le porc, le poisson) Brand X Pictures; 198 (bills) European Communities; (coins) Sam Dudgeon/HRW; 199 (cr) PhotoDisc/Getty Images; 204 (1, 2, 3, 4) Sam Dudgeon/HRW; 210 (b, d, e) Sam Dudgeon/HRW; (c) PhotoDisc/Getty Images; 214 (a) Brand X Pictures; (b) Stephanie Friedman/HRW; (c) Ingram Publishing; (d) Marty Granger/HRW; (2a, 2b, 2c, 2d, 2e) Sam Dudgeon/HRW; (2f) PhotoDisc/Getty Images; 215 © The Gallery Collection/Corbis.

CHAPITRE 7 All photos by Sam Dudgeon/HRW except: Page 216 (cl) age fotostock/SuperStock; (cr) David Else/ Lonely Planet Images; (t) Simon Hathaway/Alamy; 217 (b) Nik Wheeler/Corbis; (br) Karl Ammann/Digital Vision/ Getty Images; (cr) Ariadne Van Zandbergen/Lonely Planet Images; (tl) M. Desjeux, Bernard/Corbis; (tr) Nik Wheeler/ Corbis; 218 (tl) Gildo Nicolo Spandoni; 219 (bc) Hemera Technologies/Alamy; (bl) Andrea Comas/Reuters/Corbis; (br) Jacob Silberberg/Panos; (c) Stella Klaw; (tl) Yves Forestier/ Corbis; (tr) Owen Franken/Corbis; 222 (casquette) PhotoDisc/ Getty Images; (chapeau) Brand X Pictures; (jupe) Stephanie Friedman/HRW; (lunettes) Stockbyte; 223 (c, cravate, foulard) Stephanie Friedman/HRW; 224 (1, 2) Victoria Smith/HRW; (3) Don Couch/HRW; (4) Stephanie Friedman/HRW; 225 (1) Don Couch/HRW; (2, 5) Victoria Smith/HRW; (4) PhotoDisc/Getty Images; 229 (120€) Victoria Smith/HRW; (15€) Stephanie Friedman/HRW; (26€) Stockbyte; 231 (br) Stephanie Friedman/HRW; 232 (bc, bl, br, cr) Andy Christiansen/ HRW; 233 (b) Don Couch/HRW; 234 (bl) Ingram Publishing; (br, cr) PhotoDisc/Getty Images; (cl) Artville/Getty Images; 237 (cr) Artville/Getty Images; 241 (1) Brand X Pictures; (2) PictureQuest; (3) Royalty-Free/Corbis; (4) Stockbyte; (5) Image Source; (6) PhotoDisc/Getty Images; 246 (bl) AFP/NewsCom; 248 (c, cl) Victoria Smith/HRW; (cr, tl) Jon Langford/HRW; (tr) Don Couch/HRW; 252 (d) Artville/Getty Images; (e) Don Couch/HRW; 253 Seyllou/AFP/Getty Images.

CHAPITRE 8 All photos by Sam Dudgeon/HRW except: Page 257 (bl, br, cl, tl) Andy Christiansen/HRW; 261 (bl, br) PhotoDisc/Getty Images; (cl) Stephanie Friedman/HRW; (Martine) Andy Christiansen/HRW; (nous, tu) Royalty-Free/ Corbis; (t) Brand X Pictures; 263 (1) I Images/Getty Images; (2,4) Andy Christiansen/HRW; (3) Royalty-Free/Corbis; (t) Victoria Smith/HRW; 267 (b) Royalty-Free/Corbis; 269 (br) Lenora Gim/Getty Images; 270 (cr) Ingram Publishing; 272 (bl) © Hemis/Alamy; 273 (1) William Gottlieb/Corbis; (3) Johner/ Getty Images; (4, 6) Andy Christiansen/HRW; (5) PhotoDisc/ Getty Images; (t) BananaStock; 280 (bl) Geraldine Touseau-Patrick/HRW; (br) PhotoDisc/Getty Images; (tl) Goodshoot; 282 (1, 3, 4) Royalty-Free/Corbis; (5) Victoria Smith/HRW; 286 (a, c) Andy Christiansen/HRW; (d) Royalty-Free/Corbis; 287 Art Resource.

CHAPITRE 9 All photos by Victoria Smith/HRW except: Page 288 (cl) Image Source; (cr) Chris Hellier/Corbis; (tl) Brand X Pictures; (tr) PhotoDisc/Getty Images; 289 (b) © Picture Press/ Alamy; (cl) Digital Vision/Getty Images; (cr) Image Source; (tl) Jeremy Walker/Stone/Getty Images; (tr) Sergio Pitamitz/Corbis; 290 (b) Sean Nel/Cutcaster; (cl) Anne-Christine Poujoulat/ AFP/Getty Images; (cr) Pascal Le Segretain/Getty Images; (tc,tl) Image Source; (tr) Marty Granger/HRW; 291 (br) Baril/ Roncen/Corbis KIPA; (cl) The Bridgeman Art Gallery/Getty Images; (cr) KPA/Omni-Photo Communications; (tc, tl, tr) Sam Dudgeon/HRW; 294 (tl) Sam Dudgeon/HRW; 296 (1, 3, t); Sam Dudgeon/HRW (2) Pixtal; (4) Marty Granger/HRW; 298 (l) Sam Dudgeon/HRW; 299 (cl, cr) Sam Dudgeon/HRW; (l, r, t) PhotoDisc/Getty Images; 301 (2) Stefano Rellandini/Reuters/ Corbis; (3,t) PhotoDisc/Getty Images; (4) Reuters/Corbis; 304 (tl) hemis/getty images; 305 (b) Royalty-Free/Corbis; 306 (cr, tr) Sam Dudgeon/HRW; 307 (c, cl, cr) Sam Dudgeon/HRW; 310 (b) Image Source; 311 (1) PhotoDisc/Getty Images; (3) Peter M. Fischer/Corbis; (4) Justin Kase/Alamy; 313 (1) Holly Harris/ Getty Images; (3, t) Jupiterimages; (4) Sam Dudgeon/HRW; (5) Brand X Pictures/Getty Images; (6) Royalty-Free/Corbis; 325 SuperStock/SuperStock.

CHAPITRE 10 All photos by Victoria Smith/HRW except: Page 328 (l) PhotoDisc/Getty Images; 329 (cr) Sam Dudgeon/HRW; 330 (b, c, e) PhotoDisc/Getty Images; 333 (1) Royalty-Free/ Getty Images; (2) Comstock; (3) Stockbyte/Getty Images; (4) Don Couch/HRW; (5) William Gottlieb/Corbis; (6) Royalty-Free/Corbis; (tl) Digital Vision/Getty Images; (tr) Comstock; 335 (2, 5, 6) PhotoDisc/Getty Images; (3) Sam Dudgeon/HRW; (4, t) Royalty-Free/Corbis; 336 (1) Royalty-Free/Corbis; (2) Don Couch/HRW; (3) Chuck Savage/Corbis; 337 (c) Frilet Patrick/

hemis.fr/Getty Images; 338 (bc, br, c, cr) Sam Dudgeon/HRW; (bl) Giraudou Laurent/hemis.fr/Getty Images; (t) © Giuglio Gil/Hemis/Alamy; 339 (b) Jerry Arcieri/Corbis; (t) PhotoDisc/Getty Images; 340 (bl) Michele Molinari/Alamy; 341 (l'hôtesse, pilote) Royalty-Free/Corbis; 342 (l) Richard Bord/Getty Images; 345 (1, 3) Digital Vision/Getty Images; (4) PhotoDisc/Getty Images; (t) Don Couch/HRW; 346 (bl) Edge Media/HRW; 354 (1) PhotoDisc/Getty Images; (3) Comstock; (2, 4, 5) Sam Dudgeon/HRW; 358 (a, b) PhotoDisc/Getty Images; (d) Don Couch/HRW; 359 AKG-Images, London.

BACKMATTER READINGS: Page 362 (b) Stephanie Friedman/HRW; (cl) Lee Snider/Photo Images/Corbis; (t) clipart.com; 363 (b) Keith Levit/Alamy; (cr) Adam Woolfitt/Corbis; (t) David G. Houser/Corbis; 364 (b, c) Frederic Souloy/Gamma-Rapho via Getty Images; 365 (bl, t) Valerie Quentin/Gamma-Rapho via Getty Images; © claude thibault/Alamy; © claude thibault/Alamy; 365 (br) Directphoto/Alamy; 366 (bl, cl, cr) (cl) © Vincent de Vries photography/Alamy; (cr) Neal Preston/Corbis; (bl) Barry Lewis/Alamy; 367 (tl) Stan Carroll/The Commercial Appeal/Corbis; (br) © Paulo Whitaker/Reuters/Corbis; (cr) Rogerio Barbosa/AFP/Getty Images; (cl) Claire Greenway/Getty Images; 368 (bl) © Sophie Bassouls/Sygma/Corbis; Fox Photos/Getty Images; (br) Ville de Montréal; (tl) Stephanie Friedman/HRW. Book cover (French edition) from Le Premier Quartier de la Lune by Michel Tremblay. Reprinted by permission of Leméac Éditeur. Cover illustration Adagp, Paris; 369 (t) Victoria Smith/HRW; 372 (b) Sam Dudgeon/HRW; (tl) Victoria Smith/HRW; 373 (br) Victoria Smith/HRW; (t) PhotoDisc/Getty Images; (tl) Sam Dudgeon/HRW; (tr) Royalty-Free/Corbis; 374 (bl) © Hemis/Alamy; (cl) ArenaPal/Topham/The Image Works; (t) Fabrice Coffrini/epa/Corbis; 375 (b) Nic Bothma/epa/Corbis; (t) AFP/Getty Images; 378 (bl) Victoria Smith/HRW. Book cover (French edition) from La Gloire de Mon Père by Marcel Pagnol. Reprinted with permission of Presses Pocket; (cr) Ken Reid/Getty Images; (tl) Louis Monier/Gamma-Rapho via Getty Images; 379 (film strip) Royalty-Free/Getty Images; (all other images) Robert Doisneau/Gamma-Rapho/Getty Images; 384–385 (c) Comstock/Jupiter Images; (tc) Art Kowalsky/Alamy; (tl) Forestier Yves/Corbis; (tr) Nik Wheeler/Corbis.

VOCABULAIRE SUPPLÉMENTAIRE: Page R8 (bl) Victoria Smith/HRW; (cr, tl) PhotoDisc/Getty Images; (cr) Comstock; (tr) Stockbyte; R9 (br, cr) Sam Dudgeon/HRW; (tl) Digital Wisdom; (tr) PhotoDisc/Getty Images; R10 (bl, cr, tl) PhotoDisc/Getty Images; (br) Royalty-Free/Corbis; (cl) Victoria Smith/HRW; (tr) Sam Dudgeon/HRW; R11 (bl, br) Digital Vision/Getty Images; (cl, tl) Ingram Publishing; (cr) Brand X Pictures; (tr) Sam Dudgeon/HRW; R12 (bl) Royalty-Free/Corbis; (br, cl, cr, tr) PhotoDisc/Getty Images; (tl) Brand X Pictures.

TÉLÉ-ROMAN STILL PHOTOS: Edge Media/HRW.

ICONS: All icon photos by Edge Media/HRW except: Page xxiv Royalty-Free/Corbis; 72 Brand X Pictures; 144 Royalty-Free/Corbis; 216 Sam Dudgeon/HRW; 288 Image Source.